國家社科基金重大項目（10&ZD104）

上海師範大學古籍整理研究所編
項目首席專家、主編　戴建國
主編　朱易安　傅璇琮　周常林

全宋筆記

第十編　二

国家出版基金项目
NATIONAL PUBLICATION FOUNDATION

大象出版社

顧　　問　王水照　朱瑞熙　徐　規　李裕民

項目首席專家、主編　戴建國

主　　編　朱易安　傅璇琮　周常林

編纂委員會（以姓氏筆畫爲序）

王劉純　朱易安　李亞娜　周常林　俞　鋼　查清華

徐時儀　陳　新　張劍光　傅璇琮　虞雲國　戴建國

目録

⊙真德秀撰

西山讀書記（二）

劉光勝　整理

目録

校勘記

甲集十五

《春秋傳》季文子曰：「昔高陽氏有才子八人，高陽，帝顓頊之號。八人，其苗裔。蒼舒、隤敳、檮戭、大臨、尨降、庭堅、仲容、叔達，此即垂、益、禹、皋陶之倫。庭堅即皋陶字。齊聖廣淵，明允篤誠，天下之民謂之八愷。高辛氏有才子八人，高辛，帝嚳之號。八人，亦其苗裔。伯奮、仲堪、叔獻、季仲、伯虎、仲熊、叔豹、季貍，此即稷、契、朱虎、熊羆之倫。忠肅共懿，宣慈惠和，天下之民謂之八元。此十六族也，世濟其美，不隕其名，以至於堯，堯不能舉。舜臣堯，舉八愷，使主后土，以揆百事，莫不時序，地平天成。舉八元，使布五教于四方，父義、母慈、兄友、弟恭、子孝，内平外成。」下文云：「昔帝鴻氏有不才子，掩義隱賊，好行凶德，醜類惡物，頑嚚不友，是與比周，天下之民謂之渾敦。少皞氏有不才子，毁信廢忠，崇飾惡言，靖譖庸回，服讒蒐慝，以誣盛德，天下之民謂之窮奇。顓頊氏有不才子，不可教訓，不知話言，告之則頑，舍之則嚚，傲狠明德，以亂天常，天下之民謂之檮杌。此三族也，世濟其凶，增其惡名，以至于堯，堯不能去。縉雲氏有不才子，貪于飲食，冒于貨賄，侵欲崇侈，不可盈厭，聚斂積實，不知紀極，不分孤寡，不恤窮匱，天下之民以比三凶，謂之饕餮。舜臣堯，賓四門，流四凶族渾敦、窮奇、檮杌、饕餮，投諸四裔，以禦螭魅。是以堯崩而天下如一，同心戴舜以爲天子，以其舉十六相，去四凶也。」愚按：齊聖廣淵，明允篤誠，忠肅共懿，宣慈惠和，皆德也，而此謂之才。掩義隱賊，好行凶德，醜類惡物，頑嚚不友，毁信廢忠，崇飾惡言，靖譖庸回，服讒蒐慝之屬，皆不德也，此謂之不才，則古之所謂才與德，蓋通言之也。

子曰：「如有周公之才之美，使驕且吝，其餘不足觀也已。」朱子曰：「才美，謂智能技藝之美。驕，矜夸。吝，鄙嗇也。」程子曰：「此甚言驕吝之不可也。蓋有周公之德，則自無驕吝。若但有周公之才而驕吝焉，亦不足觀矣。」南軒曰：「此言才美之不足恃，當以德爲貴也。古之聖人如周公者，才藝之多，故借以明之。驕則無以來天下之善，吝則不能與人共由於善，雖才美如周公，亦何爲哉！」

舜有臣五人而天下治。朱子曰：「禹、稷、契、皋陶、伯益。」武王曰：「予有亂臣十人。」馬氏曰：「亂，治也。十人謂周公旦、召公奭、太公望、畢公、榮公、太顛、閎夭、散宜生、南宮适，其一人謂文母。」朱子曰：「劉侍讀以爲子無臣母之義，蓋邑姜也。九人治外，邑姜治內。」或曰：「亂本作乿，古治字也。」

孔子曰：「才難，不其然乎？唐、虞之際，於斯爲盛。有婦人焉，九人而已。」才難，蓋古語，而孔子然之也。才者，德之用也。言周室人才之多，唐、虞之際，乃盛於此。降自夏、商，皆不能及，然猶但有此數人爾，是才之難得也。南軒曰：「此所謂才者，能全盡夫天生，此民之才也。如左氏稱才子，必齊聖廣淵、明允篤誠之類。」

子曰：「驥不稱其力，稱其德也。」朱子曰：「驥，善馬之名。德，謂調良也。」尹氏曰：「驥雖有力，其稱在德。人有才而無德，則亦奚足尚哉！」或問：「才受乎天，德繫乎習，乃重才而輕德者，何也？」曰：「人受天地之中以生，是德也固已根於其性之所有，特人不能皆生知而安行，故賴學以成之耳，非因學而後有也，豈可以其專繫乎習，而不受乎天哉？若以氣稟而言，則才之與德皆有自然勉强之差，又不得專以才爲天賦、德爲人爲也。司馬公論智伯，以金與竹爲才，以鎔範矯揉爲德，其失正與此同。至於蘇氏之書，又以才難强而德易勉，其失之端不過如此，而其末流遂至於貴才而賤德，則其失益甚，而其爲天下後世之禍也益深矣。」南軒曰：「驥之得稱，爲其德，不爲其力也。而況於君子，豈不以尚德爲貴乎？苟無其德，雖曰有才，其得謂之君子乎？」又南宮适曰：「禹、稷躬稼而有天下，羿善射，奡盪舟，皆不得其死然。」夫子不答。南宮适出，子曰：「君子哉若人！尚德哉若人！」亦與此章同指云。又顏淵曰：「既竭吾才。」此才謂才力也。子曰：「才不才，亦各言其子也。」此才指資質而言也。

盆成括仕於齊。孟子曰：「死矣盆成括。」盆成括見殺。門人問曰：「夫子何以知其將見殺？」曰：「其爲人也小有才，未聞君子之大道也，則足以殺其軀而已矣。」朱子曰：「恃才妄作，所以取禍。」徐氏曰：「君子道其常而已。括有死之道焉，設使幸而獲免，孟子之言猶信也。」南軒曰：「才，如辨給敏捷之類。小有才而未聞大道，則必求所以用其才，謂聰明智力之可以有爲，而不知理義之顧。若是者，極其才而不知所止，不至於顛覆而不已【一】。故盆成括仕於齊，而孟子知其必見殺也。蓋不聞道，則爲才所役；聞道，則有以爲用矣。所謂道者，非它也，理義之存乎人心者也。於此有聞，則其進退語默之際，皆有所據，而才有所不敢恃矣。故夫人之有才，本不足以爲人害，惟其無所本而徒用其才，於是才始足以病已，甚至於有取死之道，反不若魯鈍無才之爲愈也。夫小有才而未聞道者，身且不能保，而爲國者乃信而用之，亡國敗家，其何日之有？」愚按：此才與「有才而驕吝」之「才」同，若所謂「天降之才」，與「不善非才之罪也」、「不能盡其才」，則指其根於性者而言，如才子、才難之才矣。

程子曰：「才與誠一，則周天下之治。」又曰：「才與至誠合，則可以有爲。」愚按：此才指才能而言，誠即德也，近於温公之説。

司馬氏曰：「夫才與德異，而世俗莫之能辨，通謂之賢，此其所以失人也。夫聰察强毅之謂才，正直中和之謂德。才者，德之資也。德者，才之帥也。是故才德兼亡謂之愚人，德勝才謂之君子，才勝德謂之小人。」下文云：「凡取人之術，苟不得聖人、君子而與之，與其得小人，不若得愚人。何則？君子挾才以爲善，小人挾才以爲惡。挾才以爲善者，善無不至矣。挾才以爲惡者，惡亦無不至矣。愚者雖欲爲不善，智不能周，力不能勝，譬之乳狗搏人，人得而制之。小人智足以遂其姦，勇足以决其暴，是虎而翼

【一】而不已　「而」原作「則」，據四庫本改。

者也，其爲害豈不多哉？夫德者人之所嚴，而才者人之所愛，愛者易親，嚴者易踈，是以察者多蔽於才而遺於德。自古昔以來，國之亂臣，家之敗子，才有餘而德不足，以至於顛覆者多矣。故爲國家者，苟能審於才德之分，而知所先後，又何失人之足患哉？」 愚按：聖賢之所謂才，有與德合而言者，有與德分而言者。有才而驕吝、小有才而未聞大道是也。才子之才、才難之才，即所謂德也，然不曰德而曰才者，德專以其本體而言，才兼以其著於用者而言，才子、才難之才，體用之兼全者也。德者何？仁義禮智是也，此所謂體也；才者何？仁義禮智之發是也，此所謂用也。自仁而發則爲惠利，自義而發則爲斷制，自禮而發則爲辨別，自智而發則爲明察，此才也，而皆本乎德也。若夫子所謂「有才而驕吝」，孟子所謂「小有才而未聞大道」，則與德分而言之者也。分而言之，則所謂才者，專指智能技藝而言。周公之才，才之大者也。盆成括之才，才之小者也。才大而驕吝猶不足觀，況小才而未聞大道，其能免於戮乎？此乃深儆世人以智能技藝自矜，而不勉乎德者也。蓋自春秋之後，以才稱者，類不本乎德，故酆舒之不道，而人稱其才，智伯之好亂，而人亦稱其才，其實二人之才，皆盆成括之類，而非八元、十亂之比。聖賢憂之，故不得不析而二之以曉當世，此所謂與德分而言者也。司馬温公之論，以聰察彊毅爲才，正直中和爲德，其信然耶？曰：正直中和蓋合性情之善而言，所謂才之體也。聰察者，智之所形【二】，彊毅者，義之所發，所謂德之用也。然聰察而不苛，彊毅而不暴，即正直也、中和也，即所謂德也。温公以二者謂之才，而不指其本於德，亦其措詞之未備者也。又謂才德兼全謂之聖人，德勝才謂之君子，才勝德謂之小人，其果然邪？曰：以正直中和之體，兼聰察彊毅之用【三】，此所謂全德也。德全則才亦全矣。《中庸》謂：「天下至聖，爲能聰明睿智，足以有臨也。寬裕温柔，足以有容也。發彊剛毅，足以有執也。齊莊中正，足以有敬也。文理密察，足以有别也。」蓋惟聖爲能兼五者之全，非五者之全，則不足以言聖。若大賢以下，則隨其分量，或畧具而未能充，或得其四三而不足於一二。若是者，雖視聖人爲有間，然亦不失爲君子之才，故《臯陶謨》有六德、三德之分，小大不同，皆適於用。若夫似聰察而實小慧，似彊毅而實暴猛，此世俗之所謂才，而質諸賢聖之論，則正所謂不才者也。蓋才本於德，雖有所未備，不害爲君子。才不本乎德，雖有所可喜，不免爲小人。以是

【二】智之所形　「形」，四庫本、乾隆本作「明」。

【三】聰察彊毅　「察」後原衍「彊察」二字，據四庫本删。

而觀，則君子、小人之分定矣。大抵温公之於此，纖悉委曲，雖有所未周，而其立論之大指終有補於世。學者於其言之當者，固無所復議，而其所未周者，亦不可不致思也。然德根於性者也，性無不善，而德與才乃有偏全之異，何邪？曰：此所謂氣質之性也。前《性命》篇論之詳矣。今夫木一也，而有松栢之材，有樗櫟之才。松栢之才，稟之善者也，樗櫟之才，稟之惡者也，故莊子以松栢爲受命之獨，而謂櫟社之木爲不才。人之才不才亦猶是也，然物之稟一定而不移，人之性雖失而可復，故學進則德進，德進而才亦進矣。是又學者之所當勉，故併著之於此云。

右兼論才德

子張曰：「執德不弘，信道不篤，焉能爲有？焉能爲亡？」朱子曰：「有所得而守之太狹，則德孤；有所聞而信之不篤，則道廢。焉能爲有、亡，猶言不足爲輕重。」或問：「弘之爲寬廣，奈何？」曰：「此以人之量而言也。蓋人之所以體道者存乎德，而其所以執德者存乎量，量有大小之不同，故人之所以執德，有弘而有不弘也。夫總羣言、該衆理，而不自以爲博；兼百善、具衆美，而不自以爲得；知足以周萬物，而於天下之事，有不深察；才足以濟衆務，而於天下之事，有不屑爲；恢恢乎其胸中常若有餘地焉。此非其量之大，則其所以執德者，孰能如是之寬廣而不迫哉？《易》所謂『寬以居之』，而曾子所謂『可以任天下之重』者，正謂此耳。其量之小者，一善之得，則先爲主，而若不可以有所容；一事之當，則喜自負，而若不可以有所加；小有知，則必欲用其知；小有才，則必欲試其才。所謂執德不弘者，蓋如此。雖其所守之固若不可奪，然亦安能爲有亡哉？」黄氏曰：「《或問》以寬廣爲弘，乃《集注》未改之前之説，然與今《集注》之意，實相通而有所發明，故不得而不存也。篤，堅確也。《易》所謂『確乎不拔』，而曾子所謂『死而後已』者，正謂此耳。觀子張之二言，則爲學之道，信非褊心狹量、質薄氣弱者之所可及也。」執德須弘，不可道已得此道理，不信更有道理。須是既下工夫，又下工夫。已理會，又理會。若只理會得三二分，便以謂只消恁地也得。如此者，非是無，只是不弘，故子張云「焉能爲有，焉能爲亡」【四】。弘便知道理儘有，自家心下儘有

【四】故子張云　「張」原作「夏」，據乾隆本、四庫本改。

地步，寬闊著得他在。問「執德不弘」。先生曰：「言其不廣也。纔狹隘，則容受不得。不特是不能容人，自家亦自不能容。故纔有片善，必自矜；見人之善，必不好；人告之以過，亦不受。從狹隘上生萬般病痛。」南軒曰：「執德弘，則進德有地；信道篤，則志道不回。苟惟不然，雖有爲善之心，亦若存若亡，不能爲有亡也。」程子曰：「信道不篤，則執德無由弘。」志道據德，已見《言仁》篇。

周子曰：「動而正曰道，朱子曰：「動之所以正，以其合乎衆所共由之道也。」用而和曰德。用之所以和，以其得道於身，而無所待於外也。匪仁、匪義、匪禮、匪智、匪信，悉邪也。所謂道者五常而已，非此則其動也邪矣。邪動，辱也。甚焉，害也。無得於道，則其用不和矣。故君子慎動。」動必以正，則和在其中矣。

右兼言道德

按：道德二字並言，始見於禹誓師之詞，曰：「蠢茲有苗，昏迷不恭，侮慢自賢，反道敗德。」道者常行之正路，背之，故言反；德者固有之實理，失之，故言敗。然其所以反之、敗之之由，則昏迷不恭、侮慢自賢而已。然則敬慢之分，天理人欲之所由判歟？又老子曰：「失道而後德，失德而後仁，失仁而後義，失義而後禮。」非知道德者也，其辨見《異端》篇。

《書》帝曰：「人心惟危，道心惟微，惟精惟一，允執厥中。」朱子曰：「蓋自上古聖神繼天立極，其道統之傳有自來矣。其見於經，則『允執厥中』者，堯之所以授舜也。『人心惟危，道心惟微，惟精惟一，允執厥中』者，舜之所以授禹也。堯之一言，至矣，盡矣。舜復加之以三言者，蓋必如是而後，堯之言可庶幾也。」餘見《道心》篇。《論語》堯曰：「咨！爾舜！天之歷數在爾躬，允執其中。」舜亦以命禹。朱子曰：「允，信也。中者，無過不及之名。」或問云云，曰：「聖賢所言中有二義，大本云者，喜怒哀樂未發之時之理，其氣象如此也；

中庸云者，理之在事而無過不及之地也。此曰『允執其中』，蓋以其在事者而言，若天下之大本，則不可得而執矣。且聖人之道，時止時行，夫豈專以塊然不動者爲是而守之哉？」

《仲虺之誥》：王懋昭大德，建中于民，以義制事，以禮制心。孟子曰：「湯執中。」林氏曰：「德貴乎日新，故勉之以懋昭大德。民受天地之中以生，惟其因物有遷，故陷溺而不知返。聖人先得人心之所同，故揭以示之昭大德者，是乃所以建中也。而爲王氏學者，乃曰懋昭大德者，所以極高明而處乎己，建中於民者，所以道中庸而同乎人。夫高明中庸，豈可分爲二致耶？」蔡氏曰：「中者，天下之所同有也。然非君建之，則民不能以自中。而禮義者，所以建中者也。義者，心之裁制；禮者，理之節文。以義制事，則事得其宜；以禮制心，則心得其正。內外合德，而中道立。」

《酒誥》：丕惟曰爾克永觀省，作稽中德。上文曰：「庶士有正越庶伯君子，其爾大克羞耇惟君，爾乃飲食醉飽云云。爾尚克羞饋祀，爾乃自介用逸。」按：此乃武王誥教庶正庶伯之詞，欲其能長自觀省，每有動作，必稽乎中德，無過與不及也。中德，即中道也，即身而言則曰中德，即事而言則曰中道。

穆王命君牙爲大司徒，曰：「弘敷五典，式和民則。爾身克正，罔敢弗正；民心罔中，惟爾之中。」愚按：自堯、舜、禹相授以中道爲出治之本，三代聖賢之君率而循之。成王之命蔡仲曰：「康濟小民，率自中。」至穆王此言，尤得建中於民之意。至《吕刑》之作，一曰中，二曰中，蓋用刑之際，小有過差，則民有不得其死者。以穆王耄荒而猶知此理，豈非去文、武、成王爲未遠，猶有得於見聞之舊歟！

《易·乾·文言》九二曰：龍德而正中者也。程子曰：「以龍德而處正中者也。在卦之正中，爲得正中之義。」九三：重剛而不中。九四同。按：《易》以二、五爲中，故九二曰「龍德正中」，九五曰「飛龍在天」，皆以得中故也。初則勿用，三則危，四則或上則有悔，夫《乾》天德，聖人之事也。必以中爲貴，以不中爲戒，則天下之至善，豈有過於中乎？今以諸卦言中之義，附於此。「蒙亨，以亨行時中也。」程子曰：「蒙之能亨，以亨道行也，所謂亨道時中也。時謂得君之應，中謂處得其中，得中則時也。」按：本卦坎下艮上，六五下應，九二、六五爲蒙之主，九二發蒙者也，故程子云然。「需位乎天位，以正中也。」九五：「需於酒食，貞吉。」《象》曰：「酒食貞吉，以中正也。」程子曰：「以五得中正，而盡其道也。」按：本卦乾下坎上。「訟利見大人，尚中正也。」九五：「訟元吉。」程子曰：「以中正居尊位，治訟者也。治訟得其中正，所以元吉也。元吉，大吉而盡善也。吉大而不盡善者有矣。」本卦坎下乾上。

《師》九二：「在師中吉。」六五《象》曰：「長子帥師，以中行也。」程子曰：「長子，謂二以中正之德合於上，而受任以行，爲得其宜也。」本卦坎下坤上。《比》：「原筮元永貞，无咎，以剛中也。」程子曰：「推原筮决相比之道，得元永貞而後可以无咎。所謂元永貞，如五是也。以陽剛居中正，盡《比》之善者也。以陽剛當尊位爲君德，元也。居中得正，能永而貞也。卦辭本泛言《比》道，《彖》言『元永貞』者，九五以剛處中正故也。」九五：「顯比，王用三驅失前禽，邑人不誡，吉。」《象》曰：「顯比之吉，位正中也。」程子曰：「顯比所以吉者，以其所居之位得正中也。處正中之地，乃由正中之道也。《比》以不偏爲善，故云正中。凡言正中者，其處正得中也，《比》與《隨》是也。言中正者，得中與正也，《訟》與《需》是也。」按：本卦坤下坎上。《小畜》：「剛中而志行，乃亨。」程子曰：「二五居中，『剛中』也。陽性上進，下復乾體，志在於行也。剛居中，爲剛而得中，又爲中剛，言畜陽則以柔巽，言能亨則由剛中。以成卦之義言，則爲陰畜陽。以卦才言，則陽爲剛中。」按：本卦乾下巽上，二五皆陽爻，六四爲主。《履》：「剛中正，履帝位而不疚，光明也。」程子曰：「九五以陽剛中正，尊履帝位，苟無疚病，則履道之至善，光明者也。」按：本卦兑下乾上。《泰》九二：「包荒，用馮河，不遐遺，朋亡，得尚于中行。」程子曰：「四者處泰之道也。包荒，謂有包容荒穢之量。用馮河，謂以剛果之道，以濟深越險也。不遐遺，謂不遺事之微隱與賢才之在僻陋者。朋亡，謂絶去朋比之私。有此四者，則能合於九二之德，故曰得尚於中行，言能配合中行之義。尚，配也。」六五：「以祉元吉，中以行願也。」程子曰：「所以能獲祉福且元吉者，由其以中道合而行其素願也。有中德，所以能任剛中之賢，所聽從者皆其志願也。」剛中之賢謂九二，按本卦乾下坤上。　《同人》：「柔得中而應乎乾，曰同人。」程子曰：「柔得位，謂二以陰居陰，得其正位也。五，中正，而二以中正應之【五】，得中而應乎乾也。五，剛健中正，而二以柔順中正應之，各得其正，其德同也，故爲同人。」《象》曰：「文明以健，中正而應，君子正也。」按：本卦離下乾上。　《大有》：「柔得尊位大中，而上下應之曰大有。」程子曰：「五以陰居君位，柔得尊位也，處中得大中之道也，爲諸陽所宗，上下應之也。夫居尊執柔，固衆之所歸也，而又有虚中文明之德，故上下同志應之，所以爲大有也。」按：本卦乾下離上。　《豫》六二：「介於石，不終日，貞吉。」《象》曰：「不終日，貞吉，以中正也。」程子曰：「能不終日而貞且吉者，以有中正之德也。中正故其守堅，而能辨之早，去之速。爻言六二處豫之道，爲教之意深矣。」按：本卦坤下震上。

《蠱》九二：「幹母之蠱，不可貞。」《象》曰：「幹母之蠱，得中道也。」程子曰：「二得中道而不過剛，幹母蠱之善者也。」不可貞之義已見前。按：本卦巽下艮上。　《臨》六五：「知臨，大君之宜，吉。」《象》曰：「大君之宜，行中之謂也。」程子曰：「君臣道合，蓋以氣類相求。五有中德，故能倚任剛中之賢，得大君之宜，成知臨之功，蓋由行其中德也。人君之於賢才，非道同德合，豈能用也？」按：本卦兑下坤上。　《觀》：「大觀在上，順而巽，中正以觀天下」。程子曰：「五居尊位，以剛陽中正之德，爲下所觀，其德甚大，故曰大觀在上。下坤而上巽，是能順而巽也。五居中正，以巽順中正之德爲觀於天下也。」按：本卦坤下巽上。　《噬嗑》：「柔得中而上行，雖不當位，利用獄也。」程子曰：「六五以柔居中，爲用柔得中之義。上行，謂居尊位。雖不當位，謂以柔居五爲不當。而利於用獄者，治獄之道，全剛則傷於嚴暴，過柔則失於寬縱，五爲用獄之主，以柔處剛而得中，得用獄之宜也。以柔居剛爲利用獄，以剛居柔爲利否。曰剛柔，質也。居，用也。用柔非治獄之宜也。」按：本卦震下離上。　《大畜》九二：「輿説輹。」《象》曰：「輿説輹，中无尤也。」程子曰：「二爲六五所畜止，勢不可進也。五據在上之勢，豈可犯也？二雖剛健之體，然其處得中道，故進止無失，雖志於進，度其勢之不可，則止而不行，如車輿説去輪輹，謂不行也。動不失宜，故無過尤也。善莫善於剛中，柔中

【五】二以中正應之　「二」字原脱，據《伊川易傳》卷一補。

者不至於過柔耳。剛中，中而才也。」按：本卦乾下艮上。《大過》：「剛過而中，巽而説行，利有攸往，乃亨。」程子曰：「言卦才之善也。剛雖過，而二五皆得中，是處不失中道也。下巽上兑，是以巽順和説之道而行也。在大過之時，以中道巽説而行，故利有攸往，乃所以能亨也。」

《習坎》：「維心亨，乃以剛中也。」程子曰：「維其心可以亨通者，乃以其剛中也。中實爲有孚之象。至誠之道何所不通？以剛中之道而行，則可以濟險難而亨通也。」《離》：「柔麗乎中正，故亨，是以畜牝牛，吉。」程子曰：「二五以柔順麗於中正，所以能亨。人能養其至順，以麗中正，則吉，故曰畜牝牛吉也。或曰：『二則中正也，五以陰居陽，得爲正乎？』曰：『離主於所麗。五，中正之位，六，麗於正位，乃爲正也。』」六二：「黄離，元吉。」《象》曰：「黄離元吉，得中道也。」程子曰：「二居中得正，麗於中正也。黄，中之色，文之美也。文明中正，美之盛也，故云黄離。以文明中正之德，上同於文明中順之君，其明如是，所麗如是，大善之吉也。」又曰：「所以得元吉者，以其得中道也。不云正者，離以中爲重，所以成文明，由中也，正在其中矣。」

《恒》九二：「悔亡。」《象》曰：「九二悔亡，能久中也。」程子曰：「在恒之義，居得其正，則常道也。九，陽爻，居陰位，非常理也。處非其常，本當有悔，而九二以中德而應於五，五復居中，以中而應中，其處與動，皆得中也，是能恒久於中也。能恒久於中，則不失正矣。中重於正，中則正矣，正不必中也。九二以剛中之德而應於中，德之勝也，足以亡其悔也。」又曰：「所以得悔亡者，由其能恒久於中也。人能恒久於中，豈止亡其悔，德之善也。」按：本卦巽下震上。《大壯》九二：「貞吉。」《象》曰：「九二貞吉，以中也。」程子曰：「二雖以陽剛當大壯之時，然居柔而處中，是剛柔得中，不過於壯，得貞正而吉也。」又曰：「所以貞正而吉者，以其得中道也。中則不失正，況陽剛而乾體乎？」按：本卦乾下震上。《晉》六二：「晉如愁如，貞吉。受兹介福，于其王母。」《象》曰：「受兹介福，以中正也。」程子曰：「六二在下，上無應援，以中正柔和之德，非强於進者也，故於進爲可憂愁，如謂其進之難也。然守其貞正，則當得吉。王母，祖母也，謂陰之至尊者，指六五也。二以中正之道自守，雖上無應援，不能自進，然其中正之德，久而必彰，上之人自當求之。

蓋六五大明之君與之同德，必當求之，加之寵禄，受介福於王母也。介，大也。」又曰：「受茲介福，以中正之道也。人能守中正之道，久而必亨，况大明在上而同德，必受大福也。」按：本卦坤下離上。　《睽》：「柔進而上行，得中而應乎剛，是以小事吉。」程子曰：「方睽乖之時，六五以柔居尊位，有説順麗明之善，又得中道而應剛，雖不能合天下之睽，成天下之大事，亦可以小濟，是以於小事吉也。五以明而應剛，不能致大吉，何也？曰：五，陰柔，雖應二，而睽之時，相與之道未能深固，故二必遇主于巷，五噬膚則无咎也。天下睽散之時，必君臣剛陽中正，至誠協力而後合也。」按：本卦兑下離上。《蹇》：「利西南，往得中也。不利東北，其道窮也。」程子曰：「蹇之時，利於處平易。西南坤方爲順易，東北艮方爲險阻。九上居五而得中正之位，是往而得平易之地，故爲利也。」九五：「大蹇朋來。」《象》曰：「大蹇朋來，以中節也。」程子曰：「五居君位，而在蹇難之中，是天下之大蹇也。當蹇而又在險中，亦爲大蹇。大蹇之時，而二在下以中正相應，是其朋助之來也。方天下之蹇，而得中正之臣相輔，其助豈小也。得朋來而無吉，何也？曰：未足以濟蹇也。二之中正，固有助矣，欲以陰柔之助，濟天下之難，非所能也。」又曰：「上下中正而弗濟者，臣之才不足也。」按：本卦艮下坎上。　《解》九二：「田獲三狐，得黄矢，貞吉。」《象》曰：「九二貞吉，得中道也。」程子曰：「九二以陽剛得中之才，上應六五之君，用於時者也。天下小人常衆，剛明之君在上，則明足以照之，威足以懼之，剛足以斷之，故小人不敢用其情，然猶常存警戒，慮其有間而害正也。六五以陰柔居尊位，其明易蔽，其威易犯，其斷不果而易惑，小人一近之，則移其心矣。况難方解而治之初，其變尚易。二既當用，必須能去小人，則可以正君心而行其剛中之道。田者，去害之事。狐者，邪媚之獸。三狐指卦之三陰，時之小人也。獲謂能變化除去之，如田之獲狐也，獲之則得中直之道，乃貞正而吉也。黄，中色。矢，直物。黄矢謂中直也。羣邪不去，君心一入，則中直之道無由行矣。桓敬之不去武三思是也。」又曰：「所謂貞吉者，得其中道也。除去邪惡，使中直之道得行，乃正而吉也。」按：本卦坎下震上。

《損》九二：「利貞，征凶，弗損益之。」《象》曰：「九二利貞，中以爲志也。」程子曰：「二以剛中，當損剛之時，居柔而説體，上應六五陰柔之君，以柔説應上則失其剛中之德，故戒所利在貞正也。征，行也。離乎中，則失其貞正而凶矣，守其中乃貞也。弗損益之，不自損其剛貞，則能益其上，乃益之也。若失其剛貞，而用柔説，適足以損之而已，非損己而益上也。世之愚者，有雖無邪心而唯知竭力順上爲忠也，蓋不知弗損益之義也。」又曰：「九居二非正也，處説非剛也，而得中爲善。若守其中德，何有不善？豈有中而不正者，豈有中而有過者？所謂利貞，謂以中爲志也。志存乎中，則自正矣。大率中重於正，中則正矣，正不必中也。能守中，則有益於上矣。」按：本卦兑下艮上。《益》：「利有攸往，中正有慶。」程子曰：「五以剛陽中正居尊位，二復以中正應之，是以中正之道益天下，天下受其福慶也【六】。」六三：「益之用凶事，无咎。有孚中行，告公用圭。」程説已見《專言信》篇。六四：「中行告公從，利用爲依遷國。」程子曰：「四當益時，處近君之位，居得其正，以柔巽乎上，而下順應於初之剛陽，如是可以益於上也。唯處不得其中，而所應又不中，是不足於中也。故云：若行得中道，則可以益於君上，告於上而獲從矣。以柔巽之體，非有剛特之操，故利用爲依。遷國爲依，依附於上也。遷國，順下而動也。上依剛中之君而致其益，下順剛陽之才以行其事，利用如是也。自古國邑，民不安其居則遷，遷國者，順下而動也。」按：本卦震下巽上。

《夬》九二：「惕號，莫夜有戎勿恤。」《象》曰：「有戎勿恤，得中道也。」程子曰：「夬者，陽決陰，君子決小人之時，不可忘戒備也。陽長將極之時，而二處中居柔，不爲過剛，能知戒備，處夬之至善者也。內懷兢惕，而外嚴誡號，雖暮夜有兵戎，亦可勿恤矣。」又曰：「暮夜有兵，可懼之甚也，然可勿恤者，以自處之善也。既得中道，又知惕懼，何事之足恤也？九居二，雖得中，然非正，其爲至善，何也？曰：陽決陰，君子決小人，而得中，豈有不正也？」九五：「莧陸夬夬，中行无咎。」《象》曰：「中行无咎，中未光也。」程子曰：「五雖剛陽中正，居尊位，然切近於上六，上六説體而卦獨一陰【七】，陽之所比也。五爲決陰之主，而反比之，其咎大矣，故必決。其決如莧陸然，則於其中行之德，爲无咎也。中行，中道也。莧陸，今所謂馬齒莧是也。曝之難乾，感陰氣之多者也，而脆易折。五若如莧陸，雖感於陰而決斷之易，則於中行無過咎矣，不然則失其中正也。感陰多之物，莧陸爲易斷，故取爲象。」又曰：「卦辭言夬夬，則於中行爲无咎矣。《象》復盡其義，曰：中未光也。夫人心正意誠，乃能極中正之道而篤實光輝。五心有所比，以義之不可而決之，雖行於

【六】天下受其福慶　「天下」原脱，據《伊川易傳》卷六補。

【七】上六説體　「上六」原脱，據《伊川易傳》卷六補。

外，不失中正之義，可以无咎，然於中道，未得爲光大也【八】。蓋人心一有所欲，則離道矣。夫子於此，示人意深矣。」按：本卦乾下兑上。

《姤》：「剛遇中正，天下大行也。」程子曰：「以卦才言也。五與二皆以陽剛居中與正，以中正相遇也。君得剛中之臣，臣遇中正之君，君臣以剛陽遇中正，其道可以大行於天下矣。」　九五：「以杞包瓜，含章，有隕自天。」《象》曰：「九五含章，中正也。」程子曰：「九五，下亦無應，非有遇也。然得遇之道，故終必有遇。夫上下之遇，由相求也。杞，高木而葉大。處高體大，而可以包物者，杞也。美實之在下者，瓜也。美而居下，賢者側微之象也【九】。九五尊居高位，而下求賢才，以至高而求至下，猶以杞葉而包瓜，能自降屈如此，又其内藴中正之德，充實章美，人君如是，則無有不遇所求者也。雖屈己求賢，若其德不正，賢者不屑也。故必含蓄章美，内積至誠，則有隕自天矣，猶云自天而降，言必得之也。自古人君至誠降屈，以中正之道，求天下之賢，未有不遇者也。高宗感於夢寐，文王遇於漁釣，皆由是道也。」又曰：「所謂含章，謂其含藴中正之德也。德充實，則成章而有輝光。」按：本卦巽下乾上。

《萃》：「聚也，順以説，剛中而應，故聚也。」程子曰：「萃之義，聚也。順以説，以卦才言也。上説而下順，爲上以説道使民，而順於人心。下説上之政令，而順從於上。既上下順説，又陽剛處中正之位，而下有應助，如此故能聚也。欲天下之萃，才非如是不能也。」六二：「引吉，无咎。」《象》曰：「云云，中未變也。」程子曰：「引者相牽也。人之交，相求則合，相持則離。二與五爲正應，當萃者也，而相遠，又在羣陰之間，必相牽引，則得其萃矣。五居尊位，有中正之德，二亦以中正之道往與之萃，乃君臣和合也。其所共致，豈可量也？是以吉而无咎。」又曰：「萃之時，以得聚爲吉，故九四爲得上下之萃。二與五雖正應，然異處有間，乃當萃而未合者也，故能相引而萃，則吉而无咎。以其有中正之德，未遽至改變，變則不相引矣。」或曰：「二既有中正之德，而《象》云未變，辭若不足，何也？」曰：「羣陰比處，乃其類聚。方萃之時，居其間，能自守不變，遠須正應，剛立者能之。二，陰柔之才，以其有中正之德，可覬其未至於變耳，故《象》含其意以存戒也。」按：本卦坤下兑上。

《升》：「柔以時升，巽而順，剛中而應，是以大亨。」程子曰：「柔升謂坤上行也。巽既體卑而就下，坤乃順時而上升以時也。謂時當升也。柔既上而成升，則下巽而上順，以巽順之道升，可謂時矣。二

【八】得爲光大　「光」原爲「先」，據四庫本、乾隆本改。

【九】賢者側微之　「者」原作「才」，據四庫本改。

以剛中之道應於五，五以中順之德應於二，能巽而順，其升以時，是以元亨也。」按：本卦坤上巽下。

《困》：「貞大人吉，以剛中也。」程子曰：「困而能貞大人，所以吉也，蓋其以剛中之道也。五與二是也。非剛中，則遇困而失其正矣。」九二：「困于酒食。」《象》曰：「云云，中有慶也。」程子曰：「酒食，人所欲所以施惠也。二以剛中之才，而處困之時，未能施惠於人。然守其剛中之德，必能致亨而有福慶也。雖使時未亨通，守其中德，亦君子之道，亨乃有慶也。」按：本卦坎下兑上。

《井》：「巽乎水而上水，井。井養而不窮也。改邑不改井，乃以剛中也。」程子曰：「巽入於水下而上其水者，井也。井之養於物，不有窮已，取之而不竭，德有常也。邑可改，井不可遷，亦其德之常也。二五之爻，剛中之德，其常乃如此，卦之才與義合也。」九五：「井洌寒泉食。」《象》曰：「寒泉之食，中正也。」程子曰：「五以陽剛中正，居尊位，其才其德盡善盡美，井洌寒泉食也。洌【一〇】，謂甘潔。甘潔而寒，可爲人食，於井道爲至善也。九五中正之德，爲至善之義。」按：本卦巽下坎上。

《鼎》：「巽而耳目聰明，柔進而上行，得中而應乎剛，是以元亨。」程子曰：「下體巽，爲巽順於理。離明而中虚於上，爲耳目聰明之象。凡離在上者，皆云柔進而上行。柔，在下之物，乃居尊位，進而上行也。以明居尊，而得中道，應乎剛，能用剛陽之道也。五居中，而又以柔而應剛，爲得中道。其才如是，所以能元亨也。」六五：「鼎黄耳金鉉，利貞。」《象》曰：「鼎黄耳，中以爲實也。」程子曰：「五在鼎上，耳之象也。鼎之舉措在耳，爲鼎之主也。五有中德，故云黄耳。鉉，加耳者也。二應於五，來從於耳者，鉉也。二有剛中之德，陽體剛中色黄，故爲金鉉【一一】。五文明得中而應剛，二剛中巽體而上應，才無不足也，相應至善矣，所利在貞固而已。六五居中應中，不至於失正，而質本陰柔，故戒以貞固於中也。」又曰：「六五以得中爲善，是以中爲實德也。五之所以聰明應剛，爲鼎之主，得鼎之道，皆由得中也。」

《震》六五：「震往來厲，億無喪有事。」《象》曰：「震往來厲，危行也，其事在中，大無喪也。」程子曰：「六五雖以陰居陽，不當位爲不正，然以柔居剛，又得中，乃有中德者也。不失中，則不違於正矣，所以中爲貴也。諸卦：二五雖不當位，多以中爲美。三四雖當位，或以不中爲過，中常重於正也。蓋中則不違於正，正不必中也。天下之理，莫善於中，於

【一〇】洌　「洌」原作「列」，據《伊川易傳》卷六改。

【一一】故爲金鉉　「爲」字原脱，據《伊川易傳》卷六補。

六二、六五可見。五之動，上往則柔，不可居動之極，下來則犯剛，是往來皆危也。當君位，爲動之主，隨宜應變，在中而已，故當臆度，無喪失其所有事而已。所有之事，謂中德。苟不失中，雖有凶，不至於凶也。臆度，謂圖慮求不失中也。五所以危，由非剛陽而無助。若以剛陽有助爲動之主，則能亨矣。往來皆危，時則甚難，但期於不失中，則可自守，以柔主動，固不能致亨濟也。」又曰：「往來皆厲，行則有危也。動皆有危，唯在無喪其中而已。大無喪，以無喪爲大也。」上六：「震索索，視矍矍，征凶。」《象》曰：「震索索，中未得也。」程子曰：「索索，消索不存之狀，謂其志氣如是。六以陰柔居震動之極，其驚懼之甚，志氣殫索也。矍矍，不安定貌。志氣索索，則視瞻回徨。以陰柔不中正之質，而處震動之極，故征則凶也。所以恐懼自失如此，以未得於中道也。使之得中，則不至於索矣。」

《艮》六五：「艮其輔，言有序，悔亡。」《象》曰：「艮其輔，以中正也。」程子曰：「五，君位，艮之主也，主天下之止者也，而陰柔之才，不足以當此義，故止以在上取輔之義言之。人所當止而止者，唯言行也。五在上，故以輔言。輔，言之所由出也。艮於輔，則不妄出而有序也。言輕發而無序，則有悔。止之於輔，則悔亡也。有序，中節有次序也。」又曰：「五之所善者，中也。艮其輔，謂止於中也。言以得中爲正，止之於輔，使不失中，乃得正也。」「漸其位，剛得中也。」程子曰：「所謂位者，五以剛陽中正，得尊位也。」本卦艮下巽上。《歸妹》六五：「帝乙歸妹，其君之袂，不如其娣之袂良。」《象》曰：「云云，其位在中，以貴行也。」説見《夫婦》篇，本卦兑下震上。《旅》：「小亨，柔得中乎外而順乎剛，止而麗乎明，是以小亨旅貞吉也。」程子曰：「六上居五，柔得中乎外也。麗於上下之剛，順乎剛也。下艮止，上離麗，止而麗乎明也。柔順而得在外之中，所止能麗於明，是以小亨，得《旅》之貞正而吉也。」按：本卦艮下離上。

《巽》：「剛巽乎中正而志行，柔皆順乎剛，是以小亨。」程子曰：「以卦才言也。陽剛居巽而得中正，巽順於中正之道也。陽性上，其志在以中正之道上行也。又上下之柔，皆巽順於剛，其才如是，雖内柔可以小亨也。」九二：「巽在牀下，用史巫紛若，吉无咎。」《象》曰：「紛若之吉，得中也。」程子曰：「二居巽時，以陽處陰而在下，過於巽者也。牀，人之所安。巽在牀下，是過於巽，過所安矣。人之過於卑巽，非恐怯則諂説，皆非正也。二實剛中，雖巽體而居柔，爲過於巽，非有邪心也。史巫，通誠意於神明者也。紛若，多也。苟至誠安於謙巽，能使通誠意者多，則吉而无咎，謂其誠足以動人也。人不察其誠意，則以過巽爲諂矣。」又曰：「二以居柔在下，爲過巽之象，而能使通其誠意者衆多紛然，由得中也。陽居中，爲中實之象。中既誠實，則人自當信之，所以吉而无咎。」九五：「貞吉，悔亡。」《象》曰：「九五之吉，位正中也。」程子曰：「九五之吉，以處正中也。得正中之道則吉，而其悔亡也。正中，謂無過無不及，正得其中也。處柔巽與出命令，唯得中爲善，失中則悔也。」

《節》：「亨，剛柔分而剛得中。」程子曰：「節之道，自有亨義，事有節則能亨也。又卦之才，剛柔分處，剛得中而不過，亦所以爲節，所以能亨也。」九五：「甘節，吉，往有尚。」《象》曰：「甘節之吉，居位中也。」程子曰：「九五剛中居尊位，爲節之主，所謂當位以節，中正以通者也。在己則安，行天下則説，從節之甘美者也，其吉可知。以此而行，故可嘉尚。」又曰：「既居尊位，又得中道，所以吉而有功。節以中爲貴，得中則正矣，正不能盡中也。」按：本卦兑下坎上。　《中孚》：「柔在内而剛得中。」程子曰：「二柔在内，中虚，爲誠之象。二剛得上下體之中，中實爲孚之象，所以爲中孚也。」按：本卦兑下巽上。　《小過》：「柔得中，是以小事吉也。剛失位而不中，是以不可大事。」程子曰：「柔得中，二五居中也。陰柔得位，能致小事吉耳，不能濟大事也。剛失位而不中，是以不可大事，大事非剛陽之才不能濟，三不中，四失位，是以不可大事。小過之時，自不可大事，而卦才又不堪大事，與時合也。」按：本卦艮下震上。

《既濟》：「初吉，柔得中也。」程子曰：「二以柔順文明而得中，故能成既濟之功。二居下體，方濟之初也，而又善處，是以吉也。」　九二：「婦喪其茀勿逐，七日得。」《象》曰：「七日得，以中道也。」程子曰：「二以文明中正之德，上應九五剛陽中正之君，宜得行其志也。然五既得尊位，時已既濟，無復進而有爲矣，則於在下賢才，豈有求用之意？故二不得遂其行也。自古既濟而能用人者鮮矣。以唐太宗之用言，尚怠於終，況其下者乎？於斯時也，則剛中反爲中滿，坎離乃爲相戾矣。二，陰也，故以婦言。茀，婦人出門以自蔽者也。喪其茀，則不可行矣。二不爲五之求用，則不得行，如婦之喪茀也。然中正之道，豈可廢也？時過則行矣。逐者從物也，從物則失其素守，故戒勿逐。自守不失，則七日當復得也。卦有六位，七則變矣。七日得，謂時變也。雖不爲上所用，中正之道，無終廢之理，不得行於今，必行於異時也。聖人之勸戒深矣。」又曰：「中正之道，雖不爲時所用，然無終不行之理，故喪茀七日當復得，謂自守其中，異時必行也。不失其中，則正矣。」按：本卦離下坎上。

《未濟》：「亨，柔得中也。」程子曰：「以卦才言也。所以能亨者，以柔得中也。五以柔居尊位，居剛而應剛，得柔之中也。剛柔得中，處未濟之時，可以亨也。」九二：「曳其輪，貞吉。」《象》曰：「九二貞吉，中以行正也。」程子曰：「在它卦，九居二爲居柔得中，無過剛之義。於《未濟》，聖人深取卦象以爲戒，明事上恭順之道。餘已見《君臣》篇。又曰：「九二得正而吉者，以曳輪而得中道乃正也。」按：《易》之言中，惟在二五。蓋必所居之位得中，而後所行之道得中。所居之位體也，所行之道用也，有體斯有用矣。

《論語》子曰：「中庸之爲德，其至矣乎！民鮮久矣。」朱子曰：「中者，無過不及之名。庸，常也。言民鮮此德，今已久矣。」南軒曰：「德合於中庸，則至當無以復加矣。中者，言其理之無過不及也；庸者，言其可常而不易也。世衰道微，民汨於私意以淪胥其常性，鮮有是德久矣。夫子蓋歎之也。」

子貢問：「師與商也孰賢？」子曰：「師也過，商也不及。」朱子曰：「子張才高意廣，而好爲苟難，故常過中。子夏篤信謹守，而規模狹隘，故常不及【一二】。」曰：「然則師愈與？」「愈猶勝也。子曰：「過猶不及。」道以中庸爲至。賢智之過，雖若勝於愚不肖之不及，然其失中則一也。尹氏曰：「中庸之爲德也，其至矣乎！夫過與不及，均也。差之毫釐，繆以千里，故聖人之教，抑其過，引其不及，歸於中道而已。」或問：「楊、墨之學，出於師、商，信乎？」曰：「胡氏論之當矣。其言曰：『楊朱即莊周所謂楊子居者，與老聃同時。墨翟又在楊朱之前，宗師大禹，而晏嬰學之者也。以爲出於二子者，則其考之不詳甚矣。』」愚按：賢智之過，愚不肖之不及，朱子蓋泛言之，非指子夏而言也。南軒曰：「子張高明，故常開擴。子夏敦篤，故常收斂。開擴則未免有過，收斂則未

【一二】故常不及　「及」原作「乃」，據四庫本、《論語集注大全》卷十一改。

免有不及。然二子之過不及甚微，特未得其中而已。夫子謂猶不及，過與不及，爲未得其中則均也。今以《論語》所載二子之言行觀之，其所爲過與不及者，蓋亦可得而見矣。」按：下章求退故進之，由兼人故退之，朱子以爲一進一退，所以約之於義理之中，而使無過不及之患，亦此意。别見《教人》篇。

子曰：「不得中行而與之，必也狂狷乎？狂者進取，狷者有所不爲也。」朱子曰：「行，道也。狂者，志極高而行不掩。狷者，知不及而守有餘。聖人本欲得中道之人而教之，然既不可得，而徒得謹厚之人，則未必能自振拔而有爲也。故不若得此狂狷之人，猶可因其志節，而激厲裁抑之以進於道，非與其終於此而已矣。」南軒曰：「中行，謂中道上行。狂者所見高明，而行有未及乎其見。狷者所守堅確，而見有未得乎其理。不得中行，則斯二者亦可以與之進而裁之於中也。蓋狂者力行以踐之，則其見不差。狷者致知以明之，則其守不失，其中可得矣。」

《中庸》：程子曰：「不偏之謂中，不易之謂庸。中者天下之正道，庸者天下之定理。此篇乃孔門傳授心法，子思恐其久而差也，故筆之於書以授孟子。其書始言一理，中散爲萬事，末復合爲一理，放之則彌六合，卷之則退藏於密，其味無窮，皆實學也。善讀者玩索而有得焉，則終身用之有不能盡者也。」朱子曰：「中者，不偏不倚、無過不及之謂。庸，平常也。」問：「名篇之義，程子專以不偏爲言，吕氏專以無過不及爲説，二者固不同矣，子乃合而言之，何也？」曰：「中一名而有二義，程子固言之矣。今以其説推之，不偏不倚云者，程子所謂在中之義，未發之前、無所偏倚之名也。無過不及者，程子所謂中之道也，見諸行事，各得其中之名也。蓋不偏不倚，猶立而不近四旁，心之體，地之中也。無過不及，猶行而不先不後，理之當，事之中也。故於未發之大本，則取不偏不倚之名，於已發而時中，則取無過不及之義，語固各有當也。然方其未發，雖未有無過不及之可名，而所以爲無過不及之本體，實在於是；及其發而得中也，雖其所主不能不偏於一事，然其所以無過不及者，是乃無偏倚者之所爲，而於一事之中，亦未嘗有所偏倚也。故程子又曰：『言和，則中在其中；言中，則含喜怒哀樂在其中。』而吕氏亦云：『當其未發，此心至虛，無所偏倚，故謂之中；以此心而應萬物之變，無往而非中矣。』是則二義雖殊，而實相爲體用，此愚於名篇之義，所以不得取此而遺彼也。」曰：「庸字之義，程子以不易言之，而子以爲平常，何也？」曰：「唯其平常，故可常而不可易，若驚世駭俗之事，則可暫而不得爲常矣。二説雖殊，其致一也。但謂之不易，則必要於久而後見，不若謂之平常，則直驗於今之無所詭異，而其常久而不可易者可兼舉也。況《中庸》之云，上與高明爲對，而下與無忌憚者相反，其曰庸言之信，庸行之謹，又以見夫雖細微而必信謹，則其名篇之義，以不易而爲言者，又孰若平常之爲切乎！」曰：「然則所謂平常，將不爲淺近苟且之云乎？」曰：「不然也。所謂平常，亦曰事理之當然，而無所詭異云爾，是固非有甚高難行之事，而亦豈同流合汚之謂哉！既曰當然，則自君臣父子、日用之常，推而至於堯、舜之禅授，湯、武之放伐，其變無窮，亦無適而非平常矣。」曰：「此篇首章先明中和之義，次章乃及中庸之説，至其名篇，乃不曰中和，而曰中庸者，何哉？」曰：「中和之中，其義雖精，而中庸之中，實兼體用。且其所謂庸者，又有平常之意焉，則比之中和，其所該者尤廣，而於一篇大指，精粗本末，無所不盡，此其所以不曰中和，而曰中庸也。」　未發之中是體，時中之中是用。　中庸之中，是兼以其發而中節、無過不及者得名，故周子曰：「惟中者，和也，中節也，天下之達道也。」　中庸只是一个道理，以其不偏不倚，故謂之「中」，以其不差異，可常行，故謂之「庸」。未有中而不庸者，亦未有庸而不中者。惟中，故平常。堯授舜，舜授禹，都是當其時合如此做，做得來恰好，此所謂中也【一三】。中，即平常也，不如此，便非中，便不是平常。以至湯、武之事，亦然。

中庸該得中和之義。庸是見於事，和是發於心，庸該得和。　**喜怒哀樂之未發，謂之中；發而皆中節，謂之和。中也者，天下之大本也；和也者，天下之達道也。**全文并説已見《性情》篇。

仲尼曰：「君子中庸，小人反中庸。君子之中庸也，君子而時中。小人之反中庸也，小人而無忌憚也。」朱子曰：「中庸者，不偏不倚、無過不及而平常之理，乃天命所當然，精微之極致也。惟君子爲能體之，小人反是。」王肅作「小人之反中庸也」，程子亦以爲然，今從之。　君子之所以爲中庸者，以其有君子之德

【一三】此所謂中也　「此」原脱，據四庫本補。

而又能隨時以處中也。小人之所以反中庸者,以其有小人之心而又無所忌憚也。蓋中無定體,隨時而在,是乃平常之理也。君子知其在我,故能戒謹不睹、恐懼不聞,而無時不中。小人不知有此,則肆欲妄行而無所忌憚矣。《輯畧》程子曰:「君子之於中庸也,無適而不中,則其心與中庸無異體矣。小人之於中庸,無所忌憚,則與戒慎恐懼者異矣,是其所以反中庸也。」又曰:「欲知《中庸》,無如權,須是時而爲中。若以手足胼胝,閉户不出,二者之間取中,便不是中。若當手足胼胝,則於此爲中。當閉户不出,則於此爲中。權之爲言,秤錘之義也。何物爲權?義也。」

蘇季明問:「君子時中,莫是隨時否?」曰:「是也。中字最難識,須是默識心通。且試言一廳,則中央爲中;一家,則廳中非中而堂爲中;言一國,則堂非中而國之中爲中:推此類可見矣。且如初寒時,則薄裘爲中;如盛寒而用初寒之裘,則非中也。三過其門不入,在禹、稷之世爲中,若居陋巷,則不中矣。居陋巷,在顏子之時爲中,若三過其門不入,則非中也。」或曰:「男女不授受之類皆然。」曰:「是也。男女不授受【一四】,中也,在喪祭則不如此矣。」又曰:「可以仕則仕,可以止則止,可以久則久,可以速則速,此皆時也,未嘗不合中,故曰君子而時中。」又曰:「萬物無一物失所,便是天理時中。」張子曰:「時中之義甚大,須精義入神,始得觀其會通,行其典禮,此方是真義理也【一五】。行其典禮而不達會通,則有非時中者矣。君子要多識前言往行,以畜其德者,以其看前言往行熟,則自能見得時中。」

吕氏曰:「時中者,當其可之謂也。時止則止,時行則行,當其可也。可以仕則仕,可以止則止,可以速則速,可以久則久,當其可也。曾子、子思易地則皆然,禹、稷、顏回同道,當其可也。舜不告而娶,周公殺管、蔡,孔子以微罪行,當其可也。小人見君子之時中,唯變所適,而不知當其可,而欲肆其姦心,濟其私欲,或言不必信、行不必果,則曰『唯義所在而已』,然實未嘗知義之所在。有臨喪而歌,人或非之,則曰『是惡知禮意』,然實未嘗知乎禮意,猖狂妄行,不謹先王之法,以欺惑流俗,此小人之亂德,先王之所以必誅而不以聽者也。」又曰:「執中無權,雖君子之所惡,苟無忌憚,則不若無權之爲愈。」游氏曰:「以性情言之,則爲中和;以德行言之,則爲中庸。其實一道也。君子者,道中庸之實

【一四】男女不授受　「不」原作「中」,據四庫本、乾隆本改。

【一五】真義理　「義」原作「其」,據四庫本、《朱子語類》卷六十三改。

也，小人則竊中庸之名而實背之，是中庸之賊也，故曰反中庸。」　或問：「有謂中所以立常，權所以盡變，不知權則不足以應物，知權則中有時乎不必用矣，是否？」楊氏曰：「知中則知權，不知權則是不知中也。如一尺之物，約五寸而執之中也。一尺而厚薄小大之體殊，則所執者輕重不等矣，猶執五寸以爲中，是無權也。蓋五寸之執，長短多寡之中，而非厚薄小大之中也。欲求厚薄小大之中，則釋五寸之約，唯輕重之知，而其中得矣。故權以中行，中因權立，中庸之書不言權，其曰『君子而時中』，蓋所以爲權也。」

又曰：「中者，豈執一之謂哉？亦貴乎時中也。時中者，當其可之謂也。堯授舜，舜授禹，受之而不爲泰；湯放桀，武王伐紂，取之而不爲貪；伊尹放太甲，君子不以爲簒；周公誅管、蔡，天下不以爲逆。以其事觀之，豈不異哉？聖人安行而不疑者，蓋當其可也。後世聖學不明，昧執中之權而不通時措之宜，故徇名失實，流而爲子噲之讓、白公之爭，自取絶滅者有之矣。至或臨之以兵而爲忠，小不忍而爲仁，皆失是也。」　或問：「『小人之中庸』，王肅、程子悉加『反』字，蓋疊上文之語。然諸説皆謂小人實反中庸，而不知其爲非，乃敢自以爲中庸，而居之不疑，如漢之胡廣，唐之吕温、柳宗元者，則其所謂中庸，是乃所以爲無忌憚也。如此，則不煩增字而理亦通矣。」朱子曰：「小人之情狀，則誠有若此者矣，但以文勢考之，則未然。蓋論一篇之通體，則此章乃引夫子所言之首章，且當略舉大端，以分别君子、小人之趣向，未嘗遽及此意之隱微也。若論一章之語脉，則上文方言君子中庸而小人反之，其下且當平解兩句之義以盡其意，不應偏解上句而不解下句，又遽别生他説也。故疑王肅之本爲得其正，而未必肅之所增，程子從之，亦不爲無所據而臆决也。諸説皆從鄭本，雖非本文之意，然所以發明小人之情狀，則亦曲盡其妙，而足以警乎鄉愿亂德之姦矣【一六】。今存吕氏以備觀考，他不能盡録也。」

子曰：「中庸其至矣乎！民鮮能久矣。」朱子曰：「過則失中，不及則未至，故惟中庸之德爲至。然亦人所同得，初無難事，但世教衰，民不興行，故鮮能之，今已久耳。」

【一六】鄉愿亂德　「愿」原作「原」，據四庫本改。

子曰：「道之不行也，我知之矣；知者過之，愚者不及也。道之不明也，我知之矣；賢者過之，不肖者不及也。朱子曰：「道者，天理之當然，中而已矣。知愚賢不肖之過不及，則生禀之異而失其中也。知者知之過，既以道爲不足行；愚者不及知，又不知所以行，此道之所以常不行也。賢者行之過，既以道爲不足知；不肖者不及行，又不求所以知，此道之所以常不明也。」人莫不飲食也，鮮能知味也。」道不可離，人自不察，是以有過不及之弊。或問：「智愚之過不及，宜若道之所以不明也；賢不肖之過不及，宜若道之所以不行也。今其互言之，何也？」曰：「測度深微，揣摩事變，能知君子之所不必知者，知者之過乎中也。昏昧蹇淺，不能知君子之所當知者，愚者之不及乎中也。知之過者，既唯知是務，而以道爲不足行，愚者又不知所以行也，此道之所以不行也。刻意尚行，驚世駭俗，能行君子之所不必行者，賢者之過乎中也。卑污苟賤，不能行君子之所當行者，不肖者之不及乎中也。賢之過者，既唯行是務，而以道爲不足知，不肖者又不求所以知也，此道之所以不明也。然道之所謂中者，是乃天命人心之正，當然不易之理，固不外乎人生日用之間，特行而不著，習而不察，是以不知其至而失之耳，故曰『人莫不飲食也，鮮能知味也』。知味之至，則必嗜之而不厭矣；知道之中，則必守之而不失矣。」《輯畧》程子曰：「知者過之，若是聖人之知，豈更有過？」又曰：「聖人與理爲一，故無過無不及，中而已矣。其他皆以心處這箇道理，故賢者常失之過，不肖者常失之不及。」呂氏曰：「諸子百家，異端殊技【一七】，其設心非欲理義之不當，然卒不可以入堯、舜之道者，所知有過不及之害也。疏明曠達，以中爲不足守，出於天地範圍之中，淪於虚無寂寞之境，窮高極深，要之無所用於世，此過之害也；蔽蒙固滯，不知所以爲中，泥於刑名度數之末節，徇於耳目聞見之所及，此不及之害也。二者所知【一八】，一過一不及，天下欲蹈乎中庸而無所歸，此道之所以不行也。賢者欲處其厚，不肖者常處其薄。曾子執親之喪，水漿不及口者七日【一九】；高柴泣血三年，未嘗見齒：雖本於厚而滅性傷生，無義以節之者也。宰予以三年之喪爲已久，食稻衣錦而自以爲安；墨子之治喪也，以薄爲其道：既本於薄，又徇生逐末，不勉於恩以厚

【一七】異端殊技　「端」原作「瑞」，據四庫本、乾隆本改。

【一八】二者所知　「二」原作「三」，據四庫本、乾隆本改。

【一九】水漿不及口　「及」，四庫本、乾隆本作「入」。

之也。二者所行，一過一不及，天下欲擇乎中庸而不得，此道之所以不明也。」　楊氏曰：「若佛氏之寂滅，莊生之荒唐，絶類離倫，不足以經世，道之所以不行也，此知者過之也。若楊氏之爲我，墨氏之兼愛，過乎仁義者也，而卒至於塞路，道之所以不明也。此賢者過之也。自知賢愚不肖言之，則賢知宜愈矣，至其妨於道，則過猶不及也。」

子曰：「舜其大知也與！舜好問而好察邇言，隱惡而揚善，執其兩端，用其中於民，其斯以爲舜乎！」朱子曰：「舜之所以爲大知者，以其不自用而取諸人也。邇言者，淺近之言，猶必察焉，其無遺善可知。然於其言之未善者則隱而不宣，其善者則播而不匿，其廣大光明又如此，則人孰不樂告以善哉！兩端，謂衆論不同之極致。蓋凡物皆有兩端，如小大厚薄之類，於善之中又執其兩端，而量度以取中，然後用之，則其擇之審而行之至矣。然非在我之權度精切不差，何以與此？此知之所以無過不及，而道之所以行也。」邇言，猶所謂尋常言語，人之所忽而舜好察之，非洞見道體、無精粗差别不能然也。孟子曰：「自耕稼陶漁以至爲帝，無非取諸人者。」又曰：「聞一善言，見一善行，若决江河，沛然莫之能禦。」此皆好察邇言之實也。伊川曰：「造道深後，雖聞常人語言至淺近事，莫非義理是如此。」　兩端如厚薄輕重，執其兩端，用其中於民，非謂止於二者之間取中。當厚，即厚上是中；　當薄，即薄上是中。輕重亦然。　《輯畧》吕氏曰：「舜之知所以爲大者，樂取諸人以爲善而已。好問、好察邇言，隱惡而揚善，皆樂取諸人者也。兩端，過與不及也。執其兩端，乃所以用其時中，猶持權衡而稱物輕重，皆得其平，故舜之所以爲舜，取諸人，用諸民，皆以能執兩端而不失中也。」　一本云：「好問，則無賢不肖，無貴賤，無長幼，皆在所問。好察邇言者，流俗之諺，野人之語，皆在所察。廣問合乎衆議者也，邇言出於無心者也，雖未盡合乎道義，而理義存焉。其惡者隱而不取，其善者舉而從之，此善與人同之道也【二〇】。」　楊氏曰：「道之不行，知者過之也，故以舜大知之事明之。舜好問而好察邇言，取諸人以爲善也。隱惡而揚善，與人爲善也。取諸人以爲善，人必以善告之，與人爲善，人必以善歸之，皆非小智自私之所能爲也。執其兩端，所以權輕重而取中也。由是而用於民，雖愚者可及矣。此舜所以

【二〇】善與人同　「善」字原脱，據四庫本補。

爲大知，而道之所以行也。」　或問云云。朱子曰：「兩端之説，呂、楊爲優。」

子曰：「人皆曰予知，驅而納諸罟擭陷阱之中，而莫之知辟也。人皆曰予知，擇乎中庸而不能期月守也。」朱子曰：「擇乎中庸，辨别衆理，以求所謂中庸，即上章好問用中之事也。期月，匝一月也。言知禍而不知辟，以況能擇而不能守，皆不得爲知也。」　呂氏曰：「中庸者，天下之所知，天下之所共行，猶寒而衣，飢而食，渴而飲，不可須臾離也。衆人之情，厭常而喜新，質薄而氣弱，雖知不可離，亦不能久也。惟君子之學，自明而誠，明而未至乎誠，雖心悦而不去。然知不可不思，行不可不勉，在思勉之分，而氣不能無衰，志不能無懈，故有『日月至焉』者，有『三月不違』者，皆德之可久者也。若至乎誠，則不思不勉，至于常久而不息，非聖人其孰能之？」

子曰：「回之爲人也，擇乎中庸，得一善，則拳拳服膺而不失之矣。」朱子曰：「拳拳，奉持之貌。服，猶著也。膺，胸也。奉而著之心胸之間，言能守也。顔子蓋真知之，故能擇能守如此，此行之所以無過不及，而道之所以明也。」　或問：「此其稱回之賢，何也？」曰：「承上章『不能期月守』者而言，如回之賢而不過，則道之所以明也。蓋能擇乎中庸，則無賢者之過矣，服膺弗失，則非不肖者之不及矣。然則兹賢也，乃其所以爲知也歟？」　《輯畧》程子曰：「顔子擇中庸，得善則拳拳，中庸如何擇？如博學之，又審問之，又慎思之，又明辨之，所以能擇中庸。雖然，學問思辨，亦何所據，乃識中庸？此則存乎致知，此則在學者自加功也。大凡於道，擇之在乎智，守之在乎仁，斷之在乎勇。」呂氏曰：「擇乎中庸，可守而不能久，知及之而仁不能守之者也。知及之，仁不能守之，自謂之知，安在其爲知也歟？雖得之，必失之，故君子之學，自明而誠，明而能擇，誠而能守，能擇知也，能守仁也。如顔子者，可謂能擇而能守也。高明不可窮，博厚不可極，則中道不可識。『仰之彌高，鑽之彌堅，瞻之在前，忽焉在後』，察其志也，非見聖人之卓，不足謂之中。隨其所至，盡其所得，據而守之，則拳拳服膺而不敢失。勉而進之，則既竭吾才而不敢緩，此所以恍惚前後而不可爲像，求見聖人之止，欲罷不能也。」或問云云，朱子曰：「吕氏之言，親切確實，足以見其深潛縝密之意，但求見聖人之止一句，文義未安耳。」

子曰：「天下國家可均也，爵禄可辭也，白刃可蹈也，中庸不可能也。」朱子曰：「三者，知、仁、勇之事，天下之至難也，然不必其合於中庸，則質之近似者皆能以力爲之。若中庸，則雖不必皆如三者之難，然非義精仁熟而無一毫人欲之私者，不能及也。三者難而易，中庸易而難，此民之所以鮮能也。」或問：「中庸不可能，何也？」曰：「此亦承上章之意，以三者之難，明中庸之尤難也。蓋三者之事，人之所難，然皆取必於行而無擇於義，且或出於氣質之偏、事勢之迫，未必從容而中節也。若曰中庸，則雖無難行之事，然天理渾然，無過不及，苟一毫之私意有所未盡，則雖欲擇而守之，而擬議之間，忽已墮於過與不及之偏而不自知矣。此其所以雖若甚易，而實不可能也。故程子以克己最難言之，其旨深矣。」問：「天下國家可均，爵禄可辭，白刃可蹈，謂資質之近於智而力能勉者，皆足以能之。若中庸，則四邊都無所倚着，淨淨潔潔，不容分毫力。」曰：「中庸便是三者之間，非是别有箇道理。只於三者做得那恰好處，便是中庸。不然，只可謂之三事。」《輯畧》程子曰：「克己最難，故曰中庸不可能也。」吕氏曰：「此章言中庸之難也。均之爲言，平治也。《周官·冢宰》『均邦國』，平治之謂也。平治乎天下國家，智之所能也。遜千乘之國，辭萬鍾之禄，廉者之所能也。犯難致命，死而無悔，勇者之所能也。三者，世之所難也。然有志者，率皆能之。中庸者，世之所謂易也，然非聖人其孰能之？唯其以爲易，故以爲不足學而不察，以爲不足行而不守，此道之所以不行也。」

子路問强。朱子曰：「子路好勇，故問强。」子曰：「南方之强與？北方之强與？抑而强與？抑，語辭。而，汝也。寬柔以教，不報無道，南方之强也，君子居之。寬柔以教，謂含容巽順以誨人之不及也。不報無道，謂横逆之來，直受之而不報也。南方風氣柔弱，故以含忍之力勝人爲强，君子之道也。衽金革，死而不厭，北方之强也，而强者居之。衽，席也。金，戈兵之屬。革，甲胄之屬。北方風氣剛勁，故以果敢之力勝人爲强，强者之事也。故君子和而不流，强哉矯！中立而不倚，强哉矯！國有道，不變塞焉，强哉矯！國無道，至死不變，强哉矯！」此四者，汝之所當强也。矯，强貌。《詩》曰「矯矯虎臣」是也。倚，偏著也。塞，未達也。國有道，不變未達之所守；國無道，不變平生之所守也。此則所謂中庸之不可能者，非有以自勝其人欲之私，不能擇而守也。君子之强，孰大於是。夫子以是告子路者，所以抑其血氣之偏，而進之於德義之勇也。」或問：「此其記子路之問强，何也？」曰：「亦承上章之意，以明擇中庸而守之，非强不能，而所謂强者，又非世俗之所謂强也。蓋强者，力有以勝人之名也。凡人和而無節，則必至於流；中立而無依，則必至於倚；國有道而富貴，或不能不改其平素；國無道而貧賤，或不能久處乎窮約。非持守之力有以勝人者，其孰能及之。故此四者，汝子路之所當强也。南方之强，不及强者也；北方之强，過乎强者也。四者之强，强之中也。子路好勇，故聖人之言所以長其善，而救其失者類如此。」曰：「和與物一，故疑於流而以不流爲强。中立本無所依，又何疑於倚而以不倚爲强哉？」曰：「中立固無所依也，然凡物之情，唯强者爲能無所依而獨立，弱而無所依，則其不傾側而偃仆者幾希矣。此中立之所以疑於必倚，而不倚之所以爲强也。國有道，則有達之理，故不變其未達之所守；國無道，則有不幸而死之理，故不變其平生之所守。不變其未達之所守易，不變其平生之守難。」

子曰：「素隱行怪，後世有述焉，吾弗爲之矣。朱子曰：「素，按《漢書》當作索，蓋字之誤也。索隱行怪，言深求隱僻之理【二二】，而過爲詭異之行也。然以其足以欺世而盜名，故後世或有稱述之者。此知之過而不擇乎善，行之過而不用其中，不當强而强者也，聖人豈爲之哉！」君子遵道而行，半塗而廢，吾弗能已矣。遵道而行，則能擇乎善矣；半塗而廢，則力之不足也。此其知雖足以及之，而行有不逮，當强而不强者也。已，止也。聖人於此，非勉焉而不敢廢，蓋至誠無息，自有所不能止也。君子依乎中庸，遯世不見知而不悔，唯聖者

【二二】隱僻之理　「之」原作「人」，據四庫本改。

能之。」不爲索隱行怪，則依乎中庸而已。不能半塗而廢，是以遯世不見知而不悔也。此中庸之成德，知之盡、仁之至，不賴勇而裕如者，正吾夫子之事，而猶不自居也，故曰唯聖者能之而已。《輯畧》程子曰：「素隱行怪，是過者也。半塗而廢，是不及者也。不見知而不悔，是中者也。」愚按：素隱二字，《三國志·方技傳》亦作「索隱」。或謂：「以中庸名書而言中者僅止於篇首之十一章，然則費隱以下，皆非中乎？」曰：「不然。夫所謂中者，豈有它哉？天道之自然，人道之當然，不可過不可不及者，即中也。自此以下，或言天道之自然，如鳶魚飛躍之類是也。或言人道之當然，如道不遠人之類是也。何往而非中哉？朱子謂《中庸》一書，不越乎誠之一字，愚亦謂此書所言【二二】，無一非中。中與誠，豈二物哉？學者即全書而細味之，自可識矣，不必以正言中處方爲中也。」

【二二】此書所言　「此」原作「四」，據四庫本改。

甲集十六

《孟子》曰：「禹、稷當平世，三過其門而不入，孔子賢之。顔子當亂世，居於陋巷，一簞食，一瓢飲，人不堪其憂，顔子不改其樂，孔子賢之。孟子曰：「禹、稷、顔回同道，禹思天下有溺者，由己溺之也。稷思天下有飢者，由己飢之也。是以如是其急也。禹、稷、顔子易地則皆然。朱子曰：「聖賢之心無所偏倚，隨感而應，各盡其道。故使禹、稷居顔子之地，則亦能樂顔子之樂；顔子居禹、稷之地，亦能憂禹、稷之憂。」今有同室之人鬭者，救之，雖被髮纓冠而往救之，可也。朱子曰：「喻禹、稷也。」鄉鄰有鬭者，被髮纓冠而往救之，則惑也，雖閉户可也。」喻顔子也。 此章言聖賢心無不同，事則所遭或異，然處之各當其理，是乃所以爲同也。尹氏曰：「當其可之謂時，前聖後聖其心一也，故所處皆盡善。」 楊氏曰：「君子所以施諸身、措之天下，各欲當其可而已。禹思天下之溺，猶己溺之；稷思天下之飢，猶己飢之。過門不入，弗子其子，至胼胝手足，不以爲病，君子不以爲過。顔淵在陋巷，飯蔬飲水，終日如愚人，然君子不謂之不及。蓋禹、稷被髮纓冠而往救者也，顔淵閉户者也，故孟子曰『易地則皆然』。若顔淵、禹、稷不當其可，則是楊、墨而已。」 南軒曰：「禹、稷、顔子之心一也。心之所爲一者，天理之所存，而無意、必、固、我加乎其間，當其可而已，此之謂時中。」又曰：「顔子未見施爲，而遽比之禹、稷【一】，不亦過乎？」曰：「禹、稷之事功，果何所自乎？德者本也，事功末也，本末一致也，故程子曰：『有顔子之德，則有禹、稷之事功。』所謂事功，在聖賢夫何有哉？惟其時而已矣。然而孟子歷聘諸國，皇皇然以行道爲己任，有異乎顔子之爲，何哉？方是時，異端並作，人欲横流，世無孔子，孟子

校勘記

【一】比之禹稷　「比」原作「此」，據四庫本改。

烏得不以行道自任！予亦曰顔子、孟子易地則皆然。」

孟子曰：「楊子取爲我，拔一毛而利天下，不爲也。墨子兼愛，摩頂放踵利天下，則爲之。子莫執中，執中爲近之，執中無權，猶執一也。朱子曰：「子莫，魯之賢人也。知楊、墨之失中也，故度於二者之間而執其中。近，近道也。權，稱錘也，所以稱物之輕重而取中也。執中而無權，則膠於一定之中而不知變，是亦執一而已矣。」程子曰：「中字最難識，須是默識心通，云云。」見前。又曰：「中不可執也，識得事事物物皆有自然之中，不待安排著，則不中矣。」所惡執一者，爲其賊道也，舉一而廢百也。」賊，害也。爲我害仁，兼愛害義，執中者害於時中，皆舉一而廢百者也。此章言道之所貴者權。楊氏曰：「禹、稷三過其門而不入，苟不當其可，則與墨子無異。顔子在陋巷，不改其樂，苟不當其可，則與楊氏無異。子莫執爲我、兼愛之中而無權，鄉鄰有鬭而不知閉户，同室有鬭而不知救之，是亦猶執一耳，故孟子以爲賊道。禹、稷、顔回，易地則皆然，以其有權也。不然，則是亦楊、墨而已矣。」朱子又曰：「三聖相授，允執厥中，與孟子所論『子莫執中』者文同而意異。蓋精一於道心之微，則無適而非中者。曰允執，則非徒然而執之矣。子莫之執中，則其爲我不敢爲楊、朱之深，兼愛不敢爲墨翟之過，而於二者之間執其一節以爲中耳。故由三聖以爲中，則其中活。由子莫以爲中，則其中死。中之活者，不待權而無不中。中之死者，則非學乎聖人之學，不能有以權之而常適於中也。權者，權衡之權，言其可以稱物之輕重而游移前卻以適於平，蓋所以節量仁義之輕重而時措之，非如近世所謂將以濟乎仁義之窮也。」按：孟子曰「執中無權，猶執一也」，程子亦曰「欲知中庸，無如權」，今以經傳言權之義，附于此。子曰：「可與共學，未可與適道，未可與立，未可與權。」朱子曰：「可與者，言其可與爲此事也。」程子曰：「可與共學，知所以求之也。可與適道，知所往也。可與立者，篤志固執而不變也。權，稱錘也，所以稱物而知輕重者也。可與權，謂能權輕重，使合義也。」楊氏曰：「知爲己，則可與學矣。學足以明善，然後可與適道。信篤，然後可與立。知時措之宜，然後可與權。」洪氏曰：「《易》九卦，終於巽以行權。

權，聖人之大用。未能立而言權，猶人未能立而欲行，鮮不仆矣。」程子曰：「漢儒以反經合道爲權，故有『權變』、『權術』之論，皆非也。權只是經也。自漢以下，無人識權字。」愚按：先儒誤以此章連下文「偏其反」而爲一章，故有反經合道之説。程子非之，是矣。然以《孟子》「嫂溺，援之以手」之義推之，則權與經亦當有辨。黄氏曰：「程子言『權只是經』，《或問》云『權經亦當有辨』，何也？曰：是各有所發明也。經，常也。權，變也。常者，一定之理；變者，隨時之宜。遇事之常，則但當守一定之理，遇事之變，則不得不小有移易，以就夫權。』權與經不可無辨，《或問》之説然也。然天下之理，惟其當然而已。當經而經，當然也；當權而權，亦當然也，則權雖異於經，而以其當然，則亦只是經，此程子之説然也。有《或問》之説，則經權之義始明；有程子之説，則經權之義始正。先儒明道之力，至是而始備矣。」南軒曰：「事事物物，莫不有中。中者，天理當然，不可過而不可不及者也。毫厘之差，則失之矣。何以取中而不失乎？所以貴於能權也。權者，權其輕重而適平之謂，此君子所以貴於時中也。或者不知權之所以爲中，乃以爲反經合道。夫經者，道之所謂常也。權者，所以權其變而求合乎經也。既反經矣，尚何道之合乎？」愚按：《公羊傳》十一年夏五月癸未，鄭伯寤生卒。九月，宋人執鄭祭仲。祭仲者何？鄭相也。何以不名？賢也。何賢乎祭仲？以爲知權也。其爲知權奈何？祭仲往省于留，塗出于宋，宋人執之，謂之曰：「爲我出忽而立突。」祭仲不從其言，則君必死，國必亡；從其言，則君可以生易死，國可以存易亡。少遼緩之，則突可故出，而忽可故反。古人之有權者，祭仲者也。權者何？權者反於經，然後有善者也。反經之説始此。祭仲身爲人臣，而廢君、立君若舉棊，然謂之有善可乎？《公羊》此言，蓋聖經之稂莠，人心之蟊賊。學者不可不察，然則董仲舒所謂守經事而不知其權，遭變事而不知其宜者，何如也？曰：此爲不知《春秋》而言也。蓋《春秋》王道之權衡，處常則用經，遭變則用權。其用權也，乃所以求合乎經也。漢儒之論經權，惟此爲最粹。大抵爲學必先知經，知經而後可以語權。不知經而遽語權，未有不流於變詐者也，故張子以學未至而語變爲操術之不正，信矣夫！

右專言一　道，一也，必其不偏不倚，無過不及，則謂之中，堯、舜、禹之相授是也。以其純一無間，則謂之一，伊尹之告太甲者是也。以其極至不可加，則謂之極，《易》之《太極書》之「皇極」是也。以其真實無妄，則謂之誠，子思、孟子之所論是也。一，已見前，今以中、極、誠繫于道德之後，蓋此三者皆道之全體，貫五常，該百行者也。其名雖異，而爲道則一，學者宜參味之。

《易》有太極，是生兩儀。全文見《學易》篇。　朱子曰：「《易》者，陰陽之變，太極其理也。」又曰：「太極者，象、數未形而其理已具之稱；　形、器已具而其理無眹之目。」又曰：「《易》有太極，是生兩儀，是先從實理說。若論其生則俱生，但言其次序，須有這實理，然後有陰陽。自見在事物而觀之，則陰陽函太極，推其本則太極生陰陽。」南軒曰：「易者生生之妙，而太極者，所以生生者也。」　愚按：古書言太極自易之外，如《老子》曰：「有物混成，先天地生。寂兮寥兮，獨立而不改，周行而不殆，可以爲天下母。吾不知其名，字之曰道，强名之曰太。」佛氏因之亦曰：「有物先天地，無形本寂寥。能爲萬象主，不逐四時凋。」夫太極理而已矣，二氏乃以物言，可乎？又《老子》曰：「道生一，一生二，二生三，三生萬物。」《莊子》曰：「夫道，有情有信，無爲無形；　可傳而不可見，自本自根，未有天地，自古以固存；　神鬼神帝，生天生地；　在太極之先而不爲高，在六極之下而不爲深，先天地生而不爲久，長於上古而不爲老。」《列子》曰：「氣形質具而未相離，故曰渾淪。」凡此皆指太極而言也。朱子嘗答學者曰：「太極之義，正謂理之極致耳。有是理即有是物，無先後次序之可言，故曰：『《易》有太極』，則是太極乃在陰陽之中，而非在陰陽之外也。今以乾坤未判、大衍未分之時論之，恐未安也。『形而上者謂之道，形而下者謂之器』，今論太極，而以天地未分，元氣合而爲一者言之，亦恐未安也。有是理即有是氣，理一而已，氣則無不兩者，故《易》曰太極生兩儀。而《老子》乃謂道先生一，乃生二，則其察理亦未精矣。」朱子所辨，可謂有功於學者。大抵自周子以前，凡論太極皆以氣言，莊子以爲道在太極之先，所謂太極乃是指作天地人三者，氣形已具，而渾淪未判者之名。而道又別是一懸空底物，在太極之先，則道與太極爲二矣。不知道即太極，太極即道，以其通行而言則曰道，以其極至而言則曰極，又何嘗有二耶？若《列子》渾淪之云，《漢志》函三爲一之説，所指皆同，倘非周子啓其秘，而朱子又闡而明之，孰知太極之爲理而非氣也哉？或謂古書有所謂太一，有所謂太易、太初、太始、太素，其與太極同乎？異乎？曰：太一者，即太極之異名也。《禮》曰：「禮必本於太一，分而爲天地。」以其極至則曰極，以其無二則曰一，所謂名殊而義一者也。若所謂「太易未見氣」、「太初氣之始」、「太始形之始」、「太素質之始也」，則以氣形質言之，而非指乎此理矣，不必引以爲類也。

六爻之動，三極之道也。朱子曰：「六爻初、二爲地，三、四爲人，五、上爲天【二】。動，即變也。極，至也。三極，天地人之至理。三才各一太極也。」周子「無極而太極」，已見前。

邵子曰：「道爲太極。」又曰：「心爲太極。」愚按：道爲太極，言道即太極，無二理也。心爲太極，謂萬理總會於吾心，是渾然一太極，以此理而應事物，千變萬化各適其當，則又一事一物之太極矣。

《洪範》：五、皇極：皇建其有極，斂時五福，用敷錫厥庶民。惟時厥庶民于汝極，錫汝保極。凡厥庶民，無有淫朋，人無有比德，惟皇作極。凡厥庶民，有猷有爲有守，汝則念之。不協于極，不罹于咎，皇則受之。而康而色，曰：「予攸好德。」汝則錫之福，時人斯其惟皇之極，無虐煢獨，而畏高明。人之有能有爲，使羞其行，而邦其昌。凡厥正人，既富方穀，汝弗能使有好于而家，時人斯其辜。于其無好德，汝雖錫之福，其作汝用咎。無偏無陂，遵王之義；無有作好，遵王之道；無有作惡，遵王之路；無偏無黨，王道蕩蕩；無黨無偏，王道平平；無反無側，王道正直。會其有極，歸其有極。曰皇極之敷言，是彝

【二】五上爲天　「上」原作「六」，據四庫本改。

是訓，于帝其訓。凡厥庶民，極之敷言，是訓是行，以近天子之光。曰天子作民父母，以爲天下王。朱子曰：「《洛書》九數，而五居中；《洪範》九疇，而皇極居五。故自孔氏訓皇極爲大中，諸儒皆祖其説。余獨嘗以經之文義語脈求之，而知其必不然也。蓋皇者，君之稱也；極者，至極之義，標準之名，常在物之中央，而四外望之以取正者也。故以極爲在中之準的則可，而便訓極爲中則不可。若北辰之爲天極，脊棟之爲屋極，其義皆然。而《禮》所謂『民極』，《詩》所謂『四方之極』者，於皇極之義爲尤近。顧今之説者既誤於此，而并失於彼，是以其説展轉迷謬，而終不能以自明也。即如舊説，姑亦無問其它，但即經文而讀『皇』爲『大』，讀『極』爲『中』，則夫所謂『惟大作中，大則受之』爲何等語乎？今以余説推之，則人君以一身履至尊之位，四方輻凑，面内而環觀之，自東而望者不過此而西也，自南而望者不過此而北也，此天下之至中也。既居天下之至中，則必有天下之絶德而後可以立至極之標準，故必順五行、敬五事以脩其身，厚八政、協五紀以齊其政，然後至極之標準卓然有以立乎天下之至中，使夫面内而環觀者莫不於是而取則焉：語其仁則極天下之仁，而天下之爲仁者莫能加；語其孝則極天下之孝，而天下之爲孝者莫能尚，是則所謂皇極者也。由是而權之以三德，審之以卜筮，驗其休咎於天，考其禍福於人，如挈裘領，豈有一毛之不順哉！此《洛書》之數所以雖始於一，終於九，而必以五居其中。《洪範》之疇所以雖本於五行，究於福極，而必以皇極爲之主也。若箕子之言有曰『皇建其有極』云者，則以言夫人君以其一身，而立至極之標準於天下也。其曰『斂時五福，用敷錫厥庶民』云者，則以言夫人君能建其極，則爲五福之所聚，而又有以使民觀感而化焉，則是又能布此福而與其民也。其曰『惟時厥庶民于汝極，錫汝保極』云者，則以言夫民視君以爲至極之標準而從其化，則是復以此福還錫其君，而使之長爲至極之標準也。其曰『凡厥庶民，無有淫朋，人無有比德，惟皇作極』云者，則以言夫民之所以能有是德者，皆君之德有以爲至極之標準也。其曰『凡厥庶民，有猷有爲有守，汝則念之。不協于極，不罹于咎，皇則受之』云者，則以言夫君既立極於上，而下之從化或有淺深遲速之不同。其有謀者、有才者、有德者，人君固當念之而不忘。其或未能盡合而未抵乎大戾者，亦當受之而不拒也。其曰『而康而色，曰：予攸好德。汝則錫之福，時人斯其惟皇之極』云者，則以言夫人之有能革面從君，而以好德自名，則雖未必出於中心之實，人君亦當因其自名而與之以善，則是人者亦得以君爲極而勉其實也。其曰『無虐煢獨，而畏高明。人之有能有爲，使羞其行，而邦其昌』云者，則以言夫君之於民一視同仁，凡有才皆使進善，則人材衆多而國賴以興也。其曰『凡厥正人，既富方穀，汝弗能使有好于而家，時人斯其辜。于其無好德，汝雖錫之福，其作汝用咎』云者，則以言夫凡欲正人者，必先有以富之，然後可以納之於善。若不能有所賴於其家，則此人必將陷於不義。至其無復更有好德之心，而後姑欲教之以脩身，勸之以求福，則已無及於事，而其起以報汝唯有惡而無善矣。蓋人之氣禀或清或濁，或純或駁，有不可以一律齊者。是以聖人所以立極乎上者至嚴至密，而所以接引乎下者至寬至廣。雖彼之所以化於此者，淺深遲速，其效或有不同。而吾之所以應於彼者，長養涵育其心未嘗不一也。其曰『無偏無陂，遵王之義；無有作好，遵王之道；無有作惡，遵王之路；無偏無黨，王道蕩蕩；無黨無偏，王道平平；無反無側，王道正直。會其有極，歸其有極』云者，則以言夫天下之人，皆不敢徇其己之私以從乎上之化，而會歸乎至極之標準也。蓋偏陂好惡者，己私之生於心者也。偏黨反側者，己私之見於事者也。王之義、王之道、王之路，上之化也，所謂皇極者也。遵義、遵道、遵路，方會其極也。蕩蕩、平平、正直，則已歸于極矣。其曰『皇極之敷言，是彝是訓，于帝其訓』云者，則以言夫人君以身立極而布于下，則其所以爲常、爲教者，皆天之理而不異于上帝之降衷也。其曰『凡厥庶民，極之敷言，是訓是行，以近天子之光』云者，則以言夫天下之人，於君所命，皆能受其教而謹行之，則是能不自絶遠，而有以親被其道德之光華也。其曰『天子作民父母，以爲天下王』云者，則以言夫人君能立至極之標準，所以能作億兆之父母，而爲天下之王也。不然，則有其位無其德，不足以首出庶物、統御人羣，而履天下之極尊矣。是書也，原於天之所以錫禹，雖其茫昧幽眇有不可得而知者，然箕子之所以言之而告武王者，則已備矣。顧其詞之宏深奥雅，若有未易言者，然嘗試虚心平氣而再三反復焉，則亦坦然明白而無一字之可疑。但先儒未嘗深求其意，而不察乎人君所以脩身立道之本，是以誤訓『皇極』爲『大中』。又見其詞多爲含容寬大之言，因復誤認中爲含糊苟且、不分善惡之意。

殊不知『極』雖居中，而非有取乎中之義。且『中』之爲義，又以其無過不及、至精至當而無有毫釐之差，亦非如其所指之云也。乃以誤認之『中』爲誤訓之『極』，不謹乎至嚴至密之體，而務爲至寬至廣之量，其弊將使人君不知脩身以立政，而墮於漢元帝之優游、唐代宗之姑息，卒至是非顛倒，賢否貿亂，而禍敗隨之，尚何斂福錫民之可望哉？」 問「皇極」。曰：「此是人君爲治之心法，如《周禮》一書，只是箇八政而已。」 皇極非大中，皇乃天子，極乃極至，言皇建此極也。漢儒雖説作「中」字，亦與今不同，如云「五事之中」，是也。今人説「中」，只是含糊依違，善不必盡賞，惡不必盡罰。如此，豈得謂之中？ 「極，盡也。」先生指前面香桌：「四邊盡處是極，所以謂之四極。四邊視中央，中央是極也。如屋之極，極高之處，四邊到此盡了，去不得，故謂之極。宸極亦然。至善亦如此。應于事到至善，是極盡了，更無去處，『故君子無所不用其極』。」 問：「標準之義，如何？」曰：「此是聖人正身以作民之準則。」問：「何以能斂五福？」曰：「當就五行、五事上推究。人君脩身，使貌恭、言從、視明、聽聰、思睿，即身自正。五者得其正，則五行得其序。以之稽疑，則龜從、筮從、卿士從、庶民從。在庶證，則有休證，有咎證。和氣致祥，有仁壽而無鄙夭，便是五福，反是則福轉爲極。」 蔡氏曰：「極，猶北極之極。至極之義，標準之名，中立而四方之所取正焉者也。言人君當盡其道之至，語父子，則極其親，而天下之爲父子者於此取則焉；語夫婦，則極其別，而天下之爲夫婦者於此取則焉； 語兄弟，則極其愛，而天下之爲兄弟者取則焉。以至于一事一物之接，一言一動之發，無不極其義理之當然，而無一毫過不及之差，則極建矣。極者，福之本； 福者，極之效。極之所建，福之所集也。」

右專言極

太極之極，皇極之極，其義一也。太極指天道而言，皇極指人道而言，然太極未嘗不行乎人道之中，皇極未嘗不以天道爲本。蓋一而二、二而一者也，故合而爲一篇云。

《易·乾》九二：子曰：「龍德而正中者也。庸言之信，庸行之謹，閑邪存其誠，善世而不伐，德博而化。」程子曰：「邪既閑，則誠存矣。」又曰：「閑邪則誠自存，不是外面捉一箇誠將來存著。今人役役於不善，於不善中尋箇善來存著，如此，豈有入善之理？只是閑邪，則誠自存，故孟子言性善，皆由内出，只爲誠便存閑邪，更著甚工夫？」九三：子曰：「忠信，所以進德也。修辭立其誠，所以居業也。」全文見「忠信」章。　程子曰：「修辭立其誠，言能脩省言辭，便是要立誠。若只是脩飾言辭爲心，只是爲僞也。若修其言辭正爲立己之誠意，乃是體當自家敬以直内、義以方外之實事。道之浩浩，何處下手？惟立誠有可居之處，有可居之處則可以脩業也。終日乾乾，大事只是忠信所以進德，爲實下手處；修辭立其誠，爲實脩業處【三】。」

《无妄》：程子曰：「《序卦》：『復則不妄矣，故受之以无妄。』復者反於道也，既反於道，則合正理而无妄。爲卦，乾上震下【四】。震，動也，動以天爲无妄，動以人欲則妄矣。」朱氏曰：「无妄者，實理自然之謂。」元亨利貞，其匪正有眚，不利有攸往。无妄者，至誠也。至誠者，天之道也。天之化育萬物，生生不窮，各正其性命，乃无妄也。人能合无妄之道，則所謂與天地合其德也。无妄有大亨之理，君子行无妄之道，則可以致大亨矣。无妄，天之道也，卦言人由无妄之道。利貞，法无妄之道，利在貞正，失貞正則妄也。雖无邪心，苟不合正理，則妄也，乃邪心也，故有匪正則爲過眚。《象》曰：天下雷行，物與无妄，先王以茂對時，育萬物。雷行於天下，陰陽交和，相薄而成聲，於是警蟄藏，振萌芽，發生萬物，其所賦與，洪纖高下，各正其性命，无有差妄，物與无妄也。先王觀天下雷行發生賦與之象，而以茂對天時，養育萬物，使各得其宜，如天與之无妄也。初九：无妄往，吉。九以陽剛爲主於内，无妄之象。以剛實變柔而居内，中誠不妄者也。以无妄而往，何所不吉！《象》曰：无妄之往，得志也。以无妄而往，无不得其志也。蓋誠之於物，无不能動，以之脩身而身正，以之治事則事得其理，以之臨人則人感而化，无所往而不得其志也。　又曰：「无妄之謂誠，不欺其次也。」

【三】實脩業處　「處」字原脱，據四庫本、《二程遺書》卷一補。

【四】乾上震下　「乾」原作「天」，據《伊川易傳》卷二改。

《中庸》：天下之達道五，所以行之者三。君臣也，父子也，夫婦也，昆弟也，朋友之交也，五者天下之達道也。知、仁、勇，三者天下之達德也，所以行之者一也。朱子曰：「一則誠而已矣。」程子曰：「所謂誠者，只是誠實，此三者之外，更別無誠。」餘已見《五典》篇。凡爲天下國家有九經，曰：脩身也，尊賢也，親親也，敬大臣也，體羣臣也，子庶民也，來百工也，柔遠人也，懷諸侯也。云云。所以行之者，一也。朱子曰：「一者，誠也。一有不誠，則是九者皆爲虛文矣。」九經之事，見《乙記》。凡事豫則立，不豫則廢。言前定則不跲，事前定則不困，行前定則不疚，道前定則不窮。凡事，指達道、達德、九經之屬。豫，素定也。跲，躓也。疚，病也。此承上文，言凡事皆欲先立乎誠，如下所推是也。在下位不獲乎上，民不可得而治矣；獲乎上有道：不信乎朋友，不獲乎上矣；信乎朋友有道：不順乎親，不信乎朋友矣；順乎親有道：反諸身不誠，不順乎親矣；誠身有道：不明乎善，不誠乎身矣。反諸身不誠，謂反求諸身，而所存所發未能真實而无妄也。不明乎善，謂未能察於人心天命之本然，而真知至善之所在也。或問云云。曰：「夫在下位而不獲乎上，則無以安其位而行其志，故民不可治。然欲獲乎上，又不可以諛悦取容也，其道在信乎友而已。蓋不信乎友，則志行不孚，而名譽不聞，故上不見知。然欲信乎友，又不可以便佞苟合也，其道在悦乎親而已。蓋不悦乎親，則所厚者薄而無所不薄，故友不見信。然欲悦乎親，又不可以阿意曲從也，其道在誠乎身而已。蓋反身不誠，則外有事親之禮，而内無愛敬之實，故親不見悦。然欲誠乎身，又不可以襲取强爲也，其道在明乎善而已。蓋不能格物致知以真知至善之所在，則好善必不能如好好色，惡惡必不能如惡惡臭，雖欲勉焉以誠其身，而身不可得而誠矣。此必然之理也。故夫子言此，而其下文即以天道、人道、擇善、固執者繼之。蓋擇善所以明善，固執所以誠身。擇之之明，則《大學》所謂物格而知至也；執之之固，則《大學》所謂意誠而心正、身脩也。知至，則反諸身者將無一毫之不實；意誠心正而身脩，則順親、信友、獲上、治民，將無所施而不利，而達道、達德、九經凡事，亦一以貫之而無遺矣。」

誠者，天之道也；誠之者，人之道也。誠者不勉而中，不思而得，從容中道，聖人也。誠之者，擇善而固執之者也。朱子曰：「誠者，真實無妄之謂，天理之本然也。誠之者，未能真實無妄，而欲其真實無妄之謂，人事之當然也。聖人之德，渾然天理，真實無妄，不待思勉而從容中道，則亦天之道也。未至於聖，則不能無人欲之私，而其爲德不能皆實，故未能不思而得，則必擇善，而後可以明善。未能不勉而中，則必固執，而後可以誠身，此則所謂人之道也。不思而得，生知也。不勉而中，安行也。擇善，學知以下之事。固執，利行以下之事也。」博學之，審問之，慎思之，明辨之，篤行之。此「誠之」之目也。學、問、思、辨，所以擇善而爲知，學而知也。篤行，所以固執而爲仁，利而行也。程子曰：「五者廢其一，非學也。」有弗學，學之弗能弗措也；有弗問，問之弗知弗措也；有弗思，思之弗得弗措也；有弗辨，辨之弗明弗措也；有弗行，行之弗篤弗措也。人一能之己百之，人十能之己千之。君子之學，不爲則已，爲之則必要其成，故常百倍其功。此困而知、勉而行者也，勇之事也。果能此道矣，雖愚必明，雖柔必强。明者，擇善之功。强者，固執之效。吕氏曰：「君子所以學者，爲能變化氣質而已。德勝氣質，則愚者可進於明，柔者可進於强。不能勝之，則雖有志於學，亦愚不能明，柔不能立而已矣。蓋均善而無惡者，性也，人所同也。昏明强弱之稟不齊者，才也，人所異也。誠之者，所以反其同而變其異也。夫以不美之質，求變而美，非百倍其功，不足以致之。今以鹵莽滅裂之學，或作或輟，以變其不美之質，及不能變，則曰天質不美，非學所能變。是果於自棄，其爲不仁甚矣。」或問：「誠之爲義，其詳可得聞乎？」曰：「難言也。姑以其名義言之，則真實無妄之云也。若事理之得此名，則亦隨其所指之大小，而皆有取乎真實無妄之意耳。蓋以自然之理言之，則天地之間惟天理爲至實而無妄，故天理得誠之名，若所謂天之道、鬼神之德是也。以德言之，則有生之類，惟聖人之心爲至實而無妄，故聖人得誠之名，若所謂不勉而中、不思而得者是也。至於隨事而言，則一念之實亦誠也，一事之實亦誠也，一行之實亦誠也。是其大小雖有不同，然其義之所歸，則未始不在於實也。」曰：「然則天理、聖人之所以若是其實者，何也？」曰：「一則純，二則雜，純則誠，雜則妄，此常物之大情也。夫天之所以爲天也，冲漠無眹，而萬理兼該，無所不具，然其爲體則一而已矣，未始有物以雜之也。是以無聲無臭，無思無爲，而一元之氣，春秋冬夏，晝夜昏明，百千萬年，未嘗有一息之謬；天下之物，洪纖巨細，莫不各得其性命之正以生，而未嘗有一毫之差，此天理之所以爲實而不妄者也。若夫人物之生，性命之正，固亦莫非天理之實，但以氣質之偏，口鼻耳目四肢之好，得以蔽之，而私欲生焉。是以當其惻隱之發，而忮害雜之，則所以爲仁者有不實矣；當其羞惡之發，而貪昧雜之，則所以爲義者有不實矣。此常人之心，所以雖欲勉於爲善，而內外隱顯，常不免於二致，甚至於詐僞欺罔【五】，而卒墮於小人之歸，則以其二者雜之故也。惟聖人氣質清純，渾然天理，初無人欲之私以病之，是以仁則表裏皆仁，而無一毫之不仁；義則表裏皆義，而無一毫之不義。其爲德也，固舉天下善而無一毫之或遺，而又其爲善也，又極天下之實而无一毫之不滿，此其所以不勉不思，從容中道，而動容周旋，莫不中禮也。」曰：「然則常人未免於私欲，而無以實其德，奈何？」曰：「聖人固已言之，亦曰擇善而固執之耳。夫於天下之事，皆有以知其如是爲善而不能不爲，知其如是爲惡而不能不去，則其爲善去惡之心，固已篤矣。於是而又加以固執之功，雖其不睹不聞之間，亦必戒謹恐懼而不敢懈，則凡所謂私欲者，出而無所施於外，入而無所藏於中，自將消磨泯滅，不得以爲吾之病，而吾之德，又何患於不實哉！是則所謂誠之者也。」曰：「然則《大學》論小人之陰惡陽善，而以誠於中者目之，何也？」曰：「若是者，自其天理之大體觀之，則其爲善者誠虛矣。自其人欲之私分觀之，則其爲惡也何實如之，而安得不謂之誠哉？但非天理真實无妄之本然，則其誠也，適所以虛其本然之善，而反爲不誠耳。」

或問：「何以言誠爲《中庸》之樞紐也？」曰：「誠者，實而已矣。天命云者，實理之原也。性其在物之實體，道其當

【五】詐僞欺罔　「僞」原作「仍」，據四庫本改。

然之實用，而教也者，又因其體用之實而品節之也。不可離者，此理之實也。隱之見，微之顯，實之存亡而不可揜者也。戒謹恐懼而謹其獨焉，所以實乎此理之實也。中和云者，所以狀此實理之體用也。天地位，萬物育，則所以極乎此理之功效也。中庸云者，實理之適可而平常者也。過與不及，不見實理而妄行者也。費而隱者，言實理之用廣而體微也。鳶飛魚躍，流動充滿，夫豈無實而有是哉！道不遠人以下，至於大舜、文、武、周公之事，孔子之言，皆實理應用之當然。而鬼神之不可揜，則又其發見之所以然也。聖人於此，固以其無一毫之不實，而至於如此之盛，其示人也，亦欲其必以真實而無一毫之僞也。蓋自然而實者，天也，必期於實者，人而天也。誠明以下累章之意，皆所以反復乎此，而語其所以正大經而立大本，參天地而贊化育，則亦真實無妄之極功也。卒章尚絅之云，又本其務實之初心而言也。内省者，謹獨克己之功；不愧屋漏者，戒慎恐懼而無已；可克之事，皆所以實乎此理之序也。時靡有爭，變也；百辟刑之，化也；無聲無臭，又極乎天命之性、實理之原而言也。蓋此篇大指，專以發明實理之本然，欲人之實此理而無妄，故其言雖多，而樞紐不越乎誠之一言也。嗚呼，深哉！」問：「聖人不勉不思，今《書》載傳授之旨云：『允執厥中。』下一『執』字似亦大段著力。」曰：「聖人固不思不勉，然使聖人自有不思不勉之意，則罔念而作狂矣。此類非一，更細思之。」《輯畧》吕氏曰：「誠者，理之極致，一而不可易者也。大而天下，遠而萬古，求之人情，參之物理，皆所同然。有一無二，雖前聖後聖，若合符節，理本如是，非人私智之所能爲，此之謂誠，誠即天道也。天道自然，何勉何思，故『誠者，天之道』，性之者也。『誠之者，人之道』，反之者也。聖人之於天道，性之者也。賢者之於天道，反之者也。性之者，成性而與天無間也，天即聖人，聖人即天，從心所欲，由仁義行也，出於自然，從容不迫，不待乎思勉而後中也。反之者，求復乎性而未至。雖誠而猶雜之僞，雖行而未能無息，則善不可不思而擇，德不可不勉而執，不如是，猶不足以至乎誠。故學、問、思、辨，皆所以求之也；行，所以至之也。」愚按：吕氏、朱子此章之指畧同，吕詳而明，朱約而精，學者宜參味之。

自誠明，謂之性。自明誠，謂之教。誠則明矣，明則誠矣【六】。朱子曰：「自，由也。德無不實而明無不照者，聖人之德。所性而有者也，天道也。先明乎善而後能實其善者，賢人之學。由教而入者也，人道也。誠則無不明矣，明則可以至於誠矣。」唯天下至誠，爲能盡其性。能盡其性，則能盡人之性。能盡人之性，則能盡物之性。能盡物之性，則可以贊天地之化育。可以贊天地之化育，則可以與天地參矣。朱子曰：「天下至誠，謂聖人之德之實，天下莫能加也。盡其性者，德無不實，故無人欲之私，而天命之在我者，察之由之，巨細精粗，無毫髮之不盡也。人物之性，亦我之性，但以所賦形氣不同而有異耳。能盡之者，謂知之無不明，處之無不當也。贊，猶助也。與天地參，謂與天地並立而爲三也。此自誠而明者之事。」問：「至誠盡人物之性，是曉得盡否？」曰：「非特曉得盡，亦要處得盡其道。若凡所以養人教人之政，與夫利萬物之政，皆是也，故下文云『贊天地之化育，而與天地參矣』。若只明得盡，如何得天地參？」性只一般，人物氣禀不同。人雖禀得氣濁，善底只在裏許有可開通之理。是以聖人有教化去開通它，使復其善。物禀得偏，無道理可使開通。所謂盡物之性，只是所以處之各當其理，且隨所明處使之。它所明處亦是善，聖人便是用它善底。如馬悍者，用鞭策方乘得。此亦是教化，是隨它天理流行發見處使之也。盡己之性，如在君臣則義，在父子則親，在兄弟則愛之類，己無一之不盡。盡人之性，如黎民時雍，各得其所。盡物之性，如鳥獸草木咸若，如此則可以贊天地之化育矣。皆是實事，非私心之做像也。聖人贊天地之化育，有不恰好處，被聖人做得都好。丹朱不肖，堯則以天下與人。洪水泛濫，舜用禹而民得安居。桀、紂暴虐，湯、武起而誅之。人在天地中間，雖只是一理，然天人所爲，各自有分。人做得底，却有天做不得底。如天能生物，而耕種必用人；水能潤物，而灌溉必用人；火能熯物，而薪爨必用人。財成輔相，須是人做，非贊助而何？《輯畧》程子、張子説，已見《理性命》注。呂氏云云，已見《氣質》篇。其下文云：「行其所無事，順以養之，所謂贊天地之化育者也。如堯命羲和，欽若昊天，至民之析因夷隩，鳥獸之孳尾希革，毛毨氄毛，無不與知，則所贊可知矣。天地

【六】誠則明矣，明則誠矣　原句序顛倒，據《四書章句集註》乙正。

之化育，猶有所不及，必人贊之而後備，則天地非人不立，故人與天地並立而爲三才，此之謂與天地參。」　游氏曰：「萬物皆備於我矣，反身而誠，樂莫大焉，故惟天下至誠爲能盡其性。千萬人之性，一己之性是也，故能盡其性，則能盡人之性。萬物之性，一人之性是也，故能盡人之性，則能盡物之性。同然皆得者，各安其常，則盡人之性也；群然皆生者，各得其理，則盡物之理也。至於盡物之性，則和氣充塞，故可以贊天地之化育。夫如是則天覆地載，教化各任其職，而成位乎其中矣。」　或問：「諸説如何？」曰：「程子論窮理盡性以至於命，而曰只窮理便是至於命，則亦若有可疑者。蓋天下之理未嘗不一，而語其分，則未嘗不殊。人生天地之間，禀天地之氣，其體即天地之體，其心即天地之心，以理而言，是豈有二物哉？故凡天下之事，雖若人之所爲，而其所以爲之者，莫非天地之所爲也。又況聖人純於義理，而無人欲之私，則所以代天理物者，乃以天地之心，而贊天地之化，尤不見其有彼此之間也。若以其分言之，則天之所爲，固非人之所及，而人之所爲，又有天地之所不及者，其事固不同也。但分殊之狀，人莫不知，而理一之致，多或未察，故程子之言發明理一之意多，而及於分殊者少，抑揚之勢不得不然，然亦不無小失其平矣。惟其所謂止是一理，而天人所爲，各自有分，乃爲全備而不偏矣。程、張之論，雖有不同，以此推之，則未嘗甚異。蓋以理言之，則精粗本末，初無二致，固不容有漸次，當如程子之論；若以其事而言，則其親疏遠近，淺深先後，又不容於無別【七】，當如張子之言。」又曰：「吕、游説皆善，而吕尤確實。」

其次致曲，曲能有誠，誠則形，形則著，著則明，明則動，動則變，變則化，唯天下至誠爲能化。其次，通大賢以下凡誠有未至者而言也。致，推致也。曲者，一偏也。形者，積中而發外。著，則又加顯矣。明，則又有光輝發越之盛也。動者，誠能動物。變者，物從而變。化，則有不知其所以然者。蓋人之性無不同，而氣則有異，故惟聖人能舉其性之全體而盡之。其次則必自其善端發見之偏，而悉推致之，以各至其極也。曲無不致，則德無不實，而形、著、動、變之功自不能已。積而至於能化，則其至誠之妙，亦不異於聖人矣。　又問：「『其次致曲』，與

【七】容於無别　原句字跡模糊，據四庫本補改。

《易》中『納約自牖』之意略相類。『納約自牖』是因人之明而導之，致曲是因己之明而推之。是如此否？」曰：「然。」問：「顏、曾以下，皆是致曲？」曰：「顏子體段已具，曾子却是致曲，一一推之，至答一貫之時，則渾合矣。」問：「致曲是就偏曲處致力否？」曰：「如程子説或孝或弟，或仁或義，所偏發處推致之，各造其極也。」曰：「如此恐將來只就所偏處成就。」曰：「不然。或仁或義，或孝或弟，更互而發，便就此做致曲工夫。」問：「所謂善端發見之偏，如何？」曰：「人所禀各有偏善，或禀得剛强，或禀得和柔，各有一偏之善。所以就其偏而推極其全，惻隱、羞惡、辭遜、是非四端，隨人所禀，發出來各有偏重處，是一偏之善。」《輯畧》程子曰：「『其次致曲』者，學而後知之也，而其成也，與生而知者不異焉，故君子莫大於學，莫害於畫，莫病於自是，莫罪於自棄。學而不止，此湯、武之所以聖也。」又曰：「致曲者，就其曲而致之也。」又曰：「人自提孩，聖人之質已完，只是於偏勝處發，或仁或義，或孝或弟。去氣偏處發，便是致曲。」又曰：「『誠則形』，形後便有物。如參前倚衡，如有所立卓爾是也。『形則著』，又著見也。『著則明』，是有光輝之時也。『明則動』，誠能動人也。君子所過者化，豈非動乎？或曰：『變與化何别？』曰：『變如物方變而未化，化則更無舊迹，自然之謂也。莊子言變大於化，非也。』」問「致曲」云云。朱子曰：「伊川説得好，將曲專做好説。」問：「明，動，變，化，伊川以所過者化解動字，是和那變化都説在裏否？」曰：「動，是方感動，變，則已改其舊，然尚有痕迹在。化，則都消化，無復痕迹矣。」

至誠之道，可以前知。國家將興，必有禎祥。國家將亡，必有妖孽。見乎蓍龜，動乎四體。禍福將至，善必先知之，不善必先知之，故至誠如神。朱子曰：「禎祥者，福之兆。妖孽者，禍之萌。蓍，所以筮。龜，所以卜。四體，謂動作威儀之間，如執玉高卑，其容俯仰之類。凡此皆理之先見也。然唯誠之至極，而無一毫私僞留於心目之間者，乃能有以察其幾焉。神，謂鬼神。」《輯畧》吕氏曰：「至誠，與天地同德。與天地同德，則其氣化流行，與天地同流矣。興亡之兆，禍福之來，感於吾心，動於吾氣，如有萌焉，無不前知。况乎誠心之至，求乎蓍龜而蓍龜告，察乎四體而四體應，所謂莫見乎隱，莫顯乎微者也。此至誠所以達乎神明而無間，故曰『至誠如神』。動乎四體，如《傳》所謂威儀之則，以定命也。」或問至誠如神之説。朱子曰：「呂氏得之矣，其論動乎四體爲威儀之則者，尤爲確實。」

誠者自成也，而道自道也。朱子曰：「道也之道，音導。言誠者物之所以自成，而道者人之所當自行也。誠以心言，本也。道以理言，用也。」**誠者物之終始，不誠無物，是故君子誠之爲貴。**天下之物，皆實理之所爲，故必得是理，然後有是物。所得之理既盡，則是物亦盡而無有矣。故人之心一有不實，則雖有所爲，亦如無有，而君子必以誠爲貴也。蓋人之心能無不實，乃爲有以自成，而道之在我者亦無不行矣。**誠者非自成己而已也，所以成物也。成己，仁也。成物，知也。性之德也，合外内之道也，故時措之宜也。**誠雖所以成己，然既有以自成，則自然及物，而道亦行於彼矣。仁者體之存，知者用之發，是皆吾性之固有，而無内外之殊。既得於己，則見於事者以時措之，而皆得其宜也。「誠者，物之終始」，猶言體物而不可遺。「誠者，物之終始」，來處是誠，去處亦是誠。誠則有物，不誠則無物。且如而今對人説話，若句句説實，皆自心中流出【八】，這便是有物。若是脱空誑誕，不説實話，雖有兩人對話，如無物也。且如草木萌芽發生，以至枯爲朽腐，皆是有此實理。方有此物，若無此理，安得有此物？誠者物之終始，不誠無物。如讀書半版以前，心在書上，則此半版有終有始。半版以後，心不在焉，則如不讀矣。「誠者，物之終始」，却是事物之實理，始終無有間斷。自開闢以來，以至人物消盡，只是如此。在人之心，苟誠實無僞，則徹頭徹尾無非此理。一有間斷處，即非誠矣。凡有一物，則其成也必有所始，其壞也必有所終，而其所以始者，實理之至而向於有也，其所以終者，實理之盡而向於無也。若無是理，則亦無是物矣。此誠所以爲物之終始，而人心不誠，則雖有所爲，皆如無有也。問：「《或問》中云『自其間斷之後，雖有其事，皆無實之可言』，何如？」曰：「此是説不誠無物。如人做事，未做得一半便棄了，即一半便不成。」問：「游氏云：『四時之運已，即成物之

【八】自心中流出　「心中」原作「中心」，據四庫本改。

功廢。』」先生曰：「只爲有這些子，如無這些子，其機關都死了。」再問：「其至誠無息，所以四時行，百物生，更無已時。此所謂『維天之命，於穆不已』也。」先生曰：「然。」　問「不誠無物」。曰：「誠，實也。且如人爲孝，若是不誠，恰似不曾，誠便是事底骨子。」

不誠無物，不誠雖有物，如「禘自既灌而往」者，誠意一散，如不祭一般。　秉彝不存，謂之無人可也。中和不存，謂之無禮樂可也。　「心不在焉，視而不見，聽而不聞」，便與無耳目相似。　「誠者，物之終始」，指實理而言，「君子誠之爲貴」，指實心而言。　「誠者，非自成己而已」，此「自成」字與前面不同。蓋怕人只説自成，故言「非自成己，乃所以成物」。成己便以仁言，成物便以知言。成己、成物固無内外之殊，但以先成己，然後能成物，此道之所以當自行也。「成己，仁也」是體，「成物，知也」是用。「學不厭，知也」是體，「教不倦，仁也」是用。　問：「『成己，仁也；成物，知也。』成物如何説知？」曰：「須是知運用，方成得物。」問：「『時措之宜』是顔、稷閉户纓冠之義否？」曰：「亦有此意。須是仁知具，内外合，然後有箇『時措之宜』。」又云：「如平康無事時，是一般處置；倉卒緩急時，又有一樣處置。『成己，仁也；成物，智也』，以某觀之，成己却是智，成物却是仁。曰顔子克己復禮爲仁，非成己而何？智周乎萬物而道濟天下，非成物而何？」《輯畧》程子曰：「『誠者自成』，如至誠事親則成人子，至誠事君則成人臣。『不誠無物，誠者物之終始』，猶俗語徹頭徹尾不誠，更有甚物也。」　或問云云。朱子曰：「『誠者，物之終始，不誠無物』之義，惟程子之言爲至。當然其言太畧，請得而推言之。蓋誠之爲言，實而已矣。然此篇之言，有以理之實而言者，如曰『誠不可揜』之類是也；有以心之實而言者，如曰『反諸身不誠』之類是也。讀者各隨其文意所指而尋之，則其義各得矣。所謂『誠者物之終始，不誠無物』者，以理言之，則天地之理，至實而無一息之妄，故自古及今，無一物之不實，而一物之中，自始至終，皆實理之所爲也；以心言之，則聖人之心，亦至實而無一息之妄，故從生至死，無一事之不實，而一事之中，自始至終，皆實心之所爲也。此所謂誠者物之終始者然也。苟未至於聖人，而其本心之實者，猶未免於間斷，則其實有是心之初，以至未有間斷之前，所爲無不實者；及其間斷，則自有間斷之後，以至未相接續之前，凡所云爲，皆無實之可言，雖有其事，亦不異於無有矣。如曰『三月不違』，則三月之間，所爲皆實，而三月之後，未免於無實，蓋不違之終始，即其事之終始也。日月至焉，則至此之時，所爲皆實，而去此之後，未免於無實，蓋至焉之終始，即其物之終始也。是則所謂不誠無物者然也。以是言之，則在天者本無不實之理，故凡物之生於理者，必有是理【九】，方有是物，未有無其理，而徒有不實之物者也。在人者或有不實之心，故凡物之出於心者，必有是心之實，乃有是物之實，未有無其心之實，而能有其物之實者。程子所謂徹頭徹尾者蓋如此。其餘諸説，大抵皆知誠之在天爲實理，而不知其在人爲實心，是以爲説太高，以失經文之本意。正猶知愛之不足以盡仁，而凡言仁者遂至於無字之可訓，其亦誤矣。」

故至誠無息。朱子曰：「既無虚假，自無間斷。」不息則久，久則徵，久，常於中也。徵，驗於外也。徵則悠遠，悠遠則博厚，博厚則高明。此皆以其驗於外者言之。鄭氏所謂「至誠之德，著於四方」者是也。存於中者既久，則驗於外者益悠遠而無窮矣。悠遠，故其積也廣博而深厚。博厚，故其發也高大而光明。博厚，所以載物也。高明，所以覆物也。悠久，所以成物也。悠久即悠遠，兼内外而言之也。本以悠遠致高厚，而高厚又悠久也。此言聖人與天地同用。博厚配地，高明配天，悠久無疆。此言聖人與天地同體。如此者，不見而章，不動而變，無爲而成。見，猶示也。天地之道，可一言而盡也：其爲物不貳，則其生物不測。此以下，復以天地明至誠無息之功用。天地之道，可一言而盡也，其爲物不貳，則其生物不測，不過曰「誠」而已。不貳，所以誠也。誠故不息，而生物之多，有莫知其所以然者。天地之道：博也，厚也，高也，明也，悠也，久也。言天地之道，誠一不貳，故能各極其盛，而有下文生物之功。問：「『久則徵』，徵是徵驗發見於外否？」曰：「久然後有徵驗。只一兩日工夫，如何有徵驗？」問：「悠遠、博厚、高明，《章句》中取鄭氏説，豈以聖人之誠自近而遠，自微而著，如《書》稱堯『光被四表，格于上下』者乎？」曰：「亦須看它一箇氣象，自『至誠不息』，

【九】必有是理　「有」字原脱，據四庫本、乾隆本補。

不息則久』積之，自然如此。」「至誠無息」一段，諸家多將做進德次第説，只一箇至誠已該了，豈復更有許多節次？此是言聖人功業，自「徵則悠遠」，至「悠久、博厚、高明」，皆是功業著見如此。不須説入裏來，古注有不可易處。

今夫天，斯昭昭之多，及其無窮也，日月星辰繫焉，萬物覆焉。今夫地，一撮土之多，及其廣厚，載華嶽而不重，振河海而不洩，萬物載焉。今夫山，一卷石之多，及其廣大，草木生之，禽獸居之，寶藏興焉。今夫水，一勺之多，及其不測，黿鼉、蛟龍、魚鼈生焉，貨財殖焉。昭昭，猶耿耿，小明也。此指其一處而言之。及其無窮，猶十二章「及其至也」之意，蓋舉全體而言也。振，收也。卷，區也。此四條，皆以發明由其不貳不息，以致盛大而能生物之意。然天地山川，實非由積累而後大，讀者不以辭害意可也。《詩》云：「維天之命，於穆不已！」蓋曰天之所以爲天也。「於乎不顯，文王之德之純！」蓋曰文王之所以爲文也，純亦不已。於，歎辭。穆，深遠也。不顯，猶言豈不顯也。純，純一不雜也。引此以明至誠無息之意。程子曰：「天道不已，文王純於天道，亦不已。純則無二無雜，不已則無間斷先後。」《輯畧》程子曰：「『維天之命，於穆不已』，此是理自相續不已，非是人爲之。如使可爲，雖使百萬般安排，也須有息時。只爲無爲，故不息。」呂氏曰：「實理不貳，則其體無雜。其體不雜，則其行無間，故至誠無息，非使之也，機自動耳。乃乾坤之所以闔闢，萬物之所以生育，亘萬古而無窮者也。如使之則非實，非實則有時而息矣。久者，日新而無敝之謂也。徵，驗也。悠，遠長也。天地運行而不息，故四時變化而無敝。日月相從而不已，故朔晦生明而無敝，此之謂『不息則久』。四時變化而無敝，故有生生之驗，晦朔生明而無敝，故有照臨之驗，此之謂『久則徵』。生，生也。照，臨也。苟日新而有徵，則可以繼繼其長，至於無窮矣，此之謂『徵則悠遠』。悠遠無窮者，其積必多，博者能積衆狹，厚者能積衆薄，此之謂『悠遠則博厚』。有如是廣博，則其勢不得不高，有如是深厚，則其精不得不明，此之謂『博厚則高明』。博厚，則無物不能任也。高明，則無物不能冒也。悠久，則無時而不養也。所以載物、覆物、成物者，其能也。所以章、所以變、所以成者，其功也。能非力之所任，功非用而後有，其勢自然，不得不爾，是皆至誠不貳而已，此天地之道，所以『一言而盡也』。天地所以生物不測者，至誠不息者也。天地所以成物者，積之無疆者也。如使天地爲物而貳，則其行有息，其積有限，昭昭、撮土之微，將下同乎衆物，又焉有載物、覆物、成物之功哉？雖天之大，昭昭之多而已。雖地之廣，撮土之多而已。山之一卷【一〇】，水之一勺，亦猶是矣。其所以高明博厚、神明不測者，積之之多而已。今夫人之有良心也，莫非天地之中，是爲可欲之善。不充之，則不能與天地相似而至于大。大而不化，則不能不勉不思，與天地合德而至于聖。然所以至于聖者，充其良心，德盛仁熟而後爾也。故曰過此以往，未之或知也。窮神知化，德之盛也。如指人之良心，而責之與天地合德，猶指撮土而求其載華嶽、振河海之力，指一勺而求其生蛟龍、殖貨財之功，是亦不思之甚也。天之所以爲天，不已其命而已。聖人之所以爲聖，不已其德而已。其爲天下德命雖異，其所以不已則一，故聖人之道，可以配天者如此而已。」或問云云。朱子曰：「此章之説，最爲繁雜。吕氏所謂『不已其命，不已其德』，意雖無爽，而語亦有病。蓋天道、聖人之所以不息，皆實理之自然，雖欲已之而不可得，今曰『不已其命，不已其德』，則是有意於不已，而非所以明聖人、天道之自然矣。又以積天之昭昭至于無窮，譬夫人之充其良心，以至於與天地合德，意則甚善。而此章所謂至誠無息，以至於博厚高明，乃聖人久於其道，而天下化成之事，其所積而成者，乃其氣象功效之謂，非謂在己之德亦待積而成也。故章末引文王之詩以證之，夫豈積累漸次之謂哉？若如吕氏之説，則是因無息然後至於誠，由不已然後純於天道也，失其旨矣。」吕氏廣博高明之語甚善，譬如爲臺觀，須根基大，然後上面可以高。萬物精氣蓄於下者深厚，則其發越於外自然光明。

唯天下至誠，爲能經綸天下之大經，立天下之大本，知天地之化育。夫焉有所倚？

朱子曰：「經、綸，皆治絲之事。經者，理其緒而分之；綸者，比其類而合之也。經，常也。大經者，五品之人倫。大本

【一〇】山之一卷 「卷」原作「拳」，據四庫本改。

者，所性之全體也。惟聖人之德極誠無妄，故於人倫各盡其當然之實，而可以爲天下後世法，所謂經綸之也。其於所性之全體，無一毫人欲之僞以雜之，而天下之道，千變萬化皆由此出，所謂立之也。其於天地之化育，則亦其極誠無妄者有默契焉，非但聞見之知而已。此皆至誠無妄，自然之功用，夫豈有所倚著於物而後能哉！」肫肫其仁，淵淵其淵，浩浩其天！肫肫，懇至貌。淵淵，靜深貌。浩浩，廣大貌，以知化而言也。其淵其天，則非特如之而已。苟不固聰明聖知達天德者，其孰能知之？固，猶實也。鄭氏曰：「唯聖人能知聖人。」天道之極致，至此而無以加矣。

《大學》：所謂誠其意者，毋自欺也。如惡惡臭，如好好色，此之謂自謙，故君子必慎其獨也。朱子曰：「謙，讀爲慊，苦劫反。誠其意者，自脩之始也。毋者，禁止之辭。自欺云者，知爲善以去惡，而心之所發有未實也。慊，快也，足也。獨者，人所不知而己所獨知之地也。言欲自脩者知爲善以去其惡，則當實用其力，而禁止其自欺。使其惡惡則如惡惡臭，好善則如好好色，皆務决去，而求必得之，以自快足於己，不可徒苟且以徇外而爲人也。然其實與不實，蓋有它人所不及知而己獨知之者，故必謹之於此，以審其幾焉。」

小人閒居爲不善，無所不至，見君子而后厭然，揜其不善，而著其善。人之視己，如見其肺肝然，則何益矣。此謂誠於中，形於外，故君子必慎其獨也。閒居，獨處也。厭然，銷沮閉藏之貌。此言小人陰爲不善，而陽欲揜之，則是非不知善之當爲與惡之當去也，但不能實用其力以至此耳。然欲揜其惡而卒不可揜，欲詐爲善而卒不可詐，則亦何益之有哉！此君子所以重以爲戒，而必慎其獨也。

曾子曰：「十目所視，十手所指，其嚴乎！」引此以明上文之意。言雖幽獨之中，而其善惡之不可揜如此。可畏之甚也。富潤屋，德潤身，心廣體胖，故君子必誠其意。胖，安舒貌。言富則能潤屋矣，德則潤身矣，故心無愧怍，則廣大寬平，心常舒泰，德之潤身然也。蓋善之實於中，而形於外者如此。經曰：「欲誠其意，先致其知。」又曰：「知至而后意誠。」蓋心體之明有所未盡，則其所發必有不能實用其力，而苟焉以爲欺者。然或已明而不謹乎此，則其所明又非己有，而無以爲進德之基。故此章之指，必承上意而通考之，然後有以見其用力之始終，其序不可亂而功不可闕如此。或問本章之指。曰：「天下之道二，善與惡而已矣。然揆厥所元，而循其次第，則善者天命所賦之本然，惡者物欲所生之邪穢也。是以人之常性，莫不有善而無惡，其本心莫不好善而惡惡。然既有是形體之累，而又爲氣稟之拘，是以物欲之私，得以蔽之，而天命之本然者，不得而著。其於事物之理，固有懵然不知其善惡之所在者，亦有僅識其粗，而不能真知其可好可惡之極者。夫不知善之真可好，則其好善也，雖曰好之，而未能無不好者以拒之於內；不知惡之真可惡，則其惡惡也，雖曰惡之，而未能無不惡者以挽之於中。是以不免於苟焉以自欺，而意之所發有不誠者。夫好善而不誠，則非惟不足以爲善，而反有以賊乎其善；惡惡而不誠，則非惟不足以去惡，而適所以長乎其惡。是則其爲害也，徒有甚焉，而何益之有哉？聖人憂之，故爲大學之教，而必首之以格物致知之目，以開明其心術，使既有以識夫善惡之所在，與其可好可惡之必然矣。至此而復進以必誠其意之説焉，則又欲其謹之於幽獨隱微之奥，以禁止其苟且自欺之萌。而凡其心之所發，如曰好善，則必由中及外，無一毫之不好也；如曰惡惡，則必由中及外，無一毫之不惡也。夫好善而中無不好，則是其好也，如好好色之真，欲以快乎己之目，初非爲人而好之也；惡惡而中無不惡，則是其惡之也，如惡惡臭之真，欲以足乎己之鼻，初非爲人而惡之也。所發之實，既如此矣，而須臾之頃，纖芥之微，念念相承，又無敢有少間斷焉，則庶乎内外昭融，表裏澄徹，而心無不正，身無不脩矣。若彼小人，幽隱之間，實爲不善，而猶欲外託於善以自蓋，則亦不可謂其全然不知善惡之所在，但以不知其真可好惡，而又不能謹之於獨，以禁止苟且自欺之萌，是以淪陷至於如此而不自知耳。此章之説，其詳如此，是固宜爲自脩之先務矣。然非有以開其知識之真，則不能有以致其好惡之實，故必曰『欲誠其意者，先致其知』，又曰『知至而後意誠』。然猶不敢恃其知之已至，而聽其所自爲也，故又曰『必誠其意，必謹其獨，而毋自欺焉』，則大學工夫，次第相承，首尾爲一，而不假它術以雜乎其間，亦可見矣。」

誠意只是表裏如一，若外面白裏面黑，便非誠意。　凡惡惡之不實，爲善之不勇，外然而中實不然，或有所爲而爲之，或始勤而終怠，或九分爲善，尚有一分苟且之心，皆不實而自欺之患也。所謂誠其意者，表裏内外，徹底皆如此，無纖毫絲髮苟且爲人之弊。如飢之必欲食，渴之必欲飲，皆自以求飽足於己而已，非爲他人而食飲也。又如一盆水，徹底皆清瑩，無一毫砂石之雜。如此，則其好善也必誠好之，惡惡也必誠惡之，而無一毫强勉自欺之雜。所以説自慊，但自滿足而已，豈有待於外哉！是故君子謹其獨，非特顯明之處是如此，雖至微至隱，人所不知之地，亦常謹之，小處如此，大處亦如此，顯明處如此，隱微處亦如此。表裏内外，精粗隱顯，無不謹之，方謂之誠其意。

問：「物格、知至了，如何到誠意？又説『毋自欺也』，毋者，禁止之辭。」曰：「物既格，知既至，到這裏方可着手下工夫【一一】。不是物格、知至了，下面許多一齊掃了。若如此，却不消説下面許多。看下面許多，節節有工夫。」自欺是箇半知半不知底人。知道善我所當爲，却又不十成去爲善；知道惡不可作，却又自家所愛，舍他不得，這便是自欺。　或問：「誠其意者，毋自欺。」先生曰：「譬如一塊物，外面是銀，裏面是鐵，便是自欺。然所以不自欺，須是見得分曉。譬如今人見烏喙之不可食，知水火之不可蹈，則自不食不蹈。如寒之欲衣，飢之欲食，則自是不能已。今人果見得分曉，如烏喙之不可食，水火之不可蹈，見善如飢之欲食、寒之欲衣，則此意自是實矣。」　而今説自欺，未説到與人説時，方謂之自欺。只是自家知得善好，要爲善，然心中却覺得微有些没緊要底意思，便是自欺。正如金，已是真金了，只是鍛煉得微不熟，有查滓去不盡，顔色或白、或青、或黄，便不是十分精金。

問自慊。先生云：「人之爲善，須是十分真實爲善，方是自慊。若有六七分爲善，又有兩三分爲惡底意思在裏面相牽，便不是自慊。須是如惡惡臭，如好好色，方是。」「自慊」之「慊」，大意與《孟子》「行有不慊」相類。細思亦微有不同：《孟子》「慊」訓滿足意多，《大學》訓快意多。横渠云：「自慊不足以合天心。」初看亦只一般，然横渠亦是訓足底意

【一一】着手下工夫　「工」原作「上」，據四庫本、《朱子語類》卷十六改。

思多。　字有同一義而二用者。「慊」字訓足也，「吾何慊乎哉」，彼心中不以彼之富貴而懷不足也。「行有不慊於心」，謂義須充足於中，不然則餒也。如「忍」之一字，自容忍而爲善者言之，則爲忍去忿慾之氣；自殘忍而爲惡者言之，則爲忍了惻隱之心。「慊」字一從「口」，如胡孫兩「嗛」，皆本虛字，看懷藏何物於內耳。如「銜」字，或爲銜恨，或爲銜恩，亦同此義。　誠意十分爲善，有一分不好底意思潛發以間於其間，此意一發，便由斜徑以長，這箇却是實，前面善意却是虛矣。如見孺子入井，救之是好意，其間便有些要譽底意思以雜之。如薦好人是善意，便有些要人德之之意，隨後生來。治惡人是好意，便有些狠疾之意隨後來，前面好意都成虛了。如《姤》卦上五爻皆陽，下面只一陰生，五陽便立不住。

誠與不誠，自慊與自欺，只爭這些子毫髮之間耳。又曰：「自慊則一，自欺則二。自慊者，外面如此，中心也是如此，表裏一般。自欺者，外面如此做，中心其實有些子不願，外面且要人道好。只此便是二心，誠僞之所由分也。」「誠於中，形於外」，那個形色氣貌之見於外者自別，決不能欺人，祇自欺而已。這樣底，永無緣做得好人，爲其無爲善之地也。外面一副當雖好，然裏面却踏空，永不足以爲善。　看來「如好好色，如惡惡臭」一段，便是連那毋自欺也說。言人之毋自欺時，便要如好好色，如惡惡臭樣方得。若好善不如好好色，惡惡不如惡惡臭，此便是自欺。毋自欺者，謂如爲善，若有些自欺時，便當斬根去之，真個是如惡惡臭，始得。如「小人閒居爲不善」底一段，便是自欺底，只是反說。閒居爲不善，便是惡惡不如惡惡臭。見君子而後厭然，揜其不善而著其善，便是好善不如好好色。若只如此看，此一篇文義都貼實平易，坦然無許多屈曲。「心廣體胖」，心本是闊大底物事，只是因愧怍了，便卑狹，便被他隔礙了。只是得一邊【一二】，所以體不能舒泰。　問：「《誠意》章曾子曰『十目所視』止『心廣體胖』處。」先生曰：「十目所視，十手所指，不是怕人見。蓋人雖不知，而我已自是甚可皇恐了，其與所視所指，何以異哉？」　意誠便全然在天理上行，意未誠以前，尚汩在人欲裏。

【一二】只是得一邊　「一」原作「二」，據四庫本、乾隆本改。

孟子曰：「居下位而不獲乎上，民不可得而治也。獲於上有道，不信於友，弗獲於上矣；信於友有道，事親弗悦，弗信於友矣；悦親有道，反身不誠，不悦於親矣；誠身有道，不明乎善，不誠其身矣。朱子曰：「獲於上，得其上之信任也。誠，實也。反身不誠，反求諸身而其所以爲善之心有不實也。不明乎善，不能即事以窮理，無以真知善之所在也。」游氏曰：「欲誠其意，先致其知；不明乎善，不誠乎身矣。學至於誠身，則安往而不致其極哉【一三】？以内則順乎親，以外則順乎友，以上則可以得君，以下則可以得民矣。」是故誠者，天之道也；思誠者，人之道也。誠者，理之在我者皆實而無僞，天道之本然也；思誠者，欲此理之皆實而無僞，人道之當然也。至誠而不動者，未之有也；不誠，未有能動者也。」至，極也。楊氏曰：「動便是驗處，若獲乎上、信乎友、悦於親之類是也。」此章述《中庸》孔子之言，見思誠爲脩身之本，而明又爲思誠之本。乃子思所聞於曾子，而孟子所受於子思者，亦與《大學》相表裏，學者宜潛心焉。南軒曰：「『誠者，天之道』，言其實然之理，天之所爲也。聖人則全此體，身誠而善無不明也。『思誠者，人之道』，則是以人之所爲求合於天焉，學者明善誠身之功是也。」

周子曰：「誠者，聖人之本。『大哉乾元，萬物資始』，誠之源也。『乾道變化，各正性命』，誠斯立焉，純粹至善者也。故曰：『一陰一陽之謂道，繼之者善也，成之者性也。』元亨，誠之通；利貞，誠之復。大哉《易》也，性命之源乎！説已見《性命》篇。聖，誠而已矣。朱子曰：「聖人之所以聖，不過全此實理而已，即所謂太極者也。」五常之本，百行之源也。五常：仁、義、禮、智、信，五行之性也。百行，孝悌、忠順之屬，萬物之象也。實理全，則五常不虧，而百行脩矣。靜無而動有，至正而明達也。方靜而陰，誠固未嘗無也，以其未形而謂之無耳。及動而陽，誠非至此而後有也，以其可見而謂之有

【一三】則安往　「往」原作「住」，據四庫本改。

耳。靜無，則至正而已；動有，然後明與達者可見也。五常、百行非誠，非也。邪，暗塞也。非誠，則五常、百行皆無其實，所謂不誠無物者也。靜而不正，故邪；動而不明不達，故暗且塞。理一也，以其實有，故謂之誠。以其體言，則有仁義禮智之實；以其用言，則有惻隱、羞惡、恭敬、是非之實。故曰：「五常百行非誠，非也。」蓋無其實矣，又安得有是名乎？故誠則無事矣。誠則衆理自然，無一不備，不待思勉而從容中道矣。至易而行難。實理自然，故易；人僞奪之，故難。果而確，無難焉。果者，陽之決；確者，陰之守。決之勇，守之固，則人僞不能奪之矣。故曰：一日克己復禮，天下歸仁焉。」克去己私，復由天理，天下之至難也。然其機可日而決，其效至於天下歸仁，果確之無難如此。

誠無爲，幾善惡。全文及說，見《五常》篇。寂然不動者，誠也；感而遂通者，神也；動而未形、有無之間者，幾也。朱子曰：「本然而未發者，實理之體；善應而不測者，實理之用。動靜體用之間，介然有頃之際，則實理發見之端【一四】，而衆事吉凶之兆也。」誠精故明，神應故妙，幾微故幽。清明在躬，志氣如神，精而明也；不疾而速，不行而至，應而妙也；理雖已萌，事則未著，微而幽也。誠、神、幾，曰聖人。性焉安焉，則精明應妙，而有以洞其幽微矣。

《易·習坎》：「有孚，維心亨，行有尚。」《程氏傳》曰：「陽實在中，爲中有孚信。維其心誠一，故能亨通。至誠可以通金石，蹈水火，何險難之不可亨也。行有尚，謂以誠一而行，則能出險，有可嘉尚也。」

學者不可以不誠，不誠無以爲善，無以爲君子。脩學不以誠，則學雜。爲事不以誠，

【一四】發見之端　「端」原作「揣」，據四庫本、乾隆本改。

則事敗。自謀不以誠，則是欺其心而自棄其志。與人不以誠，則是喪其德而增人之怨。今小道異端，亦必誠而後得，而况欲爲君子者乎？

謝氏曰：「誠是實理，非專一也。」尋常人謂至誠，止是專一實理，則如惡惡臭，如好好色，不是安排來。朱子曰：「以實理言誠，謝氏得之。愚謂如惡惡臭，如好好色，恐只是實心，誠者，天道之属乃實理也【一五】。」

問：「《中庸》專論誠，而《論語》未嘗一及誠，何也？」楊氏曰：「《論語》之教人，凡言恭敬、忠信，所以求仁而進德之事，莫非誠也。《論語》示人以入之之方，《中庸》言其至也。蓋《中庸》子思傳道之書，不正言其至，則道不明。孔子所罕言，孟子常言之，亦猶是矣。」朱子曰：「誠之爲言實也，然經傳用之，各有所指，不可一概論。如周子謂『誠者，聖人之本』，蓋指實理而言者也。如所謂『聖，誠而已矣』，即《中庸》所謂『天下至誠』者，指人之實有此理者而言也。温公所謂『誠』，即《大學》所謂『誠其意』者，指人之實其心而不自欺者也。」按：元城劉公問：「學道從何入？」曰：「自誠入。」又問：「誠自何入？」曰：「自不妄語入。」南軒張氏嘗疑之。蓋誠者，道之極致，學者必先窮理主敬，然後誠者幾焉。今乃以爲入道之始，其語誠，若未安。今以朱子此説觀之，則知誠之爲義，經傳所指不同。温公之所謂「誠主於不欺詐，無矯僞」，正學者立心之初，所當從事，非指誠之至者而言也。

右專言誠

按：唐、虞之時，未有誠字。《舜典》所謂「允塞」，即誠之義也。至伊尹告太甲，乃曰：「鬼神無常享，享于克誠【一六】。」誠字始見於此。

【一五】乃實理也　「理也」二字原脱，據四庫本補。

【一六】享于克誠　「于」原作「子」，據四庫本、乾隆本改。

甲集十七

《書》：若稽古帝堯，曰放勳，欽明文思安安，允恭克讓，光被四表，格于上下。朱子曰：「欽，恭敬也。安安，無所勉强之貌。言其德性之美，皆出自然而非勉强，所謂性之者也。允，信也。克，能也。常人德非性有，物欲害之，故有强爲恭而不實，欲爲讓而不能者。惟堯性之，是以信恭而能讓也。欽明文思安安，本其德性而言也。允恭克讓，以其行實而言也。至於被四表、格上下，著見之盛如此也。孔子曰：『惟天爲大，惟堯則之。』故《書》帝王之德，莫盛於堯，而其贊堯之德，莫備於此。且又首以欽之一字爲言，此《書》中開卷第一義也。讀者深味而有得焉，則一經之全體，不外是矣。」愚按：堯之德以欽爲首，而其行以恭爲先，學者之學聖人，此其準的也。

若稽古帝舜，曰重華，協于帝，濬哲文明，温恭允塞，玄德升聞，乃命以位。朱子曰：「温恭者，和粹而恭敬也。」又益之贊禹曰：「帝初于歷山，往于田，日號泣于旻天，于父母，負罪引慝。祗載見瞽瞍，夔夔齊慄，瞽亦允若。」説者謂夔夔悚懼之貌，此事親之敬。《語》曰：「無爲而治者，其舜也與！夫何爲哉？恭己正南面而已。」此臨民之敬。《孟子》曰：「不以舜之所以事堯者事君，不敬其君者也。」此事君之敬。合數章而觀，則「舜之無不敬也」可見矣。又按：堯、舜之於敬也，不特脩己而已，其於事亦莫不然。二《典》所記其命羲和曰：「欽若昊天，敬授人時。」其分命曰寅賓，曰寅餞，曰敬致。命鯀以治水，曰往欽哉。釐降二女亦曰欽哉。此堯之敬見於事者也。命禹以謹乃有位，命皐陶以恤刑，命契以敷教，咨伯以典禮。不曰欽則曰敬，不曰敬則曰寅，而於其末也，復曰咨汝二十二人，欽哉，惟時亮天功。此舜之敬見於事者也。内而脩一身，外而治萬事，一皆以敬爲主。若乃儆戒無虞，罔失法度，益之所以進戒也。無教逸欲，有邦兢兢業業，一日二日萬幾，達于上下，敬哉有土，皐陶之所以陳謨也。至於勑天之歌，臣以欽哉勉其君，君以欽哉儆其臣。胥訓胥告，惟敬之一言，此所以爲萬世帝王之法。

若稽古大禹，曰文命，敷于四海，祗承于帝。曰：「后克艱厥后，臣克艱厥臣，政乃乂，黎民敏德。」朱子曰：「史臣言禹既布其文教於四海矣，於是陳其謨以敬承于舜，如下文所云也。曰以下，即禹祗承于帝之言。艱，難也。禹言君而不敢易其爲君之道，臣而不敢易其爲臣之職，夙夜祗懼，各務盡其所當爲者，則其政事修治，而民亦觀感速化於善矣。」此禹事君之敬。又《禹貢》曰：「祗台德先，不距朕行。」朱子以爲禹平水土，定土賦，建諸侯，治已定，功已成矣。當此之時，惟敬德以先天下，則天下自不能違越我之所行也。此禹率民之敬。至孟子曰：「啓賢，能敬承禹之道。」啓惟能敬，是以繼禹之業。太康失邦，其昆弟述禹之戒以作歌曰：「爲人上者，奈何不敬？太康惟不敬，是以墜禹之緒。」

《詩·商頌》：湯降不遲，聖敬日躋。昭假遲遲，上帝是祗。毛氏曰：「躋，升也。」朱子曰：「湯之生也，應期而降，適當其時。其聖敬又日躋升，以至昭假于天。遲遲，久也，言其純亦不已也。」又《湯誥》曰：「兹朕未知獲戾于上下，慄慄危懼，若將隕于深淵。」玩此數言，則聖敬日躋之實可見矣。朱子曰：「成湯工夫全在敬字上。」

《詩》：《文王》之四章。穆穆文王，於緝熙敬止。王氏曰：「穆穆，敬也。」朱子曰：「緝，續。熙，明。亦不已之意。」又《大明》曰：「維此文王，小心翼翼。」《思齊》曰：「雝雝在宫，肅肅在廟。」皆足久見「緝熙敬止」之氣象。

《書》：武王以箕子歸，作《洪範》：「次二曰敬用五事：一曰貌，二曰言，三曰視，四曰聽，五曰思。貌曰恭，言曰從，視曰明，聽曰聰，思曰睿。恭作肅，從作乂，明作哲，聰作謀，睿作聖。」孔氏曰：「五事在身，用之必敬乃善。」 愚按：貌、言、視、聽、思，各有攸主，而總以敬之一言，何哉？蓋敬者，五事之主也。敬不存於中則形於貌者【一】，必輕且慢，無由而能恭；發於言者必易以肆，無由而能從。視聽蔽於物，何由而明且聰？思慮汩於多端，何由而通於微？故敬則五事皆得，不敬則五事皆失。程子曰：「聰明睿智皆由此出。」信哉！ 又按：三代聖王以敬爲脩身立政之本，故伊尹告太甲曰：「嗣王祗厥身，念哉！」又曰：「欽厥止，率乃祖攸行。」周公之戒成王，一則曰「嚴恭寅畏天命自度」，二則曰「治民祗懼不敢荒寧」，三則曰「克自抑畏」，四則曰「皇自敬德」。而《召公之誥》，一則曰「嗚呼！奈何弗敬」，二則曰「王其疾敬德」，三則曰「王敬作所不可不敬德」，四則曰「惟不敬厥德，乃早墜厥命」。伊、周、召公，皆古聖賢，而所以啓迪其君者如出一口。又考之《書》「昏迷不恭，侮慢自賢」，禹之所以征有苗也；「威侮五行，怠棄三正」，啓之所以伐有扈也；狎侮五常，荒怠弗敬，謂己有天命，謂敬不足行，武王之所以誅獨夫受也。蓋敬則爲堯、舜，爲禹、湯，爲文、武，不敬則爲有苗，爲有扈，爲獨夫受，聖狂之所以分，治亂之所由判，未有不出乎此者。

《洛誥》：公功肅將祗歡。此成王留周公之詞。其下文曰：「公無困哉！我惟無斁其康事。」舊説謂周公之功至大，而能肅以自將，故天下之人敬而樂之也。愚按【二】：本文無天下意，蓋言公之功如此，而以肅自將以敬自樂。肅將者，嚴毅之容著於外；祗歡者，和樂之意發於中，聖人盛德之氣象可以想見也。又按：《康誥》諸書皆周公作，其戒康叔曰：「恫瘝乃身，敬哉！」其稱微子曰「恪慎」，曰「肅恭」，其告召公曰「克敬」，告殷多士亦曰「克敬」，聖人之脩身教人無二道也。

子恭而安。此門人形容夫子之辭，全文見《氣象》篇。 程子曰：「衆人安則不恭，恭則不安。」横渠嘗言：「吾十五年學個恭而安不成。」明道曰：「可知是學不成，有多少病在。」謝氏曰：「凡恭謹必勉强不安肆，安肆必放縱不恭，恭如勿忘，安如勿助長。正當勿忘、勿助長之間，子細體認取。」 或問：「持敬覺不甚安。」朱子曰：「初學如何

【一】不存於中 「存」原作「肖」，「中」原作「十」，據四庫本改。

【二】愚按 「按」原作「接」，據四庫本、乾隆本改。

便得安？除是孔子方『恭而安』。初要持敬，也須勉强。但覺見有些子放去，便收斂提掇起，敬便在這裏。當常相接，久後自熟。」　以上叙堯、舜、禹、湯、文、武、周公、孔子之敬。　朱子曰：「聖人相傳只一敬字，堯曰欽明，舜曰温恭，湯曰日躋。」又嘗歎敬字工夫之妙，聖學之所以成始成終者【三】，皆在此。《感興詩》云：「放勳始欽明，南面亦恭己。大哉精一傳，萬世立人紀。猗歟歎日躋，穆穆歌敬止。戒獒光武烈，待旦起周禮。恭惟千載心，秋月照寒水。魯叟何常師，删述存聖軌。」又按：孔子之告顔淵，以非禮勿視、聽、言、動，而回也請事斯語焉，此敬也。曾子戰戰兢兢，臨深履薄，以終其身，亦敬也。後之學者欲遡聖學之淵源者，其必自曾、顔始。

《春秋傳》曰季曰：「敬者，德之聚也。能敬必有德。」愚按：《詩》、《書》言敬之外，惟此爲最的，且又在洙泗之前，故記于此。全文已見《夫婦》篇。

子路問君子。子曰：「脩己以敬。」曰：「如斯而已乎？」曰：「脩己以安人。」曰：「如斯而已乎？」曰：「脩己以安百姓。脩己以安百姓，堯、舜其猶病諸！」朱子曰：「脩己以敬，夫子之言至矣、盡矣，而子路少之，故再以其充積之盛、自然及物者告之，無他道也。」　程子曰：「君子脩己以敬，篤恭而天下平。唯上下一於恭敬，則天地自位，萬物自育，氣無不和，而四靈畢至矣。此體信達順之道，聰明睿智皆由是出，以此事天饗帝。」　致堂胡氏曰：「可願莫如善，敬立則百善從。宜遠莫如邪，敬立則百邪息。故敬也者，存心之要法，檢身之切務也。欲持敬者奈何？曰：君子有言，主一之謂敬，無適之謂一，如執大圭，如奉槃水，如震霆之在上也，淵谷之在下也，師保之在前也，鬼神之在左右也，是則持敬之道。」　問：「『聰明睿知皆由此出』，莫是自敬出否？」朱子曰：「心常恭敬，則常光明。」　問程子云云。曰：「敬則自是聰明，人之所以不聰不明者，止緣身心惰慢【四】，便昏塞了。敬則虚静，自然通達。」因問：「周子云『静虚則明，明則通』，是此意否？」曰：「意亦相似。」　又問云云。曰：「聰明睿智，如何不由敬出！且以一國之君觀之，此心才不專静，則姦聲佞辭雜進而不察，何以爲聰？治

【三】成始成終　「始」原作「殆」，據四庫本改。

【四】心惰慢　「慢」原作「熳」，據四庫本改。

容亂色交蔽而不辨，何以爲明？睿智皆出於心，心既無主【五】，則應事接物，何由思慮得宜？所以此心常要肅然虛明，然後物不能惑。」南軒張氏曰：「脩己之道，不越乎敬而已。敬之道盡，則所爲脩己者亦無不盡，而所以安人、安百姓者，皆在其中矣。蓋一於篤敬，則推之家以及於天下者，皆是理也。極其至也，天地位焉，萬物育焉。兆民雖衆，其有不得其所安者乎？是則『脩己以敬』一語，理無不盡者。」

《孝經》子曰：「禮者，敬而已矣。敬其父，則子說。敬其君，則臣說。敬一人，而千萬人說。所敬者寡，而說者衆，此之謂要道。」愚按：禮之節文三千三百，可謂繁矣，而爲之本者，敬而已矣。苟無其本，則儀章度數，豈能以自行哉？敬非求人之説，而其效有所必至，用力約而爲功博，故曰要道。　孔門言敬，惟此二章獨言，餘皆兼言，各見後。

樊遲問仁。子曰：「居處恭，執事敬，與人忠。雖之夷狄，不可棄也。」朱子曰：「恭主容，敬主事。恭見於外，敬主乎中。『之夷狄不可棄』，勉其固守而勿失也。」　程子曰：「此是徹上徹下語。聖人元無二語，充之則睟面盎背；推而達之，則篤恭而天下平矣。」　問暢論敬。曰：「正其衣冠，端坐儼然，自有一般氣象，某嘗以其説行之，果如其説，此是敬否？」謝氏曰：「不如執事上尋，便分明。事思敬，居處恭，執事敬，若只靜坐時有之，却只是坐如尸也。」

子夏曰：「君子敬而無失，與人恭而有禮，四海之内，皆兄弟也。」上文司馬牛憂曰：「人皆有兄弟，我獨亡。」子夏曰：「商聞之矣：死生有命，富貴在天，云云。」朱子曰：「既安於命，又當修其在己者，故又言苟能持己以敬而不間斷，接人以恭而有節文，則天下之人皆愛敬之如兄弟矣。」　程氏曰：「敬是持己，恭是接人。與人恭而有禮，言接人當如此也。近世淺薄，以相驩狎爲相與，以無圭角爲相親愛，如此者安能久？須是恭敬，君臣、朋友皆當以禮爲主也。」　以上兼言恭敬。　按：朱子曰：「敬者，恭之主於中者也。恭者，敬之發於外者也。自學者言，則恭

【五】心既無主　「主」原作「生」，據四庫本、乾隆本改。

不如敬之力；自成德言，則敬不若恭之安。」因言「恭敬」二字如忠信，或云：「敬主於中，恭發於外。」先生曰：「凡言發於外，比似主於中者較大。蓋必充積盛滿，而後發於外，然主於中者却是本，不可不知。」敬字硬，恭字軟。愚謂敬字有堅强意，恭字有柔巽意。

《緇衣》：心莊則體舒，心肅則容敬。東萊吕氏曰：「敬之一字，固難形容。古人所謂云云，此兩語當深體也。」愚按：經傳之言莊多矣，曰「臨之以莊」，曰「莊以涖之」，曰「色容莊」，似皆主容貌而言。獨此曰心莊，蓋未有無諸中而形諸外者。以此語推之，則所謂「臨之以莊」、「莊以涖之」皆兼内外而言，非獨色莊而已也。肅與莊何别？曰：「莊謂嚴而重，肅謂静而恭，氣象固不同也。心嚴重則體安舒，心輕肆則體躁擾，以身驗之，斯可見矣。」

《表記》：君子莊敬日彊，安肆日偷。君子不以一日使其躬儳焉，如不終日。鄭氏曰：「儳焉，可輕賤貌。」伊川先生最愛此語，蓋常人之情才放肆，則日就曠蕩；才檢束，則日就規矩。或問：「人之燕居，形體怠惰，心不慢焉否【六】？」程子曰：「安有箕倨而心不慢者？」以上兼言莊敬。

《易·坤》六二《文言》：君子敬以直内，義以方外，敬義立而德不孤。程子曰：「君子主敬以直其内，守義以方其外。敬立而内直，義形而外方。義形於外，非在外也。」又曰：「切要之道，無如敬以直内。」忠信進德，修辭立誠，乾道也；敬以直内，義以方外，坤道也。問：「人有專務敬以直内，不務方外，如何？」曰：「有諸中必形於外，惟恐不直内，内直則外必方。」操則存，舍則亡，操之之道，敬以直内也。尹彦明嘗言先生教人，只是專令敬以直内。若用此理，則百事不敢輕爲，不敢妄作，不愧屋漏矣。習之既久，自然有得。君子敬以直内，微生高所枉者小而害者大。李籲問：「每常遇事，即能知操存之意，無事時如何存養得熟？」曰：「古之人，耳之於樂，目之於禮，左右起居，盤盂几杖，有銘有戒，動息皆有所養。今皆廢此，獨有理義之養心耳。但存此涵養意，久則自熟矣。敬以直内是涵養意。」以敬直内，則不直矣，必有事焉而勿正，則直矣。釋氏之學，敬以直内則有之，義以方外，則未

【六】心不慢焉　「焉」原作「可」，據四庫本改。

之有也。又曰：「持固爲禪學【七】，他有箇覺之理，可以敬以直内矣。然無義以方外，其直内者，要之其本亦不是。」

敬以直内，義以方外，合内外之道。

敬義夾持，直上達天德，自此。　問：「必有事焉，當用敬否？」程子曰：「敬是涵養一事，必有事焉，須用集義。若但知有敬，不知集義，却是都無事也。」　又問：「義莫是中理否？」曰：「中理在事，義在心。」　問：「敬義何別？」曰：「敬只是持己之道，義便有是有非，順理而行，是爲義也。且如欲爲孝不成，只守着一孝字，須知所以爲孝之道，所以侍奉當何如，温清當何如，然後能盡孝道。」　敬以直内，有主於内則虚，自然無非僻之侵。　朱子曰：「敬有死底敬，有活底敬。只守主一之敬，若遇事不濟之以義，辨其是非，則不活。若熟後，敬便有義，義便有敬，静以察其敬與否，動以察其義與否，敬義夾持，循環無端，則内外透徹。」　涵養須用敬，處事須是集義。　敬是立己之本，義是處事截然方正，各得其宜。　問「敬義夾持之意」。曰：「最下得此兩字好，敬主乎中，義防於外，二者相夾持，要放下霎時不得，只得直上去，故便達天德。」又曰：「表裏夾持，更無東西走作去處，上面只有箇天德。」又曰：「敬義内外交相養，夾定在這裏，莫教一箇有些去失，如此則下不染於物欲，只得上達天德也【八】。」又曰：「夾持者，内外並進之謂。直上者，進進不已之謂。」

敬以直内是持守工夫，義以方外是講學工夫。　敬義非兩截事。　釋氏只要空，聖人只要實。釋氏所謂敬以直内，只是空豁豁地，更無一物，却不會方外。聖人所謂敬以直内，則湛然虚明，萬理具足。　敬以直内，是要無些偏邪。敬義云云，此在《坤》六二爻，論六二之德。聖人本意謂人占得此爻，若直方大則不習無不利。夫子從而發明，以敬解直，義解方，又須敬義皆立，然後德不孤，將不孤解大字。然敬无義不得，義无敬亦不得，只一件便是孤。若是敬義立，施之事君則忠，事親則孝，交朋則信，皆不待習而無不利也。　問云云，曰：「敬以直内是无纖毫私意，胸中洞然，徹上徹下，表裏如一。義以方外是見得是處，決定恁地，不是處，決定不恁地，截然方正，此須實做工夫始得。若只恁説過，依舊不濟事。若實是做工夫，只此八个字，一生用之不窮。」

【七】持固爲禪學　「固」原作「國」，據四庫本改。

【八】上達天德　「天」原作「大」，據四庫本、《晦庵集》卷五十八改。

朱子於書之堂，左曰敬，右曰義。蓋嘗讀《易》而得其兩言，曰：「敬以直內，義以方外。」以爲爲學之要，無以易此，而未知所以用力之方也。及讀《中庸》，見其所論脩道之教，而必以戒慎恐懼爲始，然後得夫持敬之本。又讀《大學》，見其所論明德之序，必以格物致知爲先，然後得夫所以明義之端。既而觀夫二者之功，一動一靜，交相爲用，又有合乎周子太極之論，然後又知天下之理，幽明鉅細，遠近淺深，無不貫於一者。樂而玩之，固將終吾身而不厭，又何暇夫外慕哉！因以名吾二齋云。問：「《養氣》章孟子所謂有事者，集義而已，至於程子之論，則每以有事于敬爲言，何哉？」曰：「孟子之學，以義爲養氣之本；程子之學，以敬爲入德之門，此其言之所以異也。然義非敬則不能以自集，故孟子雖言集義，而必先之以持志；敬非義不能以自存，故程子雖言持敬，而於其門人有事于敬之問，未嘗不以集義爲言也。」

《丹書》曰：敬勝怠者吉，怠勝敬者滅。義勝欲者從，欲勝義者凶。凡事不强則枉，不敬則不正，枉者滅廢，敬者萬世。《大戴禮》武王踐祚三日，召師尚父而問焉，曰：「黄帝、顓帝之道存乎？」師尚父曰：「在《丹書》。王欲聞之，則齋矣。」齋三日，王端冕，師尚父亦端冕，奉書而入，負屏而立。王下堂，南面而立。師尚父曰：「先王之道，不北面。」王行西，折而南，東面而立。師尚父西面。道書之言，云云。王聞書之言，惕若恐懼，退而爲戒書【九】。於席之四端爲銘焉，於几、於鑑、於盥槃、於楹、於杖、於帶、於履屨、於觴豆、於户牖、於劍、弓、矛爲銘焉。席前左端之銘曰：「安樂必敬。」前右端之銘曰：「無行可悔。」問《丹書》。朱子曰：「敬便竪立，怠便放倒。以理從事是義，不以理從事是欲。這敬、義是體用，與《坤》卦説同。」以上兼言敬、義。

仲弓問子桑伯子，子曰：「可也簡。」仲弓曰：「居敬而行簡，以臨其民，不亦可乎？居簡而行簡，無乃太簡乎？」子曰：「雍之言然。」朱子曰：「言自處以敬，則中有主而自治嚴，如是而行簡以臨民，則事不煩而民不擾，所以爲可。若先自處以簡，則中無主而自治踈矣，而所行又簡，豈不失之太簡，而無法

【九】退而爲戒書　「退」字原脱，「戒」原作「成」，據《大戴禮記》卷六改補。

度之可守乎？《家語》記伯子不衣冠而處，夫子譏其欲同人道於牛馬。然則伯子蓋太簡者，而仲弓疑夫子之過許與？」　程子曰：「子桑伯子之簡，雖可取而未盡善，故夫子云可也。仲弓因言內主於敬而簡，則爲要直；　內存乎簡而簡，則爲疎畧，可謂得其旨矣。」又曰：「居敬則心中無物【一〇】，故所行自簡；　居簡則先有心於簡，而多一簡字矣，故曰太簡。」　或問：「居敬、居簡之不同，何也？」曰：「持身以敬，則心不放逸而義理著明，故其所以見於事者，自然操得其要，而無煩擾之患。　若所以處身者，既務於簡，而所以行之者，又一切以簡爲事，則是義理準則，既不素明於內，而紀綱法度，又無所持循於外。　太簡之弊，將有不可勝言者矣。」南軒張氏曰：「主一之謂敬，敬則專而不雜，序而不亂，常而不迫，其行自然簡也。　若夫居簡，則是以簡之一字，橫在胸中，反害於敬，而失行簡之本矣。」　《敬簡堂記》曰：「心宰萬物，而敬者心之道所以生也，生則萬理森然，而萬事之綱，總攝於此。　凡至乎吾前者，吾則因其然而酬酢之，故動雖微，而吾固經緯乎？古之先事雖大【一一】，而吾處之若起居飲食之常，雖雜然並陳，而釐分縷析，條理不紊。　无他，其綱既立，如鑑之形物，各止其分，而不與之俱往也。　此所謂敬而行簡者與？」　此章兼言敬簡。

仲弓問仁。子曰：「出門如見大賓，使民如承大祭。己所不欲，勿施於人。在邦無怨，在家無怨。」仲弓曰：「雍雖不敏，請事斯語矣。」朱子曰：「敬以持己，恕以及物，則私意無所容而心德全矣。」詳見《言仁》篇。　程子曰：「孔子言仁，只說出門如見大賓，使民如承大祭，看其氣象，便須心廣體胖，動容周旋中禮。　唯慎獨，便是守之之法。」或問：「出門使民之時，如此可也；　未出門、使民之時，如之何？」曰：「此儼若思時也，有諸中而後見於外。　觀其出門使民之時，其敬如此，則前乎此者敬可知矣。　非因出門、使民，然後有此敬也。」　《集義》伊川曰：「大賓、大祭只是敬也，才不敬，便私慾萬端害於仁。」　游氏曰：「出門如見大賓，則无時而不敬；　使民如承大祭，則無事而不敬。」　朱子《敬恕齋銘》曰：「出門如賓，承事如祭。　以是存心，其敢失墜？己所不欲，勿施於人。　以是行之，與物皆春。　胡世之人，恣己窮物，惟我所便，謂彼奚卹？孰能反是，斂焉厥躬？于羹于墻，仲尼子

【一〇】心中無物　「心」原作「必」，據四庫本、《朱子語類》卷三十改。

【一一】古之先事　「古」原作「吉」，據《南軒集》卷十二改。

弓。內順于家，外同于邦。无小无大，罔時怨恫。爲仁之功，曰此其極。敬哉恕哉，永永無斁。」南軒曰：「出門云云，蓋平日之涵養一於敬，故其出門、使民之際，皆是心也。己所云云，恕者爲仁之方也。凡人有欲而不得則怨，若夫平易公正，欲不存焉，則己无所怨於人。和平之效，人亦何所怨於己哉！故曰云云。」按：無怨之義，二先生所指不同。朱説前見。南軒謂人己俱无所怨，其味尤長。此章兼言敬恕。　孔門論敬，具前數條外，其他所論，如「道千乘之國，必曰敬事而信」，爲禮不敬，則與臨喪不哀並言之。稱子産曰「其行己也恭，其事上也敬」，稱晏平仲曰「善與人交，久而敬之」，行必曰篤敬，事必曰思敬，至若不言敬而實主於敬者，又不與焉，故朱子曰敬乃聖門之綱領，詎不信矣。

《詩·思齊》之三章此美文王之詞。曰：雝雝在宫，肅肅在廟。不顯亦臨，無射亦保。歐陽氏曰：「不以人所不見而怠，常端莊若有所臨。」朱子曰：「不顯，幽隱之處也。雖居幽隱，亦若有臨之者。雖無厭射，亦常有所守焉。言其純亦不已如是。」愚按：臨如「上帝臨女」之「臨」，不射非謂人厭射之也。蓋在己雖無厭倦之意，而兢兢保守，惟恐其或至於厭倦也。

《抑》之七章此衛武公自警之詞。曰：視爾友君子，輯柔爾顔，不遐有愆。相在爾室，尚不媿于屋漏，無曰不顯，莫予云覯。神之格思，不可度思，矧可射思。朱子曰：「屋漏，室西北隅也。言視爾友敬君子之時，和柔爾之顔色，其戒懼之意，常若自省曰豈不至於有過乎？蓋常人之情，其脩於顯者，无不如此。然視爾獨居於室之時，亦當庶幾不愧于屋漏，然後可爾。無曰此非顯明之處，而莫予見也。當知鬼神之妙，無物不體，其至於是，有不可得而測者。不顯亦臨，猶懼有失，況可厭射而不敬乎！此言不但脩之於外，又當戒慎恐懼乎其所不睹不聞也。子思子曰：『君子不動而敬，不言而信。』又曰：『夫微之顯，誠之不可揜如此。』此正心誠意之極功，而武公及之，則亦聖賢之徒矣。」《楚語》左史倚相曰：「昔衛武公年數九十五矣，猶箴儆於國，曰『自卿以下至于師長士，苟在朝者，無謂我老耄而舍我，必恭恪於朝夕以交戒我。』在輿有旅賁之規，位宁有官師之典，倚几有誦訓之諫，居寢有暬御之箴，臨事有瞽史之道，宴居有師工之誦。史不失書，矇不失誦，以訓御之，於是作《懿戒》以自儆。及其没也，謂之睿聖武公。」韋昭曰：「懿，讀爲抑。」即此篇也。董氏曰：「侯包言武公行年九十有五，猶使人日誦是詩而不離於其側，然則《序》説爲刺厲王者誤矣。」

《中庸》：**道也者，不可須臾離也，可離非道也。是故君子戒慎乎其所不睹，恐懼乎其所不聞。**朱子曰：「道者，日用事物當行之理，皆性之德而具於心，無物不有，無時不然，所以不可須臾離也。若其可離，則爲外物而非道矣。是以君子之心常存敬畏，雖不見聞，亦不敢忽，所以存天理之本然，而不使離於須臾之頃也。」**莫見乎隱，莫顯乎微，故君子慎其獨也。**隱，暗處也。微，細微也。獨者，人所不知而己所獨知之地也。言幽暗之中，細微之事，跡雖未形而幾則已動，人雖不知而己獨知之，則是天下之事無有著見明顯而過於此者。是以君子既常戒懼，而於此尤加謹焉，所以遏人欲於將萌，而不使其滋長於隱微之中，以至離道之遠也。或問：「既曰道也者云云，又曰莫見乎隱云云，何也？」曰：「此因論率性之道，以明由教而入者，其始當如此也，蓋兩事也。其先言道不可離，而君子必戒慎恐懼其所不睹不聞者，所以言道之無所不在，無時不然，學者當無須臾毫忽之不謹而周防之，以全其本然之體也。又言莫見乎隱，莫顯乎微，而君子必謹其獨者，所以言隱微之間，人所不見，而己獨知之，則其事之纖悉無不顯著，又有甚於它人之知者。學者尤當隨其念之方萌而致察焉，以謹其善惡之幾也。蓋所謂道者，率性而已，性無不有，故道無不在，大而父子君臣，小而動靜食息，不假人力之爲，而莫不各有當然不易之理，所謂道也。是乃天下人物之所共由，充塞天地，貫徹古今，而取諸至近，則常不外乎吾之一心。循之則治，失之則亂，蓋無須臾之頃，可得而暫離也。若其可以暫合暫離，而於事無所損益，則是人力私智之所爲者，而非率性之謂矣。聖人之所脩以爲教者，因其不可離者而品節之也；君子之所由以爲學者，因其不可離者而持守之也。是以日用之間，須臾之頃，持守工夫一有不至，則所謂不可離者，雖未嘗不在我，而人欲間之，則亦判然二物而不相管矣。是則雖曰有人之形，而其違禽獸也何遠哉？是以君子戒慎乎其目之所不及見，恐懼乎耳之所不及聞，瞭然心目之間，常若見其不可離者，而不敢有須臾之間，以流於人欲之私而陷於禽獸之域。若《書》之言防怨，而曰『不見是圖』，《禮》之言事親，而曰『聽於無聲，視於無形』，蓋不待其徵於色、發於聲，然後有以用其力也。夫既已如此矣，則又以謂道固無所不在，無時不然，而幽隱之間，細微之事，乃他人之所不見、不聞，而己之所獨見、獨聞。是皆常情所忽，以爲可以欺天罔人而不必謹者，而不知吾心之靈，皎如日月，既已知之，則其毫髮之間無所潛遁，又有甚於它人之知矣。又況既有是心，伏藏之久，則其見於聲音容貌之間，發於行事：施爲之實，必有暴著而不可揜者，又何止於念慮之差而已也！是以君子既戒懼乎耳目之所不及，則此心常明，不爲物蔽，而於此尤不敢不致其謹焉。必使其幾微之際，無一毫人欲之萌，而純乎義理之發，則下學之功，盡善全美，而無須臾之間矣。二者相須，皆反躬爲己，遏人欲、存天理之實事。蓋體道之功，莫有先於此者，亦莫有切於此者，故子思子首以爲言，以見君子之學，必由此而入也。」曰：「諸家之說，皆以戒慎恐懼即爲慎獨之意，子乃分之以爲兩事，無乃破碎支離之甚邪？」曰：「既言道不可離，則是無適而不在矣，而又言『莫見乎隱，莫顯乎微』，則是要切之處，尤在於隱微也。既言戒慎不睹，恐懼不聞，則是無處而不慎矣。又言慎獨，則是其所慎者尤在於獨也，是固不容於不異矣。若其同爲一事，則其爲言又何必若是之重復耶？且此書卒章，潛雖伏矣，不愧屋漏，亦兩言之，正與此相首尾。而程子有不愧屋漏與慎獨，是持養氣象之言，其於二者之間，特加與字，是固已分爲兩事，當時聽者有未察耳。」曰：「子又安知不睹不聞之不爲獨乎？」曰：「其所不睹不聞者，己之所不睹不聞也。獨者，人之所不睹不聞也。如曰是兩條者皆爲慎獨之意，則是持守之功無所施於平常之地，而專在幽隱之間也，其繁複偏滯亦甚矣。」

戒慎不睹，恐懼不聞，即是道不可離處。所不聞、不見，非是合眼掩耳，便是喜怒哀樂未發時。凡事皆未萌芽，自家便先恁地戒慎恐懼，常要提起此心使在這裏，便是防於未然，不見是圖底意思。戒慎恐懼，不須説得太重，只是常常提撕，認得那箇物事，常常存得不失了。今人只見它説得此四箇字重，便作臨事驚恐看。如臨深淵，如履薄冰，曾子也只是順這道理，常常恁地把捉去。若不用戒慎恐懼，而此理常流通者，惟天地與聖人耳。聖人不勉而中，不思而得，從容中道，亦只是此心常存，理常明，故能如此。嘗謂人無有極則處，便是堯、舜、周、孔，不成説我是從容中道，不要戒慎恐懼。它那工夫，亦自未嘗得息。　戒慎恐懼，所以養其未發，只聳然提起在這裏。或問：「恐懼是已思否？」曰：「思又别，思是思索了。」或問：「即是持敬否？」曰：「亦是。」　問：「伊川鬼神憑依語言，爲『莫見乎隱，莫顯乎微』，如何？」曰：「隱微之事，在人心不可得而知，却被它説出來，豈非『莫見乎隱，莫顯乎微』？蓋鬼神只是氣，心中實有是事，則感於氣者，自然發見，昭著如此。」

黄灝云：「戒懼是純體做工夫，慎獨是又於其中緊切處加工夫，猶一經一緯而成帛。」先生以爲然。　問：「能存天理了，則下面慎獨似多了一截。」先生曰：「雖是存得天理，臨發時也須點檢，這便是密處。若只説存天理，更不慎獨，却是只用致中，不用致和也。」又問：「致中是未動之前，然謂之戒懼，却是已動。」先生曰：「公莫看得太重，伊川所謂『道箇敬字，也不大段用得力』。孟子曰：『操則存。』操亦不是着力把持，只是操一操，便在這裏。」　戒慎恐懼是事之未形處，慎獨是幾之將然處。　方不聞不睹之時，不惟人所不知，自家亦未有所知。若所謂獨，即人所不知而己所獨知，極是要戒懼。自來人説不睹不聞，與慎獨只是一意，無分别便不是。　「戒謹不睹，恐懼不聞」，非謂於睹聞之時，不戒懼也。言雖不睹不聞之際，亦致其謹，則睹聞之際，其謹可知。此乃統同説，承上「道不可須臾離」，則是無時不戒懼也。然下文「慎獨」既專就已發上説，則此段正是未發時工夫，只得説「不睹不聞」也。「莫見乎隱，莫顯乎微，故君子必慎其獨」，上既統同説了，此又就中有一念萌動處，雖至隱微，人所不知而已所獨知，尤當致謹。如一片止水，中間忽有一點動處，此最緊要着工夫處。先就睹聞處做了，然後却就不睹不聞處用工，方能細密。今人於睹聞處元不曾有工夫，却便去不睹不聞處做，可知是不成。　按：此當與「性道」、「教」、「中和」三章通觀。

《詩》曰「衣錦尚絅」，惡其文之著也。故君子之道闇然而日章，小人之道的然而日亡。君子之道淡而不厭，簡而文，温而理，知遠之近，知風之自，知微之顯，可與入德矣。

朱子曰：「此以立心之始言之，而下文又推之以至其極也。《詩·國風·衛碩人》、《鄭》之《丰》，皆作『衣錦褧衣』。褧、絅同，禪衣也。尚，加也。古之學者爲己，故其立心如此。尚絅故闇然，衣錦故有日章之實。淡、簡、温，絅之襲於外也；不厭而文且理焉，錦之美在中也。小人反是，則無實以繼之，是以的然而日亡也。遠之近，見於彼者由於此也。風之自，著乎外者本乎内也。微之顯，有諸内者形諸外也。有爲己之心，而又知此三者，則知所謹而可入德矣，故下文引詩言謹獨之事。」

《詩》云：「潛雖伏矣，亦孔之昭！」故君子内省不疚，無惡於志。君子之所不可及者，其唯人之所不見乎！《詩·小雅·正月》之篇。承上文言「莫見乎隱，莫顯乎微」也。疚，病也。無惡於志，猶言無愧於心，此君子謹獨之事也。

《詩》云：「相在爾室，尚不愧于屋漏。」故君子不動而敬，不言而信。承上文又言君子之戒謹恐懼，無時不然，不待言動而後敬信，則其爲己之功益加密矣，故下文引《詩》并言其效。

《詩》曰：「奏假無言，時靡有爭。」是故君子不賞而民勸，不怒而民威於鈇鉞。《詩·商頌·烈祖》之篇。奏，進也。承上文而遂及其效，言進而感格於神明之際，極其誠敬，無有言説，而人自化之也。威，畏也。

《詩》曰：「不顯惟德，百辟其刑之。」是故君子篤恭而天下平。《詩·周頌·烈文》之篇。不顯，猶言豈不顯也。此借引以爲幽深玄遠之意，承上文言天子有不顯之德，而諸侯法之，則其德愈深而效愈遠矣。篤恭，言不顯其敬也。篤恭而天下平，此乃聖人至德淵微，自然之應，中庸之極功也。

《詩》云：「予懷明德，不大聲以色。」子曰：「聲色之於化民，末也。《詩》曰『德輶如毛，毛猶有倫；上天之載，無聲無臭』，至矣！」《詩・大雅・皇矣》之篇。引之以明上文所謂不顯之德者，正以其不大聲色也。又引孔子之言，以爲聲色乃化民之末務。今但言不大之而已，則猶有聲色者存，是未足以形容不顯之妙。不若《烝民》之詩所謂「德輶如毛」【一二】，則庶乎可以形容矣。而又自以爲謂之毛，則猶有可比者，是亦未盡其妙。不若《文王》之詩所言「上天之載【一三】，無聲無臭」，然後乃爲不顯之至耳。蓋聲臭有氣無形，在物最爲微妙，而猶曰無之，故唯此可以形容不顯篤恭之妙。非此德之外，又別有是三等，然後爲至也。

或問卒章之説。曰：「承上三章，仲尼至聖至誠，既言聖人之德而極其盛矣，子思懼夫學者求之於高遠玄妙之域，輕自大而反失之也，故反於其至近者而言之，以示入德之方，欲學者先用心於內，不求人知，然後可以慎獨誠身，而馴致乎其極也。君子篤恭而天下平，而其所以平者，無声臭之可尋，此至誠盛德自然之效，而中庸之極功也，故以是而終篇焉。此章凡八引《詩》，自『衣錦尚絅』以至『不顯惟德』，凡五條，始學成德踈密淺深之序也；自『不大声色』以至『无声无臭』，凡三條，皆所以贊夫不顯之德也。」又曰：「思量來『衣錦尚絅』之意，大段好。如今學者不長進，都緣不知此理，須是『闇然而日章』。」問「知風之自」。曰：「凡事自有箇來處。」問「知微之顯」。曰：「只是收斂向內，工夫漸密，便見得近之可遠，風之自，微之顯。」又曰：「《中庸》末章只是説收斂近裏如此，則工夫細密。而今人只是不收向裏，心便麄了，然而細密中却自有光明發出來。《中庸》一篇，始只是一，中間却事事有，末後却復歸結于一。」問不顯。曰：「按《詩》中例，是言『豈不顯』也。今借引此《詩》，真作『不顯』説，是箇幽深玄遠之意，是不顯之顯。此段自『衣錦尚絅』，漸漸收斂到後面，一段密似一段，直到聖而不可知處。」《輯畧》程子曰：「學始於不欺暗室。」又曰：「不愧屋漏，便是箇持養氣象【一四】。」又曰：「不愧屋漏，則心安而體舒。」　南軒張氏曰：「《中庸》一篇，聖學之淵源也。體用隱顯，成己成物備矣。學者欲從事乎此，必知所從入，而後可以馴致焉。其所從入奈何，子思以不睹不聞之訓著于篇首，又於篇終發明尚絅之義，而推極夫篤恭之效，其示來世深功著明矣。　以上皆言戒慎恐懼與慎獨之義，皆敬之事，而用功之至要

【一二】德輶如毛　「輶」原作「輕」，據四庫本改。

【一三】上天之載　「載」原作「事」，據四庫本改。

【一四】持養氣象　「養」字原脱，據《二程遺書》卷二補。

也。《大學》慎獨已見「誠意」章。　程子曰：「有天德則可語王道，其要只在慎獨。」　邵子曰：「凡人之善惡，形于言，發于行，人始得而知之。但萌諸心，發于慮，鬼神已得而知之矣。此君子所以慎獨也。」　龜山楊氏曰：「道无顯微之間，慎其獨，所以對越在天也。《詩》曰：『勿貳勿虞，上帝臨女。』」　道鄉鄒氏曰：「慎獨最爲入道之要，所謂獨者，非獨閒居靜處而已，萌於心之謂獨。能於此著力，無由有過舉，故《中庸》以此言爲篇首。」　按：鄒氏之言慎獨，最有深味。

子曰：「君子有三畏：畏天命，畏大人，畏聖人之言。小人不知天命而不畏也，狎大人，侮聖人之言。」朱子曰：「畏者，嚴憚之意。天命者，天所賦之正性也。知其可畏，則其戒慎恐懼，自有不能已者。而付畀之重，可以不失矣。大人、聖言，皆天命所當畏。知畏天命，則不得不畏之矣。」侮，戲玩也。不知天命，故不識義理，而無所忌憚如此。　南軒曰：「畏天命，奉順而不敢逆也；畏大人，尊嚴而弗敢易也；畏聖言，佩服而唯恐違也。然而是三者，皆主於畏天命。」　又《小旻》詩有云：「不敢暴虎，不敢馮河。人知其一，莫知其他。戰戰兢兢，如臨深淵，如履薄冰。」毛氏曰：「不敬，小人之危殆也。」《左氏》昭元年，晉樂王鮒曰：「《小旻》之卒章，吾取之。」杜氏注曰：「義取非唯暴虎馮河之可畏，不敬小人亦危殆。王鮒取此義，故不敢譏議公子圍。」《荀子》亦云：「人不肖而不敬，則是狎虎也。狎虎則危，災及其身。」以此義參之，不獨大人之當敬，雖小人亦不可不敬也。荀卿乃有愛而敬、畏而敬之別，其意謂於君子則心敬，小人則貌敬，豈其然耶？《書》曰「德盛不狎侮」，蓋德盛者，自不爲狎侮，非以危殆爲可畏也。孔子曰：「君子无小大，無衆寡，無敢慢。」深味斯言，則荀氏之醇疵可見矣。

此章專言畏。董銖子重問：「敬宜何訓？」朱子曰：「是不得而訓也，惟畏庶幾近之。」勉齋黄氏則云：「嘗聞之師曰：『敬之爲義，惟畏足以盡之。』蓋嘗深思其故，則不易之論也。敬者，人心畏悚之名也。故字之從人從敬則曰儆，從言從敬則曰警，從手從敬則曰擎，無非畏悚戒懼之意。先儒有以主一無適言者，有以常惺惺言者，皆足以發明主敬之意，而訓義親切，使人體而易知，則未有易畏之一字也【一五】。」按：黄氏説與子重所記不同，而朱子所跋《薛畏翁畫贊》亦曰「惟畏可以近之」，實先生親筆，則曰近者爲當。況畏於敬雖最切，然其字有二義：若所謂祗畏、抑畏、寅畏，則皆敬之意也；至所謂畏怯、畏懦之屬，又安得爲敬乎？是又不容無辨。又管仲曰：「畏威如疾，民之上也；從懷如流，民之下也；見懷思威，民之中也。」朱子曰：「畏威如畏疾病，此民之上行；從心之欲，如水流行，此民之下行；見可懷而思可畏，此民之中行。」此章列於小學，故取焉。

《易·大過》初六：「藉用白茅，无咎。」子曰：「苟錯諸地而可矣，藉之用茅，何咎之有？慎之至也。夫茅之爲物薄，而用可重。慎斯術也以往，其无所失矣。」程子曰：「物以陰柔巽體而處下，過於畏慎者也。以柔在下，用茅藉物之象。苟錯諸地【一六】，而藉以茅，過於慎也。茅之爲物雖薄而用可重者，以用之能成敬慎之道也。慎守斯術而行，豈有失乎？人之過於敬慎，爲之非難，而可以保其安而無過。苟能慎於斯道，推而行之於事，其何所失邪！」

子之所慎：齋、戰、疾。朱子曰：「齋之爲言齊也，將祭而齊，其思慮之不齊者，以交於神明也。誠之至與不至，神之饗與不饗，皆決於此。戰則衆之死生、國之存亡繫焉，疾又吾身之所以死生存亡者，皆不可以不謹也。」尹氏曰：「夫子无所不謹，弟子記其大者耳。」以上專言慎，亦敬之事。又言行，君子之所以動天地也，可不慎乎！見《脩身》篇。

《曲禮》曰：毋不敬，鄭氏曰：「禮主於敬。」儼若思，鄭氏曰：「儼，矜莊貌。人之坐思，貌必儼然。」問：「敬之貌如何？」朱子曰：「於儼若思時，可以見敬之貌。」又曰：「平居須是儼然若思。」安定辭，安民哉。藍田吕氏曰：「毋不敬者，正其心也。儼若思者，正其貌也。安定辭者，正其言也。三者正矣，則无所往而非正，所謂正己而物正者也。天下至大，取諸修身而无不足，故曰『安民哉』。此禮之本，於《曲禮》首章言之。」愚按：吕氏之説至

【一五】有易畏之「畏」原作「長」，據四庫本、乾隆本改。

【一六】苟錯諸地「苟」原作「不」，據四庫本、乾隆本改。

矣，然嘗推演其義，以爲毋不敬者，兼動靜而言，儼若思則靜時之敬，安定辭則動時之敬。儼然端坐，若有所思，是靜中涵動意；言辭之發，安而且定，是動中涵靜意。雖非《曲禮》本指，然玩之自有深味云。

孔子曰：「君子無不敬也，敬身爲大。」程子曰：「毋不敬，可以對越上帝。」又曰：「思无邪，毋不敬，只此二語，循而行之，安得有差！凡有差者，皆曰不正不敬也。」問「寢不尸」，曰：「毋不敬也。」又曰：「忘敬而後無不敬。」范氏曰：「經禮三百，曲禮三千，一言以蔽之，曰毋不敬。」愚按：毋不敬者，其綱也。見於事親、事君、事長，与夫威儀、容止、起居、動作者，其目也。「事親」以下，見《五典》篇。「威儀」以下，今具列于后。

《書·顧命》：思夫人自亂于威儀，爾無以釗冒貢于非幾。東萊吕氏曰：「斯言也，蓋成王平日至親至切之學，至是始發其秘也。周公精微之傳，成王得之，將終，方以示羣臣。孔子精微之傳，曾子得之，將終，方以示孟敬子。皆近在於威儀、容貌、顔色、辭氣之際，然則周、孔豈惟同道？其用工之次第品目，亦莫不同也。人受天地之中以生，是以有動作威儀之則，蓋莫非天命也。躁輕縱緩，自踰其則，特人自亂之耳。天秩何嘗亂哉？曰思夫人自亂于威儀，遡其語意之深長，可見其觀之遠也。威儀失，則豈特形於事，見於行，然後當戒？一俯一仰，毫釐有間，即非天命，已冒進于非幾矣。曰爾無以釗冒進于非幾，味其告語之嚴密，可見其察之精也。用力於聖學者，其可不請事斯語乎？」

《詩·柏舟》之三章曰：威儀棣棣，不可選也。鄭氏曰：「棣棣，富而閑習也。」東萊吕氏曰：「不可選也，言威儀閑習，自有常度，不可選擇以避禍也。」翟方進謂：「馮參以王舅見廢，不得在公卿位，今五侯至尊貴也，与之並列，宜少詘節卑體，視有所宗。而君盛修容貌以威嚴臨之，此非所以下五侯而自益也。參性好禮儀，不改其常度。」

《淇奥》之一章曰：瑟兮僩兮，赫兮咺兮，有匪君子，終不可諼兮。《大學》曰：瑟兮僩兮者，恂慄也；赫兮喧兮者，威儀也。朱子曰：「瑟，嚴密之貌。僩，武毅之貌。赫喧，宣著盛大之貌。諼，忘也。恂慄，戰懼也。威，可畏也。儀，可象也。」又曰：「恂慄者，嚴敬之存於中也；威儀者，輝光之著于外也。」問：「《大學》解瑟爲嚴密，是就心言，抑就行言？」曰：「是就心言。」曰：「心如何是密處？」曰：「只是不麄疎，恁地縝密。」僩，武毅貌，言能剛强卓立，不怠惰闒颯。問：「恂慄何以知其爲戰懼？」曰：「莊子云木處則恂慄危懼。」問：「僩者武毅之貌，而恂慄則戰懼之貌。不知人當戰懼時果有武毅之意否？」曰：「人而懷戰懼之心，則必齋莊嚴肅，又烏可犯？」古人直是如此嚴整，然後有那威儀赫喧著見【一七】。

《相鼠》曰：相鼠有皮，相，視也。人而無儀。人而無儀，不死何爲？相鼠有齒，人而無止。人而無止，止，容止也。不死何俟？相鼠有體，人而無禮。人而無禮，胡不遄死？遄，速也。愚謂人生之所以貴者，以其有威儀容止之敬，有揖遜周旋之禮，異乎庶物故也。若其無此，而豢養於天地之間，直賊夫糧食而已，不如速死之愈也。鼠之爲物，至小且賤，爲人所憎，所以深言無禮儀之不可也。

《鳲鳩》之一章曰：鳲鳩在桑，其子七兮。淑人君子，其儀一兮。其儀一兮，心如結兮。南軒張氏曰：「結云者，實而不它也。蓋謹其威儀於外，而後其心可得而一。心一而後威儀有度，而人有所取正。此所謂由乎中以制於外，制於外所以保其中也。」

其三章曰：鳲鳩在桑，其子在棘。淑人君子，其儀不忒。其儀不忒，正是四國。朱子曰：「忒，差忒也。其心一，則儀不忒，則足以正四國矣。」《大學傳》曰：「其爲父子兄弟足法，然後民法之也。」

《抑》之一章曰：抑抑威儀，維德之隅。鄭氏曰：「抑抑，静密也。隅，廉也。」孔氏曰：「隅者，角也。廉者，稜也。角必有稜，故曰隅廉。」王氏曰：「德譬則宫城也，儀譬則隅也，視其隅則宫城之中可知，有諸中必形諸外故

【一七】威儀赫喧　「赫喧」原作「烜赫」，據四庫本改。

也。此《詩》以威儀爲主，乃自古脩身者之所同。蓋至切至近，莫過乎此也。」

又二章曰：敬慎威儀，維民之則。又五章曰：慎爾出話，敬爾威儀，無不柔嘉。嘉，善也。柔者，遜順之辭。又八章曰：淑慎爾止，不愆于儀。不僭不賊，鮮不爲則。又九章曰：温温恭人，維德之基。張子曰：「君子不必避他人之言，以爲太柔太弱。至于瞻視亦有節，視有高下，視高則氣高，視下則心柔，故視國君者，不離紳帶之中。學者先須去其客氣，其爲人剛，行終不肯進。蓋目人之所常用，且心常記之，己之敬傲必見於視。下其視者，欲柔其心也，柔其心則聽言敬且信。學者先須温柔，温柔則可以進學。《詩》曰：『温温恭人，惟德之基。』蓋其所益之多。」

《烝民》之二章曰：仲山甫之德，柔嘉維則。令儀令色，小心翼翼。古訓是式，威儀是力。東萊吕氏曰：「柔嘉維則，不過其則也。過其則，斯爲弱，不得謂之柔嘉矣。」又《論語》「巧言令色」章，謝氏解曰：「巧言令色，知之亦難。《禮》曰：『情欲信，辭欲巧。』《詩》稱仲山甫之德，曰：『令儀令色。』然《禮》所謂『辭欲巧』，亦鮮仁乎？仲山甫之德，亦鮮仁乎？至於聖人所謂『孫以出之』，辭亦巧矣。『逞顔色，怡怡如也』，色亦令矣。豈以好其言語，善其顔色，直以爲鮮仁也哉！至於小人，蓋嘗訐以爲直矣，言何嘗巧！雖内荏而色厲，色何嘗令！然則何者爲巧言？何者爲令色？若能知出辭氣可遠鄙倍，則知之矣。此宜學者深思而力索，不可以言語道也。」朱子曰：「容貌、辭氣之間，正學者持養用力之地。然有意於巧、令，以悦人之觀聽，則心馳於外而鮮仁矣。若是就此持養，發禁躁妄，動必温恭，只要體當自家直内、方外之實事，乃是爲己之功、求仁之要，復何病乎？故夫子告顔淵以克己復禮之目，不過視、聽、言、動之間，而曾子將死之善言，亦不外乎容貌、顔色、辭氣三者而已。夫子所謂『孫以出之』，辭欲巧者，亦其一事也。『仲山甫之德，柔嘉維則，令儀令色』，則大賢成德之行，而進乎此者。夫子之『逞顔色，怡怡如也』，乃聖人動容周旋中禮之事，又非仲山甫之所及矣。至於小人訐以爲直，色厲而内荏，則雖與巧言令色者不同，然考其矯情飾僞之心，則實巧言令色之尤者。聖人惡之，上蔡於此不肯明言其所以然者，將使學者深求而自得之也。然今學者反求之於冥漠不可知之中，失之愈深。故詳論之，使學者無淫思力索之苦，而有以審夫用力之幾焉。」

曾子有疾，孟敬子問之。曾子言曰：「君子所貴乎道者三：動容貌，斯遠暴慢矣；正顔色，斯近信矣；出辭氣，斯遠鄙倍矣。籩豆之事，則有司存。」朱子曰：「言道雖無所不在，然君子所重者【一八】，在此三事而已。是皆修身之要、爲政之本，學者所當操存省察，而不可造次、顛沛之違者也。若夫籩豆之事，器數之末，道之全體固無不該，然其分則有司之守，而非君子之所重矣。」程子曰：「動容貌，舉一身而言也。周旋中禮，暴慢斯遠矣。正顔色則不妄，斯近信矣。出辭氣，正由中出，斯遠鄙倍矣。三者正身而不外求，故曰『籩豆之事則有司存』。」尹氏曰：「養於中則見於外，曾子蓋以修己爲爲政之本。若乃器用事物之細，則有司存焉。」《集義》呂氏曰：「貌也、色也、言也，皆以道正之，則心正而身修矣。」謝氏曰：「人之應事，不過容貌、辭氣、顔色三事，特係所養如何耳。動也、正也、出也，君子自牧處，故暴慢鄙倍不生於心。遠，自遠也，信，以實之謂也，與禮樂不斯須去身之意同。」朱子曰：「明道之言簡約明白，意趣深遠，深得乎曾子未發之意。尹氏之言溫厚易直，有得於平日涵養之源。謝氏之言發强剛毅，有得於臨事持守之要。呂氏之言深潛縝密，有得於涵養持守之則。學者合是三者而用力焉，無使偏廢，則日用之間，動靜語默無非妙用，而曾子之意、程子之言亦不外是矣。」不莊不敬，則其動容貌也，非暴則慢，惟恭敬有素，則動容貌斯遠暴慢矣。內無誠實，則其正顔色者色莊而已，惟誠實有素，則正顔色斯近信矣。涵養不熟，則其出辭氣也，必至鄙倍，惟涵養有素，則出辭氣斯遠鄙倍矣。曾氏亦以爲君子於是持養既久而熟，睟面盎背，不設施而自爾也，故皆以斯言之，此説當矣。暴是麁厲，慢是放肆。蓋人之容貌少得和平，不暴則慢。暴是剛急之過，慢是寬柔之過。鄙是凡淺，倍是背理。今人議論有見得雖不甚差，只是淺近，此是鄙。又有説得甚高，而實背於理，此是倍。問：「曾子云云，其要在正、動、出之際。」曰：「曾子工夫更在三字之前，此特語其效驗處耳。」問云云。曰：

【一八】所重者　「重」原作「貴」，據四庫本及下文改。

「曾子之意，只是説人之用力有此三處，此大而彼小，此急而彼緩耳。籩豆之事固是末節，然亦非全然忽畧，不以爲意，但當付之有司，使供其事，而非吾所當切切留意者爾。」

君子正其衣冠，尊其瞻視，儼然人望而畏之，斯不亦威而不猛乎？南軒張氏曰：「正衣冠，尊瞻視，臨之以莊也。持身嚴，故人望而自畏之，而非以威加人也，故威而不猛。若有使人畏己之心，則猛而反害於威矣。」

《冠義》曰：人之所以爲人者，禮義也。禮義之始，在於正容體、齊顔色、順辭令。容體正，顔色齊，辭令順，而後禮義備。

《玉藻》：凡行，容惕惕，鄭氏曰：「直疾貌。」廟中齊齊，恭慤貌。朝廷濟濟翔翔。莊敬貌。君子之容舒遲，見所尊者齊遬。舒遲，閑雅也。雖尋常舒遲，若見所尊，則「齊遬」，言自斂持，不敢寬奢。足容重，舉欲遲。手容恭，高且正。目容端，不睇視。口容止，不妄動。聲容静，不噦咳。頭容直，不傾顧。氣容肅，似不息。立容德，如有予。疏曰：「德，得也。如人授物予己，己受得之形。」色容莊。勃如戰色。

胡安定曰：「頭容直，所以檢其外也。」徐節孝初見安定，頭容少偏，安定厲聲曰：「頭容直！」節孝因自思，不獨頭容直【一九】，心亦要直，自此不敢有邪心。程子曰：「容貌必莊，言語必正，非是道獨善其身，要人道如何，只是天理合如此，本無私意，只是循個理而已。」朱子曰：「自『足容重』以下，皆敬之目也。」又曰：「『足容重』至『色容莊』，是天理付與自家，合當如此。一或不然，便是壞了天理。」喪容纍纍，羸憊貌。色容顛顛，音田，憂思貌，不舒暢。視容瞿瞿、驚遽貌。梅梅，猶微微，謂微昧也。言容繭繭。聲色微，以上皆喪容。戎容暨暨，果毅貌。言容詻詻，五格反。教令嚴【二〇】。色容厲肅，視容清明。以上皆戎容。山立，不動摇。時行，時而後行。盛氣顛實，陽休，顛音田。盛身中之氣，使之闐滿。其容若陽氣之休物。「山立」而下總言之。玉色。不變。

【一九】頭容直　「直」字原脱，據四庫本補。

【二〇】教令嚴　「教」原作「故」，據四庫本、《禮記注疏》卷三十改。

《表記》：君子隱而顯，不矜而莊，不厲而威，不言而信。子曰：「君子不失足於人，不失色於人，不失口於人。是故君子貌足畏也，色足憚也，言足信也。」鄭氏曰：「失，謂失其容止之節也。」《甫刑》曰：「敬忌而罔有擇言在躬。」忌之言戒也。言己外敬而心戒慎，則无有可擇之言加於身也。君子服其服，則文以君子之容。有其容，則文以君子之辭。遂其辭，則實以君子之德。是故君子恥服其服而無其容，恥有其容而無其辭，恥有其辭而無其德，恥有其德而無其行。是故君子衰绖則有哀色，端冕則有敬色，甲胄則有不可辱之色。鄭氏曰：「言色稱其服也。」

歐陽氏曰：「古之君子所以異乎衆人者，言出而爲民信，事行而爲世法，其動作容貌，皆可以表於民也。故紘綖冕弁以爲首容，佩玉玦環以爲行容，衣裳黼黻以爲身容。手有手容，足有足容，揖讓登降，獻酬俯仰，莫不有容。又見其寬柔温厚、剛嚴果毅之色，以爲仁義之容。服其服，載其車，立乎朝廷而正君臣，出入宗廟而臨大事，儼然人望而畏之，曰：『此吾民之所尊也。』非民之知尊君子，以君子者能自脩而尊也。然而行不充於内，德不備於人，雖盛其服，文其容，民不尊也。」

《曲禮》：臨喪則有哀色，介胄則有不可犯之色，故君子戒慎不失色於人。

《玉藻》：君子之居恒當户，寢恒東首，若有疾風迅雷甚雨，則必變，雖夜必興，衣服冠而坐。鄭氏曰：「敬天之怒。」按：《易》「洊雷震，君子以恐懼修省」，《詩》「敬天之怒，無敢戲豫。敬天之渝，無敢馳驅」，《鄉黨》「迅雷風烈必變」，皆此意也。

古之君子必佩玉，右徵角，左宫羽，鄭氏曰：「玉聲所中。徵、角在右，事也，民也，可以勞。宫，羽在左，君也，物也，宜逸。」趨以采齊，路門外之樂節也。門外謂之趨。齊，當爲「楚薺」之薺。行以肆夏，登堂之樂節。周還中規，反行也，宜圜。折還中矩，曲行也，宜方。進則揖之，退則揚之，然後玉鏘鳴也。揖之，謂小俛，見於前也。揚之，謂小仰，見於後也。鏘，聲貌。君子在車，則聞鸞和之聲，行則鳴佩玉，是以非辟之心，無自入也。

《曲禮》：坐如尸，立如齊。朱子曰：「尸者神象。如尸，則其莊可知。齊者，致其精誠之至。如齊，則肅而静可知。」《玉藻》：「坐如尸，燕居告温温。」朱子曰：「坐如尸，立如齊，皆敬之目也。」

禮不踰節，不侵侮，不好狎。鄭氏曰：「爲傷敬也。」

毋側聽，鄭氏曰：「嫌探人之私也。側聽，耳屬于垣。」毋噭應，號呼之聲也。毋淫視，流眄也。毋怠荒。放散身體。遊毋倨，遊，行倨慢也。立毋跛，偏任也。坐毋箕，謂坐展兩足，狀如箕舌。寢毋伏。覆也【一一一】。斂髮毋髢，髢，髪也，毋垂餘如髪也。冠毋免，去也。勞毋袒，露體也。暑毋褰裳。揭也【一一二】。以上皆爲其不敬也。

共食不飽，共飯不澤手。鄭氏曰：「謂挼莎也。」毋摶飯，爲欲飯。毋放飯【一一三】，大飯也。毋流歠，長歠也。毋咤食，口舌中作聲。毋齧骨，为有聲不敬。毋反魚肉，爲已歷口。毋投與狗骨，毋固獲，毋揚飯，飯黍毋以箸，用匕。毋嚃羹，謂不嚼菜。毋絮羹，猶調也。毋刺齒，七亦反。弄口不敬。毋歠醢。濡肉齒決，乾肉不齒決，毋嘬炙。初夜反。嘬，謂一舉盡臠，爲其貪也。按：《孟子》云「放飯流歠，而問无齒決」，則放飯流歠，不敬之大者。齒決，不敬之小者也。《少儀》：「毋放飯，毋流歠，小飯而亟之，數噍，毋爲口容。」

【一一一】覆也　「覆」原作「覈」，據四庫本改。

【一一二】揭也　「揭」原作「决」，據四庫本改。

【一一三】毋放飯　「飯」原作「飽」，據四庫本、《禮記集説》卷六改。

凡視，上於面則敖，敖，慢也。敖則仰。下於帶則憂，憂則低。傾則姦。側頭前視，心不正也。《少儀》：「不窺密，密，隱處也。不旁狎，旁，妄也。不妄與人狎。不道舊故，言知識之過失。不戲色。」戲色，則色不莊矣【二四】。

執虚如執盈，入虚如有人。問：「敬與慎何異？」謝氏曰：「執輕如不克，執虚如執盈，入虚如有人，慎之至也。敬則慎在其中矣，敬則外物不能易。」

《樂記》曰：君子姦聲亂色，不留聰明，淫樂慝禮，不接心術，惰慢邪僻之氣，不設於身體，使耳目鼻口心知百體，皆由順正以行其義。

《射義》曰：射者，進退周旋必中禮，内志正，外體直，然後持弓矢審固。持弓矢審固，然後可以言中，可以觀德行矣。按：此章以内志外體兼而言之，乃交相培養之意。蓋不獨射爲然，凡敬之道，皆以直内爲本。不然，則徒致飾於威儀之間，未有能周旋中禮者也。以上叙威儀、容止、起居、動作之敬，皆學者所當謹也。　南軒張氏嘗銘軒之石以自觀省，曰：「正爾衣冠，毋惰爾容。謹爾視聽，毋越爾躬。爾之話言，式循爾衷。尔之起居，式蹈尔庸。敬尔所動，毋窒其通。貞尔所存，毋失其宗。外之云肅，攸保于中。中之克固，外斯率從。天命可畏，戒懼難終。勒之于石，用警尔慵。」

天王使召武公、内史過賜晉侯命。受玉惰。過歸，告王曰：「晉侯其無後乎！王賜之命而惰於受瑞，先自棄也已，其何繼之有？禮，國之幹也。敬，禮之輿也。不敬，則禮不行，禮不行則上下昏，何以長世？」僖十一年，爲惠公不終張本。

晉侯使趙同獻狄俘于周，不敬。劉康公曰：「不及十年，原叔必有大咎，劉康公，王季子

【二四】此句原脱，據四庫本補。

也。原叔，趙同也。天奪之魄矣。」心之精爽是謂魂魄。爲成八年晉殺趙同傳。宣十五年。

公如晉，晉侯見公，不敬。季文子曰：「晉侯必不免。《詩》曰：『敬之敬之，天維顯思，命不易哉！』夫晉侯之命在諸侯矣，可不敬乎？」成四年。後十年，晉侯陷厠而死。

鄭伯如晉拜成，子游相。授玉于東楹之東。禮授玉兩楹之間，鄭伯行疾，故東過。士貞伯曰：「鄭伯其死乎？自棄也已！視流而行速，不安其位，宜不能久。」成六年。

晉侯使郤錡來乞師，將事不敬。孟獻子曰：「郤氏其亡乎！禮，身之幹也。敬，身之基也。郤子無基，且先君之嗣卿也，受命以求師，將社稷是衛，而惰，棄君命也。不亡何爲？」成十三年。十七年晉殺郤錡。

公及諸侯從劉康公、成肅公會諸侯伐秦，成子受服于社，不敬。劉子曰：「吾聞之，民受天地之中以生，所謂命也。是以有動作禮義威儀之則，以定命也。能者養之以福，養威儀以致福。不能者敗以取禍。是故君子勤禮，小人盡力，勤禮莫如致敬，盡力莫如敦篤。敬在養神，篤在守業。國之大事，在祀與戎，祀有執膰，戎有受服，神之大節也。杜氏曰：「交神之大節。」今成子惰，棄其命矣，惰則失中和之氣。其不反乎？」既行成，肅公卒于瑕。呂氏曰：「劉子之言，乃三代老師宿儒傳道之淵源，大率皆自此出。學者爲學，當致力於此。冠以吾聞兩字，可見非康公臆説也。『能者養之以福，不能者敗以取禍』，福不言取而禍言取者，此心常存，則心廣體胖，怡愉安泰。福本自内有，一或欲敗度縱敗禮，則禍自外生，故禍言取，福不言取。學問常自講究分明，《中庸》、《大學》與此相似。及異端出後，此議論皆盡。」

愚謂「君子勤禮，小人盡力」，言君子小人雖異，而所當敬則同。勤禮者，君子之敬也。盡力者，小人之敬也。養神謂奉祀，守業謂務農，君子勤禮以奉祀，小人盡力以務農，則可以保其所受之中，而養其本然之福矣。成子，君子也，而受服不敬，故劉子譏之受中，説見首卷。　成十三年。

衛侯饗苦成叔，甯惠子相。苦成叔傲。甯子曰：「苦成家其亡乎！古之爲享食也，以觀威儀、省禍福也。故《詩》曰：『兕觥其觩，旨酒思柔，杜氏曰：「《詩・小雅》。言君子好禮，飲酒皆思柔德，雖設兕觥，觩然不用。以兕角爲觥，所以罰不敬。觩，陳設之貌。」彼交匪傲，萬福來求。』彼之交於事，而不惰傲，乃萬福之所求。今夫子傲，取禍之道也。」爲十七年舒氏亡傳。　成十四年。

柯陵之會，晉厲公視遠步高。單襄公曰：「夫君子目以定體，足以從之，是以觀其容而知其心矣。杜氏曰：「心不固則容不正。」目以處義，足以步目，今晉侯視遠而足高，目不在體，而足不步目，其心必異矣。目體不相從，何以能久？夫合諸侯，民之大事也，於是乎觀存亡。故國將无咎，其君在會，步言視聽必皆無謫，則可以知德矣。」明年，晉弑厲公。成十七年。

齊高厚相太子光會諸侯于鍾離，不敬。士莊子曰：「高子相太子以會諸侯，將社稷是衛，而皆不敬，厚與光俱不敬。棄社稷也，其將不免乎！」爲十九年齊殺高厚，二十五年弑其君光傳。襄十年。

會於商任，齊侯、衛侯不敬。叔向曰：「二君者必不免。會朝，禮之經也。禮，政之輿也。政，身之守也。怠禮失政，失政不立，是以亂也。」爲二十五年齊弑光，二十六年衛殺剽傳。

襄二十一年。

蔡侯歸自晉，入于鄭。鄭伯享之，不敬。子産曰：「蔡侯其不免乎！日其過此也，君使子展廷勞於東門之外，而傲。吾曰猶將更之。今還，受享而惰，乃其心也。君小國事大國，而惰傲以爲己心，將得死乎！若不免，必由其子。其爲君也，淫而不父。杜氏曰：「通太子班之妻。」僑聞之，如是者，恒有子禍。」爲三十年蔡世子班弑其君傳。　襄二十八年。

公過鄭，鄭伯不在。伯有廷勞於黄崖，不敬。穆叔曰：「伯有無戾於鄭，鄭必有大咎。敬，民之主也，而棄之，何以承守？鄭人不討，必受其辜，濟澤之阿，杜氏曰：「言薄土。」行潦之蘋藻，言賤菜。寘諸宗室，薦宗廟。季蘭尸之，敬也。言取蘋藻之菜於阿澤之中，使服蘭之女而爲之主，神猶享之，以其敬也。敬可棄乎？」爲三十年鄭殺良霄傳。　襄三十八年【二五】。

衛侯在楚，北宫文子見令尹圍之威儀，言於衛侯曰：「令尹其將不免。《詩》云：『敬慎威儀，惟民之則。』令尹無威儀，民無則焉。民所不則，以在民上，下可以終」。公曰：「善哉！何謂威儀？」對曰：「有威而可畏謂之威，有儀而可象謂之儀。君有君之威儀，其臣畏而愛之，則而象之，故能有其國家，令聞長世。臣有臣之威儀，其下畏而愛之，故能守其官職，保族宜家。順是以下皆如是，是以上下能相固也。《衛詩》曰：『威儀棣棣，不可選也。』言君臣、上下、父子、兄弟、内外、大小，皆有威儀也。《周詩》曰：『朋友攸攝，攝以威儀。』言朋友之道，必相教訓以威儀也。故君子在位可畏，施舍可愛，進退可

【二五】三十八年　「三」，四庫本、乾隆本作「一」。

度，周旋可則，容止可觀，作事可法，德行可象，聲氣可樂，動作有文，言語有章，以臨其下【二六】，謂之有威儀也。」明年令尹圍殺楚子而自立，是爲靈王。後十三年，楚人弒之於乾谿。襄三十一年。

單子會韓宣子于戚，視下言徐。叔向曰：「單子其將死乎！朝有著定，會有表，衣有襘，帶有結。會朝之言，必聞于表著之位，所以昭事序也。視不過結、襘之中，所以道容貌也。今單子爲王官伯，而命事於會，視不登帶，言不過步，貌不道容，而言不昭矣。不道，不共。不昭，不從。無守氣矣。」昭十一年。

邾隱公來朝，子貢觀焉。邾子執玉高，其容仰，公受玉卑，其容俯。子貢曰：「以禮觀之，二君皆有死亡焉。夫禮，死生存亡之體也。將左右周旋，進退俯仰，於是乎取之。朝、祀、喪、戎，於是乎觀之。今正月相朝，而皆不度，心已亡矣。嘉事不體，何以能久？高仰，驕也。卑俯，替也。驕近亂，替近疾。君爲主，其先亡乎？」定十五年。

以上叙威儀容止之不敬者，皆學者所當戒也。自《詩》、《書》言敬之外，惟《春秋》名卿賢大夫言論多及之，而《外傳》閔馬父引《那》詩之辭，曰：「『自古在昔，先民有作。温恭朝夕，執事有恪。』先聖王之傳恭，猶不敢專，稱曰『自古』，古曰『在昔』，昔曰『先民』。」味傳者之言，則古先聖王以此相授，春秋之世猶有知之者。

【二六】以臨其下　「其」字原脱，據《春秋左傳注疏》卷四十補。

甲集十八

程子曰：「操約者，敬而已矣。」又嘗書一約字，而注敬字於其下，亦此意。問：「心術最難，如何執持？」曰：「敬。」直内諸説，已見前。

又曰：「横渠教人，本謂世學膠固，故説一個清虚正大【一】，然人更向别處馳走。今日且只道敬，必有事焉。謂必有所事，是敬也。」又曰：「舜雞鳴而起，孳孳爲善，若未接物，如何爲善？只主敬便是爲善。」又曰：「君子之遇事，無巨細，一於敬而已矣。」此皆程子教人以敬之大略也。故朱子推明之，曰：「聖人言語，當初未曾關聚，如説『出門如見大賓，使民如承大祭』等類，皆是敬之目。到程子始關聚，説出一個『敬』字，然敬不是塊然。」又曰：「聖賢言語，大約似各不同，然未嘗不貫。只如夫子言非禮勿視、聽、言、動，『出門如賓，使民如祭』，『言忠信，行篤敬』，這一至當説話【二】。到孟子又説求放心，存心養性。《大學》則又有所謂格物致知，誠意正心。至程先生又專發明一『敬』字。若止怎看，似千頭萬緒，其實只一理。只就一處下工夫，則餘者兼攝在裏。」又曰：「程先生所以有功於後學者，最是『敬』之一字有力。人之心性，敬則常存，不敬則不存。」又曰：「人之爲學，頭緒至多，豈可無本領？此程先生所以有持敬之語。只是提撕此心，教它光明，則於事無不見，久之則自然剛健有力。敬字前輩多輕説過，唯程子説得重。」又曰：「周子只説『一者，無欲也』，然這話頭高，尋常人如何便得無欲？故伊川只説個敬字，教人只就敬上捱去，庶幾執捉得定，有個下手處。」又曰：「敬者，聖學始終之要，未知則敬以知之，已知則敬以守之。若不敬，則其心顛倒眩瞀而不自知，豈能有主哉？」又曰：「只是一個敬字好，該貫動静，心無時而不存。」又曰：「敬乃聖門第一義，徹頭徹尾，不可頃刻間斷。」又曰：「敬乃學之綱領，須於此加功，庶有所據依，以爲致知力行之地。」又曰：「敬者，存養之要法。」又曰：「敬者一心之主宰，萬事之本根。」又曰：「敬則欲寡而理明。」又曰：

校勘記

【一】清虚正大　「正」原作「一」，據四庫本改。

【二】至當説話　「至」原作「副」，據四庫本改。

「敬則萬理俱在。」又曰：「敬所以抵敵人欲，人常敬，則天理自明，人欲上來不得。」又曰：「敬是個扶策人底道理，人當放肆怠惰時，才敬，便扶策得此心起。常常恁地，雖有些放辟邪侈意思，也自退聽。」　愚按：秦、漢以下，諸儒皆不知敬爲學問之本根。程子始指以示人，而朱子又發明之，極其切至。二先生有功於聖門，此其最大者也。

程子曰：「涵養須用敬，進學則在致知。」又曰：「入道莫如敬，未有能致知而不在敬者。」朱子曰：「舊讀程子書，而未得其要。此因講究《中庸》首章之指，乃知所謂『涵養須用敬，進學則在致知』者。兩言雖約，其實入德之門，無踰於此。」又曰：「此二言者體用本末，無不該備。」又曰：「程子二言，實學者立身進步之要，而二者之功，蓋未嘗不交相發也。然夫子教人持敬，不過以整衣冠、肅容貌爲先。而所謂致知者，又不過讀書史、應事物，求其理之所在而已。非如近世荒誕怪譎，不近人情之説也。」又曰：「爲學自有個大要，所以程子推出一個敬字與學者説，要人且將敬字收斂個身心，放在模匣裏面，不走作了，然後逐事逐物看道理。嘗愛古人説『學有緝熙于光明』，此句最好。蓋心地本自光明，只被利欲昏了。今所以爲學者，要令其光明處轉光明，所以下『緝熙』字。緝，如『緝麻』之『緝』，連續不已之意。熙，訓『明』。心地光明，則此事有此理，此物有此理，自然見得。」又曰：「學者工夫，唯在居敬、窮理二事。此二者互相發，能窮理則居敬工夫日益進，能居敬則窮理工夫日益密。」又曰：「主敬以立其本，窮理以進其知，使本立而知益明，知精而本益固。」又曰：「須格物，不使一毫私欲爲之蔽，然後胷次虚明。只一個持敬，亦易得做病。」又曰：「持敬是窮理之本，窮得理明，又是養心之助。」又曰：「涵養窮索，二者不可廢一，如車兩輪，如鳥兩翼。」又曰：「敬乃聖門第一義，若於講論處詳密，而此處工夫未到，亦恐不甚精明，於己分無得力處。須更於此子細著力，以固根本爲佳。」

又曰：「持敬致知實交相發，而敬常爲主。所居既廣，則所向坦然，無非大路。聖賢事業，雖未易以一言盡，然大槩不出諸此。」又曰：「主敬固學者先務，然亦要得講學窮理之功，見得世間道理歷歷分明，方肯如此着力。若於聖賢之言有所忽略，不曾子細理會，見得道理都未分明，卻如何捺生硬做得成。」又答人云：「所謂守得定，方可以致知窮理，此説得之。孟子曰『學問之道無它，求其放心而已』，豈是此事之外更無它事，只謂此本不立，即無可下手處。此本既立，則自然尋得路逕進進不已耳。」又云：「爲學兩途，誠如來喻。然循其序而進之，亦一而已矣。心有不存，物何可格？然所謂存心者，非拘執係縛而加桎梏焉也。蓋嘗於紛擾外馳之際，少有覺焉，則即此而在矣。勿忘勿助長，不加一毫智力於其間，則是心也，其庶幾乎！」又云：「所喻日用工夫，甚善。但云一着力，便覺多事，此恐未然。此心操舍存亡，只在瞬息間，本不須大段着力，然又不可不着力，久之自然見效。若如此論，竊恐定須別求捷徑矣。窮理亦無它法，只日用讀書應事處每每理會便是。雖若不能頓有增益，然積累久後自然浹洽貫通，但欲速不得也。」此又本程子之意，剖析以教人，可謂至矣。若《中庸·尊德性、道問學章句》與《大學·格物》、《或問》，皆言存心窮理，相爲表裏，已各見本章云。　此章兼言敬與致知。又按：上蔡謝氏曰：「横渠教人，以禮爲先，大要欲得正容謹節，其意謂世人汗漫無守，便當以禮爲地，教它就上面做工夫。然其門人下梢頭溺於刑名度數之間，行得來困，遂生厭倦。明道先生則不然，先使學者有知識，却從敬入。既有知識，窮得物理，却從敬上涵養出來，自然是別。正容謹節，外面威儀，非禮之本。」愚按：程子兩言，既欲學者於敬與致知兩用其功，又謂未有致知而不在敬者，非如謝氏之説也。正容謹節，正用工之要。曾子所貴乎道者三，不過如此，可以爲外而不務乎其言，先有知識，却從敬入，如此則未能致知不必敬乎此，恐記録之差，學者不可不辨。

程子曰：「主一之謂敬，無適之謂一。」其全文曰：「學者先務，固在心志云云。」已見前。「有主則虚，無主則實」章下文曰：「所謂敬者云云，所謂一者云云，且欲涵泳主一之義，不一則二三矣。」又曰：「閑邪更着甚工夫，惟是動容貌、整思慮，則自然生敬，敬只是主一。主一，則既不之東，又不之西，如此則只是中。既不之此，又不之彼，如此則只是内。存此，則天理自然明。學者須是將敬以直内，涵養此意，直内是本。」　或曰：「敬何以用功？」

曰：「莫如主一。」蘇季明曰：「昞常患思慮不定，或思一事未了，它事如麻又生。」曰：「不可。此不誠之本也。須是習習能事一時，便好。不拘思慮與應事，皆要求一。」

朱子曰：「主一只是專一。一者，其心湛然，只在這裏。」問「主一無適」。曰：「只是莫走作。如讀書時只讀書，着衣時只着衣，此即主一無適之義。」又問云云。曰：「了這一事，又做一事。今人一事未了，又要做一事，心下千頭萬緒。」或問：「事爲之主一段，疑當使心爲事主，不可使事爲心主。」曰：「事爲之主，只是此心收在一事上，不走作耳。收本作殺。如伊川欲以數珠與温公之類，學禪者亦是如此。他本意欲滅思慮，不能得，故將一事來做心主。如説個没道理底話頭，終年思量，久久亦有覺處。如道家存想與數出入息，皆有甚道理？只是要此心用在一處，無暇思量别事，此正是事爲之主之類。人心萬事之主，未有心不定而能進學者。」又曰：「學問只要專一，如脩養家想無成有，釋氏想有成無，只是專一。然他底却難，自家道理本來是有，只要人去理會，甚順且易。又如莊子『用志不分，乃凝於神』，亦是如此教人，但它只是個空寂。儒者之學則有許多道理，若看得透徹，可以貫事物，可以洞古今。」又曰：「無適，只是不走作。聖人説：『不有博弈者乎？爲之，猶賢乎已。』博弈豈是好事，與其營營膠擾，不若將此心收在博弈上。」收本作殺。

又曰：「講學須於主一上做工夫，若無主一工夫，則所講底義理無安着處，都不是自家物事。若能就此上用功【三】，則外面許多義理方始爲我有。」或問：「不拘静坐與應事，皆要得專一否？」曰：「静坐非是要如坐禪入定【四】，断絶思慮。只收斂身心莫令走作閑思慮，則此心湛然無事，自然專一。古人自少小時便做了這工夫，故方其灑掃時加帚之屬，至於學詩、學舞、學絃誦，皆要專一。如學射時，心若不在，何以能中？學御時，心若不在，何以使得它馬？書、數亦然。今既自小不曾做得，不奈何，須着從今做去方得。若不做這工夫，却要讀書看義理，恰似立屋無基址，且無安頓屋柱處。今且説那營營底心，會得與道理相入否？會得與聖賢之心相契否？今求此心，正爲要立個基址，得此心光明，有個存主處，然後爲學便有歸着。若此心雜然昏亂，自無頭當，却學從那處去？又何處是收功處？

【三】此上用功　「功」原作「工」，據四庫本改。

【四】如坐禪入定　「如」原作「知」，據四庫本改。

故程先生須令於敬上做工夫，正爲此也。」而南軒張氏亦曰：「伊川先生云云，夫所謂一者，豈有可玩而執哉？無適乃一也。嘗試於平居暇日，深體其所謂無適者，則庶乎可識於言意之表矣。」又答學者云：「諭及云云，此正當深思，於主一上進步。要是常常省察，使凝歛清肅之時多，則當漸有向進矣。」又云：「伊洛老先生所謂主一無適，真學者指南，故某欲其於操舍之間體察，而居毋越思，事靡它及，乃是實下手處。若於此用力，自然漸覺近裏趍約，意味日別，見則爲實見，得則爲實得。不然，徒談高説妙，元只在膠膠擾擾域中爾。」又《主一箴》曰：「人稟天性，其生也直。克順厥彝，則靡有忒。事物之感，紛綸朝夕。動而無節，生道或息。惟學有要，持敬勿失。驗厥操舍，乃知出入。曷爲其敬，妙在主一。曷爲其一，惟以無適。居無越思，事靡它及。涵泳于中，匪忘匪亟。斯須造次，是保是積。既久而精，乃會于極。勉哉勿倦，聖賢可則。」又《主一銘》曰：「人之心，一何危？紛百慮，走千歧。惟君子，克自持。正衣冠，攝威儀。澹以整，儼若思。主于一，復何之？事物來，審其幾。應以事，匪可移。理在我，寧彼隨？積之久，昭厥微。静不偏，動靡違。嗟勉哉！自邇卑。惟勿替，日在兹。」　此章論主一無適。

程子曰：「整齊嚴肅，則心自一，一則無非僻之干矣。」閑邪則固一矣，然主一則不消言閑邪。有以一爲難見，不可下工夫。如何一者，無它，只是整齊嚴肅云云。此意但涵養久之，則天理自然明。　又曰：「嚴威儼恪，非敬之道，但致敬須從此入。」又問敬云云。曰：「整衣冠、嚴容貌而已。」尹氏聞之，於言下有省焉。　朱子曰：「伊川整齊嚴肅一段，是切至工夫説與人。」問敬。曰：「不必解説，但整齊嚴肅便是。」或問：「上蔡常惺惺之説，如何？」曰：「不如程子云云尤切，人能如此，則其心常惺惺。」又曰：「持敬之説，不必多言。但熟味『整齊嚴肅』，『嚴威儼恪』，『動容貌，整思慮』，『正衣冠，尊瞻視』此等類説，而實加工焉，則所謂直内，所謂主一，自然不費安排而身心肅然，表裏如一矣。」　又曰：「比因朋友講論，深究學者之病，只是合下欠却持敬工夫，所以事事滅裂。其言敬者，又只説能存此心，自然中理，至於容貌詞氣，往往全不加工。設使真能如此存得，亦與釋、老何異？上蔡説便有此病了。又況心慮荒忽，未必真能存得耶？程子言『敬』，必以『整齊嚴肅，正衣冠，尊瞻視』爲先，又言『未有箕踞而心不慢者』，如此乃是至論。而先聖説『克己復禮』，尋常講説，於『禮』字每不快意，必訓作『理』字然後已，今乃知其精微縝密，非常情所能及耳。」 南軒亦曰：「古人衣冠容止之間，不是要作意矜持，只是循它天則合如是爲。尋常因循怠弛，故須着勉强自持。外之不肅而謂能敬於内，可乎？」又曰：「詳考從上聖賢以及程氏之説論下學處，莫不以『正衣冠，肅容貌』爲先。蓋必如此，然後得所存，而不流於邪僻，《易》所謂『閑邪存其誠』、程氏所謂『制之於外以養其中』者此也。」 以上論整齊嚴肅。

上蔡謝氏曰：「敬是常惺惺法。」朱子曰：「惺惺，乃心不昏昧之謂，只此便是敬。今人説敬，以整齊嚴肅言之，固是。然心若昏昧，燭理不明，雖强把捉，豈得爲敬？」又曰：「心常惺惺，自無客慮。」又曰：「曾子戰戰兢兢，乃敬之法。此心不存，則常昏怠。」又曰：「古人瞽史誦詩之類，是規戒警誨之意，無時不然。被它恁地聒後，自住不得。大抵學問須是警省。」又因言瑞巖僧每日間常自問：「主人翁惺惺否？」自答曰「惺惺」，今時學者却不能如此。又引釋氏説心云：「不得跳舉，不得昏沉，是它見得此心，只有兩項。跳舉是走作時，昏沉是放倒時，惟敬則都無此病。」或問：「謝氏之説，佛氏亦有此語。」曰：「其喚醒此心則同，而爲其道則異。吾儒喚醒此心，欲它照管許多道理。佛氏則空喚醒在此，無所作爲。」又曰：「心既常惺惺，又以規矩繩檢之【五】，此内外交相養之道也。」 以上論常惺惺法。

尹氏曰：「敬者，其心收斂，不容一物之謂。」和靖自言初見伊川時，教某看敬字，某請益。伊川曰：「主一則是敬。」當時雖領此語，不若近時看得更親切。祁寬問：「如何是主一？」先生曰：「敬有甚形影，只收斂身心，便是主一。且如人到神祠中致敬時，其心收斂，更着不得毫髮事，非主一而何？」 按：朱子《大學或問》有曰：「敬者，聖學之所以成始成終者也。程子於此嘗以主一無適言之矣，嘗以整齊嚴肅言之矣。至其門人謝氏之説，則又有所謂常惺惺法者焉。尹氏之説，又有所謂其心收斂不容一物者焉【六】。觀是數説，足以知其用力之方矣。」或問三先

【五】規矩繩檢 「矩」，原作「知」，據四庫本、乾隆本改。

【六】不容一物 「一」，乾隆本、四庫本作「二」。

生言敬之異。曰：「譬如此室，四方皆入得，若從一方入至此，則三方入處皆在其中矣。」　愚謂持敬之道，當合三先生之言而用力焉，然後内外交相養之功始備。

程子曰：「敬而無失，便是『喜怒哀樂未發謂之中』。敬不可謂中，但敬而無失，即所以中。」又曰：「『中者，天下之大本』，天地之間，亭亭當當，直上直下之正理，出則不是，唯敬而無失最盡。」　或問：「程子之言敬而無失者，奈何？」朱子曰：「此言人能持敬而無間斷，則喜怒哀樂渾然在中，而無所偏倚。子夏之言本不爲此，程子特取其有會於吾心耳。」　問云云。曰：「『出則不是』，蓋謂發則便不可謂之中也。且如喜而中節，雖是中節，便是倚於喜矣。但在喜之中無過不及，故謂之和耳。」　此章言敬所以中。

程子曰：「誠者，天之道。敬者，人事之本。敬者，用也。敬則誠。」又曰：「誠然後能敬，未及誠時，却須敬而後能誠。」又曰：「主一謂之敬，一者謂之誠。主則有意在。」愚謂主一指用功而言，一指本然全體而言，主則猶用意，所謂「誠之者，人之道也」。至於一，則不待用意，所謂「誠者，天之道也」。　問：「敬是存誠之道否？」謝氏曰：「然。須是體便見得。」　此章言敬而後能誠。

程子曰：「學要在敬也、誠也，中間便有仁。」又曰：「才不敬，便私欲萬端，害於仁。」

問：「孔門諸子問仁，聖人多告之以敬，如何？」楊氏曰：「齊莊中正，仁之守也。要得爲仁，須是敬。學要得從灑掃應對上做起。《曲禮》一篇，其文似乎淺末，假使學到聖人之於天道，亦不能出此。」　問：「學以何爲極？」武夷胡氏曰：「仁。」問：「從何入？」曰：「從敬入。」「何謂敬？」曰：「心不在焉，是爲不敬。」　朱子曰：「百行萬善，固是都合着力，然如何件件去理會。百行萬善總於五常，五常又摠於仁，所以孔、孟只教人求仁。求仁只是主敬，求其心。」　又答學者曰：「『齊王愛牛』，『孺子入井』，此二章反復指示，最爲深切【七】。但此只説得感物發見，後一段事其徹頭徹尾涵養根本一段工夫，却不曾説着。以今觀之，若平日都不致養，則人欲勝而天理微，其發見之端，亦絶無而僅有爾。雖

【七】最爲深切　「深」，四庫本、乾隆本作「親」。

或時有發見，亦何由察而識之？雖使幸而識之，亦何由操存得住，擴充得行？故學者要當知孔門所指求仁之方，日用之間，以敬爲主。不論感與未感，平日常是如此涵養，則善端之發，自然明著，少所間斷。察識操存擴充，皆不難乎用力矣。如是而造次顛沛，無時不習，則此心之體貫乎動静語默之間，而無一息之間斷，斯其所謂仁歟！」問：「五峯曰：『敬以養吾仁。』又曰：『敬則仁矣。』二説如何？」曰：「敬以養吾仁，則是先識仁了，然後别以敬養之，而敬與仁爲二矣。敬則仁，却是就此實下工夫，仁便只在這裏，此意極爲親切。」以上言敬然後能仁。

程子曰：「静後，見萬物自然皆有春意。」又謝顯道從明道於扶溝。明道一日謂之曰：「爾輩在此相從，只是學某言語，故其學心口不相應，盍若行之？」請問焉。曰：「且静坐。」伊川每見人静坐，便歎其善學，而其言則曰：「敬則自虚，不静不可把虚静做敬。」問：「敬莫是静否？」曰：「才説静，便入於釋氏之説。不用静字，只是敬字。才説静，便是忘也。孟子曰：『必有事焉而勿正，心勿忘，勿助長也。』必有事焉，便是心勿忘。勿正，便是勿助長。」又曰：「必有事焉，主養氣而言，故必主於敬。」或問：「先生於喜怒哀樂未發之前，下動字，下静字？」曰：「謂之静則可，然静中須有物始得，這裏便是難處。學者莫若且理會敬，能敬則知此矣。」評此數條，則又不專以静爲主。

朱子嘗論之曰：「聖人定之以中正仁義而主静，要人静定其心，自作主宰。程子又恐只管静去，與事物不相交涉，却説個敬。」有問：「周先生説静，與程先生説敬，義同而意異否？」朱子曰：「程子是怕人理會不得他静字意，便似坐禪入定。周子之説只是無欲故静，其意大抵以静爲主。」朱子發明二先生之意如此，至其爲論，有曰：「明道教人静坐，李先生亦教人静坐。須静坐，始能收斂。」又曰：「始學工夫，須是静坐。静坐則本原定。」又曰：「心於未遇事時須是静，臨事方用，便有氣力。如當静時不静，思慮散亂，及至臨事，已先倦了。伊川解『静專』處云『不專一則不能直遂』，閑時須是收斂，做事便有精神。」又曰：「心要精一。方静時，須湛然在此，不得困頓，如鏡樣，遇事時方好。」又曰：「爲學工夫須要静。静多不妨，才静，事都見得然，揔是一個敬。」又曰：「主静所以養其動。」又曰：「静者，養動之根。」又曰：「『主静夜氣』一章可見以上數條，蓋祖周子主静之説也。」至其門人以静坐工夫與役役應接不同爲問，則答之曰：「不必如此，反成坐馳。但收斂勿令放逸，到窮理精後，自然思慮不至妄動，凡所云爲，莫非至理。亦何必兀然静坐，然後爲持敬？」又曰：「明道説静坐可以爲學，上蔡亦言多着静不妨。此説終是小偏。才偏，便做病。道理自有動時，自有静時。學者只是敬以直内，義以方外，見得世間無處不是道理，不必專於静處求。所以伊川謂只用敬，不用静，便説得平。」

又曰：「不必特地將静坐做一件工夫，但着一敬字，通貫動静，則於二者之間自無間斷處。」又曰：「存養之功，不專在静坐時，須於日用動静之間，無處不下工夫，乃無間斷爾。」又曰：「無事静坐，有事應酬，隨時隨處無非自己身心運用，但常自提撕，勿與俱往，便是工夫。事物之來，豈以漠然不應爲是邪？」其答南軒書云：「來教謂言静則溺於虚無，然此二字，如佛、老之論，則誠有此患。若以天理觀之，則動之不能無静，猶静之不能無動也。静之不可不養，猶動之不可不察也。但見得一動一静，互爲其根，敬義夾持，不容間斷之意，則雖下『静』字，元非死物，至静之中，自有動之端焉，是乃所以見天地之心者。而先王之所以至日閉關，蓋當此之時，則安静以養乎此爾，固非遠事絶物、閉目兀坐而偏於静之謂。但未接物時，便有敬以主乎其中，則事至物來，善端昭著，所以察之者益精明爾。來教又謂某言『以静爲本』，不若遂言『以敬爲本』，此固然也。然『敬』字工夫，通貫動静，而必以静爲本。今若遂易爲『敬』，雖若完全，然却不見敬之所施有先有後，則亦未得爲的當也。至如來教所謂『要須静以涵動之所本，察夫動以見静之所存，動静相須，體用不離，而後爲無滲漏也』，此數語卓然，意語俱到，謹當書之左席，出入觀省。」以上數條，則又本程子主敬之説，而不專主於静也。南軒亦嘗言：「程子教人以敬，即周子主静之意。」又曰：「一二年來，頗專於敬字上勉力，愈覺周子主静之意爲有味。程子謂於喜怒哀樂未發之前，更怎生求？只平日涵養，便是此意，當深體之也。」南軒此言，蓋合敬静爲一，學者宜深味之。　以上兼言敬静。

程子曰：「天地設位，而易行乎其中，即是敬也。敬則無間斷。」朱子曰：「易是自然造化。聖人本意只説自然造化流行，程子將來就人身説。敬則這道理流行，不敬便間斷也。」問云云。曰：「天地也似有個主宰，方始恁地變易，便是天地底敬。」

程子曰：「聖人齋戒敬也，以神明其德。惡人齋戒亦敬也，故可以事上帝。」朱子曰：「《遺書》録明道語，多有只載古人全句，不添一字底。如曰『思無邪』，如曰『聖人以此齋戒，以神明其德』，夫皆是。亦有重出者，是當時舉此語教人思量。」曰：「便是聖人也要神明。這個本是一個靈聖底物事，自家齋戒，便會靈聖；不齋戒，便不靈聖。古人所以七日戒，三日齋。」問：「齋戒是敬否？」先生曰：「固是敬，但齋較嚴於戒。湛然純一之謂齋，肅然警惕之謂戒。到湛然純一時，那肅然警惕也無了。」

程子曰：「敬即是禮，無己可克，始則須絶四。」愚按：絶四者，克己之事，能敬則禮復矣，故曰無己可克。

問：「敬還用意否？」曰：「其始，安得不用意。若不用意，却是都無事也。」

又曰：「人之至神祠佛廟，便敬，何也？只由居常不敬，見彼乃敬。若能常敬，則至神祠佛廟亦止如此。」

又曰：「某書字甚敬，非是欲字好，只此是學，只此求放心。」

又曰：「學者須敬守此心，不可急迫，當栽培深厚，涵泳於其間，然後可以自得。但急迫求之，只是私己，終不足以達道。」又曰：「今學者敬而不見得，又不安者，只是心生，亦是太以敬來做事得重，此『恭而無禮則勞』也。恭者，私爲恭之恭。禮者，非體之禮，是自然底道理也。只恭而不爲自然底道理，故不自在也。須是恭而安。」又曰：「今志于義理，而心不安樂者，何也？此則正是剩一助長之病。雖則心操之則存，舍之則亡，然而持之太甚，便是必有事焉而正之也。如此者，只是德孤。『德不孤，必有鄰』，德盛後，自無窒礙，左右逢其原也。」又曰：「道個『敬』字，也不大段用得力。」又曰：「吕與叔六月中來緱氏，某嘗窺之，必見其儼然危坐，可謂敦篤矣。學者須恭敬，但不可令拘迫，拘迫則難久也。」又曰：「執事須是敬，又不可矜持太過。」　問：「學爲敬，不免有矜持，如何？」謝氏曰：「矜持過當却不是尋常作事，用心過當便有失。要在勿忘勿助長之間耳。」　或問：「主敬只存之於心，少寬四體亦無害否？」朱子曰：「敬則四體自然收斂，不待十分着意安排，而四體自然舒適。着意安排，久而生病矣。」　問行篤敬。曰：「篤者，重而有深沉之意，敬而不篤，則恐有拘迫之患。」又曰：「人之持敬，若拘迫不和，便非自然之理。」

上蔡謝氏曰：「事至應之，不與之往，非敬乎？萬變而此常存，奚紛擾之有？夫子曰『事思敬』，正謂此耳。」

龜山楊氏曰：「君子無所不用其敬。」翟霖送伊川西遷，道宿僧舍，坐處背塑像。先生令轉倚勿背，霖曰：「豈以其徒敬之，故亦當敬耶？」先生曰：「但具人形貌，便不當慢。」因賞此語曰：「孔子云：『始作俑者，其無後乎！爲其象人而用之也。』蓋象人而用之，其流必至於用人。君子無所不用其敬，見似人者不忽，於人可知矣。若於似人而萌輕忽之心，其流必至於輕忽人。」

問：「敬何以用功？」朱子曰：「内無妄思，外無妄動。」

又曰：「敬非塊然兀坐，耳無聞，目無見，全不省事之謂。只收斂身心，整齊純一，即敬也。」曰：「敬不是百慮休置之謂，只要隨事專一，謹畏不放逸耳。」又曰：「敬不是閉目默坐，須是隨事致敬。」又曰：「二先生所論『敬』字，須該貫動静看。方其無事而存主不懈者，固敬也。及其有事而酬酢不亂者，亦敬也，故曰『毋不敬，儼若思』，又曰『事思敬』、『執事敬』，豈必以攝心坐禪而謂之敬哉！」

問：「持敬恐不能久，當如何用功？」曰：「習則熟，熟則能久矣。」

又曰：「以敬爲主，則内外肅然，不忘不助，而心自存。」下文云：「不知以敬爲主而欲存心，不免將一個心把捉一個心，外面未有一事時，裏面已三頭兩緒，不勝其擾擾矣。就使實能把捉得住，只此已是大病，况未必能乎？儒釋之異，亦只於此便分了。如云『常見此心光爍爍地』，便是有兩個主宰，不知光者是真心乎，見者是真心乎？」

南軒張氏曰：「心生生而不窮者道也，敬則生矣。生則烏可已也，怠則放，放則死矣。是以君子以畏天命不敢遑寧，懼其一失，而同於庶物也。」

又曰：「敬則心之道昭昭然，非如釋氏坐忘，槁木死灰之謂也。」

又曰：「嚮晦入宴息乃敬也，知嚮晦宴息之爲非怠惰，乃可論敬之理矣。」答李季修云：「所謂敬之説，當用力誠，不可怠惰，而嚮晦宴息亦當隨時，某以爲云云。」

武夷胡氏曰：「敬之一字，力行十年須别。」自程子天地設位而下，每條各一義。《敬齋箴》曰：「正其衣冠，尊其瞻視。潛心以居，對越上帝。足容必重，手容必恭。擇地而蹈，折旋蟻封。出門如賓，承事如祭。戰戰兢兢，罔敢或易。守口如瓶，防意如城。洞洞屬屬，罔敢或輕。不東以西，不南以北。當事而存，靡它其適。弗貳以二，弗參以三。惟心惟一，萬變是監。從事於斯，是曰持敬。動静弗違，表裏交正。須臾有間，私慾萬端。不火而熱，不冰而寒。毫釐有差，天壤易處。三綱既淪，九法亦斁。於乎！小子，念哉敬哉！墨卿司戒，敢告靈臺。」問云云。曰：「此是敬之目，說有許多地頭去處。」又曰：「須臾之間以時言，毫釐之差以事言。」或問：「《敬齋箴》後面少些從容不迫之意，欲先生添數語。」曰：「如何解迫切？今未曾下手，便要從容不迫，卻無此理。除非那人做工夫大段迫切，然後勸它勿迫。如人相戰，未曾交鋒，便要退，可乎？今未曾做工夫在，如何便要開後門？」黃氏曰：「此引是從粗說入精，從淺入深。」又曰：「動靜不違，表裏交正，是一篇綱領。」

《敬齋銘》曰：「敬者宅心之要，而聖學之淵源也。天生斯人，良心則存。聖愚曷異，敬肆是分。事有萬變，統乎心君。一頹其綱，泯然絲棼。自昔先民，惟曰以敬。克持其身，順保常性。敬匪有加，惟主乎是。履薄臨深，不昧厥理。事至理形，其應如響。而實卓然，不與俱往。動靜不違，體用無忒。惟敬之功，協于天德。嗟爾君子，敬之敬之！用力之久，其惟自知。勿憚其艱，而或怠遑。亦勿迫切，而不以常。毋忽事物，必精吾思。察其所發，以會于微。忿慾之萌，則杜其源。有過斯改，見善斯遷。是則天命，不遏于躬。魚躍鳶飛，仁在其中。於焉有得，學則不窮。知至而至，知終而終。嗟爾君子，勉哉敬止！成己成物，匪曰二致。任重道遠，其端伊邇。毫釐有差，繆則千里。」愚按：晦菴之箴，南軒之銘，其言敬之義至矣、盡矣！故以繫于篇之終云。

右專言敬　中亦有兼言者，要皆以敬爲主。

《書·說命》說曰：「王！人求多聞，時惟建事。學于古訓，乃有獲。事不師古，以克永世，匪説攸聞。王氏曰：「人君學問之博，非以爲觀美而已。經綸天下之大業，彌綸天下之大化，此所謂建事也。」　吕氏曰：「學道將以見之行事也，非獨知之而已。」　蔡氏曰：「古訓者，古先聖王之訓，載修身治天下之道，二典三謨之類是也。不師古訓而能長治久安者，非説所聞。甚言其無此理。」惟學遜志，務時敏，厥修乃來。允懷于兹，道積于厥躬。張氏曰：「子路其言不遜，爲夫子之所哂，則聖門之學，以遜志爲入路也。」　吕氏曰：「爲學必先虚心下氣，乃能受天下之善。自古聖賢爲學，無不自遜志始。既能遜志，又必不怠以充養而擴大之，然後己之所修，進進日益，如井之泉，愈汲愈來。來者，源源自生之意也。然知此理者多，持此念者少，信能『念兹在兹』，然後道聚于其身。學者讀聖賢之書，聞師友之教，豈不欲從事？惟不能篤行，所以乍出入，乍信疑。苟信之篤，無一毫僞心，則所謂『允懷』也。是心常有，無所間斷，則道自然參會貫通，聚而不散，是所謂積也。」惟斅學半，念終始典于學，厥德修罔覺。「『惟斅學半』，此交修之義也。大抵教人與受教者，其功各半。師舉一隅，學者當以三隅反。聖人之教，引而不發，上一半固賴提指之力，下一半必自用工可也。自古聖賢著書垂謨，載之方册，其教止及於半。其工夫之半，學者必自加講求之力。説之言及此，蓋恐高宗全倚之也。」　孫氏曰：「厥德修罔覺，董子所謂日加益而不自知也。」　蔡氏曰：「始之自學，學也；終之教人，亦學也。一念終始，常在於學，則德之所修有不知其然者矣。或曰：『斅於爲學之道半之，半須自得。』此説極爲新巧，但古人論學，語皆平正的實，不應此語獨爾憸巧，此蓋後世釋教機權，誤以論聖賢之學也。」　愚按：蔡説與《學記》合，然吕説亦有意味。蓋説雖教高宗以爲學之道，然所發明者，特半之而已，自餘則高宗自用其功可也，故曰「念終始典于學」。未見爲釋氏機權，姑並存之。又按：不言「始終」而曰「終始」者，學無止法也。

《詩·敬之》：「日就月將，學有緝熙于光明。」上文曰：「維予小子，不聰敬止云云。」蓋「敬之敬之」至「日監在兹」者，羣臣進戒之詞也。而王之答羣臣乃曰：「我不聰，而未能敬也，然願學焉。庶幾日有所就，月有所進，續而明之，以至于光明也。」玩此二語，則成王之用力於學者，可知矣。高宗、成王皆王者之學，然大學之道，自天子至于庶人一而已矣：曰遜志，曰時敏，曰允懷，曰就將，曰緝熙。學者而不由此，未有能進者也，故以冠于本篇之首。

《易·乾》九二：「君子學以聚之，問以辯之，寬以居之，仁以行之。」程子曰：「學聚、問辯，進德也。寬居、仁行，脩業也。」《易》曰：『見龍在田，利見大人』，君德也。」朱子曰：「蓋由四者以成大人之德也。」　愚按：乾，天德也，聖人之事也，猶必以學成之，學之不可已者，如是。九二曰：「庸言之信，庸行之謹。閑邪存其誠，善世而不伐，德博而化。」九三曰：「君子進德脩業，忠信，所以進德也，脩辭立其誠，所以居業也。知至至之，可與幾也。知終終之，可與存義也。」皆學之事也。

《大畜·象》曰：「天在山中，大畜，君子以多識前言往行以畜其德。」程子曰：「人之蘊畜，由學而大。」餘已見前。　或謂：「學至於不識不知，乃爲極致。」朱子曰：「詩人此語，乃形容文王。若學者必從知識入，《易》曰『多識』，《大學》曰『致知』。」

子曰：「學而時習之，不亦説乎？」朱子曰：「學之爲言效也。人性皆善，而覺有先後，後覺者必效先覺者之所爲，乃可以明善而復其初也。習，鳥數飛也。學之不已，如鳥數飛也。説，喜意也。既學而又時時習之，則所學者熟，而中心喜説，其進自不能已矣。」程子曰：「習，重習也。時復思繹，浹洽於中，則説也。」又曰：「學，將以行之也。時習之，則所學者在我，故説。」謝氏曰：「時習者，無時而不習。坐如尸，坐時習也。立如齊，立時習也。」「有朋自遠方來，不亦樂乎？」朋，同類也。自遠方來，則近者可知。程子曰：「以善及人，而信從者衆，故可樂。」又曰：「説在心，樂主發散在外。」「人不知而不愠，不亦君子乎？」尹氏曰：「學在己，知不知在人，何愠之有！」程子曰：「雖樂於及人，不見是而無悶，乃所謂君子。」愚謂及人而樂者順而易，不知而不愠者逆而難，非信之篤、養之厚而得之深，不足以與此，故唯成德者能之。然德之所以成，亦曰學之正、習之熟、説之深而不已焉耳。

程子曰：「樂由悦而後得，非樂不足以語君子。」或問：「學之爲效，何也？」曰：「所謂學者，有所效於彼而求其成於我之謂也。以己之未知，而效夫知者，以求其知；以己之未能，而效夫能者，以求其能，皆學之事也。」曰：「學而時習，何以説也？」曰：「人而不學，則無以知其所以爲人之理，無以能其所以爲人之事，固不足以謂之人矣。然學矣而不習，則表裏扞格，而無致其學之之道；習矣而不時，則工夫間斷，而無以成其習之之功。是以雖曰知之，而枯燥生澁，無可嗜之味，雖曰能之，而危殆杌隉，無可即之安。如是而求有以勝夫氣稟物欲之私，亦何自而能得哉！是以聖人之教，使人既學矣，而於其所學又必時時習之，則其心與理相涵，而所知者益精，身與事相安，而所能者益熟，此其中心油然悦懌之味。雖芻豢之甘於口，亦不足以喻其美，此學之始也。」曰：「以善及人，而信從者衆，若何而可樂耶？」曰：「聞之張子曰：『性者萬物之一原，非有我之得私也。惟大人爲能盡其道，故立必俱立，知必周知，愛必兼愛，成不獨成。彼自蔽塞而不能順吾理者，則亦末如之何矣。』嘗以是言觀之，而朋來之樂，其指可知。然吾之善未充而無以取信於彼，雖欲求以告之，亦將不吾顧矣。惟其有以充諸身而形諸外，則彼之望風而覿德者，自將敬信服從之不暇。蓋近者既至，而遠者畢來，以學於吾之所學，而求以復其初。凡吾之所得而悦諸心者，彼亦將有以得而悦之，而無物我之間，是其歡欣交通、融怡和樂之意，所以盈於内而達於外者，又豈手舞足蹈之可言哉！是學之中也。」曰：「人不知而不愠，何以爲君子也？」曰：「常人之情，人不知而不能不愠者，有待於外也。若聖門之學，則其本心正以爲己而已，初非爲是以求人之知也。人知之，人不知之，亦何加損於我哉？然人雖或聞此矣，而信之有不篤，養之有不厚，守之有不固，則居之不安，而臨事未必果能真不動也。今也人不見知，而處之泰然，畧無纖芥含怒不平之意，非成德之士，信之篤而養之厚，守之固而居之安，其孰能之？故必如是，而得夫君子之名。苟自是日進而不已焉，則不怨不尤，下學上達，以馴致於聖人亦不難矣，此學之終也。」或曰：「學有大小，此所謂學，其大學耶？」曰：「不然也。學而習，習而説，凡學皆然，不以大小而有間也。且灑掃應對之事，正門人小子所宜先者，而大學之基也。聖人豈略之哉！」曰：「程子之於習，有兩義焉，何也？」曰：「重復思繹者，以知者言也；所學在我者，以能者言也。學之爲道，不越乎兩端矣。」曰：「時習之所以説，諸説孰近？」曰：「夫習而熟，熟而悅，脉絡貫通，最爲親切，程子所謂浹洽者是也。」曰：「朋來之樂，奈何？」曰：「惟以程子之言求之，然後見夫樂之實。且其以善及人而信從者衆之云，才九字爾，而無一字之虚設也，非見之明而驗之實，其孰能與於此？」曰：「説樂皆出此心，而程子有内外之辨，何也？」曰：「程子非以樂爲在外也，以爲積滿於中而發越乎外耳。説則方得於内，而未能達乎外也。」「不愠之説，孰爲得？」曰：「程子得之。至論其所以然者，則尹氏爲尤切。使人之始學，即知是説以立其心，則庶乎其無慕於外矣。」南軒曰：「人有所當知，有所當能，皆天理也。惟夫人未之知、未之能也，則貴於學焉。學之爲言效也，效夫善而勉之於己也。學貴於時習者，重復温繹其所已知、已能者也。蓋不習不時，則其趣不熟，其守不固，荒踈危怠，雖暫得之，亦且失之矣。惟夫學焉而時習之，則浹洽貫通，其説有不可既焉。有朋自遠方來，志同者應講習相滋，其樂孰尚？樂之義，比於説爲發舒也。雖然朋來固可樂，而人之不知亦不愠也。蓋爲仁由己，亦豈與於知不知乎？」　按：二先生釋「朋來而樂」之義不同，嘗參之。詳説曰：「學既有得，同類之人自遠而至，己之所得有以及於人者廣，人之所得有以裕於己者多，則不但中心自説而已，則朱子初説亦取人己相資之意，而卒從程説者，蓋己之學僅有得焉，能使同類之遠至，必其善可以及人，然後從之者多也。」

子曰：「弟子入則孝，出則弟，謹而信，汎愛衆而親仁。行有餘力，則以學文。」朱子曰：「謹者，行之有常也。信者，言之有實也。文，謂《詩》、《書》六藝之文。」　程子曰：「爲弟子之職，力有餘則學文，不修其職而先文，非爲己之學也。」尹氏曰：「德行，本也。文藝，末也。窮其本末，知所先後，可以入德矣。」洪氏曰：「未有餘力而學文，則文滅其質；有餘力而不學文，則質勝而野。」愚謂力行而不學文，則無以考聖賢之成法，識事理之當然，而所行或出於私意，非但失之於野而已。　南軒曰：「聖人之言，貫徹上下，此章雖言爲弟爲子之職、始學者之事，然充而極之，爲賢爲聖蓋不外是也。」

子夏曰：「賢賢易色；事父母，能竭其力；事君，能致其身；與朋友交，言而有信。雖曰未學，吾必謂之學矣。」朱子曰：「賢人之賢，而易其好色之心，好善有誠也。致，猶委也，委致其身，謂不有其身也。四者皆人倫之大者，而行之必盡其誠，學求如是而已。故子夏言有能如是之人，苟非生質之美，必其務學之至。雖或以爲未嘗爲學，我必謂之已學矣。」　游氏曰：「三代之學，皆所以明人倫也。能是四者，則於人倫厚矣。學之爲道，何以加此？子夏以文學名，而其言如此，則古人之所謂學者可知矣。故《學而》一篇，大抵皆在於務本。」吳氏曰：「子夏之言，其意善矣。然詞氣之間，抑揚太過，其流之弊，將或至於廢學。必若上章夫子之言，然後爲無弊也。」　或問：「賢賢而言易色，何也？」曰：「孔子兩言『未見好德如好色』，而《中庸》亦以遠色爲好賢之事，則古人之言其以德色相爲消長者，舊矣。」　南軒曰：「子夏之意，非謂能如是則不待夫學也。蓋所以貴乎學者，在此而不在彼，欲學者務其本也。首言『賢賢易色』，夫能親賢，固學之先務也。不曰不學，而曰未學，辭蓋涵蓄矣。」

子曰：「君子不重則不威，學則不固。朱子曰：「重，厚重。威，威嚴。固，堅固也。輕乎外者，必不能堅乎内，故不厚重則無威嚴，而所學亦不堅固也。」主忠信。說已見前。無友不如己者。無、毋通，禁止辭也。友所以輔仁，不如己，則無益而有損。過則勿憚改。」勿，亦禁止之詞。憚，畏難也。自治不勇，則惡日長，故有過則當速改，不可畏難而苟安也。　程子曰：「學問之道無他也，知其不善，則速改以從善而已。」　程子曰：「君子自修之道當如是也。」游氏曰：「君子之道，以威重爲質，而學以成之。學之道，必以忠信爲主，而以勝己者輔之，然或吝於改過，則賢者未必樂告以善道，故以『過勿憚改』終焉。」　南軒曰：「學以重爲先，重者，視聽言動之際，不敢以易也。夫然，則暴慢遠而德性尊。其思必專，其行必果，其守必篤，學之所以固也。不然，則無以持其外，而非心易以入。雖得之，必失之。『主忠信』，『主』字有力，蓋斯須而不忠信，則思慮言行皆無所據依，同於無物。主乎忠信，則立於實地，德所以進也。取友當求勝己者，曾己之不如，則惰志而德害矣。『過勿憚改』，言見過則速改也。人所以不能改者，以『憚之』之故耳。夫重者，嚴於外者也。忠信者，存乎中者也。存乎中，所以制其外；嚴於外，所以保其中也。而資友以輔之，改過以成之，君子之學，不越於是而已矣。」

子曰：「君子食無求飽，居無求安，敏於事而慎於言，就有道而正焉，可謂好學也已。」朱子曰：「不求安飽者，志有在而不暇及也。敏於事者，勉其所不足。慎於言者，不敢盡其所有餘也。然猶不敢自是，而必就有道之人，以正其是非，則可謂好學矣。凡言道者，皆事物當然之理，人之所共由者也。」尹氏曰：「君子之學，能是四者，可謂篤志力行者矣。然不取正於有道，未免有差，如楊、墨學仁義而差者也，其流至於無父無君，謂之好學，可乎？」學者先須有根本，方有可求正者。須是自去講學，得七八分，一就有道求正，只一二語言便可剖判，臨時旋學也難。朱語。南軒曰：「於食與居，則不求飽與安，於言行則敏而謹，是人也，物欲不行，而惟理之是趍，斯不謂之好學乎？然必終之以就正有道者，蓋世固有不徇物欲而勉於言行者，然其所學毫釐之差，則其弊有不可勝言者。故必就夫有道而正，然後謂之好學也。正者，正吾之偏也。同世而親其人，異世而求之書，其爲就正一也。」

子曰：「學而不思則罔，思而不學則殆。」朱子説已見前。南軒曰：「自洒掃應對進退而往，無非學也。然徒學而不能思，則無所發明，罔然而已。思者，研窮其理之所以然。徒思而不務學，則無可據之地，危殆不安矣。二者不可不兩進也，學而思，則德益崇；思而學，則業益廣。蓋其所學，乃其思之所形；而其所思，即其學之所存也。用工若此，内外進矣。」

子貢問曰：「孔文子何以謂之文也？」子曰：「敏而好學，不恥下問，是以謂之文也。」朱子曰：「凡人性敏者多不好學，位高者多恥下問，故謚法有以『勤學好問』爲文者，蓋亦人所難也。孔圉得謚爲文,以此而已。」蘇氏曰:「孔文子使太叔疾出其妻而妻之,疾通於初妻之娣【八】,文子怒,將攻之。訪於仲尼,仲尼不對,命駕而行。疾奔宋,文子使疾弟遺室孔姞。其爲人如此而謚曰文,此子貢之所以疑而問也。孔子不没其善,言能如此,亦足以爲文矣,非經天緯地之文也。」

哀公問:「弟子孰爲好學?」孔子對曰:「有顔回者好學,不遷怒,不貳過,不幸短命死矣!今也則亡,未聞好學者也。」朱子曰:「遷,移也。貳,復也。怒於甲者不移於乙,過於前者不復於後。顔子克己之功至於如此,可謂真好學矣。」程子曰:「顔子之怒,在物不在己,故不遷。有不善,未嘗不知,知之未嘗復行,不貳過也。」又曰:「喜怒在事,則理之當喜怒者也,不在血氣則不遷。若舜之誅四凶也。可怒在彼,己何與焉?如鑑之照物,妍媸在彼,隨物應之而已,何遷之有?」又曰:「如顔子地位,豈有不善?所謂不善,只是微有差失。才差失便能知之,才知之便更不萌作。」張子曰:「慊於己者,不使萌於再。」或曰:「《詩》《書》六藝,七十子非不習而通也,而夫子獨稱顔子爲好學。顔子之所好,果何學歟?」程子曰:「學以至乎聖人之道也。」「學之道奈何?」曰:「天地儲精,得五行之秀者爲人。其本也真而静。其未發也,五性具焉,曰仁、義、禮、智、信。形既生矣,外物觸其形而動於中矣。其中動而七情出焉,曰喜、怒、哀、懼、愛、惡、欲。情既熾而益蕩,其性鑿矣,故覺者約其情使合於中,正其心,養其性而已。然必先明諸心,知所往,然後力行以求至焉。若顔子之非禮勿視、聽、言、動,不遷怒貳過者,則其好之篤而學之得其道也。然其未至於聖人者,守之也,非化之也。假之以年,則不日而化矣。今人乃謂聖本生知,非學可至,而所以爲學者不過記誦文辭之間,其亦異乎顔子之學矣。」或問:「韓子不貳過之説,如何?」曰:「愚嘗聞之師矣,曰:顔子之不貳過者,念慮小差,隨即冰釋,不復形於心術之間也。若如韓子之言,則是心常有過而直遏閉之,使不形於事爾,亦何足以爲顔子乎?蓋其所論過字則是,而所以爲不貳者則非,學者不可不審而别之也。」顔子到這裏,直是渾然更無些子查滓。「不遷怒」,如鑑懸水止;「不貳過」,如冰解凍釋。如「三月不違」,又是已前事。到這裏,

【八】初妻之娣　「娣」原作「姊」,據四庫本改。

已自渾淪，都是天理。　問云云。曰：「此是顔子好學之效驗如此，却不是只學此二事。顔子學處，專在非禮勿視、聽、言、動上。至此純熟，乃能如此。」　問：「張子謂顔子不貳過是慊於己者，不使萌於再。夫子只説『知之未嘗復行』，不是説其過不再萌於心。某疑張子之言尤更精密。至于程子説更不萌作，則兼説行字矣。」先生曰：「萌作只是萌動。蓋孔子且恁大綱説，至程子、張子又要人理會得分曉，故復如此説到精極處。」　明諸心、知所往，窮理之事也；　力行求至，踐履之事也。　南軒曰：「怒之所以遷者，以起怒於己故也。起怒於己，故溢於氣，徵於色，發於辭，横於胷中而不能化，移於它物而莫之止。就有能知怒之不當遷者，方其怒甲也，而視乙其辭氣終未能以遽化，是皆起怒於己故耳。君子非無怒也，怒其逆於理而已。理之所在，如鑑付形，各適其可，己何與乎？然則奚遷之有？過之所以貳者，以其所以爲過之根不除也。人每患不見其過，就能見其過而遏止之，其心一或有懈，則其端復乘間而萌矣。君子非無過也，隱微之間有所少慊，則謂之過。惟其涵養純熟，天理昭融，於過之所形，未嘗不知消而去之，如日之銷冰，無復餘迹，然則奚貳之有？是二者，蓋克己復禮之功也。如是而後，謂之好學，則孔門之所謂學者，蓋可知矣。有志於道者，其可不以是爲標的乎？」　黄氏曰：「顔子不遷不貳，蓋其存養之深，省察之明，克治之力，持守之堅，故其未怒之初鑑空衡平，既怒之後冰消霧釋，方過之萌瑕纇莫逃，既知之後根株悉拔。此其所以爲好學，而《集注》以爲克己之功也。」

子曰：「知之者不如好之者，好之者不如樂之者。」尹氏曰：「知之者，知有此道也。好之者，好而未得也。樂之者，有所得而樂之也。」　南軒曰：「譬之五穀，知者知其可食者也，好者食而嗜之者也，樂者嗜之而飽者也。知而不能好，則是知之未至也；　好之而未及於樂，則是好之未至也。此古之學者，所以自强而不息者與！」

子曰：「君子博學於文，約之以禮，亦可以弗畔矣夫！」朱子曰：「君子學欲其博，故於文無不考；　守欲其要，故其動必以禮。如此，則可以不背於道矣。」　程子曰：「博學於文而不約之以禮，必至於汗漫。博學矣，又能守禮而由於規矩，則亦可以不畔道矣。」　博文而不約之以禮，便是無歸宿處。　聖人教人有序，未有不先於博者。　博學是致知，約禮是踐履之實。　聖人之教，學者之學，不越於二事。　博文乃道問學之事，是欲盡知天下事物之理；約禮乃尊德性之事，是欲常存吾心固有之理。　兩事須是互相發明，約禮工夫深，則博文之工夫愈閎；　博文工夫至，則約禮之工夫愈密。　博文所以驗諸事，約禮所以體諸身。　博文如講明義理，禮樂射御之類，一一著去理會。　若是約，則只守一個禮，日用間合禮者便是，非禮者便不是。　南軒曰：「博學於文，廣聞見也；　約之以禮，守規矩也。聞見雖多，而不能約以規矩，則操履不實，亦豈得不違畔乎？故必博文而約禮，然後可以弗畔。　若顔子之所謂博文約禮，則又深乎是，言蓋有輕重也。」　黄氏曰：「博約之義，博謂泛而取之，以極其廣；　約謂反而束之，以極其要。　且如仁字，凡洙泗所言，皆不可不講，是博學於文也。　及其反而束之，以求其要，則不過存此心而已。」

子曰：「三年學，不至於穀，不易得也。」朱子曰：「穀，禄也。至，疑當作志。　爲學之久，而不求禄，如此之人，不易得也。」　楊氏曰：「雖子張之賢，猶以干禄爲問，況其下者乎？然則三年學而不至於穀，宜不易得也。」　南軒曰：「穀者，取其成實之意，故以訓善之成實焉。　三年學矣，而不至於善，則亦難得之矣。　蓋學者能用其力，則必有月異而歲不同者。　苟惟鹵莽滅裂，歲月悠悠，望其有成，則亦難矣。　聖人斯言所以勉學者，使之自强，循循不已，自有所至。　預期歲月，而逆計所成，則又爲求獲之私心矣。」　按：二先生釋穀之義不同，正宜參玩。

子曰：「篤信好學，守死善道。朱子曰：「篤，厚而力也。　不篤信，則不能好學，然篤信而不好學，則所信或非其正。　不守死，則不能以善其道；　然守死而不足以善其道，則亦徒死而已。　蓋守死者篤信之效，善道者好學之功。　四者更相爲用，而不可一闕也。」危邦不入，亂邦不居。　天下有道則見，無道則隱。　説見丁卷。　下同。　邦有道，貧且賤焉，恥也；　邦無道，富且貴焉，恥也。」南軒曰：「此言士之自處，當如是也。　然篤信好學，其本歟？惟信之篤，而後能好之，好之然後能守之不移也。」餘亦見《丁記》。

子曰：「學如不及，猶恐失之。」朱子曰：「言人之爲學，既如有所不及矣，而其心猶竦然，惟恐有或失之【九】，警學者當如是也。」 程子曰：「學如不及，猶恐失之，不得放過。才説姑待明日，便不可也。」 南軒曰：「學者常懷不及之心，猶恐人心之或放，況於自足自恕者乎？以一善自居，以一知自喜，是自足者也。今日不爲而曰姑待明日，小事放過，而曰爲其大者，是自恕者也。此皆人欲之所由長，本心之所由失者也。」

子曰：「可與共學，未可與適道。可與適道，未可與立。可與立，未可與權。」説已見前。

子路使子羔爲費宰。朱子曰：「子路爲季氏宰而舉之也。」子曰：「賊夫人之子。」賊，害也。言子羔質美而未及學，遽使治民，適以害之。子路曰：「有民人焉，有社稷焉。何必讀書，然後爲學？」言治民、事神，皆所以爲學。子曰：「是故惡夫佞者。」治民、事神，固學者事，然必學之已成，然後可仕，以行其學。若初未嘗學，而使之即仕以爲學，雖其不至於慢神而虐民者幾希矣。子路之言，非其本意，但理屈詞窮，而取辨於口以禦人耳。故夫子不斥其非，而特惡其佞也。 范氏曰：「古者學而後入政，未聞以政學者也。蓋道之本在於脩身，而後及於治人，其説具於方册【一〇】。讀而知之，然後能行，何可以不讀書也？子路乃欲使子羔以政爲學，失先後本末之序矣。不知其過而以口給禦人，故夫子惡其佞也。」 南軒曰：「子羔學未充，而遽使爲宰，其本不立，而置於事物酬酢之地，將反戕賊其心矣。夫民人社稷，固無非學，而學固不獨在書籍之間，然學必貴於讀書者，以夫多識前言往行，古之人所以畜德者，實有賴乎是。德立於己，而後可以言無適而非學也。至於上聖生知之流，宜莫待乎讀書矣。而夫子每以好古爲言，蓋聖能生知，而亦必由是以成之也。如子路之言，將使學者以聰明爲可恃，而無復敦篤潛泳之功，其甚至於廢古而任意，爲弊有不可勝言者，故夫子責之之深也。」 按：范氏引學而後入政云云，出《左氏傳》。鄭子皮欲使尹何爲邑，子產曰：「少，未知可否？」子皮曰【一一】：「使夫往而學焉。」子產曰：「不可。子有美錦，不使人學製焉。大官、大邑，身之所庇也，而使學者製焉。其爲美錦，不亦多乎？僑聞學而後入政，未聞以政學也。若果行此，必

【九】或失之　「之」後原衍「明」字，據《論語集註》卷四删。

【一〇】具於方册　「册」原作「無」，據四庫本改。

【一一】子皮曰　「皮」原作「成」，據四庫本改。

有所害。譬如田獵，射御貫則能獲禽，若未能登車射御，則敗績厭覆是懼，何暇思獲【一二】？」子皮曰：「善哉！」子產之言，與此章頗類，故附焉。

子曰：「古之學者爲己，今之學者爲人。」程子曰：「爲己，欲得之於己也。爲人，欲見知於人也。」程子曰：「古之學者爲己，其終至於成物。今之學者爲人，其終至於喪己。」朱子曰：「聖賢論學者用心得失之際，其說多矣，然未有如此言之切而要者。於此明辨而日省之，則庶乎其不昧於所從矣。」若不爲己，看做甚事都只是爲別人，雖做得好，亦不關己。問曰：「這須要自看，如一日之間，小事大事，只是道我合當做，便如此做，這便是無所爲。且如讀書，只是自家合如此讀，合如此理會身己。才說要人知，便是有所爲。」《大學或問》云：「大抵以學者而視天下之事，以爲己事之當然而爲之，則雖甲兵、錢穀、籩豆有司之事，皆爲己也。以其可以求知於世而爲之，則雖割股廬墓、弊車羸馬亦爲人耳。」善乎！張子敬夫之言曰：「爲己者，無所爲而然也。」此其語意之深切，蓋有前賢所未發者云云。《學古齋箴》：「相古先民，學以爲己；今也不然，爲人而已。爲己之學，先成其身，君臣之義，父子之仁。聚辨居行，無怠無忽，至足之餘，澤及萬物。爲人之學，燁然春華，誦數是力，纂組是夸。結駟懷金，煌煌煒煒，世俗之榮，君子之鄙。惟是二者，其端則微，眇綿弗察【一三】，胡越其歸？」

孔子曰：「生而知之者，上也；學而知之者，次也；困而學之，又其次也；困而不學，民斯爲下矣。」朱子曰：「困，謂有所不通。言人之氣質不同，大約有此四等。」楊氏曰：「生知、學知以至困學，雖其質不同，然及其知之，一也。故君子惟學之爲貴。困而不學，然後爲下。」南軒曰：「困而學如已放而求，已失而復者也。」「學道愛人」章見《丙記》。

子曰：「由也，汝聞六言六蔽矣乎？」對曰：「未也。」「居，吾語汝。好仁不好學，其蔽也愚；好知不好學，其蔽也蕩；好信不好學，其蔽也賊；好直不好學，其蔽也絞；

【一二】何暇思獲　「暇」原作「瑕」，據四庫本、《春秋左傳注疏》卷四十改。

【一三】眇綿弗察　「察」，四庫本、乾隆本作「紊」。

好勇不好學，其蔽也亂；好剛不好學，其蔽也狂。」朱子曰：「蔽，遮掩也。六言皆美德，然徒好之而不學以明其理，則各有所蔽。愚，若可陷可罔之類。蕩，謂窮高極遠而無所止。賊，謂傷害於物。勇者，剛之發。剛者，勇之體。狂，躁率也。」范氏曰：「子路勇於爲善，其失之者，未能好學以明之也，故告之以此。曰勇，曰剛，曰信，曰直，又皆所以救其偏也。」南軒曰：「學，所以明善也。不知學，則徒慕其名，而莫知善之所以爲善矣。『好仁不好學』，則徒欲博愛而不明所施之先後，故其蔽愚。『好知不好學』，則用其聰明而不知約之所在，故其蔽蕩。『好信不好學【一四】』，則守其小諒而不知義之所存，故其蔽賊。『好直不好學』，則務徑情而不知含蓄，故其蔽絞。絞者，訐而已。『好勇不好學』，則犯難而不知止，故其蔽亂。『好剛而不好學』，則務勝而不知反，故其蔽狂。是六者，本爲達德善行，然而不好學，則非所以爲德行，而反以自蔽。學如行大道，日闢而通；不學如守暗室，終窒而蔽矣。」

子夏曰：「日知其所亡，月無忘其所能，可謂好學也已矣。」朱子曰：「亡，無也。謂己之所未有。」尹氏曰：「好學者日新而不失。」南軒曰：「致其知而不舍，故其知日新；保其有而不違，故其有常存。『日知其所亡』，謂日知其所未有也。」「博學篤志」章，已見《言仁》篇。

子夏曰：「百工居肆以成其事，君子學以致其道。」朱子曰：「肆，謂官府造作之處。致，極也。工不居肆，則遷於異物而業不精。君子不學，則奪於外誘而志不篤。」尹氏曰：「學所以致其道也。百工居肆，必務成其事。君子之於學，可不知所務哉！」今按：二説相須，其義始備。

子夏曰：「仕而優則學，學而優則仕。」朱子曰：「優，有餘力也。仕與學，理同而事異。故當其事者，必先有以盡其事，而後可以及其餘。然仕而學，則所以資其仕者益深；學而仕，則所以驗其學者益廣。」或問云。曰：「仕優則學，爲已仕而言也。蓋時必有仕而不學如原伯魯者，故有是言。學優而仕，爲未仕者言也，蓋未有以明乎修己治人之道，則未可以仕耳。子産於子皮有製錦之譏，而夫子亦悦漆雕之對，惡子路之佞。程子以少年登高科

【一四】好信不好學　「信」原作「言」，據四庫本改。

席勢爲美官爲不幸，其意亦猶是耳。子夏此章以先後之次推之，其本意蓋如此。而惟其餘意，則又以明夫仕未優而學，則不免有背公徇私之失；學已優而不仕，則亦未免有愛身忘物之累，當時恐或兼有此意也。」背公徇私，四字恐未安。

南軒曰：「大學之道，在明明德，在新民，成己成物無二致也。古之人學以終其身，故仕優則學，學優則仕，終始於學而無窮已也。」　愚按：《或問》引原伯魯事，出《左氏傳》。昭十八年，葬曹平公。往者見周原伯魯焉，與語不説學，以語閔子馬。閔子馬曰：「周其亂乎？夫必多有是説，而後及其大人。大人患失而惑，又曰：『可以無學。』無學則苟而可，於是乎下陵上替，能無亂乎？夫學，殖也，不學將落，原氏其亡乎！」

子曰：「譬如爲山，未成一簣，止，吾止也。譬如平地，雖覆一簣，進，吾往也。」朱子曰：「簣，土籠也。《書》曰：『爲山九仞，功虧一簣。』夫子之言，蓋出於此。言山成而止少一簣，其止者，吾自止耳；平地而方覆一簣，其進者，吾自往耳。蓋學者自强不息，則積少成多；中道而止，則前功盡棄。其止其往，皆在我而不在人也。」

子曰：「苗而不秀者有矣夫！秀而不實者有矣夫！」朱子曰：「穀之始生曰苗，吐華曰秀，成穀者實。蓋學而不至於成，有如此者，是以君子貴自勉也。」　南軒曰：「養苗者不失其耘耔，無逆其生理，雨露之滋，日夜之養，有始有卒，而後可以臻厥成。或舍而弗耘，或揠而助長，以至於一暴十寒，則苗而不秀、秀而不實矣。學何以異於是？有其質而不學，『苗而不秀』者也；學而不能有諸己，『秀而不實』者也。夫仁，亦在乎熟之矣。」

子曰：「後生可畏，焉知來者之不如今也？四十、五十而無聞焉，斯亦不足畏也已。」朱子曰：「孔子言後生年富力彊，是以積學而有待，其勢可畏，安知其後來不如我之今日乎？然或不能自勉，至於老而無聞，則不足畏矣。言此以警人，使及時而勉學也。曾子曰：『五十而不以善聞，則不聞矣。』蓋述此意。」　尹氏曰：「少而不勉，老而無聞，則亦已矣。自少而進者，安知其不至於極乎？是可畏也。」　南軒曰：「後生可畏，以其進之不可量也。然苟至於四十、五十，於道無所聞，則其不能激昂自進可知。因循至是，則無足畏者矣。辭氣抑揚之間，學者所宜深味也。雖然有至于四十、五十而知好學，如《中庸》所謂困知、勉行者，聖人猶有望焉。若後生雖有美質而悠悠歲月，則夫所謂四十、五十者，將轉盼而至，可不懼哉！」

又曰：「年四十而見惡焉，其終也已。」朱子曰：「四十成德之時，見惡於人，則止於此而已，勉人及時遷善改過也。」南軒曰：「見惡者，有不善而見惡於人也。此又甚於無聞者。方其壯時，不能用力以矯厲，則終於淪棄可知矣。此警懼學者，使之激昂自進於早也。」自「時習」章至此，皆聖人教人以爲學之道。十五志學以下，則聖人自言其學，故析而二之。然其自言，即所以教人，又初非有二也。

校勘記

【一】皆無所疑 「皆」原作「昔」，據四庫本改。

甲集十九

子曰：「吾十有五而志于學，朱子曰：「古者十五而入大學。心之所之謂之志。此所謂學，即大學之道也。志乎此，則念念在此，而爲之不厭矣。」三十而立，有以自立，則守之固而無所事志矣。四十而不惑，於事物之所當然，皆無所疑【一】，則知之明而無所事守矣。五十而知天命，説已見前。六十而耳順，聲入心通，無所違逆，知之之至，不思而得也。七十而從心所欲，不踰矩。」隨其心之所欲，而自不過於法度，安而行之，不勉而中也。程子曰：「孔子生而知之也，言亦由學而至，所以勉進後人也。立，能自立於斯道也。不惑，則無所疑矣。知天命，窮理盡性也。耳順，所聞皆通也。從心所欲不踰矩，則不勉而中矣。」又曰：「孔子自言其進德之序如此者，聖人未必然，但爲學者立法，使之盈科而後進，成章而後達耳。」胡氏曰：「聖人之教亦多術，然其要，使人不失其本心而已。欲得此心者，惟志乎聖人所示之學，循其序而進焉。至於一疵不存，萬理明盡之後，則其日用之間，本心瑩然，隨其意欲，莫非至理。蓋心即體，欲即用，體即道，用即義，聲爲律而身爲度矣。」又曰：「聖人言此，一以示學者當優游涵泳，不可躐等而進；二以示學者當日就月將，不可半途而廢也。」愚謂聖人生知安行，固無積累之漸，然其心未嘗自謂已至此也。是其日用之間，必有獨覺其進而人不及知者。故因其近似以自名，欲學者以是爲則而自勉，非心實自聖而姑爲是退托也。後凡言謙詞之屬，意皆放此。志是心之深處，如今學者誰不爲學，只是不可謂之志學。如果能志於學，自住不得。

子曰：「十室之邑，必有忠信如丘者焉，不如丘之好學也。」朱子曰：「十室，小邑也。忠信如聖人，生質之美者也。夫子生知而未嘗不好學，故言此以勉人。言美質易得，至道難聞，學之至則可以爲聖人，不學則不免爲鄉人而已。可不勉哉！」　胡氏曰：「十室之邑，尚有忠信如孔子者，况以天下之大，萬民之衆，千歲之遠，其可以學而入聖者，宜亦多矣。然自孟子以後，以至於今，讀書學問者不絶於世，而求如曾、閔者，不能以一二數，則以不知孔子所好之學而好之爾。」

子曰：「述而不作，信而好古，竊比於我老彭。」朱子曰：「述，傳舊而已。作，則創始也。故作非聖人不能，而述則賢者可及。竊比，尊之之辭。我，親之之辭。老彭，商賢大夫，見《大戴禮》，蓋信古而傳述者也。孔子删《詩》《書》，定禮樂，贊《周易》，修《春秋》，皆傳先王之舊，而未嘗有所作也，故其自言如此。蓋不唯不敢當作者之聖，而亦不敢顯然自附於古之賢人，蓋其德愈盛而心愈下，不自知其辭之謙也。然當是時，作者略備，夫子蓋集羣聖之大成而折衷之。其事雖述，而功則倍於作矣，此又不可不知也。」

子曰：「默而識之，學而不厭，誨人不倦，何有於我哉！」朱子曰：「識，音志，又如字；　識，記也。默識，謂不言而存諸心也。一説：識，知也，不言而心解也。前説近是。何有於我，言何者能有於我。三者已非聖人之極致，而猶不敢當，則謙之辭也。」　南軒曰：「默而識之，言不暇論説【二】，默識夫理之所當然也。在己則學不厭，施諸人則誨不倦，成己、成物之無息也。」

子曰：「德之不脩，學之不講，聞義不能徙，不善不能改，是吾憂也。」尹氏曰：「德必脩而後成，學必講而後明，見善能徙，改過不吝，此四者日新之要也。苟未能之，聖人猶憂，况學者乎？」　朱子曰：「講學自是講學，脩德自是脩德。如致知、格物是講學，誠意、正心、脩身是脩德。博學、審問、慎思、明辨是講學，篤行是脩德。」　問：「德之不修」。曰：「如有害人之心，便是仁之不脩。有穿窬之心，便是義之不脩。」

葉公問孔子於子路，子路不對。朱子曰：「葉公，楚葉縣尹沈諸梁，字子高，僭稱公也。葉公不知孔子，

【二】不暇論説　「暇」原作「假」，據四庫本改。

必有非所問而問者，故子路不對。抑亦以聖人之德，實有未易名言者與？」子曰：「女奚不曰：其爲人也，發憤忘食，樂以忘憂，不知老之將至云爾。」未得，則發憤而忘食。已得，則樂之而忘憂。以是二者，俛焉日有孳孳，而不知年數之不足，但自言其好學之篤耳。然深味之，則見其全體至極純亦不已之妙，有非聖人不能及者。蓋凡夫子之自言類如此，學者宜致思焉。　爲學須要剛毅果决，悠悠不濟事，且如發憤忘食，樂以忘憂，是甚麽精神？是甚麽骨力？

子曰：「我非生而知之者，好古，敏以求之也。」朱子曰：「生而知之者，氣質清明，義理昭著，不待學而知也。」尹氏曰：「孔子以生知之聖，每云好學者，非惟勉人也。蓋生而可知者義理耳。若夫禮樂名物、古今事變，亦必待學而後有以驗其實也。」　南軒曰：「好古而又敏求也，門人見夫子之聖，謂生而知之，不可跂及也，故夫子以是告之。使果能好古敏以求之，則聖人亦豈不可希哉？玩味辭氣，其循循善誘，可謂至矣。」

子曰：「蓋有不知而作之者，我無是也。多聞擇其善者而從之，多見而識之，知之次也。」朱子曰：「不知而作，不知其理而妄作也。孔子自言未嘗妄作，蓋亦謙辭，然亦可見其無所不知也。識，記也。所從不可不擇，記則善惡皆當存之，以備參考。如此者，雖未能實知其理，亦可以次之者也。」　南軒曰：「天下之事，莫不有所以然。不知其然而作焉，皆妄而已。聖人之言，動無非天理也。其有不知而作者乎？雖然知未易至也，故又言知之次者，使學者有所持循，由其序而至焉。多聞擇善而從，多見而識其善，由聞見而求其善，雖未及乎知之至，然知之次也。擇焉而益詳，識焉而不已，則其知豈不日新乎？」　愚按：「多見而識之」一句，二先生所釋不同。以文義求之，南軒似優。

達巷黨人曰：「大哉孔子！博學而無所成名。」朱子曰：「達巷，黨名。其人姓名不傳。博學而無所成名，蓋美其學之博，而惜其不成一藝之名也。」子聞之，謂門弟子曰：「吾何執？執御乎？執射乎？吾執御矣。」執，專執也。射、御皆一藝，而御爲人僕，所執尤卑。言欲使我何所執以成名乎？然則吾將執御矣。聞人譽己，承之以謙也。　尹氏曰：「聖人道全而德備，不可以偏長目之也。達巷黨人見孔子之大，意其所學者博，而惜其不以一善而得名於世，蓋慕聖人而不知者也，故孔子云云。」　南軒曰：「達巷黨人大孔子之博學，而疑其不能以偏成也。夫豈知本末精粗、一以貫之之道哉？故夫子但舉一藝自居，而又於藝之中復居其次者，以見夫道之無所不在。善觀聖人，則於此亦可以得之，不然則愈失之也。其言則謙而不居，其意則完備矣。」

子曰：「莫我知也夫！」朱子曰：「此夫子自嘆，以發子貢之問也。」子貢曰：「何爲其莫知子也？」子曰：「不怨天，不尤人，下學而上達，知我者其天乎！」不得於天而不怨天，不合於人而不尤人，但知下學而自然上達。此但自言其反己自修，循序漸進耳，無以甚異於人而致其知也。然深味其語意，則其中自有人不及知而天獨知之之妙。蓋在孔門，惟子貢之智幾足以及此，故特語以發之。惜乎其猶有所未達也！　程子曰：「不怨天，不尤人，在理當如此。」又曰：「下學上達，意在言表。」又曰：「學者須守下學上達之語，乃學之要。蓋凡下學人事，便是上達天理。然習而不察，則亦不能以上達矣。」　《朱子語録》：「下學者，事也；上達者，理也。理只在事中，若真能盡得下學之事，則上達之理便在此。」　釋氏只説上達，更不理會下學，然既無下學，如何上達？問：「聖人亦有下學否？」曰：「聖人雖是生知，何嘗不學？如『入太廟，每事問』、『吾十有五而忘于學』，便是學也。」　一物之中，皆具一理，就那物中見得個理，便是上達，如『大而化之之謂聖，聖而不可知之謂神』。然亦不離乎人倫日用之中，但人不能盡所謂學耳。果能學，安有不達者？　下學是立脚只在這裏，上達是見識自然超詣。到得上達便只是這下學，元不相離。

子曰：「賜也，女以予爲多學而識之者與？」對曰：「然，非與？」曰：「非也，予一以貫之。」說見前「曾子忠恕」章。

子曰：「吾嘗終日不食，終夜不寢，以思，無益，不如學也。」朱子曰：「此爲思而不學者言之。蓋勞心以必求，不如遜志而自得也。」李氏曰：「夫子非思而不學者，特垂訓以教人爾。」南軒曰：「學原於思，思固所以爲學也。然思至於忘寢與食，而不以學濟之，則亦爲無益也。以思而不學，則無益耳。聖人固不爲無益之思也，即己而言，所以教也。」「仲尼焉學」章，見後《傳授》篇。按：《論語》一書，凡教學者以修身治人之道，無非學也。今特取其正言學者入此編，學者不當以是爲拘也。

《學記》：「玉不琢，不成器。人不學，不知道。」學然後知不足，教然後知困。知不足，然後能自反也。知困，然後能自强也。故曰：教學相長也。《說命》曰：「斅學半。」其此之謂乎！

善學者，師逸而功倍，又從而庸之。不善學者，師勤而功半，又從而怨之。善問者如攻堅木，先其易者，而後其節目，及其久也，相說以解。不善問者反此。鄭氏曰：「言先易後難以漸入。」善待問者如撞鍾，叩之以小者則小鳴，叩之以大者則大鳴，待其從容，然後盡其聲。不善答問者反此。從，讀如春。春容，謂重撞擊也。始者一聲而已。學者既開其端意，進而復問，乃極說之，如撞鍾之成聲矣。朱子曰：「注說非是。從容，正謂聲之餘韻從容而將尽者也，言必答盡所問之意，然後止也。」此皆進學之道也。

《中庸》：「君子尊德性而道問學。」全文見《道體》篇。張子曰：「今且只將尊德性、道問學爲心，日自求於問學者有所背否？於德性有所懈否？此義亦是博文約禮，下學上達。以此警策一年，安得不長？每日須求多少爲益：知所亡，改得少不善，此德性上之益；讀書求義理，編書須理會有歸着，勿徒寫過，又多識前言往行，此問學上益也。勿使有俄頃閑度，逐日似此，三年庶幾有進。」朱子曰：「『尊德性而道問學』，『博我以文，約我以禮』，兩邊做工夫都不偏。」若於道理上看，未精便須於尊德性上用功。若德性上有不足，便須於講學上著力。二者並行，庶互相發明，可到廣大輝光之地。博學、審問已見前。

孟子曰：「君子深造之以道，欲其自得之也。自得之，則居之安；居之安，則資之深；資之深，則取之左右逢其原，故君子欲其自得之也。」朱子曰：「造，詣也。深造之者，進而不已之意。道，則進爲之方也。資，猶藉也。左右，身之兩旁，言至近而非一處也。逢，猶值也。原，本也，水之來處也。言君子務於深造，而必以其道者，欲其有所持循，以俟夫默識心通，自然而得之於己也。自得於己，則所以處之者安固而不摇；處之安固，則所藉者深遠而無盡；所藉既深，則日用之間取之至近，无所往而不值其所資之本也。」程子曰：「學不言而自得者，乃自得也。有安排布置者，皆非自得也【三】。然必潛心積慮，優游厭飫於其間，然後可以有得。若急迫求之，則是私己而已，終不足以得之也。」南軒曰：「學貴於自得【四】，不自得則无以有諸己，自得而後爲己物也。以其德性之知，非他人之所與，非聰明智力之所可及，故曰『自得』。深造之以道者，言其涵泳之深也。工夫篤至，而後能有得，不然則爲臆度而已，非自得也。臆度者，猶在此而想彼，自得則此便是彼，更無二也。蓋所得未真實，則中心必有欿然不安者。自得則如水之必寒，火之必熱，不可得而易，故居之安。居之安，則資乎此而所進日深矣。資者，憑藉據依之謂。蓋居之既安，則自得之味愈无窮也，故曰『資之深』。資之深，則万理素定於此，事至物來，隨而應之，周流運用，無非大端之所存，故曰『取之左右逢其原』。於是重言之曰『君子欲其自得之也』，其示人至矣。夫未之有得，則無所居。無所居，則又何所資而取哉？故自得其本也。然欲其自得，則有道矣，非深造之以道不可也。」

孟子曰：「博學而詳説之，將以反説約也。」朱子曰：「言所以博學於文，而詳説其理者，非欲以誇

【三】皆非自得　「皆」原作「情」，據四庫本改。

【四】學貴於自得　「貴」原作「責」，據四庫本改。

多而鬬靡也；欲其融會貫通，有以反而説到至約之地耳。蓋學非欲其徒博，而亦不可以徑約也。」南軒曰：「天下之理常存於至約，然求約有道，其惟博學而詳説歟？稽之前古，考之當今，以至於禮儀三百、威儀三千，朝夕從事而學焉，所謂博也。極天下之理，講明問辨而不置焉，所謂詳也。博學詳説，則心廣義精，而所謂約者，可得於言意之表矣，故吾之博學詳説，是將以反之於己而説約也。學不博、説不詳，而曰我知約者，是特陋而已矣。若博學詳説而志不在於求約，則是外馳其心，務廣而貪多耳，非所謂學也。」

孟子曰：「有爲者譬若掘井，掘井九軔而不及泉，猶爲棄井也。」朱子曰：「八尺爲仞。言鑿井雖深，然未及泉而止，猶爲自棄其井也。」呂侍講曰【五】：「仁不如堯，孝不如舜，學不如孔子，終未入於聖人之域，終未至於大道，未免爲半塗而廢、自棄前功也。」南軒曰：「天下之事，爲之貴乎有成云云。今夫士之爲仁義，固當循循不已，以極其至。若用力雖勞，未有所臻而畫焉【六】，則亦不得爲成人而已。」

荀子曰：「學惡乎始？惡乎終？曰：其數則始乎誦經，終乎讀禮。其義則始乎爲士，終乎爲聖人。真積力久則入，學至乎没而後止也。君子之學也，入乎耳，著乎心，布乎四體，形乎動静。小人之學也，入乎耳，出乎口。口耳之間財四寸耳。」程子曰：「學未至而其言至者，循其言亦可以入道。《荀子》曰『真積力久乃入』，荀卿元不知此。」

君子知夫不全不粹之不足以爲美也，故誦數以貫之，思索以通之，爲其人以處之，除其害者以持養之。朱子曰：「司馬公答學者書説爲學之法，舉《荀子》四句云云，此説亦好。『誦數』云者，想是古人誦書亦記遍數。『貫』字訓『熟』，如習貫自然之『貫』，又訓『通』，誦得熟，方能通曉。若誦不熟，亦無可得思索。」學者固學爲聖人也，非學爲無方之民也。

【五】呂侍講「侍」原作「待」，據四庫本改。

【六】而畫焉「畫」原作「晝」，據四庫本、《癸巳孟子説》卷七改。

揚子曰：「視、聽、言、貌、思，性所有也。學則正，否則邪。」首句云「學所以修性也」，今删去。習乎習，以習非之勝是也，况習是之勝非乎？學者亦審其是而已矣。或曰：「焉知是而習之？」曰：「視日月而知衆星之小也，仰聖人而知衆説之小也。」

學之爲王者事，其已久矣。堯、舜、禹、湯、文、武汲汲，仲尼皇皇。愚按：世人多言帝王之學，與儒者不同，此不知學者之言也。凡學便當講求王者之事。《大學》書自格物、致知至於治國、平天下，天子至庶人，皆所當學，豈以位爲間哉？揚子此言有可取者，故録之。

學者，所以求爲君子也。求而不得者有矣，夫未有不求而得者也。

大人之學，爲道也。小人之學，爲利也。百川學海而至于海，丘陵學山而不至于山，是故惡夫畫也。

周子曰：「聖希天，賢希聖，士希賢。伊尹、顔淵，大賢也。伊尹恥其君不爲堯、舜，一夫不得其所，若撻於市。顔淵不遷怒，不貳過。朱子曰：「皆賢人之事也。」志伊尹之所志，學顔子之所學，此言士希賢也。過則聖，及則賢，不及亦不失於令名。」三者，隨其用力之淺深，以爲所至之近遠，不失令名，以其有爲善之實也。胡氏曰：「周子患人以發策决科、榮身肥家、希世取寵爲事也，故曰『志伊尹之所志』；患人以廣聞見、工文詞、矜智能、慕空寂爲事也，故曰『學顔子之所學』。人能志此志而學此學，則知此書之包括至大，而其用無窮矣。」

聖人之道，入乎耳，存乎心，蘊之爲德行，行之爲事業，彼以文辭而已者陋矣。程子曰：「聖賢之言，不得已也，蓋有是言，則是理明；無是言，則天下之理有闕焉。如彼耒耜陶冶，一不制，則生人之道有不足矣。聖賢之言雖欲已，得乎？然其包函盡天下之理，亦甚約也。後之人始執卷，則以文章爲先。平生所爲，動多於聖人，然有之無所補，無之無所闕，乃无用之贅言也。不止贅而已，既不得其要，則離真失正，反害於道必矣。」問：「作文害道否？」曰：「害也。凡爲文，不專意則不工。若專意，則志局於此，又安能與天地同其大也？《書》曰：『玩物喪志。』爲文亦玩物也。呂與叔有詩曰：『學如元凱方成癖，文似相如殆類俳。獨立孔門無一事，只輸顔子得心齋。』此詩甚好，古之學者惟務養情性，其它則不學【七】。今爲文者，專務章句悦人耳目。既務悦人，非俳優而何？」曰：「古者學爲文否？」曰：「人見六經，便以謂聖人亦作文，不知聖人亦攄發胸中之藴，自成文耳。所謂有德者必有言也。」曰：「游、夏稱文學，何也？」曰：「游、夏亦何嘗秉筆學爲詞章也。且如觀乎天文以察時變，觀乎人文以化成天下，此豈詞章之文也？」　上蔡謝氏曰：「學者先學文，鮮有能至道。至如博覽泛觀【八】，亦自爲害。故明道先生教予嘗曰：『賢讀書，切勿尋行數墨。』」　朱子曰：「古之聖賢，其文可謂盛矣，然初豈有意於爲如是之文哉？有是實於中，則必有是文於外。如天有是氣，則必有日月星辰之光耀；地有是形，則必有山川草木之行列。聖賢之心，既有是精明純粹之實，以旁薄充塞乎其内，則其著見於外者，亦必自然條理分明，光輝發越而不可掩。蓋不必託於言語，著於簡册，而後謂之文。但自一身接於萬事，凡其語默動静，人所可得而見者，無適而非文也。姑舉其最而言，則《易》之卦畫，《詩》之詠歌，《書》之記言，《春秋》之述事，與夫禮之威儀、樂之節奏，皆已列爲六經而垂萬世，其文之盛，後世固莫能及，然其所以盛而不可及者，豈無所自來而世亦莫之識也。」又嘗以書答以詩來者云：「諸詩亦佳，但此等亦是枉費工夫，不切自己底事。若論爲學治己治人，有多少事在，如天文、地理、礼樂、制度、軍旅、刑法，皆是著實有用事業，無非自己本分内事。古人六藝之教，所以游其心者，正在於此。其與空言以校工拙於篇牘之間者，其損益相萬矣。」

程子曰：「古之學者一，今之學者三，異端不與焉。一曰文章之學，二曰訓詁之學，三曰儒者之學。欲趨道，舍儒者之學不可，言學便以道爲志，言人便以聖爲志。」上文云：

【七】其它則不學　「它」原作「佗」，據四庫本改。

【八】博覽泛觀　「博」原作「傳」，據四庫本、《上蔡語録》卷二改。

「莫説道將第一等遜與別人，且做第二等才，如此説便是自棄。雖與不能居仁由義者等差不同，其自棄一也【九】，云云。」楊氏曰：「學者，學聖賢之所爲也。欲爲聖賢之所爲，須是聞聖賢所得之道。若只要博通今古爲文章，作忠信愿慤，不爲非義之士而已，則古來如此等人不少，然以爲聞道則不可，學而不聞道猶不學也。志學之士當知天下無不可爲之理，無不可見之道，思之宜深，無使心支而易昏；守之宜篤，無使力淺而易奪。要當以身體之，以心驗之，則天地之心日陳露於目前，古人之大體已在我矣。不然，是未免口耳之學。古之學者以聖人爲師，其學有不至，故其德有差焉。人見聖人之難爲也，故凡學以聖人爲可至，必以爲狂而竊笑之。夫聖人固未易至，若舍聖人而學，是將何所取則乎？以聖人爲師，猶學射而立的然，的立於彼然後射者，可視之而求中。若其中不中則在人而已，不立之的以何爲準？」胡氏曰：「有志於學，當以聖人爲則；有志於天下，當以宰相自期。」朱子曰：「學者大要立志。所謂志者，只是直截要學堯、舜。『孟子道性善，言必稱堯、舜』，此是真實道理。『世子自楚反，復見孟子。孟子曰：世子疑吾言乎？夫道一而已矣。』這些道理，更無走作，只是一個性善可至堯、舜。下文引成覵、顔子、公明儀所言，便見得人人皆可爲也。學者立志，須教勇猛，自當有進。志不足以有爲，此學者之大病。」又曰：「世俗之學，所以與聖賢不同者，亦不難見。聖賢直是真個去做，説正心，直要心正；説誠意，直要意誠；脩身齊家，皆非空言。今之學者説正心、誠意、脩身，不過將聖賢許多説話吟味諷誦而已。或掇拾言語，綴緝時文。如此爲學，却於自家身上有何交涉？今之朋友，固有樂聞聖賢之學，而終不能去世俗之陋者，無他，只是志不立爾。學者大要立志，纔學，便要做聖人是也。」又按：程子曰：「人之爲學，忌先立標準。若循循不已，自有所至矣。」朱子謂以聖爲志，而忌立標準者，「必有事焉而勿正也」，循循不已，而自有所至者，「心勿忘，勿助長也」，此義又當參玩云。

君子之學必日新，日新者日進也。不日新者必日退，未有不進而不退者。唯聖人之道無所進退，以其所造者極也。又曰：「今之爲學者，如登山麓，方其迤邐，莫不闊步，及到嶮處，便止。須是

【九】自棄一也　「棄」原作「小」，據四庫本、乾隆本改。

要剛決果敢以進。知之必好之，好之必求之，求之必得之。古人此個學是終身事，果能顛沛造次必於是，豈有不得道理？」又曰：「人之學不進，只是不勇。」胡氏曰：「學者須要一日進如一日，一年進如一年。」朱子曰：「篤學須是痛切懇惻去做工夫，使飢忘食，渴忘飲，始得【一〇】。」又曰：「須磨厲精神去理會。天下事，非燕安暇豫之可得。」又曰：「陽氣發處，金石亦透。精神一到，何事不成？今之學者，全不曾發憤。」又曰：「進取得失之念放輕，却將聖賢格言處研窮考究。若悠悠地似做不做，如捕風捉影，有甚長進。今日是這樣人，明日也是這樣人。學者須是直前做去，莫起計獲之心。」又曰：「爲學須自覺得今是而昨非，日改而月化，方是長進。」問：「人氣力怯懦，於學有妨否？」曰：「爲學在立志，不干氣禀怯弱事。」又曰：「立志要如飢渴之於飲食。才有悠悠，便是志不立。」

古之學者，優游饜飫，有先後次序。今之學者，只作一場話說，務高而已。常愛杜元凱語：「若江海之浸，膏澤之潤，渙然冰釋，怡然理順，然後爲得也。」今之學者，往往以游、夏爲小，不足學。然游、夏一言一事，揔是實。後之學者好高，如人游心於千里之外，然自身却只在此。朱子曰：「學者之志，固不可不以遠大自期，然觀孔門之教，則其所從言者至爲卑近，不過孝弟忠信、持守誦習之間，而於所謂學問之全體初不察察言也。若其高弟弟子，多亦僅得其一體。夫以夫子之聖、諸子之賢，其於道之全體豈不能一言盡之，以相授受。而顧爲是拘拘者以狹道之傳、晝人之志，何哉？蓋道之全體雖高且大，而其實未嘗不貫乎日用隱微切近之間，苟悦其高而忽於近，慕於大而略於細，則無漸次經由之實，而徒有懸想跂望之勞，亦終不能以自達矣。故聖人之教，循循有序，不過使人反而求之至近至小之中，博之以文，以開其講學之端，約之以禮，以嚴其踐履之實。使之得寸則守其寸，得尺則守其尺，如是久之，日滋月益，然後道之全體乃有所鄉望而漸可識，有所循習而漸可能耳。」又曰：「爲學乃終身事業，非可索於咄嗟指顧之間者，但當循序講明，著實持守，不令日用之間少有間斷，如是久久，當自得之。不當較計功程，如世之出舉錢商子本者之營營也。」又答學者書云：「示喻足見所存之

【一〇】始得 「始」原作「姑」，據四庫本、《朱子語類》卷八改。

遠大，然以某所聞聖賢之學，則見其心之所存不離乎日用尋常之近小，而其遠者大者自不待於它求，初不若是其荒忽放浪，而無所歸宿也，故曰『下學而上達』，又曰『學問之道無它，求其放心而已矣』。此聖賢終身事業，某也少嘗有志焉，今老且死【一一】，尚恨未能有以得其彷彿也。」又曰：「必欲實爲學，亦當有以自致其力於日用之間，存心養氣，讀書窮理，積其精誠，循序漸進，然後可得，決非躐等坐馳之所能至也。」南軒亦曰：「聖門之學，循循有序，非若異端驚夸籠罩，自謂一超徑詣，卒爲窮大而無所據也。近世一種學者之弊，渺茫臆度，更無講學之功，其意見只類一超徑詣之說。非惟自誤，亦且誤人，不可不察。」

學者須是務實，不要近名。有意近名，則爲僞也。大本已失，更學何事？爲名與爲利，清濁雖不同，然其利心則一也。又曰：「夫子『疾没世而名不稱焉』者，疾没身無善可稱云爾，非謂疾無名也。名者可以厲中人，君子所存，非所汲汲。」朱子與人書曰：「聞深以好名爲戒，此固然矣。然偏持此論，將恐廉隅毁頓，其弊有甚於好名者。故先聖云『君子疾没世而名不稱焉』，又曰『君子求諸己』，詳味此言，不偏不倚，表裏該備，此其所以爲聖人之言歟！學者要當於此玩心，則勿忘勿助長之間，天理卓然，事事物物無非至當矣。」愚按：程子之言至矣，朱子之論尤學者所宜知，故附此。

科舉不慮妨功，惟慮奪志。朱子曰：「科舉之學，誤人知見，壞人心術，其技愈精，其害愈甚。」又曰：「今學者之病，最是先學作文干禄，使心不寧静，不暇深究義理，故於古今之學、義利之間，不復能察其界限分别之際，而無以知其輕重取舍之所宜，所以誦數雖博，文詞雖工，而祇以重爲此心之害。要須反此，然後可以議爲學之方耳。」又告學者云：「若賢者以此言爲不繆，則願以定省應接之餘功，收拾思慮，完養精神，暫置其所已學者，勿令洶湧鼓發狂鬧，却於此處深察前所謂古今之學、義利之間，粒剖銖分，勿令交互，則其輕重取舍之極，自當判然於胷中，不待矯拂而趣操自分，聖學之門庭始可以漸而推尋矣。此是學者立心第一義，此志已定，然後脩己治人之方乃可決擇而脩持爾。」又曰：

【一一】今老且死　「今」原作「念」，據四庫本、《朱熹文集》卷五十五改。

「向來人讀書爲科舉計，已自是末了。如今又全不讀書而應舉，又末之末者。若以今世之所習，雖使貴窮公相，也只是個没見識底人。若依古聖賢所教做去，雖極貧賤，身自躬耕，而胷次亦自浩然，視彼污濁卑下之徒，曾犬彘之不若。」

邵子曰：「至理之學，非至誠則不至。」

學不際天人，不足謂之學。

學不至於樂，不可謂之學。

或問：「才難何謂也？」曰：「臨大事然後見才之難也。」「何獨言才？」曰：「才者，天之良質也，學者所以成其才也。」曰：「古人有不由學問，而能立功業者，何必學？」曰：「周勃、霍光能成大事，惟其無學，故未盡善也。人無學，則不能燭理。不能燭理，則固執而不通。」問：「才由天資，可學至否？」胡文定公曰：「豈有見理而不能處事？」又曰：「或問伊川量可學否？」曰：「學進則識進，識進則量進。」

學在不止，故王通云没身而已。

張子曰：「爲學大益在自求變化氣質，不爾皆爲人之弊，卒無所發明，不得見聖人之奥。」吕與叔論變化氣質，已見《言誠》篇。或問：「氣質之偏如何救得？」朱子曰：「要緊只是看教大底道理分明，偏處自見得。如闇室求物，把火來，便照見。若止管去摸索，費盡心力，只是不見得大底道理分明，有病痛處，也自會移不自知，自不消得費力。」又曰：「如其窄狹，則當涵泳廣大氣象。如其頽墮，則當涵泳振作氣象。」爲學當看自家有何病痛，如覺語言多，便用簡默。意思疎闊，便加細密。覺得輕浮淺易，便須深沉重厚。程先生所謂「矯輕警惰」，蓋如此。南軒《與方疇書》曰：「人之性善，然自非上智生知，其氣禀不能無偏，學也者，所以化其偏而若其善也。氣禀之偏，其始甚微，惟夫習而不察，日以滋長，非用力之深未由返也，故傳稱强矯强矯云者，揉而正之也。願毋恃夫天資之美，必深察其所偏，致知力行，勉自矯焉。異時相見，當觀氣質變化之淺深，而知學力之進否也。」又曰：「氣質雖美而有限，天理至微而難明，伊欲化其有限而著其難明，其惟學而已矣。學也者，所以成身也。无以成其身，則拘於氣質而不能以自通，雖曰有是善，而其不善者固多矣。抑其所謂善者，亦未免日淪於私意而不自知也。就其中雖間有所稟特異於衆者，其事業終有盡量爲可惜【一二】，何者？天理不明，本不立故爾。」

又《與薛士龍書》曰：「每念時事若此，良由士大夫鮮克務學之故。蓋天理之微爲難存，氣習之偏爲難矯。譬諸射者，在此有秋毫之未盡，則於彼有尺尋之差矣。」又《與朱文公書》曰：「兩從共甫詳問日用間事，使人歎服者固多，然其間於氣稟偏處，未能盡變於舊。自它人謂爲豪氣底事，自學者論之，只是氣稟病痛。元晦所講要學顔子，却不於此等偏處下自克之功，豈不害事？願以平時視爲細故者，作大病毉療，異時相見，當觀變化氣質之功。」又云：「來者多言酒酣氣張，悲歌慷慨，如此等類恐皆平時血氣之習未能消磨者，不可作小病看。每念人心易偏，氣習難化，君子多因好事上不覺乘快偏了。若曰偏，則均爲偏耳。」又曰：「山中諸詩，紆餘澹泊，諷之不能已，但覺其間猶時有未和平之語。此非是語病，正恐發處氣稟所偏，尚微有存也。」　東萊吕氏曰：「人之爲學，最當於矯揉氣質上做工夫。如懦者當强，急者當緩，視其偏而用力焉。」又曰：「近思爲學，必須於平日氣稟資質上驗之，如滯固者疎通，顧慮者坦蕩，智巧者易直。苟未如此轉變，要是未得力爾。」又曰：「弘毅二字最好。今寬緩者必不能毅，發强者必不能弘。」又曰：「大抵稟賦偏處，便消磨得九分，觸事遇物，此一分依前張王【一三】，要得體融化得盡乃可。」

學者大不宜志小氣輕。志小則易足，易足則無由進。氣輕則以未知爲已知，未學爲已學。

義理之學，亦須深沉方有造，非淺易輕浮之可得也。又曰：「須放心寬快公平以求之，乃可見

【一二】終有盡量　「量」原作「日月」，據《南軒集》卷十五序改。

【一三】依前張王　「王」，《宋元學案》卷五十一作「皇」。

道。況德性自廣大，《易》曰『窮神知化，德之盛也』，豈淺心可得？」又曰：「學不能推究事理，只是心麄。如顔子未至於聖人處，猶是心麄。」朱子曰：「學者輕於著書，皆是氣識淺薄，便作得如此，所謂『聖雖學作兮，所貴者資；便儇皎厲兮，去道遠而』！蓋此理醲厚，非便儇皎厲不克負荷者所能當。子張謂『執德不弘』【一四】，人多以寬説『弘』字，大無意味。蓋『弘』字有深沉重厚之意。横渠謂：『義理深沉方有造【一五】。』此説極佳。」又曰：「心麄一事，學者之通病。横渠云：『顔子未至於聖，猶是心麄。』一息不存，即爲麄病。要在精思明辨，使理明義精，而涵養操存無須臾離，無毫髮間，則天理常存，人欲消去，其庶幾矣哉！」愚按：張子三説，本各一義。今乃合而一之者，蓋欲以淺、易、輕、浮、麄五字自戒，而以深沉、寬快、公平、精密自勉故也。

人多以老成，則不肯下問，故終身不知。又爲人以道義先覺處之，不可復謂有所不知，故亦不肯下問。從不肯問，遂生百端欺妄人，我寧終身不知。

義理有疑，則濯去舊見，以來新意。

凡致思到説不得處，始復審思明辨，乃爲善學。若告子則到説不得處遂已，更不復求。

博學於文者，只欲得習坎心亨。蓋人經歷險阻艱難，然後其心亨通。

呂氏曰：「學者不欲進則已，欲進則不可以有成心。有成心，則不可與進於道矣。故成心存，則自處以不疑；成心亡，則知所疑矣。小疑則必小進，大疑則必大進，蓋疑者，不安於故而進於新者也。」與叔。

五峰胡氏曰：「學欲博不欲雜，欲約不欲陋。」

學貴大成，不貴小用。

【一四】子張謂　「張」原作「夏」，據《論語集註》卷十改。

【一五】方有造　「方」原作「不」，據四庫本、《朱子語類》卷十一改。

朱子曰：「聖賢千言萬語，只是使人反其固有，而復其性耳。」上文云：「爲己之學，於它人無一毫干預。」又曰：「學問是自家合做底。不知學問，是欠缺了自家底。今人把學問來做外面添底事看了。」學者自强不息，則積少成多。中道而止，則前功盡棄。聖賢之學，本末精粗無不備，學者須將身心作根柢。又曰：「佛家一向撤去許多事，只理會自身己。其教雖不是，其意却是要自理會，所以它那下常有人。今世儒者，能守經者，理會講解而已。看史傳者，計較利害而已。那個是要理會身己，從自家身己上做去。不理會自身己，説甚别人長短。」又曰：「爲學最要在身心，其次便是做事，此是的實緊切處。」問：「學者講明義理之外，亦須理會時政。凡事當一一講明，使先有一定之説，庶臨事不至牆面。」先生曰：「學者若得胷中義理明，從此去量度事物，自然泛應曲當。人若有堯、舜聰明，自做得堯、舜事業。若要一一理會，則事變無窮，難以逆料，隨機應變，不可預定。今之世文人才士，開口便説國家利害，把筆便述時政得失，終濟得甚事？只是講明義理以淑人心，使世間識義理之人多，何患政治之不舉耶？」

學無非事，事無非學。

爲學雖有聰明之資，必須作遲鈍之功始得。下云：「既是遲鈍之資，却做聰明底樣工夫，如何得？」又曰：「今之學者，本是困知、勉行底資質，却要學他生知、安行底工夫。便是生知、安行底資質，亦用下困知、勉行工夫，况是困知、勉行底資質。」

文章細事耳，猶用力始工，况學道乃天下至大至難之事，而未嘗用旬月之功，得乎？本文云：「先生喻學者曰：老蘇自言，其初學爲文之時，取《論語》、《孟子》、韓子及其它聖賢之文，兀然端坐，終日以讀之者七八年。方其始也，入其中，而惶然以疑；觀於其外，而駭然以驚。及其久也，讀之益精，而其胷中豁然以明，若人之言固當然者，然猶未敢自出其言也。積時既久，胷中之言日益多，不能自制，試出而書之，已而再三讀之，渾渾乎覺其來之易矣。予謂老蘇但欲學古人説話聲響，極爲細事，乃肯用功如此，故其成就，亦非常人所及。如韓、柳亦是如此，其答李翊、韋中立書可見。然皆只是要作好文章，令人稱賞而已，究竟何預己事，却用了許多歲月，費了許多精神，甚可惜也。今人説要學道，乃是天下第一至大至難之事，却全然不曾着力，蓋未有能用旬月工夫熟讀一卷書者。及至見人，泛然發問，臨時凑合，不曾舉得一兩行經傳成文，不曾照得一兩處首尾相貫，其能言者不過以己私意敷演立説，與聖賢本意義理實處了無干涉，何況望其更能反求諸己，真實見得，真實行得耶？如此求師，徒費脚力，不如歸家杜門，依老蘇法，以三二年爲期，正襟危坐，將《大學》、《論語》、《孟子》、《中庸》及《詩》、《書》、《禮記》、程、張諸書分明易曉處反復讀之，更就己身心上存養玩索，着實行履，有個人處，方好求師，證其所得而訂其謬誤，是乃所謂『就有道而正焉』者，而學之成也可冀矣。」又曰：「釋氏有清草堂者，其始學時，若無所入。有告之曰：『子不見猫之捕鼠乎？四足据地，首尾一直，目睛不瞬，心無它念，惟其不動，動則鼠無所逃矣。』清用其言，乃有所入。彼之學雖與吾異，然其所以得之者，則無彼此之殊，學者宜以是自警。」　愚按：朱子二説，皆欲人下真實專一之功，既借喻於文人，又託類於釋氏，其可謂爲人深切者矣，故合爲一，以玩味之。

南軒張氏曰：「講學而明理，則執天下之物不固，而應天下之變不膠，吾於天下之物無所惡而物無以累我，皆爲吾役者也。吾於天下之事無所厭而事無以汩我，皆吾心之妙用也。」全文云：「天下之物衆矣，紛綸膠轕，日更於前，可喜可怒，可慕可愕，所以盪耳目而動心志者，何可以勝計。而吾以藐然之身當之，知誘於外，一失其所止【一七】，則遷於物。夫人者統役萬物者也，而顧乃爲物役，其可乎哉！是以貴於講學也。天下之事變，亦不一矣，幾微之形，節奏之會，毫髮呼吸之間，得失利害，有霄壤之勢。吾朝夕與之接，一有所滯塞，則昧幾而失節【一八】，其發也不審，則其應也必盭，一事之隳，萬事之所由隳也，豈不可懼乎！是以

【一七】一失其所止　「失」原作「生」，據四庫本、《南軒集》卷十五改。

【一八】昧幾而失節　「昧」原作「時」，據四庫本、《南軒集》卷十五改。

貴夫講學也。夫惟云云，豈不有餘裕乎？然所謂講學者，寧它求哉？致其知而已。知者吾所固有也，本之六經，以發其藴，泛觀千載，以極其變，即事即物，身親格之，超然會夫大宗，則德進業廣，有其地矣。」

右專言學

子曰：「温故而知新，可以爲師矣。」朱子曰：「温，尋繹也。故者，舊所聞。新者，今所得。言學能時習舊聞而每有新得，則所學在我，而其應不窮，故可以爲人師。若夫記問之學，則無得於心，而所知有限，故《學記》譏其不足以爲人師，正與此意互相發也。」或問云云，曰：「故者，昔之所已得者也。新者，今之所始得者也。昔之所得雖曰既爲吾有，然不時加反復尋繹之功，則亦未免廢忘荒落之患，而無所據以知新矣。然徒能温故，而不能有以得夫前日之未得者，則見聞雖富，誦説雖勤，亦若無源之水而已。其積雖多，終有窮盡，亦將何以授業解惑，而待學者無已之求哉？《學記》曰『記問之學不足以爲人師』者，正謂此耳。唯能尋繹其所已得者，而每有得於其所未得者焉，則譬諸觀人，昨日識其面，而今日識其心矣。於以爲師，其庶矣乎！夫子之言，所謂可云者，正所以明夫未至此者，不足以爲師，非以爲能如是而爲師有餘也。且昔程子晚年自言：『吾年二十時解釋經義與今無異，然其意味則今之視昔爲不同矣。』此温故知新之大者，學者以是爲的而深求之，則足以見夫義理之無窮矣。」南軒曰：「程子有云：『如此處極要理會。若只認温故知新可以爲人師，則氣象窄狹矣。』學者推此一端，庶幾可以味聖賢之辭意。」

《學記》：君子知至學之難易，而知其美惡，然後能博喻。張子曰：「知學者至乎學之難易，又知其資質之美惡。」能博喻，然後能爲師；能爲師，然後能爲長；能爲長，然後能爲君。故師也者，所以學爲君也，是故擇師不可不慎也。鄭氏曰：「師善則善。」《記》曰：「三王四代惟其師，此之謂乎！四代，虞、夏、殷、周。凡學之道，嚴師爲難。嚴，尊敬也。師嚴然後道尊，道尊然後民知敬學。

記問之學，不足以爲人師。鄭氏曰：「記問謂豫誦雜難雜説【一八】，至講時爲學者論之【一九】。此或時師不心解，或學者所未能問。」必也，其聽語乎！必待其問乃説之。

力不能問，然後語之；語之而不知，雖舍之可也。

孟子曰：「人之患在好爲人師。」南軒曰：「學莫病於自足。古之所謂師者，學明行脩，人從而師之，而非有欲人師己之心也。人師乎己，從而以己之善善之，其答問論辨之際，亦有互相發者，故教學相長也。若有好爲人師之意，則是乃矜己自大之私萌乎其中，欲以益於人，而不知其先損於己，此其所以可懼也。」王勉曰：「學問有餘，人資於己，不得已而應之可也。若好爲人師，則自足而不復有進矣。」

周子或問曰：「曷爲天下善？」曰：「師。」曰：「何謂也？」曰：「性者剛柔善惡，中而已矣。」不達。曰：「剛善爲義，爲直，爲斷，爲嚴毅，爲幹固；惡爲猛，爲隘，爲彊梁。柔善爲慈，爲順，爲巽；惡爲懦弱，爲無斷，爲邪佞。惟中也者，和也，中節也，天下之達道也，聖人之事也。故聖人立教，俾人自易其惡，自至其中而止矣。故先覺覺後覺，闇者求於明，而師道立矣。師者所以攻人之惡，正人之不中而已矣。師道立則善人多，善人多則朝廷正，而天下治矣。」此所以爲天下善也。

【一八】記問　「問」原作「門」，據四庫本改。

【一九】學者論之　「者」原作「道」，據四庫本、乾隆本改。

右論師道

子曰：「中人以上，可以語上也；中人以下，不可以語上也。」朱子曰：「語，告也，言教人者當隨其高下而告語之，則其言易入而無躐等之弊也。」南軒曰：「聖人之道，精粗雖無二致，但其施教則必因其材而篤焉。蓋中人以下之質，驟而語之太高，非惟不能以入，且將妄意躐等，而有不切於身之弊，亦終於下而已矣。故就其所及而語之，是乃所以使之切問近思，而漸進於高遠也。」

子曰：「自行束脩以上，吾未嘗無誨焉。」朱子曰：「古者相見，必執贄以爲禮，束脩其至薄者。蓋人之有生，同具此理，故聖人之於人，無不欲其入於善，但不知來學，則無往教之理，故苟以禮來【二〇】，則無不有以教之也。」

子曰：「不憤不啓，不悱不發，舉一隅不以三隅反，則不復也。」朱子曰：「憤者，心求通而未得之意。悱者，口欲言而未能之貌。啓，謂開其意；發，謂達其辭。物之有四隅者，舉一可知其三。反者，還以相證之義。復，再告也。上章已言聖人誨人不倦之意，因並記此欲學者勉於用力，以爲受教之地也。」程子曰：「憤悱，誠意之見於色辭者也，待其誠至而後告之。既告之，又必待其自得乃復告爾。」又曰：「不待憤悱而發，則知之不能堅固；待其憤悱而發，則沛然矣。」或問：「反之爲還以相證，何也？」曰：「如《易》所謂『原始反終』者也。南軒曰：『此聖人教人之法也。學貴於思，思而後有得。憤悱者，思慮積久，鬱而未暢，誠意懇切，形於外也。憤則見於顔色，悱則發於辭氣，於是而啓其端，發其蔽，則庶幾聽之之專而感之之深也。然告之亦舉一隅耳，待其以三隅反而後復之，此古之教者所以爲從容，而使人繼志之道也。若不以三隅反，則是未能因吾言而推類，苟遽以復之，則亦於彼無力矣。』」

子曰：「二三子以我爲隱乎？吾無隱乎爾。吾無行而不與二三子者，是丘也。」朱子曰：「諸弟子以夫子之道高深不可幾及，故疑其有隱，而不知聖人作止語默，無非教也。故夫子以此言曉之。與，猶示

【二〇】苟以禮來　「禮」原作「往」，據《論語集註》卷四改。

也。」　程子曰:「聖人之道猶天然,門弟子親炙而冀及之,然後知其高且遠也。使誠以爲不可及,則趍向之心,不幾於怠乎?故聖人之教常俯而就之,如此非獨使資質庸下者勉思企及,而才氣高邁者亦不敢躐易而進也。」呂氏曰:「聖人體道無隱,如天象昭然,莫非至教,常以示人而人自不察。」　讀此章,因云:「須要看聖人如何,是無行不與二三子處。」又曰:「此章衆人説得玄妙似禪,不如程子説穩當。」　南軒曰:「道無乎不在,聖人其何隱乎?所謂無行而不與二三子者,蓋視聽言動之際無非教也,二三子固亦皆具是理,若能體之自近,而實用力焉,則知聖人果無毫髮之可隱也,在二三子勉之何如耳。」

子以四教:文、行、忠、信。程子曰:「教人以學文脩行,而存忠信也。忠信,本也。」　朱子曰:「其初須是講學,講學既明而後脩於行,所行雖善,然更須反之於心,無一毫不實處,乃是忠信。」　問:「文行爲先,忠信爲次之説如何?」曰:「世上也自有初間難曉底人,便做忠信,與説未得,且教讀書,漸漸壓伏身心教定,方可與説。」問:「行有餘力,則以學文如何?」曰:「彼將教子弟而使之知大槩也,此則教學者深切用工也。」　南軒曰:「忠信本一事,然忠則實語己,信則篤諸人。在學者當以爲兩事而並勉也。」

子曰:「吾有知乎哉?無知也。有鄙夫問於我,空空如也,我叩其兩端而竭焉。」朱子曰:「孔子謙言己無知識,但其告人,雖於至愚不敢不尽耳。叩,發動也。兩端,猶言兩頭,言終始本末、上下精粗,無所不盡。」　程子曰:「聖人之教人,俯就之若此,猶恐衆人以爲高遠而不親也。聖人之道,必降而自卑,不如此則人不親;　賢人之言,則引而自高,不如此則道不尊。觀於孔子、孟子可見矣。」尹氏曰:「聖人之言上下兼盡,即其近,衆人皆可與知;　極其至,則雖聖人亦無以加焉。是之謂兩端。如答樊遲之問,仁智兩端竭尽無餘蕴矣。若夫語上而遺物,則豈聖人之言哉?」　南軒曰:「兩端者,語近而遠者,未嘗不具;　語卑而高者,未嘗不存。形而上曰道,形而下曰器。道與器非異體也,聖人有隱乎爾哉?在學者體之何如耳。」

子曰：「衣敝緼袍，與衣狐貉者立，而不恥者，其由也與？『不忮不求，何用不臧？』」子路終身誦之。子曰：「是道也，何足以臧？」朱子曰：「終身誦之，則自喜其能，而不復求進於道矣，故夫子復言此以警之。」謝氏曰：「恥惡衣惡食，學者之大病。善心不存，蓋由於此。然以衆人而能此，則可以爲善矣。子路之賢宜不止此，而終身誦之，則非所以進於日新也，故激而進之。」南軒曰：「學之無窮，自不忮不求而勉焉，以至於聖不可知，其等級固有次第也。苟終身誦夫不忮不求而已，則亦不過於利仁者之事，而有所止也。聖人先後抑揚，所以成德達材之道，可謂至矣。」

子曰：「從我於陳、蔡者，皆不及門也。德行：顔淵、閔子騫、冉伯牛、仲弓；言語：宰我、子貢；政事：冉有、季路；文學：子游、子夏。」朱子曰：「孔子嘗厄於陳、蔡之間，弟子多從之者。此時皆不在門，故孔子思之，蓋不忘其相從患難之中也。弟子因孔子之言記此十人，而並目其所長，分爲四科。孔子教人各因其材，於此可見。」程子曰：「四科乃從夫子於陳、蔡者爾，門人之賢者固不止此，曾子傳道而不與焉，故知『十哲』世俗論也。」又曰：「孔子教人各因其材，有以言論入者，有以德行入者。」或問：「四科之目何也？」曰：「德行者，潛心體道，默契於中，篤志力行，不言而信者也。言語者，善爲辭令也。政事者，達於爲國治民之事者也【一二】。文學者，學於《詩》、《書》、《禮》、《樂》之文，而能言其意者也。蓋夫子教人，使各因其所長以入於道，然其序則必以德行爲先，誠以躬行云云。其卒莫之能反者，則以其自暴自棄而已。」

子曰：「予欲無言。」朱子曰：「學者多以語言觀聖人，而不察其天理流行之實。有不待言而著者，是以徒得其言，而不得其所以言，故夫子發以警之。」子貢曰：「子如不言，則小子何述焉？」子貢正以言語觀聖人者，故疑而問之。子曰：「天何言哉？四時行焉，百物生焉，天何言哉？」四時行，百物生，莫非

【一二】達於爲國　「國」原作「固」，據四庫本改。

天理發見流行之實，不待言而可見。聖人一動一静，莫非妙道精義之發，亦天而已，豈待言而顯哉！此亦開示子貢之切，惜乎其終不喻也。程子曰：「孔子之道，譬如日星之明，猶患門人未能盡曉，故曰『予欲无言』。顔子則便默識，其他則未免疑問，故曰『小子何述』。又曰『天何言哉？四時行焉，百物生焉』，則可謂至明白矣。」按：此與前篇無隱之意相發，學者詳之。

孺悲欲見孔子，孔子辭以疾，將命者出户，取瑟而歌，使之聞之。朱子曰：「孺悲嘗學士喪禮於孔子，當是時必有以得罪者，故辭以疾，而又使知其非疾，以警教之也。」程子曰：「此孟子所謂不屑之教誨，所以深教之也。」南軒曰：「孺悲之不見，疑在棄絶之域矣。取瑟而歌，使將命者聞之，是亦教誨之，而終不棄也。聖人之仁，天地生物之心與！」

《學記》：「古之教者，家有塾，黨有庠，術有序，國有學。鄭氏曰：「術當爲遂。古者仕焉而已者，歸教於閭里，朝夕坐於門，門側之堂謂之塾。」比年入學，學者，每歲來入也。中年考校。中，猶間也。鄉大夫間歲考學者之德行道藝。《周禮》「三歲大比」乃考焉。中，丁仲反。間，間厠之間。一年視離經辨志，離，絶斷句讀也【一二二】。辨志，謂别其心意所趣鄉。三年視敬業樂群，五年視博習親師，七年視論學取友，謂之小成；九年知類通達，知，事義之比。比，必履反。强立而不反，强立，謂臨事不惑。不反，不違失師道。謂之大成。夫然後足以化民易俗，近者悦服，而遠者懷之。此大學之道也。張子曰：「離經，離析經之章句也。事師而至於親敬，則學之篤而信其道也。論學取友，能講論其學，而取友必端也。知類通達，比物醜類是也。九年者，言其大略，人性有遲敏，氣有昏明，豈可齊也？强立而不反，可與立也。學至於立，則自能不息以至於聖人，而教者可以無恨矣。」朱子曰：「按鄭注、張説皆是也。辨志者，自能分别其心所趍向，如爲義爲利、

【一二二】句讀也　「讀」原作「絶」，據四庫本改。

爲君子爲小人也。敬業者，專心致志以事其業也。樂群者，樂於取益以輔其仁也。博習者，積累精專、次第該徧也。親師者，道同德合、愛敬兼盡也。論學者，知言而能論學之是非。取友者，知人而能識人之賢否也。知類通達，聞一知十而觸類貫通也。强立不反，知止有定而物不能移也。蓋考校之法，逐節之中，先觀其學業之淺深，徐察其志行之虛實，讀者深味之，以見進學之驗。」《記》曰：『蛾子時術之。』其此之謂乎！」蛾，魚起反，蚍蜉也。蚍蜉之子，微蟲耳。時術，蚍蜉之所爲其功，乃復成大垤。《疏》曰：「蚍蜉所爲，謂銜土也。」

甲集二十

大學之教也，時教必有正業，退息必有居有常居也。學。朱子曰：「今按上句鄭注孔疏，讀『時』字、『居』字句絶，而『學』字自爲一句，恐非文意，當以『也』字、『學』字爲句絶。時教如春夏禮樂，秋冬詩書之類。居學謂居其所學，如易之言。居業蓋當時所習，如下文操縵、博依、興藝、藏修、息游之類，所以學者能安其學而信其道。」不學操縵，不能安弦。縵，末旦反【一】，雜弄也。疏曰：「弦，瑟琴之屬，若不先學調弦雜弄，則手指不便，故不能安弦也。」不學博依，不能安詩。博依，廣譬喻也。張子曰：「依，聲之依永者也。」不學雜服，不能安禮。雜服，冕服皮弁之屬。張子曰：「服，事也。雜服，灑掃應對，投壺沃盥細碎之事。」又曰：「道本至樂，古之教人先使有以樂之者，如操縵、博依、雜服，如此己心樂，樂則道義生。今無此以致樂，專義理自得以爲樂，然學者太苦，思不從容，第恐進鋭退速，苦其難而不知其益，莫能安樂也。」不興其藝，不能樂學。樂，五孝反。興之爲言喜也，歆也。藝，謂禮樂書射數。張子曰：「禮樂之文，如琴瑟笙磬，古人皆能之，以中制節，射御亦必合於禮樂之文，如不失其馳，舍矢如破，騶虞和鸞，動必相應也。書數其用雖小，但施於簡策，然莫不出於學。故人有倦時，又用此以游其志，所以使之樂學也。」故君子之於學也，藏焉，脩焉，息焉，游焉。藏，謂懷抱之。脩，習也。息，謂作勞休止於之息。游，謂閑暇無事於之游。夫然，故安其學而親其師，樂其友而信其道。是以雖離師輔而不反也。今之教者，呻其佔畢，多其訊，呻，吟也。佔，視也。簡謂之畢。訊，猶問

校勘記

【一】末旦反　「末」原作「采」，據《禮記正義》卷三十六改。

也。言今之師自不曉經之義，但吟誦所視簡之文，多其難問也。**言及於數**，朱子曰：「數謂形名度數，言及於数，欲以窮學者之所未知，非求其本也。」**進而不顧其安，使人不由其誠，教人不盡其材**，張子曰：「人未安之，又進之；未喻之，又告之。徒使人生此節目，不盡其材，不顧安，不由誠，皆是施之妄也。教人至難，必盡人之材，乃不誤人。觀可及處，然後告之。聖人之明，直若庖丁之解牛，皆知其隙，刃投餘地，無全牛矣，故使人必由其誠，教人必盡其材。人之材足以有爲，但以其不由於誠，則不盡其材。若曰勉率而爲之，則豈有由其誠哉？」**其施之也悖，其求之也佛。夫然，故隱其學而疾其師，苦其難而不知其益也。**朱子曰：「隱其學，謂以其學爲幽隱而難知，如曰『二三子以我爲隱』之意。」**雖終其業，其去之必速。**速，疾也。學不心解則忘之易。**教之不刑，**猶成也。**其此之由乎！**

大學之法，禁於未發之謂豫，鄭氏曰：「謂年未十五時。」朱子曰：「今按此，但謂豫爲之防，其事不一，不必皆謂十五時也。」**當其可之謂時，**可謂年二十成人時。朱子曰：「當其可，謂適當其可告之時，事亦不一，不當以年爲斷。」**不陵節而施之謂孫，**不陵節，謂不教長者、才者以小，教幼者、鈍者以大也。施，猶教也。孫，順也。**相觀而善之謂摩。**朱子曰：「觀人之能而於己有益，如以兩物相摩而各得其助也。」**此四者，教之所由興也。發然後禁，則扞格而不勝。**格，胡客反。勝，音升，教不能勝其情慾。格，讀如凍洛之洛。扞，堅不可入之貌。疏曰：「今人謂地堅爲洛。」**時過然後學，則勤苦而難成。雜施而不孫，則壞亂而不脩。獨學無友，則孤陋而寡聞。燕朋逆其師，**燕，猶褻也。朱子曰：「按《大戴禮·保傅》篇作『左右之習反其師』，明此燕朋是私褻之友，所謂損者三友之類。」**燕譬廢其學。**朱子曰：「燕譬，謂私褻之談，無益於學而反有所害也。」此六者，教之所由廢也。君子既知教之所由興，又知教之所由廢，然後可以爲人師也。故君子之教，喻也：道而弗牽，强而弗抑，開而弗達。道，示之以道塗也。抑，猶推也。開，爲發頭角。道而弗牽則和，强而弗抑則易，開而弗達則思。和易以思，可謂善喻矣。學者有四失，教者必知之。人之學也，或失則多，或失則寡，或失則易，或失則止。此四者，心之莫同也。張子曰：「爲人則多，好高則寡，不察則易，苦難則止。」知其心，然後能救其失也。多與易則抑之，寡與止則進之。教也者，長善而救其失者也。

善歌者使人繼其聲。善教者使人繼其志。朱子曰：「繼聲、繼志，皆謂爲發其端而不究其説，使人有所玩索而自得之也。」其言也，約而達，微而臧，罕譬而喻，可謂繼志矣。朱子曰：「三者皆不務多言而使人自得之意。」

孟子曰：「中也養不中，才也養不才，故人樂有賢父兄也。如中也棄不中，才也棄不才，則賢不肖之相去，其間不能以寸。」朱子曰：「無過不及之謂中，足以有爲之謂才。養謂涵育薰陶，俟其自化也。賢謂中而才也。樂有賢父兄者，樂其終能成已也。爲父兄者，若以子弟之不肖，遂遽絶之而不能教，則吾以過中而不才矣，其相去之間，能幾何哉？」南軒曰：「此所謂中者以德言，才者以質言。惟有德者爲能涵養性情，而無過不及之患，故謂之中。而其倚於一偏者，不能自正者，則謂之不中。天資美茂，如忠厚、剛毅、明敏之類，皆謂之才。而其資稟之不美，以陷於刻薄、柔懦、愚暗之流，則謂之不才。父兄之於子弟也，見其有不中不才也，則當思所以教之。教之之道，莫如養之。養云者，如天地涵養萬物，其雨露之所濡，雷風之所振，和氣之薰陶，寧有間斷乎哉？故物以生遂焉，父兄之所以養其子弟，當若是也。寬裕以容之，義理以漸之，忠信以成之，開其明而祛其惑，引之以其方，而使之自喻，此皆養之之方也。」

孟子曰：「羿之教人射，必志於彀；學者亦必志於彀。」朱子曰：「羿，善射者也。志，猶期也。彀，弓滿也，滿而後發，射之法也。學，謂學射。」大匠誨人必以規矩，學者亦必以規矩。大匠，工師也。規矩，匠之法也。　此章言事必有法，然後可成，師舍是則無以教，弟子舍是則無以學。曲藝且然，況聖人之道乎？南軒曰：「彀者，弩張向的處也。射者期於中鵠也，然羿之教人，使志於彀。鵠在彼而彀在此，心存乎此，雖不中不遠矣。學者學爲聖賢也，聖賢曷爲而可至哉？求之吾身而已。求之吾身，其則蓋不遠。心之所同然者，人所固有也，學者亦存此而已。存乎此，則聖賢之門牆可漸而入也。規矩所以爲方圓也，大匠誨人，使之用規矩而已。至於巧則非大匠之所能誨，存乎其人焉【二】，然巧固不外乎規矩也。學者之於道，其爲有漸，其進有序，自灑掃應對至於禮儀之三百，威儀之三千，猶木之有規矩也，亦循乎此而已。至於形而上之之事，則在其人所得何如。形而上者固不外乎灑掃應對之間也，舍是以求道，是猶舍規矩以求巧也。此章所舉二端，教人者與受教於人者，皆不可以不知。」

孟子曰：「教亦多術矣，予不屑之教誨也者，是亦教誨之而已矣。」朱子曰：「多術，言非一端。屑，潔也。不以其人爲潔而拒絶之，所謂不屑之教誨也。其人若能感此，退自修省，則是亦我教誨之也。」　尹氏曰：「言或抑或揚，或與或不與，各因其才而篤之，無非教也。」　南軒曰：「屑，與不屑就不屑去之屑同，訓輕。教人之道，不一而足，聖賢之教人固不倦也，然有時而不輕其教誨者，非拒之也，是亦所以教誨之也。然就不屑誨之中，亦有數端焉，或引而不發而使之自喻，或懼其躐等而告之有序。聖賢之書若是者多矣，又有以其信之未篤，則不留於門，使自求之，如孟子之於曹交。以其行之未善，則拒而不見，而使之知之，如孔子之於孺悲。凡此亦皆爲不輕其教誨，而乃使所以教誨之也【三】。蓋聖賢言動無非教也，在學者領略之何如耳。天之於物亦然。《傳》曰：『天有四時，雨露雷風，無非教也。』」

【二】存乎其人　「存」原作「有」，據四庫本改。

【三】而乃使　「使」字原脱，據四庫本補。

孟子曰：「君子之所以教者五：朱子曰：「下文五者，蓋因人品高下，或相去遠近先後之不同。」有如時雨化之者，時雨，及時之雨也。草木之生，播種封殖，人力已至而未能自化，所少者雨露之滋耳。及此時而雨之【四】，則其化速矣。教人之妙亦由是也，若孔子之於顔、曾是已。有成德者，有達財者，財，與材同。此各因其所長而教之者也。成德，如孔子之於冉、閔，達財，如孔子之於由、賜。有答問者，就所問而答之，若孔、孟之於樊遲、萬章也。有私淑艾者。艾，音乂。私，竊也。淑，善也。艾，治也。人或不能及門受業，但聞君子之道於人，而竊以善治其身，是亦君子教誨之所及。若孔子、孟子之於陳亢、夷之是也。孟子亦曰：「予未得爲孔子徒也，予私淑諸人也。」此五者，君子之所以教也。」聖賢施教各因其材，小以成小，大以成大，無棄人也。南軒曰：「《記》曰：『當其可之謂時。』所謂有如時雨化之者也，言如時雨之造化萬物也。今夫物之萌者欲發，甲者欲拆，於是時也而雨及之，則皆得以遂矣。蓋不先不後，當其可而適與之會，無待於彼之求也。君子之教，其察之精矣，於其告之得之者，如物之被時雨焉【五】，其於欲達未達之間，所賴者深矣。」龜山楊氏以爲如告曾子以吾道一以貫之是也。蓋曾子未嘗問而夫子呼以告之，當其可也。成德者，因其有德而成之，如顔、閔、仲弓之徒，其德之所存，雖存乎其人，而成之者聖人也。達材者，因其材而達之，如賜之達，由之果，求之藝，雖其天資所禀，而達之使盡其材，則教之功也。夫成德、達材，答問固在其中，而又有所謂答問者，此則專爲凡答其問者也。雖鄙夫之空空，所以答之者，亦無非竭兩端之教也【六】。又有所謂私淑艾者焉，蓋不在於言辭之間，躬行於身而觀者化焉。凡動容周旋之間，無非教也。君子之善治其身，非爲教人也，身修而教在其中，成己成物之道也，其所以教不越是五者，然私淑艾者又其本也。按：私淑艾之説，二先生不同。

公孫丑曰：「道則高矣，美矣，宜若登天然，似不可及也。何不使彼爲可幾及而日孳孳也？」孟子曰：「大匠不爲拙工改廢繩墨，羿不爲拙射變其彀率。朱子曰：「彀率，彎弓之限

【四】而雨之　「而」原作「之」，「之」原作「也」，據《孟子集註》卷十三改。

【五】被時雨焉　「被」原作「彼」，據四庫本、乾隆本改。

【六】兩端之教　「端」原作「揣」，據四庫本、《癸巳孟子説》卷七改。

也。言教人者皆有不可易之法，不容自貶以徇學者之不能。」君子引而不發，躍如也。中道而立，能者從之。」引，引弓也。發，發矢也。躍如，如踊躍而出也。因上文彀率，而言君子教人，但授以學之之法，而不告以得之之妙，如射者之引弓而不發矢，然其所不告者，已如踊躍而見於前矣。中者，無過不及之謂。中道而立，言其非難非易。能者從之，言學者當自勉也。　此章言道有定體，教有成法；卑不可抗，高不可貶；語不能顯，默不能藏。　引而不發，謂漸啓其端而不竟其説。躍如，謂義理昭著，如有物躍然於心目之間。　南軒曰：「公孫丑之意，以爲孟子之道高大，學者有難進之患，欲少抑而就之，庶其可以幾及，而爲之孳孳也。夫聖人之道，天下之正理，不可過也，不可不及也。自卑者視之以爲甚高，而不知其高之爲中也；自隘者視之以爲甚大，而不知大之爲常也。徇彼而遷就，則非所以爲道矣，故孟子以大匠之繩墨、羿之彀率爲譬。夫繩墨而可改，則非所以爲繩墨矣；彀率而可變，則非所以爲彀率矣。君子之教人，引而不發，引之使向方而發，則係於彼也。躍如者，言其自得之，如有所興起於中也。蓋理義素存乎其心，向也陷溺而今焉興起耳【七】。道以中爲至，中道而立，其能者固從之，其不能者亦莫如之何也。己亦猶大匠設繩墨，羿爲彀率以示人【八】，其能與不能，則存乎其人耳。中道而立，能者從之，此正大之體而天地之情也。雖然學者於聖賢之言，當以身體之，以心驗之，循其所謂繩墨、彀率者而勿舍焉。及其久也，將自有得，不然而先起求躍之意，則是蘄獲助長，爲害祇甚矣。」

公都子曰：「滕更之在門也，若在所禮而不答，何也？」孟子曰：「挾貴而問，挾賢而問，挾長而問，挾有勳勞而問，挾故而問，皆在所不答也。滕更有二焉。」趙氏曰：「二謂挾貴、挾賢也。」尹氏曰：「有所挾則受道之心不專，所以不答也。」　朱子曰：「此言君子雖誨人不倦，又惡夫意之不誠者。」　南軒曰：「受道者以虚心爲本，虚則受，挾則私意先横於胷中，而可告語乎？故空空之鄙夫，聖人未嘗不竭兩端之教，而滕更之在門，若在所禮而不答也，使滕更思其所以不答之故。於其所挾，致力以消弭之，其庶幾乎！然則孟子之

【七】今焉興起　「今」原作「合」，據四庫本、《癸巳孟子説》卷七改。

【八】羿爲彀率　「彀」原作「設」，據四庫本改。

不答，是亦誨之而已矣。」

孟子曰：「梓匠輪輿，能與人規矩，不能使人巧。」尹氏曰：「規矩，法度可告者也。巧則在其人，雖大匠亦末如之何也已。蓋下學可以言傳，上達必由心悟。莊周所論斲輪之意如此。」按：《莊子》輪扁曰：「斲輪徐則甘而不固，疾則苦而不入。不徐不疾，得之於手而應之於心，口不能言，有數存焉。臣不能以喻臣之子，臣之子不能得之於臣，是以行年七十而老斲輪。」

或問：「古之道如是之明，後世之道如是不明，其故何也？」程子曰：「此無它，知道者多即道明，知道者少即道不明也。知者多少亦由乎教也。」以魯國言之，止及今之一大州，然一時聞所出大賢十餘人，豈不是有教以致然也？蓋是聖人既出，故有許多賢者。以後世天下之大，經二千年間，求如一顏、閔者，不可得也。

君子之教人，或引之，或拒之，各因其所虧者成之而已。孟子之不受曹交，未嘗知道固在我而不在人也，故使歸而求之。

孔子教人常俯就，不俯就則門人不親；孟子教人常高致，不高致則門人不尊。又曰：「聖人之道如天然，與衆人之識甚殊邈也，門人弟子既親炙而後益知其高遠。既若不可以及，則趍望之心高矣，故聖人之教常俯而就之。事上臨喪不敢不勉，君子之常行不困於酒，尤其近也，而以己處之者，不獨使天資之下者勉思企及，而才之高者亦不易乎近矣。」

《坎》之六四：「納約自牖。」人心有所蔽，有所通。通者，明處也，當就其明處而告之，求信則易也。非惟告於君者如此，爲教者亦然。夫教必就人之所長，所長者，心之所明也。從其心之所明而入，然後推及其餘，孟子所謂成德達才是也。

教人之術，若童牛之牿，當其未能觸時已先制之，善之大者。其次，則豶豕之牙。豕之有牙，既已難制，以百方制之，終不能使之改。惟豶其勢，則性自調伏，雖有牙亦不能爲害。如有不率教之人，却須置其檟楚，別以道格，則其不須檟楚，將自化矣。

説書必非古意，轉使人薄。學者須是潛心積慮，優游涵養，使之自得。今一日説盡，只是教得薄。至如漢時説下帷講誦，猶未必説書。

朱子《白鹿學規》曰：「父子有親，君臣有義，夫婦有別，長幼有序，朋友有信。右五教之目。堯、舜使契爲司徒，敬敷五教，即此是也。學者學此而已，而其所以學之之序，亦有五焉，其別如左：　博學之，審問之，慎思之，明辨之，篤行之。右爲學之序。學、問、思、辨四者，所以窮理也。若夫篤行之事，則自脩身以至於處事接物，亦各有要，其別如左：　言忠信，行篤敬，懲忿窒慾，遷善改過。右脩身之要。　正其義不謀其利，明其道不計其功。右處事之要。　己所不欲，勿施於人。行有不得，反求於己。右接物之要。某竊觀古昔聖賢所以教人爲學之意，莫非使之講明義理，以脩其身，然後推以及人。非徒欲其務記覽，爲詞章，以釣聲名取利禄而已也。今人之爲學者，則既反是矣。然聖賢所以教人之法具存於經，有志之士固當熟讀深思而問辨之。苟知其理之當然，而責其身以必然，則夫規矩禁防之具，豈待它人設之而有所持循哉！近世於學有規，其待學者爲已淺矣，而其爲法又未必古人意也。故今不復施於此堂，而特取凡聖賢所以教人爲學之大端，條而揭之。諸君其相與講明遵守，而責之於身焉，則夫思慮云爲之際，其所以戒謹而恐懼者，必有嚴於彼者矣。其有不然，而或出於此言之所棄，則彼所謂規者，必將取之，固不得而畧也。諸君其亦念之哉！」東萊吕氏《學規》曰：「凡預此集者，以孝弟忠信爲本。其不順於父母，不友於兄弟，不睦於宗族，不誠於朋友，言行相反，文過遂非者，不在此位。既預集而或犯，同志者規之；規之不可，責之；責之不可，告於衆而共勉之；終不悛者，除其籍。」凡預此集者，聞善相告，聞過相警，患難相恤，游居必以齒，相呼不以丈，不以爵，不以爾汝。會講之容端而肅，群居之容和而莊。箕踞跛倚，諠譁擁併，謂之不肅；狎侮戲謔，謂之不莊。舊所從師，歲時往來，道路相遇，無廢舊禮。毋得品藻長上優劣，訾毁外人文字。郡邑政事、鄉閭人物稱善不稱惡。毋得干謁、投獻、請託。毋得互相品題，高自標置，妄分清濁。語毋褻毋諛，毋妄毋雜。妄語非特以虚爲實，如期約不信，出言不情，增加張大之類皆是；雜語，凡無益之談皆是。毋狎非類。親戚故舊或非士類，情禮自不可廢，但不當狎昵。毋親鄙事，如賭博、鬬毆、蹴鞠、籠養、樸淳、酣飲酒肆、赴試代筆及自投兩副卷、閲非僻文字之類，其餘自可類推。

又高氏《修學門庭》云：「凡爲學之道，必先致誠，不誠未有能至焉者也。何以見其誠？居處齊莊，志意凝定，不妄言，不苟笑，開卷伏讀必起恭敬，如對聖賢；掩卷沉思必根義理，以閑邪僻。行之悠久，習與性成，便有聖賢前輩氣象。」凡爲學之道，必須一言一句，自求己事，如六經、《語》、《孟》、《中》，我所未能，當勉而行之。或我所行，未合於六經、《語》、《孟》、《中》，便思改之，先務躬行，非止誦書作文而已。凡講究經旨，須是且將正本反復誦讀，求聖人立言措意【九】，務於經内自有所得。若反復讀誦至於二三十遍，以至五七十遍，求其意義不得，然後以古注證之。古注訓釋不明，未可通曉，方考諸家解義，擇其當者，取一家之説以爲定論。不可泛

【九】立言措意 「措」，疑作「指」。

泛，莫知所適從也。　凡閲子史，必須有所折衷，六經、《語》、《孟》，其子史之折衷也。譬如法家之有律令格式，賞功罰罪合於律令格式者爲當，不合於律令格式者爲不當。諸子百家之言，合於六經、《語》、《孟》者爲是，不合於六經、《語》、《孟》者爲非，以此夷攷古之人而去取之，鮮有失矣。故學者當以六經爲律令格式，以《語》、《孟》爲斷案，諸子百家則其情疑也。　凡欲閲史，必且專意於一家，其餘悉屏去。俟閲一史畢，歷歷默記，然後別取一史而閲之。如此有常，不數年諸史可以備記。苟閲一史又雜以他史，紛然交錯於前，則皓首不能通一史矣。凡看史，當先視其人之大節，然後攷其細行，善則效之，惡則以爲戒焉。所以爲吾躬行之益，徒記其事而誦其書，非所謂學。　凡學者，有科舉之累，則於躬行之道分矣。然憂國憂民之心未能忘焉，則姑應之，不當戚戚然患得患失。所爲文不可趍時，不可迎合主司之意。　凡取友，必須趍向正當，切磋琢磨有益於己者。若乃邪僻卑汙，與夫柔佞不情，相誘爲非者，謹勿近之。　凡見人有一行之善，則當學之。勿以其同時同處，貴耳賤目焉。　凡見人片文隻字可矜式，隨手録之；聞人有一言半句可以覺悟後學，即默記之，汲汲焉惟恐失之，此之謂好學。凡在朋儕中，切戒自滿，惟虚故能受，滿則無所容。人不我告，則止於此耳，不能日益也。故一人之見不足以兼十人，我能取之十人，是兼十人之能矣。取之不已，至於百人千人，則在我者，可量也哉！　凡求益之道，在於能受盡言，或議論經旨有見不到，或制撰文字有所未工，以至凡在己者或有未善，人能爲我盡言之，我則致恭盡禮，虚心而納之。果有可從，則終身服膺而不忘；　其或不可從，則退而自省，槩之以道，不得發赤而惡其逆己也。　高氏名登，字彦先，漳浦人，號東溪先生。其言亦有補於學者，故附於此。

右論教法

《禮記》曰：「凡生子，擇於諸母與可者，必求其寬裕慈惠、温良恭敬、慎而寡言者，使爲子師。諸母，衆妾也。可者，傅、御之屬也。子師，教示以善道者。司馬温公曰：「子始生求乳母，必擇良家婦人稍温謹者。乳母不良，非惟敗亂家法，兼令所飼之子性行亦類之。」子能食食，教以右手。能言，男『唯』女『俞』。」食食，上如字，下音嗣。唯，于癸反。俞，然也。温公曰：「子能言，教之自名及唱喏、萬福、安置。稍有知，則教之以恭敬尊長。有不識尊卑長幼者，則嚴訶禁之。」注曰：「古有胎教，況於已生？子始生未有知，固舉以禮，況於已有知？孔子曰：『幼成若天性，習慣如自然。』《顔氏家訓》曰：『教婦初來，教兒嬰孩。』故在謹其始，此其理也。若夫子之初生也，使之不知尊卑長幼之禮，遂至侮詈父母，毆擊兄姊，父母不知訶禁，反笑而獎之，彼既未辨好惡，謂禮當然；及其既長，習已成性，乃怒而禁之，不可復制。於是父疾其子，子怨其父，殘忍悖逆，無所不至。此蓋父母無深識遠慮，不能防微杜漸，溺於小慈，養成其惡故也。」

「男鞶革，女鞶絲。鞶，步干反。鞶，小囊盛帨巾者。男用韋，女用繒帛。六年，教之數與方名。數，謂一、十、百、千、萬。方名，謂東、西、南、北。温公曰：「始習書字。」七年，男女不同席，不共食。早其别也。温公曰：「始誦《孝經》、《論語》，次及諸經。」八年，出入門户及即席飲食，必後長者，始教之讓。後，胡豆反。長，丁丈反，後凡長者之長同。示以廉恥。九年，教之數日。數，所主反。朔望與六甲也。温公曰：「始爲之講解，使曉義理。」十年，出就外傅，外傅，教學之師也。十年以後有學無教。居宿於外，學書計【一〇】。衣不帛襦袴。襦，音儒。袴，苦故反。書，謂六書。計，謂九數。不用帛爲襦袴，太温，傷陰氣也。禮帥初，帥，朔律反。帥，循也。行皆遵習先日所爲。朝夕學幼儀，言從朝至夕，學幼少奉事長者之儀。請肄簡諒。肄，以二反。肄，習也。簡，書篇數也。諒，言語信實也。請肄，請於長者習學之也。温公曰：「自是以往，可以博觀群書，然必擇其精要者而誦之，如《禮記·内則》、《學記》、《大學》、《中庸》、《樂記》之類。其異端非聖賢之書傳，宜禁之，勿使妄觀以惑亂其志。觀書皆通，始可學文辭。」十有三年，學樂，誦《詩》，舞《勺》。勺，章略反。樂，謂六樂之

【一〇】學書計　「計」原作「記」，據四庫本、《禮記注疏》卷二十八改。

器。勺，籥也。舞籥，文舞也。成童，舞《象》，學射御。成童，十五以上。舞《象》，武舞也，謂用干戈之小舞也。射，謂五射。御，謂五御。二十而冠，始學禮。可以衣裘帛，舞《大夏》。冠，古亂反。衣，於既反。冠，加冠也。禮，謂五禮。二十成人血氣彊盛，可衣裘帛。《大夏》，禹樂，樂之文武備者也。惇行孝弟，博學不教，内而不出。行如字，又下孟反。廣博學問，不可爲師教人。藴蓄其德在内，而不可出言爲人謀慮。三十而有室，始理男事，室，猶妻也。男事，受田給政役也。博學無方，孫友視志。孫音遜。方，猶常也。至此學無常在，志所好也。孫，順也。順於朋友，視其志意所尚也。四十始仕，方物出謀發慮，物，猶事也。方物出謀，則謀不過物。方物發慮，則慮不過物。道合則服從，不可則去。五十爲大夫，服官政。統一官之政也。七十致事。致其事於君而告老。女子温公曰：「女子六歲始習女工之小者，七歲誦《孝經》、《論語》，九歲講解《論語》、《孝經》及《列女傳》、《女戒》之類，略曉大意。」注曰：「古之賢女，無不觀圖史以自鑒。如曹大家之徒，皆精通經術，論議明正。今人或教女子以作歌詩，執俗樂，殊非所宜也。」伊川程先生曰：「先夫人侯氏，七八歲時誦古詩曰：『女子不夜出，夜出秉明燭。』自是日暮，則不復出房閣。既長，好文而不爲辭章。見世之婦女以文章筆札傳於人者，則深以爲非。」安定胡先生曰：「鄭、衛之音導淫，以教女子，非所宜也。」十年不出，恒居内也。姆教婉、娩、聽從，姆，音茂。婉，紆晚反。娩【一一】，音晚。姆，女師也。婉，謂言語。娩，謂容貌。温公曰：「柔順貌。」執麻枲，治絲繭，織紝、組、紃，枲，思里反。繭，古典反【一二】。紝，女金反。組，音祖。紃，音巡。紝，謂繒帛。組、紃，俱絛也，薄闊爲組，似繩爲紃。學女事以共衣服。共音恭。温公曰：「蠶桑、織績、裁縫及爲飲膳，不惟正是婦人之職，兼欲使之知衣食所來之艱難，不敢恣爲奢麗。至於纂組華巧之物，亦不必習也。」觀於祭祀，納酒漿、籩

【一一】娩　「娩」原作「婉」，據四庫本改。

【一二】古典反　「典」原作「與」，據四庫本改。

豆、葅醢，禮相助奠。葅，臻魚反。相，息亮反。當及女時而知也。納，謂置酒漿、籩豆、葅醢之等於神坐。禮相助奠，謂以禮相長者之事，而助其饋奠。十有五年而笄。笄，今簪也。此謂應年許嫁者，女子許嫁笄，未許嫁則二十而笄。二十而嫁，有故，二十三年而嫁。故謂父母之喪。聘則爲妻，奔則爲妾。」聘，問也。妻之言齊也。以禮見問，則得與夫敵體。妾之言接也，言得接見於君子，不得與之敵體也。按：朱子小學之書先載胎教之法，而後以此章繼之。《列女傳》曰：「古者婦人妊子，寢不側，坐不邊，立不蹕，不食邪味，割不正不食，席不正不坐，目不視邪色，耳不聽淫聲。夜則令瞽誦詩，道正事。如此則生子形容端正，才過人矣。此言妊子之時，必慎所感。感於善則善，感於惡則惡也。」合《列女傳》與《内則》二篇觀之，則始終之教畧備矣。

《尚書大傳》：「公卿之大子、大夫元士之適子，十有三年始入小學，見小節焉，踐小義焉。二十入大學，見大節焉，踐大義焉。故入小學知父子之道、長幼之節，入大學知君臣之義、上下之位。故爲君則君，爲臣則臣，爲父則父，爲子則子。」又《保傅傳》、《漢志》所記入學之年不同，詳見《丙記》。然非大體所繫，不必深攷也。

程子曰：「古者八歲入小學，十五入大學，擇其才可教者聚之，不肖者復之農畝。蓋士農不易業，既入學則不治農，然後士農判。古之士者，自十五入學，至四十乃仕，其間自有二十五年學，又無利可趨，則所志可知，須去趨善，便自此成德。後之人，自童稚間已有汲汲趨利之志，何由得向善？故古人必使四十而仕，然後志定。」

朱子曰：「小學教之以事，如禮、樂、射、御、書、數及孝悌、忠信之事。大學教之以理。」如格物、致知及所以爲忠信、孝悌者。又曰：「古者小學已自養得，是聖賢坯璞，但未有聖賢許多知見。及其長也，令入大學，使之格物、致知，長許多知見。」　古者小學已自暗養成了，到長來只就上加光飾。如今全失了小學工夫，只得教人且把敬作主，收斂身心，却方可下工夫。又曰：「古人小學教之以事，便自養得它心不知不覺自好了。到得漸長，漸更歷通達事物，將無所不能。今人既無本領，只去理會許多閒技藝，反以害心。」　《大學章句序》曰：「《大學》之書，古之大學所以教人之法也。蓋自天降生民，莫不與之以仁、義、禮、智之性。然其氣質之稟【一三】，或不能齊，是以不能皆有以知其性之所有而全之也。一有聰明睿智能盡其性者出於其間，則天必命之以爲億兆之君師，使之治而教之，以復其性。此伏羲、神農、黄帝、堯、舜所以繼天立極，而司徒之職、典樂之官所由設也。三代之隆，其法浸備，然後王宫、國都以及閭巷，莫不有學。人生八歲，則自王公以下，至於庶人之子弟，皆入小學，而教之灑埽、應對、進退之節，禮、樂、射、御、書、數之文。及其十有五年，則自天子之元子、衆子，以至公、卿、大夫、元士之適子，與凡民之俊秀，皆入大學，而教之以窮理、正心、脩己、治人之事。此又學校之教、大小之節所以分也。夫以學校之設，其廣如此，教之之術，其次第節目之詳又如此，而所以爲教，則又皆本於人君躬行心得之餘，不待求之民生日用彝倫之外，是以當世之人無不學。其學焉者，無不有以知其性分之所固有，職分之所當爲，而各俛焉以盡其力。此古昔盛時所以治隆於上，俗美於下，而非後世之所可及也。及周之衰，賢聖之君不作，學校之教不脩，時則有若孔子之聖，而不得君師之位以行其政教，於是獨取先王之法，誦而傳之以詔後世。若《曲禮》、《少儀》、《内則》、《弟子職》諸篇，固小學之支流餘裔，而此篇者，則因小學之成功，以著大學之明法，外有以極其規摹之大，而内有以盡其節目之詳也【一四】。三千之徒，蓋莫不聞其説，而曾氏之傳獨得其宗，於是作爲傳義，以發其意。及孟子没而其傳泯焉，則其書雖存，而知者鮮矣。」

【一三】然其氣質　「其」原作「甚」，據四庫本、乾隆本改。

【一四】而内有以　「而」原作「赤」，據四庫本、乾隆本改。

右總論小學大學

《易》：「蒙以養正，聖功也。」程子曰：「未發之謂蒙，以純一未發之蒙而養其正，乃作聖之功也。發而後禁，則扞格而難勝。養正於蒙，學之至善也。」

子曰：「弟子入則孝，出則弟，謹而信，汎愛衆而親仁。行有餘力，則以學文。」說見前。

子游曰：「子夏之門人小子，當灑埽、應對、進退則可矣。抑末也，本之則無，如之何？」朱子曰：「子游譏子夏弟子：於威儀容節之間亦可矣，然此小學之末耳，推其本如《大學》『正心誠意』之事，則無有。」子夏聞之，曰：「噫！言游過矣！君子之道，孰先傳焉？孰後倦焉？譬諸草木，區以別矣。君子之道，焉可誣也？有始有卒者，其惟聖人乎！」倦，如「誨人不倦」之「倦」。區，猶類也。言君子之道，非以其末爲先而傳之，非以其本爲後而倦教。但學者所至，自有淺深，如草木之有小大，其類固有別矣。若不量其淺深，不問其生熟，而槩以高且遠者强而語之，則是誣之而已。君子之道，豈可如此？若夫始終本末一以貫之，則惟聖人爲然，豈可責之門人小子乎？　程子曰：「君子教人有序，先傳以小者近者，而後教以大者遠者，非先傳以近、小，而後不教以遠、大。」又曰：「灑掃、應對，便是形而上者，理無小大故也。故君子只在慎獨。」又曰：「聖人之道，更無精粗。從灑掃、應對，與精義入神通貫，只一理。雖灑掃、應對，只看所以然如何。」又曰：「凡物有本末，不可分本末爲兩段事。灑掃、應對是其然，必有所以然。」又曰：「自灑掃、應對上，便可到聖人事。」愚按：程子第一條，説此章文義，最爲詳盡。其後四條，皆以明精粗本末，其分雖殊，而理則一。學者當循序而漸進，不可捨末而求本。蓋與第一條之意，實相表裏。非謂末即是本，但學其末而本便在此也。　或問：「既曰理無大小，又以爲教人有序，何也？」曰：「無大小者，理也；有序者，事也。正以理無大小而無不在，以教人者，不可以不由其序，而有所遺也。蓋由其序，則事之本末鉅細，無不各得其理，而理之無大小者，莫不隨其所在而無所遺。不由其序，而舍近求遠，處下窺高，則不惟其所妄意者不可得，而理之全體，固已虧於切近細微之中矣。此所以理無大小，而教人者尤欲由其序也。」《集義》程子曰：「性命孝弟只是一統事，就孝弟中便可盡性至命。灑埽、應對、進退，與盡性命亦是一事，無有本末，無有精粗。」謝氏曰：「古人須要就灑埽、應對上，養取誠意出來。」楊氏曰：「聖人所謂性與天道者，豈嘗離夫灑埽、應對、進退之間哉？故其始也，即此以爲學；其卒也，非離此而爲道。」吕氏曰：「古之童子未冠，爲長者役，而其心安焉。蓋古之教養之道，必本諸孝弟。孝弟之心，雖主於惻隱恭敬之端，孝弟之行，常在於灑掃、應對、執事、走趨之際。蓋凡有血氣者，未有安於事人者也。今使之知長之可敬，甘於僕役而不辭，是所以存其良心，折其敖慢之氣，然後可與進於德矣。」南軒曰：「小子習爲灑掃、應對、進退之事，是之謂小學。由是而致夫知，則存乎其人，是之謂大學。至於充之而盡，亦初不離乎灑掃、應對、進退之間。若以此爲末，而別求所謂本，則是析本末爲二體，形而上者與形而下者不相管屬，其爲弊蓋有不可勝言者矣。」黄氏曰：「程子之言精矣，然初學讀之，尤莫有知其説者。以《易》考之，其曰形而上者，蓋對形而下者而言，形非有象之可見，特因下文形而下者而爲《文言》。器乃形而下，而道則形而上也。形而上謂超乎事物之表，專指夫事物之理而言也。灑掃、應對，事雖至粗，然其所以然者，便是至精之理。其曰理無大小者，非以洒掃、應對爲小，形而上者爲大也。蓋不但至大之事方有形而上之理，雖至小之事亦有之，故曰理無大小也。其曰精義入神者，蓋言精究義理，極其微妙，以至入神。神者，理之妙而不可測者。今其所精之義至於入神，則義之至精者也，如夫子之言性與天道之類是也。程子引此以與灑掃、應對對言，蓋以至粗之事，對至精之義也。至精之義，與至粗之事固不同，然至粗之事其所以然者，即至精之義也。其曰是其然，必有所以然者。然之爲言，猶曰如此其如此者，謂灑掃、應對之節文也。所以如此者，謂有此理而後其節文之著見者如此也。其曰便可到聖人事者，蓋灑掃、應對雖至小，亦不過由天理之全體，而著見於事物之節文。聖人之所以爲聖人者，初不外乎此理，特其事事物物皆由此理，而不勉不思從容自中耳。然嘗以《集註》所引程子四段細推之，則首言理無大小，以見事有小大而理則一也。次言道無精粗，以見學有精粗而道則一也。又次言是其然必有所以然，所以發明十二段，所以無小大、無精粗之意。又次言便可至聖人事，則亦以其所以然，而無小大精粗者爲之也。亦足以見編次之意，至精而不苟矣。」或曰：「《集註》又以程子第一條説本章文意爲詳盡者，然乎？」曰：「此亦取其所釋傳與倦之義爲詳盡耳，然以先後二字考之，則程子先後以教者所施之次第而言，《集註》先後以義理之精粗而言，則程子之説又不若《集註》之説爲當也。」

闕黨童子將命。或問之曰：「益者與？」子曰：「吾見其居於位也，見其與先生並行也。非求益者也，欲速成者也。」朱子曰：「禮，童子當隅坐隨行。孔子言吾見此童子不循此禮，非能求益，但欲速成耳。故使之給使令之役，觀少長之序，習揖遜之容。蓋所以抑而教之，非寵而異之也。」南軒曰：「夫子之意以爲童子當爲童子之事而已。童子坐則隅，不敢居於位也。行則左右，不敢與先生並行也。今居位而並行，是不安乎童子之所爲，而自進於成人之列，有躐等之意，無自卑之心，焉能以求益乎？故以爲欲速成者而已。如物之生循其序，而生理達焉。若欲速成，則反害其生矣。故聖門之學，先之以灑掃、應對、進退之事，所以長愛敬之端，而防敖惰之萌，使之循循而有進也。其可忽諸？」

《記·曲禮》曰：「幼子常視毋誑。」程子曰：「自幼子常視毋誑以上，便是教以聖人事。」愚按：聖誠而已矣。教以毋誑者，欲其誠也。又曰：「立必正方，不傾聽。」鄭氏曰：「習其自端正。」長者與之提攜，則兩手奉長者之手。習其扶持長者。疏曰：「爲兒長大，方當供養扶持長者，故先使學之，令習便也。」負劍辟咡詔之，則掩口而對。」負，謂置之於背。劒，謂挾之於旁。辟咡詔之，謂傾頭與語，口旁曰咡。使之掩口而對，習其向尊者屏氣也。張子曰：「古之小兒，便能敬事長者。與之持攜，則兩手奉長者之手。問之，則掩口而對。蓋稍不敬事，便不忠信，故教小兒先須安詳恭敬。」

《弟子職》曰：「先生施教，弟子是則。温恭自虚，所受是極。朱子曰：「必虚其心，然後能有所容。極，謂盡其本原也。」見善從之，聞義則服。温柔孝弟，毋驕恃力。志毋虚邪，行必正直。游居有常，必近有德。顔色整齊，中心必式。夙興夜寐，衣帶必飭。朝益暮習，小心翼翼。一此不懈【一五】，是謂學則。」按：此篇見於《管子》，其下又有《蚤作》、《受業》、《饌饋》、《乃食》、《洒掃》、《執燭》、《請衽》、《退習》等章，朱子已著之《儀禮經傳》之十卷。今不能盡紀，獨取《學則》一條於此云。

程子曰：「古人生子，能食能言而教之。大學之法，以豫爲先。人之幼也，知思未有所主，便當以格言至論日陳於前，雖未曉知，且當薰聒，盈耳充腹，久自安習，若固有之。雖以它言惑之，不能入也。若爲之不豫，及乎稍長，私意偏好生於内，衆口辨言鑠於外，欲其純完，不可得也。」又曰：「古人雖胎教與保傅之教，猶勝今日庠序鄉黨之教。古人自幼學，耳目游處，所見皆善，至長而不見異物，故易以成就。今人自少所見皆不善，才能言便習穢惡，日消月鑠，更有甚？天理皆盡，然尚以些秉彝消鑠盡不得，故且恁過，一日之中，起多少巧僞，萌多少機穽。据此個薰蒸，以氣動氣，宜乎聖賢之不生，和氣之不兆也。」又曰：「教人未見意趣，必不樂學。且教之歌舞，如古《詩》三百篇，皆古人作。如《關雎》之類，正家之始，故用之鄉人，用之邦國，日使人聞之。此等詩，其言簡奥，今人未易曉。欲别作詩，畧言教童子灑掃、應對、事親、事長之節，令朝夕歌之，似當有助。」又曰：「憂子弟之輕俊者，只教以經學念書，不得令作文字。子弟凡百玩好，皆奪志。至於書札，於儒者事最近，然一向好著，亦自喪志。如王、虞、顔、柳輩，誠是好人則有之，曾見有善書者知道否？平生精力一用於此，非惟徒廢時日，於道便有妨處，足知喪志也。」

朱子曰：「古人八歲入小學，便有涵養之功。今皆無之，則大學存養、格物須當並

【一五】一此不懈　「一」原作「不」，據四庫本、乾隆本改。

進。」又曰：「古人於小學中已自把捉成了，故於大學之道，無所不可。今人既無小學之功，却當以敬爲本。」又曰：「陸子壽言：『古者教小子弟，自能言能食，即有教，以至灑掃、應對之類，皆有所習，故長大則易語。今人自小子即教之屬對，稍長則教作虚誕之文，皆壞其性質者。某嘗欲做一小學規，使人自小教之便有法，如此亦須有益。』先生曰：『只做禪苑清規樣，爲之自好。』」又曰：「天命，非所以教小子。只説個理義大槩，或以灑掃、應對之類作段子，亦可。每嘗疑《曲禮》『衣毋撥，足毋蹶。將上堂，聲必揚。將入户，視必下』等，皆是古人初教小兒語。《列女傳》孟母又添二句曰『將入門，問孰存』。」又《小學嘉言》篇載《楊文公家訓》：「童穉之學，不止記誦，養其良知良能，當以先入之言爲主。日記故事，不拘今古，必先以孝弟、忠信、禮義、廉恥等事，如黄香扇枕、陸績懷橘、叔敖陰德、子路負米之類，只如俗説【一六】，便曉此道理，久久成熟，德性若自然矣。」

右專言小學

愚按：小子之學，如事親、事長之禮，洒掃、應對之節，雜見於《曲禮》、《少儀》諸書，已取而載於《事親》、《事長》等篇。今復列數條於此，其詳則已備於朱子小學之書，學者自當熟復，此不盡録。

大學之道，在明明德，在親民，在止於至善。程子曰：「親當作新。」朱子曰【一七】：「大學者，大人之學也。明，明之也。明德者，人之所得乎天而虚靈不昧，以具衆理而應萬事者也。但爲氣稟所拘，人欲所蔽，則有時而昏；然其本體之明，則有未嘗息者。故學者當因其所發而遂明之【一八】，以復其初也。新者，革其舊之謂也，言既自明其明德，又當推以及人，使之亦有以去其舊染之汚也。止者，必至於是而不遷之意。至善，則事理當然之極也。言明明德、新民皆當止於至善之地而不遷，蓋必有以盡夫天理之極，而無一毫人欲之私也。此三者，大學之綱領也。」或問：「大學之道，吾子以爲大人之學，何也？」曰：「此對小子之學言之也。」曰：「敢問其爲小子之學，何也？」曰：「愚於序文已畧陳之，而古法之宜於今者，亦既輯而爲書矣，學者不可以不之考也。」曰：「吾聞君子務其遠者、大者，小人務其近者、小者。今子方將語人以大學之道，而又欲其考乎《小學》之書，何也？」曰：「學之大小，固有

【一六】只如俗説　「如」字原脱，據四庫本補。
【一七】朱子曰　「朱」字原脱，據四庫本補。
【一八】遂明之　「明」原作「用」，據《大學章句》改。

不同，然其爲道則一而已。是以方其幼也，不習之於小學，則無以收其放心，養其德性，而爲大學之基本；及其長也，不進之於大學，則無以察夫義理，措諸事業，而收小學之成功。是則學之大小所以不同，特以少長所習之異宜，而有高下淺深先後緩急之殊，非若古今之辨、義利之分，判然如薰蕕、冰炭之相反，而不可以相入也。今使幼學之士，必先有以自盡乎灑掃、應對、進退之間，禮樂、射御、書數之習，俟其既長，而後進乎明德、新民，以止於至善，是乃次第之當然，又何爲而不可哉？」曰：「幼學之士，以子之言而得循序漸進，以免於躐等陵節之病，則誠幸矣。若其年之既長，而不及乎此者，欲反從事於小學，則恐其不免於扞格，不勝勤苦難成之患；欲直從事於大學，則又恐其失序無本，而不能以自達也，則如之何？」曰：「是其歲月之已逝者，則固不可得而復追矣，若其工夫之次第條目，則豈遂不可得而復補耶？蓋吾聞之，敬之一字，聖學所以成始而成終者也。爲小學者不由乎此，固無以涵養本原，而謹夫洒掃、應對、進退之節，與夫六藝之教。爲大學者不由乎此，亦無以開發聰明，進德脩業，而致夫明德新民之功也。是以程子發明格物之道，而必以是爲説焉。不幸過時而後學者，誠能用力於此，以進乎大，而不害兼補乎其小，則其所以進者，將不患於無本而不能以自達矣。其或摧頽已甚，而不足以有所兼，則其所以固其肌膚之會、筋骸之束，而養其良知良能之本者，亦可以得之於此，而不患其失之於前也。顧以七年之病，而求三年之艾，非百倍其功，不足以致之。非徒歸咎於既往，而所以補之於後者，又不能以自力，則吾見其扞格勤苦日有甚焉，而身心顛倒，眩瞀迷惑，終無以爲致知力行之地矣，况欲有以及乎天下國家也哉！」曰：「然則所謂敬者，又若何而用力邪？」曰：「程子於此，嘗以主一無適言之矣，嘗以整齊嚴肅言之矣。至其門人謝氏之説，則又有所謂常惺惺法者焉。尹氏之説，則又有所謂其心收斂不容一物者焉。觀是數説，足以見其用力之方矣。」曰：「敬之所以爲學之始終也，奈何？」曰：「敬者，一心之主宰，而萬事之本根也。知其所以用力之方，則知小學之不能無賴於此以爲始；知小學之賴此以始，則夫大學之不能無賴乎此以爲終者，可以一以貫之而無疑矣。蓋此心既立，而由是格物致知以盡事物之理，則所謂尊德性而道問學；由是誠意正心以脩其身，則所謂先立其大者而小者不能奪；由是齊家治國以及平天下，則所謂脩己以安百姓，篤恭而天下平。是皆未始一日而離乎敬也。

然則敬之一字，豈非聖學始終之要也哉？」

問云云。曰：「天道流行，發育萬物，其所以爲造化者，陰陽五行而已。而所謂陰陽五行者，又必有是理而後有是氣，及其生物，則又必因是氣之聚而後有是形。故人物之生必得是理，然後有以爲健順仁義禮智信之性；必得是氣，然後有以爲魂魄五藏百骸之身。周子所謂『無極之真，二五之精，妙合而凝』者，正謂是也。然以其理而言之，則萬物一原，固無人物貴賤之殊；以其氣而言之，則得其正且通者爲人，得其偏且塞者爲物，是以或貴或賤而不能齊也。彼其賤而爲物者，既梏於形氣之偏塞，而無以充其本體之全矣。唯人之生乃得其氣之正且通者，而其性爲最貴，故其方寸之間，虚靈洞徹，萬理咸備，蓋其所以異於禽獸者正在於此，而其所以爲堯、舜而能參天地贊化育者，亦不外焉，是則所謂明德者也。然其通也或不能無清濁之異，其正也或不能無美惡之殊，故其所賦之質，智愚賢不肖又有不能同者。必其上智大賢之資乃能全其大體，而無少不明，其有不及乎此，則其所謂明德者已不能無蔽而失其全矣。況乎又以氣質有蔽之心，接乎事物無窮之變，則其目之欲色，耳之欲聲，口之欲味，鼻之欲臭，四肢之欲安佚，所以害乎其德者，又豈可勝言也哉！二者相因，反覆深固，是以此德之明，日益昏昧，而此心之靈，所知者不過情欲利害之私而已。然而本明之體，終有不可得而昧者，是以雖其昏蔽之極，而介然之頃一有覺焉，即此空隙之中，而其本體已洞然矣。是以聖人施教，既養之於小學之中，而後開以大學之道。其必先之以格物、致知之説者，所以啓其明之之端也；繼之以誠意、正心、脩身之目者，則又以致其明之之實也。夫既有以啓其明之之端，又有以致其明之之實，則吾之所得於天而未嘗不明者，豈不超然無有氣質、物欲之累，而復得其本體之全哉！是則所謂明明德者，而非有所作爲於性分之外也。然其所謂明德者，又人人之所同得，而非有我之得私也。吾既有以自明矣，視彼衆人之同得而不能自明者，方甘心迷惑没溺於卑汙茍賤之中而不自知也【十九】，豈不爲之惻然而思有以救之哉！故必推吾之所自明者以及之，始於齊家，中於治國，而終及於平天下，使皆有以自明，而去其舊染之汙，是則所謂新民者，而亦非有所付畀增益之也。然德之在己而當明，與

【十九】卑汙茍賤　「茍」原作「拘」，據四庫本改。

其在民而當新，則又皆非人力之所爲，而吾之所以明而新之者，又非可以私意苟且而爲也。是其所以得之於天而見於日用之間者，莫不各有本然一定之則，程子所謂『以其義理精微之極，有不可得而名』者，故姑以至善目之。而《傳》所謂君之仁、臣之敬、子之孝、父之慈、與人交之信，乃其目之大者也。衆人之心，固莫不有是，而或不能知，學者雖或知之，而亦鮮能必至於是而不去，此爲大學之教者，所以慮其理雖粗復而有不純，已雖粗克而有不盡，且將無以盡夫脩己治人之道，故必指是而言，以爲明德、新民之標的也。欲明德而新民者，誠能求必至是而不容其少有過不及之差焉，則其所以去人欲而復天理者，無毫髮之遺恨矣。大抵《大學》一篇之指，不出乎八事，而八事之要，又不出乎此三者，此愚所以断然以爲《大學》之綱領也。」　天之賦於人物者謂之命，人與物受之者謂之性，主於一身者謂之心，有得於天而光明正大者謂之明德。

明德未嘗息，時時發見於日用之間。如見非義而羞惡，見孺子入井而惻隱，皆明德之發見也。如此推之極多，但當因其所發而推廣之。　明德者，人之所得於天，而虚靈不昧，以具衆理應萬事者也。禪家則但以虚靈不昧者爲性，而無具衆理以下之事。　聖人教人，只在《大學》第一句「明明德」上。又曰：「爲學只在此一句，君子存之，存此而已；小人去之，去此而已。一念悚然，自覺其非，便是明之之端。」　明明德須是自家見得這道理光明燦爛，常在目前，始得。人知己德之不明而欲明之，只這便是明德，就這裏便明將去。　至善，只是十分好處，猶今人言極好。明明德是下手做，至善是行到極處。　明明德是知止，至善是守。　明德、新民，皆當止於極好處。止之爲言，未到此處便住，不可謂止。到得此而不能守，亦不可言止。　至善只是明德極盡處。

知止而後有定，定而后能静，静而後能安，安而後能慮，慮而後能得。止者，所當止之地，即至善之所在也。知之，則志有定向。静，謂心不妄動。安，謂所處而安。慮，謂處事精詳。得，謂得其所止。　問云云。曰：「此推本上文之意，言明德新民所以止於至善之由也。蓋明德新民，固皆欲其止於至善，然非先有以知夫至善之所在，則不能有以得其所當止者而止之。如射者固欲其中夫正鵠，然不先有以知其正鵠之所在，則不能有以得其所當中者而中之也。知止云者，物格知至，而於天下之事，皆有以知其至善之所在，是則吾所當止之地也。能知所止，則方寸之間，事事物物皆有定理矣；理既有定，則無以動其心而能靜矣；心既能靜，則無所擇於地而能安矣；能安，則日用之間，從容閒暇，事至物來，有以揆之而能慮矣；能慮，則隨事觀理，極深研幾，無不各得其所止之地而止之矣。然既真知所止，則其真得所止，固已不甚相遠。其間四節，蓋亦推言其所以然之故，有此四者，非如孔子之志學以至從心，孟子之善信以至聖神，實有等級之相懸，爲終身經歷之次序也。」又曰：「此與《中庸》明動變化相類，皆不甚相遠。」

物有本末，事有終始，知所先後，則近道矣。明德爲本，新民爲末。知止爲始，能得爲終。本始所先，末終所後。知止是如射者之於的，得止是已中其的。若知止了，自住不得。問：「事物何以別？」曰：「對言則事是事，物是物，獨言物，則事亦在其中。」物亦有該事而言者，如仁人不過乎物，所謂物亦只是事。

古之欲明明德於天下者，先治其國；欲治其國者，先齊其家；欲齊其家者，先脩其身；欲脩其身者，先正其心；欲正其心者，先誠其意；欲誠其意者，先致其知；致知在格物。明明德於天下者，使天下之人皆有以明其明德也。心者，身之所主也。誠，實也。意者，心之所發也。實其心之所發，欲其一於善而無自欺也。致，推極也。知，猶識也。推極吾之知識，欲其所知無不盡也。格，至也。物，猶事也。窮至事物之理，欲其極處無不到也。此八者，《大學》之條目也。問：「云云，何也？」曰：「此言大學之序，其詳如此，蓋綱領之條目也。格物、致知、誠意、正心、脩身者，明明德之事也。齊家、治國、平天下者，新民之事也。格物致知，所以求知至善之所在；自誠意以至於平天下，所以求得夫至善而止之也。所謂明明德於天下者，自明其明德而推以新民，使天下之人皆有以明其明德也。人皆有明其明德，則各誠其意，各正其心，各脩其身，各親其親，各長其長，而天下無不平矣。然天下之本在國，故欲平天下者，必先有以治其國。國之本在家，故欲治國者，必先有以齊其家。家之本在身，故欲齊家者，必先有以脩其身。至於身之主則心也，一有不得其本然之正，則身無所主，雖欲勉强以脩之，亦不可得而脩矣，故欲脩身者，必先有以正其心。而心之發則意也，一有私欲雜乎其中，而爲善去惡或有未實，則心爲所累，雖欲勉强以正之，亦不可得而正矣。故欲正心者，必先有以誠其意。若夫知，則心之神明，妙衆理而宰萬物者也。人莫不有，而或不能使其表裏洞然，無所不盡，則隱微之間，真妄錯雜，雖欲勉强以誠之，亦不可得而誠矣。故欲誠意者，必先有以致知。致知者，推致之謂，如『喪致乎哀』之致，言推之而至於盡也。至於天下之物，則必各有所以然之故，與其所當然之則，所謂理也，人莫不知，而或不能使其精粗隱顯，究極無餘，則理所未窮，知必有蔽，雖欲勉强以致之，亦不可得而致矣。故致知之道，在乎即事觀理，以格夫物。格者，極至之謂，如『格于文祖』之格，言窮之而至於極也。此《大學》之條目，聖賢相傳，所以教人爲學之次第，至爲纖悉。然漢、魏以來諸儒之論，未聞有及之者，至唐韓子乃能援以爲説，而見於《原道》之篇，則庶幾其有聞矣。然其言極於正心誠意，而無曰致知格物云者，則是不探其端，而驟語其次，亦未免於擇焉不精、語焉不詳之病矣，何乃以是而議荀、揚哉？」

致知是自我而言，格物是就物而言，若不格物，何緣得知？格物是零細説，致知是全體説。致知是吾心之知，如一面鏡子，本全體通明，只被物所昏，而今逐旋磨去，使四邊皆照見其明，無所不到。所謂窮理者，事事物物，各自有一事一物底道理，窮之須要周盡。若見得一邊，不見一邊，便不該通。窮之未得，更須款曲推明。天理在人，終有明處。窮理之初，如攻堅物，必尋其罅隙可入之處，乃從而擊之，則用力爲不難。孟子論四端，便各自有個柄靶，仁義禮智皆有頭緒可尋。即其所發之端，而求其可見之體，莫非可窮之理也。致知所以求爲真知，真知是要徹骨都見得透。不言窮理，而言格物者，蓋言理，則無可捉摸。理與物有時而離，言物，則理自在，自是離不得。又曰：「人多把這道理作懸空底物。《大學》所以説個格物，便是要人就事物上理會，如此方見得實體。所謂實體，非就事物上見不得。」問：「《或問》中云云，何謂妙衆理？」曰：「大凡道理，皆是我自有之物，非從外得。所謂知者，便只是知我底道理，非是以我之知去知彼道理也。道理固本有，用知方發得出來。若無知，道理何從而見？所以謂之妙衆理，猶言能運用衆理也。運用字有病，故只下得妙字。」問：「莫不有以知夫所以然之故，與其所當然之則。當然之則，如君之仁，臣之敬，子之孝，父之慈。所以然之故，始君何故用仁，臣何故用敬，父何故用慈，子何故用孝。」曰：「所以然之故，即是上面一層。如君之所以仁，蓋君是個主腦，百姓人民土地皆屬他管，自是合着仁愛。以一家言之，爲家長者便用愛一家之人，自是理合如此，若天使之然。如父之所以慈，子之所以孝，蓋父子本同一氣，只是一人之身，分成兩個，其恩愛相屬，有不期然而然者。其它大倫皆然，皆天理使之如此也。且以仁言之，只天地生這物時便有個仁，自源頭處便如此了。義、禮、智亦然。蓋自本原而已然，非旋安排使如此也。昔龜山問一學者：『當見孺子入井時，其心怵惕、惻隱，何故如此？』曰：『出於自然。』龜山曰：『豈可止説自然如此了便休？須是知其所自來。』龜山此説極好。」

物格而後知至，知至而後意誠，意誠而後心正，心正而後身脩，身脩而後家齊，家齊而後國治，國治而後天下平。物格者，事理之極處無不到也。知至者，吾心之所知無不盡也。知既盡，則意可得而實矣，意既實，則心可得而正矣。脩身以上，明明德之事也。齊家以下，新民之事也。物格知至，則知所止矣。意誠以下，則皆得所止之序也。問：「云云，何也？」曰：「此覆説上文之意也。物格者，事物之理各有以詣其極而無餘之謂也。理之在物者，既詣其極而無餘，則知之在我者，亦隨所詣而無不盡矣。知無不盡，則心之所發，能一於理而無自欺矣。意不自欺，則心之本體，物不能動，而無不正矣。心得其正，則身之所處，不至陷於所偏而無不脩矣。身無不脩，則推之天下國家，亦舉而措之耳，豈外此而求之智謀功利之末哉？」曰：「篇首之言明明德，以新民爲對，則固專以自明爲言矣。後段於平天下者，復以明明德言之，則似新民之事亦在其中，何其言之不一，而辨之不明耶？」曰：「篇首三言者，《大學》之綱領也。而以其賓主對待，先後次第言之，則明明德者，又三言之綱領也。至此後段，然後極其體用之全，而一言以舉之，以見夫天下雖大，而吾心之體無不該；事物雖多，而吾心之用無不貫。蓋必析之有以極其精而不亂，然後合之有以盡其大而無餘，此又言之序也。」　問：「致知之致，知至之知，有何分別？」曰：「上一致字，是推致，方爲也。下一至字是已至。」　物格、知至處，是凡聖關。物未格，知未至，縱如何亦是凡人。須是物格、知至，方能循循不已，入聖賢之域。又曰：「物格、知至後，雖有不善，亦是白地上黑點。物未格，知未至，縱善也，只是黑地上白點。」　致知、誠意，乃學者兩個關。致知乃夢與覺之關，誠意乃惡與善之關。透得致知之關即覺，不然則夢。透得誠意之關則善，不然則惡。問心與意之別。曰：「心言其統體，意是就其中發出。」　致知，知之始。誠意，行之始。　問：「心者，身之主。意者，心之發。既是意發於心，則意當聽命於心可也。今曰意誠而後心正，則是心反聽命於意也。」曰：「心之本體何嘗不正，所以不得其正者，蓋由邪惡之念勃然而興，有以動其心故也。譬之水，本自瑩净，因波濤洶湧，遂爲所激而動也。」　《大學》一篇有兩個大節目，物格、知至是一個，意誠、心正是一個。過此二關，便可直前行去。又説《大學》次序，曰：「致知、格物，是窮此理。誠意、正心、脩身，是體此理。齊家、治國、平天下，只是推此理。要做三節看。」

自天子以至於庶人，壹是皆以脩身爲本。　壹是，一切也。正心以上，皆所以脩身也。齊家以下，則舉此而措之耳。　**其本亂而末治者否矣，其所厚者薄，而其所薄者厚，未之有也。**　以上《大學》經文，蓋孔子之意而曾子述之【二〇】，其傳十章，則曾子之意而門人記之也。本，謂身也。所厚，謂家也。曰：「『自天子以至於庶人，一是皆以脩身爲本。其本亂而末治者否矣，其所厚者薄，而其所薄者厚，未之有也』，何也？」曰：「此結上文兩節之意也。以身對天下國家而言，則身爲本，而天下國家爲末。以家對國與天下而言，則其理雖未嘗不一，然其厚薄之分，亦不容無差等矣。故不能格物、致知，以誠意、正心而脩其身，則本必亂而末不可治。不親其親，不長其長，則所厚者薄，而無以及人之親長，此皆必然之理也。孟子所謂『於所厚者薄，無所不薄』，其言蓋亦本於此云。」　曰：「治國、平天下者，天子諸侯之事也，卿大夫以下，蓋無與焉。今大學之教，乃例以明明德於天下爲言，豈不爲思出其位，犯

【二〇】曾子述之　「之」字原脱，據《大學章句》補。

非其分，而何以得爲爲己之學哉？」曰：「天之明命，有生之所同得，非有我之得私也。是以君子之心，豁然大公，其視天下，無一物而非吾心之所當愛，無一事而非吾職之所當爲，雖或勢在匹夫之賤，而所以堯、舜其君，堯、舜其民者，亦未嘗不在其分内也。又况大學之教，乃爲天子之元子、衆子，公侯、卿大夫、士之適子與國之俊選而設，是皆將有天下國家之責而不可辭者，則其所以素教而預養之者，安得不以天下國家爲己事之當然，而預求有以正其本、清其原哉！後世教學不明，爲人君父者慮不足以及此，而苟徇於目前，是以天下之治日常少，亂日常多，而敗國之君，亡家之主，常接迹於當世，亦可悲矣！論者不此之監，而反以聖法爲疑，亦獨何哉？大抵以學者而視天下之事，以爲己事之所當然而爲之，則雖甲兵、錢穀、籩豆、有司之事，皆爲己也；以其可以求知於世而爲之，雖割股、廬墓、弊車、羸馬，亦爲人耳。善乎張子敬夫之言，曰：『爲己者，無所爲而爲然也。』此其語意之深切，蓋有前賢所未發者，學者以是而日日省焉，則有以察乎善利之間，而無毫釐之差矣。」

問：「子謂正經蓋夫子之言，而曾子述之，其傳則曾子之意，而門人記之。何以知其然也？」曰：「正經辭約而理備，言近而指遠，非聖人不能及也。然以其無他佐驗，且意其或出於古昔先民之言也，故疑之而不敢質。至於傳文，或引曾子之言，而又多與《中庸》、《孟子》者合，則知其成於曾氏門人之手，而子思以授孟子無疑也。蓋《中庸》之所謂明善，即格物、致知之功；其曰誠身，即誠意、正心、脩身之效也。《孟子》之所謂知性者，物格也；盡心者，知至也；存心、養性、脩身者，誠意、正心、脩身也。其他如謹獨之云、不慊之説、義利之分、常言之序，亦無不脗合焉者。故程子以爲孔氏之遺書，學者之先務，而《論》、《孟》猶處其次焉，亦可見矣。」曰：「程子之先是書而後《論》、《孟》，又且不及乎《中庸》，何也？」曰：「是書垂世立教之大典，通爲天下後世而言者也。《論》、《孟》應機接物之微言，或因一時一事而發者也。是以是書之規模雖大【二一】，然其首尾該備，而綱領可尋，節目分明，而工夫有序，無非切於學者之日用。《論》、《孟》之爲人雖切，然而問者非一人，記者非一手，或先後淺深之無序，或抑揚進退之不齊，其間蓋有非初學日用之所及者。此程子所以先是書而後《論》、《孟》，蓋以其難易緩急言之，而非以聖人之言爲有優劣也。至於《中庸》，則

【二一】書之規模　「模」原作「橅」，據《大學或問》改。

又聖門傳授極致之言【一一一】，尤非後學之所易得而聞者，故程子之教未遽及之，豈不又以爲《論》、《孟》既通，然後可以此乎？蓋不先乎《大學》，无以提挈綱領而盡《論》、《孟》之精微；不參之《論》、《孟》，无以融貫會通而極《中庸》之歸趣；然不會其極於《中庸》，則又何以建立大本，經綸大經，而讀天下之書，論天下之事哉！以是觀之，則務講學者，固不可不急於四書，而讀四書者，又不可不先於《大學》，亦已明矣。今之教者，乃或棄此不務，而先以他説先焉，其不溺於虚空，流於功利，而得罪於聖門者，幾希矣。」

【一一一】聖門傳授　「門」原作「明」，據四庫本改。

甲集二十一

《康誥》曰：「克明德。」《康誥》，《周書》。克，能也。《太甲》曰：「顧諟天之明命。」《太甲》，《商書》。顧，爲常目在之也。諟，猶此也，或曰審也。天之明命，即天之所以與我，而我之所以爲德者也。常目在之，則無時不明矣。《帝典》曰：「克明峻德。」皆自明也。《帝典》，《堯典》，《虞書》。峻，大也。或問：「克明德者何也？」曰：「此言文王能明其德也。人莫不知德之當明而欲明之，然氣禀拘於前，物欲蔽於後，雖欲明之而有不克也。文王之心，渾然天理，亦無待於克之而自明矣。然猶云爾者，亦見其獨能明之，而它人不能，又以見夫未能明者，不可不致其克之之功也。」曰：「『顧諟明命』何也？」曰：「人受天地之中以生，人之明德即天所以命我，而至善之所存也。是其全體大用，蓋無時而不發見於日用之間。人惟不察於此，是以汩於人欲，而不知所以自明，常目在焉，而真若其參於前倚於衡也，則成性存存而道義出矣。」曰：「『克明俊德』何也？」曰：「堯能明其大德也。」曰：「是三者固皆自明之事，然其言之亦有序乎？」曰：「《康誥》通言明德而已。《太甲》則明天之未始不爲人，而人之未始不爲天也。《帝典》則專言成德之事，而極其大焉。其言之淺深，亦畧有序矣。」　自人受之則曰明德，自天言之則曰明命。今人冥然皆不知有這明命，須時時照管，若常在目前，則凜然不敢放肆，見許多道理都在這裏。　問：「克明德。」曰：「德之明與不明，只在人之克與不克，須是真個會明其明德。」　顧諟云云，非謂有一物常在目前可見，只是常存此心，知得有這道理光明不昧。方其未接物之時，此理固湛然清明。及其遇事酬應，此理亦隨處發見。只要常提撕省察，念念不忘，存養既久，則是理愈明，雖欲忘之自不可得。　問：「天命至微，恐不可目在之。」曰：「參前倚衡，豈是有物可見？」　明德如明珠【一】，常自光明，但要時加拂拭耳。若爲物欲所蔽，即爲珠爲泥涴，然光明之性依舊自在。　須要

校勘記

【一】明德如明珠　「明」原作「問」，據《朱子語類》卷十五改。

常存得此心，則便見得此性。　問：「天之未始不爲人云云。」曰：「人之性本無不善，而日用之間，莫不有當然之則，所謂天理也。人若每事做得是，則便合天理。天人本只一理，若理會得此意，則天何嘗大，人何嘗小也？」又問云云。曰：「天即人，人即天。人之始生，得於天也。既生此人，則天又在人矣。凡語言、視聽、動作，皆天也。只今説話，天便在這裏。顧諟，是常要察教光明燦爛，照在目前。」　以上明明德傳。

湯之《盤銘》曰：「苟日新，日日新，又日新。」盤，沐浴之盤也。銘，名其器以自警也。苟，誠也。湯以人之洗濯其心以去惡，如沐浴其身以去垢。故銘其盤，言誠能一日有以滌其舊染之汙而自新，則當因其已新者，而日日新之，又日新之，不可少有間斷也。

《康誥》曰：「作新民。」鼓之舞之之謂作，言振起其自新之民也。《詩》曰：「周雖舊邦，其命惟新。」《詩·大雅·文王》之篇。言周國雖舊，至於文王，能新其德以及於民，而始受天命也。是故君子無所不用其極。自新新民，皆欲止於至善也。　或問：「盤之有銘，何也？」　曰：「盤者，常用之器。銘者，自警之辭也。古之聖賢，兢兢業業，固無時而不戒謹恐懼，然猶恐其有所怠忽而或忘之也，是以於其常用之器，各因其事而刻銘以致戒焉，欲其常接乎目，每警乎心，而不至於忽忘也。」「然則沐浴之盤，而其所刻之辭如此，何也？」曰：「人之有是德，猶其有是身也。德之本明，猶其身之本潔也。德之明而利欲昏之，猶身之潔而塵垢汙之也。一旦存養省察之功，真有以去其前日利欲之昏而日新焉，則亦猶其疏瀹澡雪，而有以去其前日塵垢之汙也。然既新矣，而所以新之之功不繼，則利欲之交，將復有如前日之昏；猶既潔矣，而所以潔之之功不繼，則塵垢之集，將復有如前日之汙也。故必因其已新而日日新之，又日新之，使其存養省察之功，無少間斷，則明德常明，不復爲利欲之昏。亦如人之一日沐浴而日日沐浴，又無日而不沐浴，使其疏瀹澡雪之功，無少間斷，則身常潔清，而不復爲舊染之汙。昔成湯所以反之而至於聖者，正惟有得於此，故稱其德者，有曰『不邇聲色，不殖貨利』，又曰『以義制事，以禮制心』，有曰『從諫弗咈，改過不吝』，又曰『與人不求備，檢身若不及』，此皆足以見其日新之實。至於所謂『聖敬日躋』云者，則其言愈約而意愈切矣。然本湯之所以得此，又其學於伊尹而有發焉。故伊尹自謂與湯『咸有一德』，而於復政太甲之初，復以『終始惟一，時乃日新』，爲丁寧之戒云。」曰：「此言新民，而引此何也？」曰：「此自其本而言之，蓋以是爲自新之本，而新民之端也。」曰：「《康誥》之言『作新民』者，何也？」曰：「武王之封康叔也，以商之餘民，染紂污俗而失其本心也，故作《康誥》之書而告之以此，欲其有以鼓舞而作興之，使之振奮踴躍，以去其惡而遷於善，舍其舊而進乎新也。然此豈聲色號令之所能及哉？亦自新而已矣。」曰：「《詩》之言『其命惟新』，何也？」曰：「言周之有邦，自后稷以來千有餘年，至于文王，聖德日新，而民亦丕變，故天命之以有天下。是其邦雖舊，而命則新也。蓋民之視效在君，而天之視聽在民，君德既新，則民德必新。民德既新，則天命之新亦不旋日矣。」曰：「所謂『君子無所不用其極』，何也？」曰：「以結上文《詩》、《書》之意也。蓋《盤銘》言自新也，《康誥》言新民也，《文王》之詩，自新、新民之極也，故曰云云。極即至善之云也。用其極者，求其止於是而已矣。」　以上新民傳。

《詩》云：「邦畿千里，惟民所止。」《詩·商頌·玄鳥》之篇。邦畿，王者之都也。止，居也，言物各有所當止之處也。《詩》云：「緡蠻黃鳥，止于丘隅。」子曰：「於止，知其所止，可以人而不如鳥乎！」緡，《詩》作綿。見《詩·小雅·綿蠻》之篇。云云，鳥聲。丘隅，岑蔚處。子曰以下，孔子說詩之辭，言人當知所當止之處也。《詩》云：「穆穆文王，於緝熙敬止。」爲人君，止於仁；爲人臣，止於敬；爲人子，止於孝；爲人父，止於慈；與國人交，止於信。《詩·文王》之篇。穆穆，深遠之意。於，歎美辭。緝，繼續也。熙，光明也。敬止，言其無不敬而知所止也。引此而言聖人之止，無非至善。五者乃其目之大者也。學者於此，究其精微之蘊，而又推類以盡其餘，則於天下之事，皆有以知其所止而無疑矣。　或問云云。曰：「此因聖人之止，以明至善之所在也。蓋天生蒸民，有物有則，是以萬物庶事，莫不各有當止之所。但所居之位不同，則所止之善不一，故爲人君，則其所當止者在於仁；爲人臣，則其所當止者在於敬；爲人子，則其所當止者在於孝；爲人父，則其所當止者在於慈；與國人交，則其所當止者在於信。是皆天理人倫之極致，而發於人心之不容已者，而文王之所以爲法於天下、可傳於後世者，亦不能加毫末於是焉。但衆人類爲氣稟物欲之所昏，故不能常敬而失其所止。唯聖人之心，表裏洞然，無有一毫之蔽，故連續光明，自無不敬，而所止者，莫非至善，不待知所止而後得所止也。故傳引此《詩》，而歷陳所止之實，使天下後世得以取法焉。學者於此，誠有以見其發於本心之不容已者而緝熙之，使其連續光明，無所間斷，則其敬止之功也，是亦文王而已矣。《詩》所謂『上天之載，無聲無臭。儀刑文王，萬邦作孚』，正此意也。」曰：「子說《詩》既以敬止之止爲語助之辭，而於此書，又以爲所止之義，何也？」曰：「古人引《詩》斷章，或姑借其辭以明己意，未必皆取本文之義也。」曰：「五者之目，詞約而義該矣。子之說，乃復有所謂究其精微之藴，而推類以通之者，何耶？」曰：「舉其德之要而總名之，則一言足矣。論其所以爲是一言者，則其始終本末，豈一言之所能盡哉！得其名而不得其所以名，則仁或流於姑息，敬或墮於阿諛，孝或陷父，而慈或敗子，且其爲信，未必不爲尾生、白公之爲也。又況傳之所陳，姑以見物各有止之凡例，其於大倫之目，猶且闕其二焉。苟不推類以通之，亦何以盡天下之理哉！」

《詩》云：「瞻彼淇澳【二】，菉竹猗猗。有斐君子，如切如磋，如琢如磨。瑟兮僴兮，赫兮喧兮。有斐君子，終不可諠兮！」如切如磋者，道學也；如琢如磨者，自脩也；瑟兮僴兮者，恂慄也；赫兮喧兮者，威儀也；有斐君子，終不可諠兮者，道盛德至善，民之不能忘也。《詩·衛風·淇澳》之篇。淇，水名。澳，隈也。猗猗，美盛貌。興也。斐，文貌。切以刀鋸，琢以椎鑿，皆裁物使成形質也。磋以鑢鍚，磨以沙石，皆治物使其滑澤也。治角骨者，既切而復磋之。治玉石者，既琢而復磨之。皆言其治之有緒，而益致其精也。瑟，嚴密之貌。僴，武毅之貌。赫喧，宣著盛大之貌。諠，忘也。道，言也。學，謂講習

【二】瞻彼淇澳　「澳」原作「奧」，據《大學章句》改。下同。

討論之事，自脩者，省察克治之功。恂慄，戰懼也。威，可畏也。儀，可象也。引詩而釋之，以明明德者之止於至善。道學自脩，言所以得之之由。恂慄、威儀，言其德容表裏之盛。卒乃指其實而歎美之也。

《詩》云：「於戲前王不忘！」君子賢其賢而親其親，小人樂其樂而利其利，此以没世不忘也。《詩·周頌·烈文》之篇。於戲，歎辭。前王，謂文、武也。君子，謂其後賢。小人，謂後民也。此言前王所以新民者止於至善，能使天下後世無一物不得其所，所以既没世而人思慕之，愈久而不忘也。此兩節咏歎淫泆【三】，其味深長，當熟玩之。　或問：「復引《淇澳》之詩，何也？」曰：「上言止於至善之理備矣，然其所以求之之方，與其得之之驗，則未之及，故又引此《詩》以發明之也。夫『如切如磋』，言其所以講於學者，已精而益求其精也。『如琢如磨』，言其所以脩於身者，已密而益求其密也。此其得止於至善之由也。恂慄者，嚴敬之存於中也；威儀者，輝光之著乎外也。此其止於至善之驗也。盛德，以身之所得而言；至善，以理之所極而言。切磋琢磨，求其止於是而已矣。」曰：「切磋琢磨，何以爲學問自脩之别也？」曰：「骨角脉理可尋，而切磋之功易，所謂始條理之事也。玉石渾全堅確，而琢磨之功難，所謂終條理之事也。」曰：「引《烈文》之詩，而言前王之没世不忘，何也？」曰：「賢其賢者，聞而知之，仰其德業之盛也。親其親者，子孫保之，思其覆育之恩也。樂其樂者，含哺鼓腹，而安其樂也。利其利者，耕田鑿井，而享其利也。此皆先王盛德至善之餘澤，故雖已没世，而人猶思之愈久而不能忘也。上文之引《淇澳》，以明明德之得所止言之，而發新民之端也。此引《烈文》，以新民之得所止言之，而著明明德之效也。」　問《章句》云云。曰：「大倫有五，此言其三，蓋不止此。究其精微之藴，是就三者裏面窮究其藴。推類以通其餘，是就此推廣去，如夫婦、兄弟之類。《大學》止善一章，工夫都在切磋琢磨上。」　問：「切磋琢磨之説。」曰：「恰似剥了一重，又有一重。學者做工夫，消磨舊習，幾時便去得盡。須是只管磨礲，教十分淨潔。最怕如今眼前道理畧理會得些，便自以爲足，更不着力向上去，如何得到至善田地？」　衛武公是大段有學問底人，《抑》之一詩義理精密，詩中如此者，甚不易得。　切而不磋，亦未到至

【三】咏歎淫泆　「泆」原作「液」，據《大學章句》改。

善處。瑑而不磨，亦未到至善處。「瑟兮僩兮」，則誠敬存於中矣。未至於「赫兮喧兮」，威儀輝光著見於外，亦未爲至善。此四句是此段緊切處，專是説至善。蓋不如此，則雖善矣，未得爲至善也。至於「民之不能忘」，若非十分至善，何以使民至是。古人言語精密，有條理如此。　以上止至善傳。

子曰：「聽訟，吾猶人也，必也使無訟乎！」無情者不得盡其辭，大畏民志，此謂知本。猶人，不異於人也。情，實也。引夫子之言，而言聖人能使無實之人，不敢盡其虚誕之辭。蓋我之明德既明，自然有以畏服民之心志，故訟不待聽而自無也。觀於此言，可以知本末之先後矣。　問云云。曰：「聖人德盛仁熟，所以自明者皆極天下之至善，故能大有以畏服其民之心志，而使之不敢盡其無實之詞。蓋己德既明而民德自新，則得其本之明效也。或不能然，而欲區區於分爭辯訟之間，以求新民之效，其亦末矣。」　聖人所以無訟者，却不在善聽訟，在於意誠心正，自然有以薰炙漸染，大服民志，故自無訟之可聽。如成人有兄死而不爲衰者，聞子皋將至，遂爲衰，又何嘗聽訟了，致然只是有以感動人處故耳。　以上本末傳。

朱子曰：「傳之五章，蓋釋格物、致知之義，而今亡矣。間嘗竊取程子之意以補之，曰：『所謂致知在格物者，言欲致吾之知，在即物而窮其理也。蓋人心之靈莫不有知，而天下之物莫不有理，惟於理有未窮，故其知有不盡也。是以大學始教，必使學者即凡天下之物，莫不因其已知之理而益窮之，以求至乎其極。至於用力之久，而一旦豁然貫通焉，則衆物之表裏精粗無不到，而吾心之全體大用無不明矣。此謂物格，此謂知之至也。』」　或問：「此經之序，自誠意以下，其義明而傳悉矣。獨其所謂格物者，字義不明，而傳復闕焉，且爲最初用力之地，而無復上文語緒之可尋也。子乃自謂取程子之意以補之，程子之言，何以見其必合經意，而子之言，又似不盡出於程子，何耶？」曰：「或問於程子曰：『學何爲而可以有覺也？』程子曰：『學莫先於致知，能致其知，則思日益明，至於久而後有覺爾。《書》所謂睿作聖，董子所謂勉强學問，則聞見博而智益明，正謂此也。學而無覺，則亦何以學爲哉？』或問：『忠信則可勉矣，而致知爲難，奈何？』程子曰：『誠敬固不可以不勉，然天下之理不先知之，亦未有能勉以行之者也。故《大學》之序，先致知而後誠意，其等有不可躐者。苟無聖人之聰明睿智，而徒欲勉焉以踐其行事之迹，則亦安能如彼之動容、周旋無不中禮也哉？惟其燭理之明，乃能不待勉强而自樂循理爾。夫人之性，本無不善，循理而行，宜無難者，惟其知之不至，而但欲以力爲之，是以苦其難而不知其樂耳。知之而至，則循理爲樂，不循理爲不樂，何苦不循理以害吾樂耶？昔有談虎傷人者，衆莫不聞，而其間一人神色獨變，問其所以，乃嘗傷於虎者也。夫虎能傷人，人孰不知，然聞之有懼、有不懼者，知之有真、有不真也。學者之知道，必如此人之知虎，然後爲至耳。若曰知不善之不可爲而猶或爲之，則亦未嘗真知而已矣。』此兩條者，皆言格物致知所以當先而不可後之意也。又有問進脩之術何先者，程子曰：『莫先於正心誠意，然欲誠意，必先致知，而欲致知，又在格物。致，盡也。格，至也。凡有一物，必有一理，窮而至之，所謂格物者也。然而格物亦非一端，如或讀書，講明道義，或論古今人物，而別其是非，或應接事物，而處其當否，皆窮理也。』曰：『格物者，必物物而格之耶？將止格一物，而萬理皆通耶？』曰：『一物格而萬理通，雖顔子亦未至此，唯今日而格一物焉，明日又格一物焉，積習既多，然後脱然有貫通處耳。』又曰：『自一身之中，以至萬物之理，理會得多，自當豁然有個覺處。』又曰：『窮理者，非謂必盡窮天下之理，又非謂止窮得一理便到，但積累多後，自當脱然有悟處。』又曰：『格物非欲盡窮天下之物，但於一事上窮盡，其他可以類推。至於言孝，則當求其所以爲孝者如何？若一事上窮不得，且别窮一事，或先其易者，或先其難者，各隨人淺深。譬如千蹊萬徑，皆可以適國，但得一道而入，則可以推類而通其餘矣。蓋萬物各具一理，而萬理同出一原，此所以可推而無不通也。』又曰：『物必有理，皆所當窮，若天地之所以高深，鬼神之所以幽顯是也。若曰天吾知其高而已矣，地吾知其深而已矣，鬼神吾知其幽且顯而已矣，則是已然之詞，又何理之可窮哉？』又曰：『如欲爲孝，則當知所以爲孝之道，如何而爲奉養之宜，如何而爲温凊之節，莫不窮究然後能之，非獨守夫孝之一字而可得也。』或問：『觀物察己者，豈因見物而反求諸己乎？』曰：『不必然也，物我一理，纔明彼即曉此，此合内外之道也。語其大，天地之所以高厚；語其小，至一物之所以然，皆學者所宜致思也。』曰：『然則先求之四端可乎？』曰：『求之情性，固切於身，然一草一木，亦皆有理，不可不察。』又曰：『致知之要，當知至善之所在，如父止於慈，子止於孝之類。若不務此，而徒欲汎然以觀萬物之理，則吾恐其如大軍之遊騎，出太遠而無所歸也。』又曰：『格物莫若察之於身，其得之尤切。』此十條者，皆言格物致知所當用力之地，與其次第功程也。　又曰：『格物窮理，但立誠意以格之，其遲速則在乎人之明暗耳。』又曰：『入道莫如敬，未有能致知而不在敬者。』又曰：『涵養須用敬，進學則在致知。』又曰：『致知在乎所養，養知莫過於寡欲。』又曰：『格物者，適道之始，思欲格物，則固已近道矣，是何也？以收其心而不放也。』此五條者，又言涵養本原之功，所以爲格物致知之本者也。　凡程子之爲説者，不過如此，其於格物致知之傳詳矣。　今也尋其義理既無可疑，考其字義亦皆有據，至以他書論之，則《文言》所謂學聚問辨，《中庸》所謂明善擇善，《孟子》所謂知性知天，又皆在乎固守力行之先，而可以驗夫大學始教之功，爲有在乎此也。」曰：「然則吾子之意，亦可得而悉聞之乎？」曰：「吾聞之也，天道流行，造化發育，凡有聲色貌象而盈於天地之間者，皆物也。　既有是物，則其所以爲是物者，莫不各有當然之則，而自不容已，是皆得於天之所賦，而非人之所能爲也。　今且以其至切而近者言之，則心之爲物，實主於身，其體則有仁、義、禮、智之性，其用則有惻隱、羞惡、恭敬、是非之情，渾然在中，隨感而應，各有攸主，而不可亂也。　次而及於身之所具，則有口、鼻、耳、目、四支之用。　又次而及於身之所接，則有君臣、父子、夫婦、長幼、朋友之常。　是皆各有當然之則，而自不容已，所謂理也。　外而至於人，則人之理不異於己也；　遠而至於物，則物之理不異於人也；　極其大，則天地之運，古今之變，不能外也；　盡於小，則一塵之微，一息之頃，不能遺也。　是乃上帝所降之衷，烝民所秉之彝，劉子所謂天地之中，夫子所謂性與天道，子思所謂天命之性，孟子所謂仁義之心，程子所謂天然自有之中，張子所謂萬物之一原，邵子所謂道之形體者。　但其氣質有清濁偏正之殊，物欲有淺深厚薄之異，是以人之與物，賢之與愚，相與懸絶而不能同耳。　以其理之同，故以一人之心，而於天下萬物之理無不能知；　以其稟之異，故於理或有所不能窮也。　理有未窮，故其知有不盡；　知有不盡，則其心之所發，必不能純於義理，而無雜乎物欲之私。　此其所以意有不誠，心有不正，身有不脩，而天下國家不可得而治也。　昔者聖人蓋有憂之，是以於其始教，爲之小學而使之習於誠敬，則所以收其放心，養其德性者，已無所不用其至矣。及其進乎大學，則又使之即夫事物之中，因其所知之理，推而究之，以各到乎其極，則吾之知識亦得以周遍精切，而無不盡也。若其用力之方，則或考之事爲之著，或察之念慮之微，或求之文字之中，或索之講論之際，使於身心性情之德，人倫日用之常，以至天地鬼神之變，鳥獸草木之宜，自其一物之中，莫不有以見其所當然而不容已，與其所以然而不可易者。必其表裏精粗，無所不盡，而又益推其類以通之，至於一日脱然而貫通焉，則於天下之物，皆有以究其義理精微之極，而吾之聰明睿智，亦皆有以極其心之本體，而無不盡矣。此愚之所以補乎本傳闕文之意。雖不能盡用程子之言，然其指趣要歸，則不合者鮮矣，讀者其亦深考而實識之哉。」曰：「然則子之爲學，不求諸心而求諸迹，不求之内而求之外，吾恐聖賢之學，不如是之淺近而支離也。」曰：「人之所以爲學，心與理而已矣。心雖主乎一身，而其體之虚靈，足以管乎天下之理；理雖散在萬物，而其用之微妙，實不外乎人之一心，初不可以内外精粗而論也。然或不知此心之靈而無以存之，則昏昧雜擾，而無以窮衆理之妙。不知衆理之妙而無以窮之，則偏狹固滯，而無以盡此心之全。此其理勢之相須，蓋亦有必然者。是以聖人設教，使人默識此心之靈，而存之於端莊静一之中，以爲窮理之本。使人知有衆理之妙，而窮之於學問思辨之際，以致盡心之功。巨細相涵，動静交養，初未嘗有内外精粗之擇。及其真積力久，而豁然貫通焉，則亦有以知其渾然一致，而果無内外精粗之可言矣。今必以是爲淺近支離，而欲藏形匿景，别爲一種幽深恍惚、艱難阻絶之論，務使學者莽然措其心於文字言語之外，而曰道必如此然後可以得之，則是近世佛學詖淫邪遁之尤者，而欲移之以亂古人明德新民之實學，其亦誤矣。」

曰：「近世大儒有爲格物致知之説者，曰格猶扞也，禦也，能扞禦外物，而後能知至道也。又有推其説者，曰人生而静，其性本無不善，而有爲不善者，外物誘之也。所謂格物以致其知者，亦曰扞去外物之誘，而本然之善自明耳。是其爲説不亦善乎？」曰：「天生烝民，有物有則，則物之與道，固未始相離也。今曰禦外物而後可以知至道，則是絶父子而後可以知孝慈，離君臣然後可以知仁敬也，是安有此理哉？若曰所謂外物者，不善之誘耳，非指君臣父子而言也，則夫外物之誘人，莫甚於飲食男女之欲，然推其本，則固亦莫非人之所當有而不能無者也。但於其間自有天理人欲之辨，而不可以毫釐差耳。惟其徒有是物，而不能察於吾之所以行乎其間者，孰爲天理，孰爲人欲？是以無以致其克復之功，而物之誘於外者，得以奪乎天理之本然也。今不即物以窮其原，而徒惡物之誘乎己，乃欲一切扞而去之，則是必閉口枵腹，然後可以得飲食之正；絶滅種類，然後可以全夫婦之别也。是雖裔戎無君無父之教，有不能充其説者，況乎聖人大中至正之道，而得以此亂之哉！」

曰：「自程子以格物爲窮理，而其學者傳之，見於文字者多矣。是亦有以發其師説，而有助於後學者耶？」曰：「程子之説切於己而不遺於物，本於行事之實而不廢文字之工，極其大而不畧其小，究其精而不失其粗。學者循是而用力焉，則既不務博而陷於支離，亦不徑約而流於狂妄，既不舍其積累之漸，而其所謂豁然貫通者，又非見聞思慮之所及也。是於説經之意，入德之方，其亦可謂反復詳備，而無俟於發明矣。若其門人，雖曰祖其師説，然恐其皆未足以及此也。間獨惟念昔聞延平先生之教，以爲：『爲學之初，且當常存此心，勿爲他事所勝，凡遇一事，即當且就此事反復推尋，以究其理，待此一事融釋脱落，然後循序少進，而别窮一事。如此既久，積累之多，胸中自當有灑然處，非文字語言之所及也。』詳味此言，雖其規模之大，條理之密，若不逮於程子，然其工夫之漸次【四】，意味之深切，則有非它説所能及者。惟嘗實用力於此者，爲能有以識之也。」曰：「然則所謂格物致知之學，與世之所謂博物洽聞者，奚以異？」曰：「此以反身窮理爲主，而必究其本末是非之極至，彼以徇外誇多爲務，而不覈其表裏真妄之實。然必究其極，是以知愈博而心愈明，不覈其實，是以識愈多而心愈窒。此正爲己爲人之所以分也。」　問：「格物工夫未到得十分，亦未害否？」曰：「學者之所以學，便須是到聖賢地位，不到不休方是。但用工做向前去，莫問程途，少間自能到。如何先立一個不解到得便休底規模在此？」　程子前説當察物理，不可專在性情。後又言莫若得之於身爲尤切，皆是互相發處。　問：「立誠意以格之。」曰：「這誠意只是朴實下工夫，與經文誠意不同。」　致知，是推致到極處，窮究徹底，直見得決如此。　問：「固有人明得此理，而涵養未到，却爲私意所奪。」曰：「只爲明得不盡。若明得盡，私意自然留不得。若半青半黄，未能

【四】工夫之漸次　「工」原作「功」，據四庫本改。

透徹，便是尚有查滓，非所謂真知也。今人行到五分，便是只知得五分。」　今日格一件，明日格一件，積習既多，自當脱然有貫通處。乃是零零碎碎湊合，將來不知不覺自然醒悟。其始固須用力，及其得之也，又却不假用力。　所以謂格得多後自能貫通者，只謂是一理。釋氏曰：「一月普現一切水，一切水月一月攝。」釋氏也窺見此理，濂溪《通書》只是説這個事。

問：「程子謂一草一木，皆所當窮，又有遊騎太遠之説，如何？」曰：「便是此等語説得好，平正，不向一邊去。」又曰：「程子於此段節目甚多，皆是因人資質説，故有説向外處，有説向内處。」又曰：「今須合程子諸説不同處，看作一意乃善。」　内事外事，皆是自己合理會底，但須是六七分去裏面理會，三四分去外理會方可。　致知本是廣大，須表理内外周徧兼該方得。　格物、致知，彼我相對而言耳。格物所以致知，於這一物上窮得一分之理，即我之知亦知得一分。於物之理，窮得二分，即我之知亦知得二分。物之理窮得愈多，則我之知愈廣。其實只是一理，才明彼，即曉此，所以説致知在格物。又不説欲致其知者先格其物，蓋致知便在格物中，非格之外別有致處也。又曰：「格物之理，所以致我之知。」　上蔡説「窮理只尋個是處」，其説甚好。　《正蒙》是盡窮天下之理。　問：「《或問》云云，曰所以然而不可易者，是指理而言，所當然而不容已者，是指人心而言否？」曰：「上句只是指事而言，凡事固有當然而不容已者，然又當求其所以然者，何故？其所以然理也，理如此，故不可易。如見赤子入井，而有惻隱之心，此事之所當然不可已者。然其所以然者，是何故？必有個道理之不可易者。」又曰：「理之所當爲者，自不容已。孟子最發明此理處。如曰孩提之童，無不知愛其親。及其長也，無不知敬其兄，自是有住不得處。」　答學者書曰：「格物致知是《大學》第一義，脩己治人之道無不從此而出，終身要得受用，豈是細事？今乃欲不勞而俟其自格，一何言之易耶？近世學者氣軟質薄，不耐持久，每以欲速之心懷僥倖躐等之望，又有科舉世俗之學以奪其志，所以常若有所驅迫，而不暇從容以及其有成也。」　以上格物致知傳。

所謂誠其意者，毋自欺也，如惡惡臭，如好好色，此之謂自謙。故君子必慎其獨也。小人閒居爲不善，無所不至，見君子而後厭然，揜其不善，而著其善。人之視己，如見其肺肝然，則何益矣！此謂誠於中，形於外，故君子必慎其獨也。曾子曰：「十目所視，十手所指，其嚴乎！」富潤屋，德潤身，心廣體胖，故君子必誠其意。説已見前。以上誠意傳。經曰：「欲誠其意，先致其知。」又曰：「知至而後意誠。」蓋心體之明有所未盡，則其所發必有不能實用其力，而苟焉以自欺者。然或已明而不謹乎彼，則其所明又非己有，而無以爲進德之基。故此章之指，必承上章而通考之，然後有以見其用力之始終，其序不可亂而功不可闕如此云。

所謂脩身在正其心者，心有所忿懥，則不得其正；有所恐懼，則不得其正；有所好樂，則不得其正；有所憂患，則不得其正。心不在焉，視而不見，聽而不聞，食而不知其味。此謂脩身在正其心。説已見前。以上正心脩身傳。此亦承上章以起下章，蓋意誠則真無惡而實有善矣，所以能存是心以檢其身。然或但知誠意，而不能密察此心之存否，則又無以直内而脩身也。

所謂齊其家在脩其身者，人之其所親愛而辟焉，之其所賤惡而辟焉，之其所畏敬而辟焉，之其所哀矜而辟焉，之其所敖惰而辟焉。故好而知其惡，惡而知其美者，天下鮮矣！辟，讀爲僻。人，謂衆人。之，猶於也。辟，猶偏也。五者，在人本有當然之則。然常人之情惟其所向，而不加審焉，則必陷於一偏而身不脩矣。故諺有之曰：「人莫知其子之惡，莫知其苗之碩。」諺，俗語也。溺愛者不明，貪得者無厭，是則偏之爲害，而家之所以不齊也。此謂身不脩，不可以齊其家。或問云云。曰：「人之常情，於此五者一有所向，則失其好惡之平而陷於一偏，是以身有不脩，不能齊其家耳。蓋偏於愛，則溺焉而不知其惡矣；偏於惡，則阻焉而不知其善矣。是其身之所接，好惡取舍之間，將無一當於理者，而況於閨門之內，恩常掩義，亦何以勝其情愛暱比之私，而能有以齊之哉？」曰：「凡是五者，皆身與物接所不能無。今曰一有所向，便爲偏倚而身不脩，則是必其接物之際，此心漠然，都無親疏之等、貴賤之別，然後得免於偏也。且心既正矣，則宜其身之無不脩，今乃猶有若是之偏，何也？」曰：「不然也。此章之義，實承上章，其立文命意【五】，大抵相似。蓋以爲身與事接，而後或有所偏，非以爲一與事接，而必有所偏也。所謂心正而後身脩，亦曰心得其正乃能脩身，非謂此心一正，則身不待檢而自脩也。」

問：「正心章說忿懥、恐懼、好樂、憂患，與脩身章說親愛、賤惡、畏敬、哀矜、敖惰，如何？」曰：「是心卓然立乎此數者之外，則平正而不偏倚，自外來者必不能動於中，自內出者必不至溺於彼。」或問：「畏敬如何？」曰：「如家人有嚴君焉，吾之所當畏敬者也。然當不義，則爭之，若過於畏敬而從其令，則陷於偏矣。若夫賤惡者固當賤惡，然或有長處，亦當知之。下文所謂『好而知其惡，惡而知其美，天下鮮矣』，此是指點人偏處，最切當。」問：「正心章既說忿懥四者矣，脩身章又說親愛之類，是如何？」曰：「忿懥等是心與物接時事，親愛等是身與物接時事。」問：「辟作僻云云。」曰：「人情自有偏處，所親愛莫如父母，至於父母有當幾諫處，豈可以親愛而忘正救？所敬畏莫如君父，至於所當直言正諫，豈可專持畏敬而不敢言？」敖惰，謂如孔子不見孺悲，孟子不與王驩言。哀矜，謂如有一般大姦大惡欲治之，以其哀鳴，遂恕之，這便是哀矜之不得其正處。問：「君子亦有敖惰於人者乎？」曰：「人自有苟賤可厭棄者。」問：「傲惰，惡德也。豈君子宜有？」曰：「讀書不可泥，且當看其大意。」南軒答文公書曰：「論及《大學》中人之其所親愛而辟焉處，當讀作僻字，反復詳之，無可疑者，其理則於脩身、齊家極爲要切。《易傳》所謂妻孥之言雖失而多從，所憎之言雖善而爲惡，亦是意也。」以上脩身齊家傳。愚謂親愛、賤惡、畏敬、哀矜者，人之所宜有也。敖惰者，人之所不宜有也。然一溺於偏，則雖所宜有者皆失其正，况於非所宜有者乎？此辟之一字，所以爲脩身、齊家之深病也。五者皆指人之偏處而言，不可獨以敖惰爲惡，亦不可牽於四者之故，而謂敖

【五】其立文命意　「意」原作「章」，據四庫本改。

惰亦所宜有也。

所謂治國必先齊其家者，其家不可教，而能教人者無之，故君子不出家而成教於國。孝者，所以事君也；弟者，所以事長也；慈者，所以使衆也。身脩，則家可教矣。孝、弟、慈，所以脩身而教於家者也。然而國之所以事君、事長、使衆之道，不外乎此。此所以家齊於上，而教成於下也。《康誥》曰「如保赤子」，心誠求之，雖不中不遠矣。未有學養子而後嫁者也。此引《書》而釋之，又明立教之本不假僞爲，在識其端而推廣之耳。一家仁，一國興仁；一家讓，一國興讓；一人貪戾，一國作亂。其機如此。此謂一言僨事，一人定國。一人，謂君也。機，發動所由也。僨，覆敗也。此言教成於國之效。堯、舜帥天下以仁，而民從之。桀、紂帥天下以暴，而民從之。其所令反其所好，而民不從。是故君子有諸己而後求諸人，無諸己而後非諸人。所藏乎身不恕而能喻諸人者，未之有也。此又承上文一人定國而言。有善於己，然後可以責人之善；無惡於己，然後可以正人之惡。皆推己以及人，所謂恕也。不如是，則所令反其所好，而民不從矣。喻，曉也。故治國在齊其家。通釋上文。《詩》云：「桃之夭夭，其葉蓁蓁；之子于歸，宜其家人。」宜其家人，而後可以教國人。《詩・周南・桃夭》之篇。夭夭，少好貌。蓁蓁，美盛貌。興也。之子，猶言是子，婦人謂嫁曰歸。宜，猶善也。《詩》云：「宜兄宜弟。」宜兄宜弟，而後可以教國人。《詩・小雅・蓼蕭》篇。《詩》云：「其儀不忒，正是四國。」其爲父子兄弟足法，而後民法之也。《詩・曹風・鳲鳩》篇。忒，差也。此謂治國在齊其家。此三引《詩》，皆以詠嘆上文之事，而又結之如此。其味深長，最宜潛玩。或問：「『如保赤子』，何也？」曰：「程子有言，赤子未能自言其意，而爲之母者，慈愛之心出於至誠，則凡所以求其意者，雖或不中，而不至於大相遠矣，豈待學而後能哉？若民則非如赤子之不能自言矣，而使之者反不能無失於其心，則以本無慈愛之實，而於此有不察耳。傳之言此，蓋以明夫使衆之道，不過自其慈幼者而推之，而慈幼之心，又非外鑠而有待於强爲也。事君之孝，事長之弟，亦何以異於此哉！」曰：「仁讓言家，貪戾者言人，何也？」曰：「善必積而後成，惡雖小而可懼，古人之深戒也。《書》所謂『爾惟德罔小，萬邦惟慶。爾惟不德罔大，墜厥宗』，亦是意爾。」曰：「此章本言上行下效，有不期然而然者，今曰有諸己而後求諸人，無諸己而後非諸人，則是猶有待於勸勉程督而後化。且己適自脩，而遽欲望人之皆有，己方僅免，而遂欲責人以必無也。」曰：「此爲治其國者言之，則推吾所有，與民共由，其條教法令之施，賞善罰惡之政，固有理所當然而不可已者。但以所令反其所好，則民不從，故又推本言之，欲其先成於己而有以責人。固非謂其專務治己，都不治人，而拱手以俟其自化；亦非謂其矜己之長，愧人之短，而脅之以必從也。故先君子之言曰：『有諸己不必求諸人。』以爲求諸人而無諸己，則不可也。『無諸己，不必非諸人』，以爲非諸人而有諸己，則不可也。正此意也。」曰：「然則未能有善而遂不求人之善，未能去惡而遂不非人之惡，斯不亦恕而終身可行乎哉？」曰：「恕字之指，以如心爲義，蓋曰如治己之心以治人，如愛己之心以愛人，而非苟然姑息之謂也。然人之爲心，必嘗窮理以正之，使其所以治己愛己者，皆出於正，然後可以即是推之以及於人，而恕之爲道，有可言者。故《大學》之傳，最後兩章始及於此，則其用力之序，亦可見矣。至即此章而論之，則欲如治己之心以治人者，又不過以强於自治爲本。蓋能强於自治，至於有善而可以求人之善，無惡而可以非人之惡，然後推以及人，使之亦如我之所以自治而自治焉，則表端景正，源潔流清，而治己治人，無不盡其道矣，所以終身力此，而無不可行之時也。今乃不然，而直欲以其不肖之身爲標準，視吾治教所當及者，一以姑息待之，不相訓誥，不相禁戒，將使天下之人，皆如己之不肖而淪胥以陷焉，是乃大亂之道，而豈所謂終身可行之恕哉！近世名卿之言有曰：『人雖至愚，責人則明；雖有聰明，恕己則昏。苟能以責人之心責己，恕己之心恕人，則不患不至於聖賢矣。』此言近厚，世亦多稱之者。但恕字之義，本以如心而得，故可以施之於人，而不可以施之於己。今曰『恕己則己知其如此矣』，而又曰『以恕己之心恕人』，則是既不知自治其昏，而遂推以及人，使其亦將如我之昏而後已也，乃欲由此以入聖賢之域，豈不誤哉！藉令其意但爲欲反此心以施於人，則亦止可以言下章愛人之事，而於此章治人之意，與夫《中庸》以人治人之説，則皆有未合者。蓋其爲恕雖同，而一以及人爲主，一以自治爲主，則二者之間，毫釐之異，正學者所當深察而明辨也。若漢之光武，亦賢君也，一旦以無罪黜其妻，其臣郅惲不能力陳大義以救其失，而姑爲緩辭以慰解之，是乃所謂不能三年而緦功是察，放飯流歠而齒決是憚者。光武乃謂惲爲善恕己量主，則其失又甚遠，而大啓爲人臣者不肯責難陳善以賊其君之罪。一字之義，有所不明，而其禍乃至於此，可不謹哉！」

曰：「既結上文，而復引《詩》者三，何也？」曰：「古人言必引《詩》，蓋取其嗟嘆詠歌，優游厭飫，有以感發人之善心，非徒取彼之文，證此之義而已也。夫以此章所論齊家治國之事，文具而意足矣，復三引《詩》，非能於其所論之外，別有所發明也。然嘗試讀之，則反復吟詠之間，意味深長，義理通暢，使人心融神會，有不知手舞而足蹈者，是則引《詩》之助，與爲多焉。蓋不獨此，他凡引《詩》云者，皆以是而求之，則引者之意可見，而《詩》之爲用亦得矣。」曰：「三《詩》亦有序乎？」曰：「首言家人，次言兄弟，終言四國，亦『刑于寡妻，至于兄弟，以御于家邦』之意也。」「孝者所以事君」云云，此道理皆是我家裏做成了，天下人看着自能如此，不是我推之於國。「心誠求之」者，求赤子之所欲也。於民，亦當求其有不能自達者。此是推其慈幼之心以使衆也。或問：「范忠宣以恕己之心恕人，此語固有病。但上文先言以責人之心責己，則連下句亦未害。」曰：「上句自好，下句自不好。蓋才説恕己，便已不是。若横渠云：『以愛己之心愛人，則盡仁；以責人之心責己，則盡道』，語便不同。蓋恕己與愛己之不同。知道君子發言自別，此學者所以貴於知道也。」問：「『所藏乎身不恕』，恕字還只就接物上説，如何？」曰：「是就接物上見得。忠只是實心，直是真實無僞，所應接事物，也只是推這個心去。直是忠，方能恕。若不忠，便無本領了，更把甚麽去及物。程先生説：『維天之命，於穆不已，忠也，便是實理流行；乾道變化，各正性命，恕也，便是實理及物。』」問：「恁地説，又與夫子忠恕相似。」曰：「只是一個忠恕，豈有二樣？聖人與常人忠恕也不甚相遠。」治國章乃責人之恕，平天下章乃愛人之恕。　問：「齊家、治國之道，斷然是父子兄弟足法，而後人法之。然堯、舜不能化其子，而周公則上見疑於君，下不能和其兄弟，是如何？」曰：「聖人是論其常，堯、舜是處其變。看他烝烝乂，不格姦，至於瞽瞍底豫，便是他有以處那變處。」　問：「先吏部説云云。」曰：「這是説尋常人，若自家有諸己，又何必求諸人。無諸己，又何必非諸人。如孔子所謂『躬自厚而薄責於人』，『攻其惡，無攻人之惡』。至於《大學》之説，是有天下國家者，勢不可以不責他。然又須自家有，然後可以求人，自家無，然後可以非人。」又曰：「此是退一步説，猶言温故知新可以爲人師，以明未能如此，則不可如此。非謂温故知新，便要求爲人師也。」　以上齊家治國傳。

所謂平天下在治其國者，上老老而民興孝，上長長而民興弟，上恤孤而民不倍，是以君子有絜矩之道也。倍，與背同。老老，所謂老吾老也。興，謂有所感發而興起也。孤者，幼而無父之稱。絜，度也。矩，所以爲方也。言此三者，上行下效，捷於影響，所謂家齊而國治也。亦可以見人心之所同，而不可使有一夫之不獲矣。是以君子必當因其所同，推以度物，使彼我之間各得分願，則上下四旁均齊方正，而天下平矣。

所惡於上，毋以使下；所惡於下，毋以事上；所惡於前，毋以先後；所惡於後，毋以從前；所惡於右，毋以交於左；所惡於左，毋以交於右。此之謂絜矩之道。此覆解上文絜矩二字之義。如不欲上之無禮於我，則必以此度下之心，而亦不敢以此無禮使之。不欲下之不忠於我，則必以此度上之心，而亦不敢以此不忠事之。至於前後左右，無不皆然，則身之所處，上下、四旁、長短、廣狹，彼此如一，而無不方矣。彼同有是心而興起焉者，又豈有一夫之不獲哉！所操者約，而所及者廣，此平天下要道也。故章内之意，皆自此而推之。《詩》云：「樂只君子，民之父母。」民之所好好之，民之所惡惡之，此之謂民之父母。《詩·小雅·南山有臺》之篇。言能絜矩而以民心爲己心，則是愛民如子，而民愛之如父母矣。《詩》云：

「節彼南山，維石巖巖，赫赫師尹，民具爾瞻。」有國者不可以不慎，辟則爲天下僇矣。《詩·小雅·節南山》之篇。節，截然高大貌。師尹，周大師尹氏也。具，俱也。辟，偏也。言在上者人所瞻仰，不可不謹。若不能絜矩而好惡徇於一己之偏，則身弒國亡，爲天下之大戮矣。《詩》云：「殷之未喪師，克配上帝；儀監于殷，峻命不易。」道得衆則得國，失衆則失國。《詩·文王》篇。師，衆也。配，對也。道，言也。引《詩》而言此，以結上文兩節之意。有天下者，能存此心而不失，則所以絜矩而與民同欲者，自不能已矣。是故君子先慎乎德。有德此有人，有人此有土，有土此有財，有財此有用。此承上文不可不慎而言。德，即所謂明德。有人，謂得衆。有土，謂得國。有國則不患無財用矣。德者，本也。財者，末也。外本内末，争民施奪。人君以德爲外，以財爲内，則是争鬭其民，而施之以劫奪之教也。蓋財者人之所同欲，不能絜矩而欲專之，則民亦起而争奪矣。是故財聚則民散，財散則民聚。外本内末故財聚，争民施奪故民散，反是則有德而有人矣。是故言悖而出者，亦悖而入；貨悖而入者，亦悖而出。悖，逆也。此以言之出入，明貨之出入也。自先謹乎德以下至此，又因財貨以明能絜矩與不能者之得失也。《康誥》曰：「惟命不于常！」道善則得之，不善則失之矣。道，言也。因上文引《詩》之意而申言之，其丁寧反覆之意益深切矣。《楚書》曰：「楚國無以爲寶，惟善以爲寶。」《楚書》，《楚語》。言不寶金玉而寶善人也。舅犯曰：「亡人無以爲寶，仁親以爲寶。」舅犯，晉文公舅狐偃，字子犯。亡人，文公時爲公子，出亡在外也。事見《檀弓》。此兩節又明不外本而内末之意。

《秦誓》曰：「若有一個臣，斷斷兮無他技，其心休休焉，其如有容焉。人之有技，若己有之，人之彦聖，其心好之，不啻若自其口出。寔能容之，以能保我子孫黎民，尚亦有利哉！人之有技，媢疾以惡之；人之彦聖，而違之俾不通。寔不能容，以不能保我子孫黎民，亦曰殆哉！」《秦誓》，《周書》。斷斷，誠一之貌。彦，美士也。聖，通明也。尚，庶幾也。媢，忌也。違，拂戾也。殆，危也。唯仁人放流之，迸諸四夷，不與同中國。此謂唯仁人爲能愛人，能惡人。迸，猶逐也。言有此媢疾之人，妨賢而病國，則仁人必深惡而痛絶之。以其至公無私，故能得好惡之正如此也。見賢而不能舉，舉而不能先，命也。命，當作慢。見不善不能退，退而不能遠，過也。若此者，知所愛惡矣，而未能盡愛惡之道，蓋君子而未仁者也。好人之所惡，惡人之所好，是謂拂人之性，菑必逮夫身。好善而惡惡，人之性也。至於拂人之性，則不仁之甚者也。自《秦誓》至此，又皆以申言好惡公私之極，以明上文所引《南山有臺》、《節南山》之意。是故君子有大道，必忠信以得之，驕泰以失之。君子，以位言之。道，謂居其位而脩己治人之術。發己自盡爲忠，循物無違謂信。驕者矜高，泰者侈肆。此因上所引《文王》、《康誥》之意而言。章内三言得失，而語益加切，蓋至此而天理存亡之幾決矣。生財有大道，生之者衆，食之者寡，爲之者疾，用之者舒，則財恒足矣。吕氏曰：「國無遊民，則生者衆矣；朝無幸位，則食者寡矣；不奪農時，則爲之疾矣；量入爲出，則用之舒矣。」愚按：此因有土有財而言，以明足國之道在乎務本而節用，非必外本内末而後財可聚也。自此以至終篇，皆一意也。仁者以財發身，不仁者以身發財。發，猶起也。仁者散財以得民，不仁者亡身以殖貨。未有上好仁而下不好義者也，未有好義其事不終者也，未有府庫財非其財者也。上好仁以愛其下，下好義以忠其上，所以事必有終，而府庫之財無悖出之患也。孟獻子曰：「畜馬乘，不察於雞豚；伐冰之家，不畜牛羊；百乘之家，不畜聚斂之臣。與其有聚斂之臣，寧有盜臣。」此謂國不以利爲利，以義爲利也。獻子，魯賢大夫仲孫蔑也。畜馬乘，士初試爲大夫者。伐冰之家，卿大夫以上，喪祭用冰者也。百乘之家，有采地者也。君子寧亡己之財，而不忍傷民之力，故寧有盜臣，而不畜聚斂之臣。此謂以下釋獻子之言也【六】。長國家而務財用者，必自小人矣。彼爲善之，小人之使爲國家，菑害並至。雖有善者，亦無如之何矣。此謂國不以利爲利【七】，以義爲利也。自，由也，言由小人導之也。此一節深明以利爲利之害，而重言以結之，其丁寧之意切矣。　或問：「所謂『民之父母』，何也？」曰：「君子有絜矩之道，故能以己之好惡知民之好惡，又能以民之好惡爲己之好惡也。夫好其所好而與之聚之，惡其所惡而不以施焉，則上之愛下，真猶父母之於子矣，彼民之親其上【八】，豈不亦猶子之愛其父母哉！」曰：「此引《節南山》之詩，何也？」曰：「言在尊位者，人所觀仰，不可不謹。若人君恣己好惡，不與天下同其好惡，則爲天下僇，如桀、紂、幽、厲也。」曰：「『得衆得國，失衆失國』，何也？」曰：「言能絜矩，則民父母之而得衆、得國矣；不能絜矩，則爲天下僇而失衆、失國矣。」「所謂『先慎乎德』，何也？」曰：「上言有國者不可不謹，此言其所謹而當先者尤在於德也。德即所謂明德，所以謹之亦曰格物、致知、誠意、正心以脩其身而已矣。」曰：「此其深言務財用而失民，何也？」曰：「有德而有人、有土，則因天分地，不患乎無財用矣。然不知本末而無絜矩之心，則未有不爭鬬其民，而施之以劫奪之教者也。《易大傳》曰『何以聚人曰財』，《春秋外傳》曰『王人者將以導利，而布之上下者也』，故財聚於上，則民散於下矣。財散於下，則民歸於上矣。言悖而出者，亦悖而入。貨悖而入者，亦悖而出。鄭氏以爲君有逆命，則民有逆辭。上貪於利，則下人侵畔，得其旨矣。」曰：「前既言命之不易矣，此又言命之不常，何也？」曰：「以天命之重而致其丁寧之意，亦承上文而言之也。蓋善則得之者，有德而有人之謂也；不善則失之者，悖入而悖出之謂也。然則命之不常，乃人之所自爲耳。可不謹哉？」曰：「其引《秦誓》何也？」曰：「言好善之利，及其子孫，不好善之害，流於後世，亦由絜矩與

【六】此謂以下　「下」字原脱，據四庫本補。

【七】國不以利　「國」字原脱，據《大學纂箋》卷一補。

【八】彼民之親　「彼」原作「被」，據四庫本改。

否之異也。」曰：「媢疾之人，誠可惡矣。然仁人惡之之深，至於如此，得無疾之已甚之亂耶？」曰：「小人爲惡，千條萬端，其可惡者，不但媢疾一事而已。仁人不深惡乎彼，而獨深惡乎此者，以其有害於善人，使民不得被其澤，而流禍之長，及於後世而未已也。然非殺人越貨之盜，則罪不至死，故亦放流之而已。然又念夫彼此之勢雖殊，而苦樂之情則一，今此惡人放而不遠，則其爲害雖得不施於此，而彼所放之地，其民復何罪焉，故不敢以己之所惡，施之於人，而必遠而置之無人之境，以禦魑魅而後已。蓋不惟保安善人，使不蒙其害，亦所以禁伏兇人，使不得稔其惡。雖因彼之善惡，而有好惡之殊，然所以仁之之意，亦未嘗不行乎其間也。此其爲禦亂之術至矣，而何致亂之有？」曰：「仁人之能愛人，能惡人，何也？」曰：「仁人者私欲不萌，而天下之公在我，是以是非不謬，而舉措得宜也。」曰：「好善惡惡人之性，然也有拂人之性者，何哉？」曰：「不仁之人，阿黨媢疾，有以陷溺其心，是以其所好惡戾於常性如此，與民之父母能好惡人者正相反，使其能勝私而絜矩，則不至於是矣。」曰：「忠信驕泰之所以爲得失者，何也？」曰：「忠信者盡己之心，而不違於物，絜矩之本也。驕泰則恣己徇私，以人從欲，不得與人同好惡矣。」

曰：「上文深陳財用之失民矣，此復言生財之道，何也？」曰：「此所謂有土而有財者也。夫《洪範》八政，食貨爲先，子貢問政，而夫子告之亦以足食爲首。蓋生民之道，不可一日而無者，聖人豈輕之哉！特以爲國者以利爲利，則必至於剥民以自奉，而有悖出之禍，故深言其害以爲戒耳。至於崇本節用，有國之常政，所以厚下而足民者，則固未嘗廢也。吕氏之説，得其旨矣。有子曰：『百姓足，君孰與不足？』孟子曰：『無政事，則財用不足。』正此意也。然孟子所謂政事，則所以告齊、梁之君，使之制民之産者是已，豈若後世頭會箕斂厲民自養之云哉！」曰：「仁者以財發身，不仁者以身發財，何也？」曰：「仁者不私其有，故財散民聚而身尊；不仁者惟利是圖，故捐身賈禍崇貨也。然亦即財貨而以其效言之爾，非謂仁者真有以財發身之意也。」曰：「未有府庫財非其財者，何也？」曰：「上好仁，則下好義矣；下好義，則事有終矣；事有終，則爲君者安富尊榮，而府庫之財可長保矣。此以財發身之效也。上不好仁則下不好義，下不好義則其事不終，是將爲天下僇之不暇，而况府庫之財，又豈得爲吾之財乎？若商紂以自焚，而起鉅橋、鹿臺之財；　德宗以出走，而豐瓊林、大盈之積，皆以身發財之效也。」曰：「其引孟獻子之言，何也？」曰：「雞豚牛羊，民之所蓄養以爲利者也。既已食君之禄，而享民之奉矣，則不當復與之争，此公儀子所以拔園葵、去織婦，而董子因有『與之齒者去其角，傅之翼者兩其足』之喻，皆絜矩之義也。聚斂之臣剥民之膏血以奉上，而民被其殃；　盗臣竊君之府庫以自私，而禍不及下。仁者之心，至誠惻怛，寧亡己之財，而不忍傷民之力，所以『與其有聚斂之臣，寧有盗臣』，亦絜矩之義也。昔孔子以臧文仲之妾織蒲，而直斥其不仁；　以冉求聚斂於季氏，而欲鳴鼓以聲其罪。以聖人之宏大兼容，温良博愛，而所以責二子者，疾痛深切，不少假借如此，其意亦可見矣。」曰：「國不以利爲利，以義爲利，何也？」曰：「以利爲利，則上下交征，不奪不饜；　以義爲利，則不遺其親，不後其君。蓋惟義之安，而自無所不利矣。程子曰：『聖人以義爲利，義之所安，即利之所在。』正謂此也。孟子分别義利，拔本塞原之意，其傳蓋亦出於此云。」曰：「此其言『菑害並至』、『無如之何』，何也？」曰：「怨已結於民心，則非一朝一夕之可解矣。聖賢深探其實而極言之，欲人有以審於未然，而不爲無及於事之悔也。以此爲防，人猶有用桑羊、孔僅、宇文融、楊矜、陳京、裴延齡之徒，以敗其國者。故陸宣公之言曰：『民者，邦之本；　財者，民之心。其心傷，則其本傷；　其本傷，則枝幹凋瘁，而根柢蹶拔矣。』吕正獻公之言曰：『小人聚斂，以佐人主之欲，人主不悟，以爲有利於國，而不知其終爲害也。賞其納忠，而不知其大不忠也；　嘉其任怨，而不知其怨歸於上也。』嗚呼！若二公之言，則可謂深得此章之指者矣。有國家者。可不監哉！」

絜矩章專言財用，繼言用人，蓋人主不能絜矩者，皆由利心之起。故徇己欲而不知有人，此所以專言財用也。人才用舍，最係人心向背，若能以公滅私，好惡從衆，則用舍當於人心矣，此所以繼言用人也。　問：「上老老而民興孝，下面便接『是以君子有絜矩之道也』，似不相續，如何？」曰：「這個便是相續，絜矩是四面均平底道理，我老敬它亦得老其老，這便是絜矩。長長恤孤亦然。」　問絜矩。曰：「上之人老老、長長、恤孤，則下之人興孝、興弟、不倍，此是説上行下效。到絜矩處,是就政事上言。若能興起其善心,而不有以使之得遂其心,則雖能興起,亦是徒然。如政煩賦重,不得以養其前父母,又安得以遂其善心。須是推己之心以及於彼,使之仰足以事、俯足以育始得。」爲國絜矩之大者,又在於財用,所以後面只管説財。問:「前後左右何指?」曰:「譬如交代官相似。前官之待我者既不善,吾毋以前官之待我者待後政。左右,如東隣西隣。以隣國爲壑,是所惡於左而以交於右也。俗語所謂將心比心,如此則各得其平矣。」又曰:「所謂絜矩者,如以諸侯言之,上有天子,下有大夫。天子擾我,使不得以行其孝弟,我亦當察此,不可有以擾其大夫,亦使不得以行其孝弟。又如我家與左右隣各有一丈地,左隣侵我五尺地,是不矩,我必是不直他。我又豈可却去侵右隣五尺地,如此亦是不矩也。須是我要地步方整,也教它人地步方整,方得。」問:「論平天下而言財利,何也?」曰:「天下所以不平者,皆因此。」問:「絜矩之道,是廣其仁之用否?」曰:「此乃求仁工夫,此處正要着力。若仁者則舉而措之,不待絜矩而自無不平矣。」問:「絜矩是我不欲人之加諸我,吾亦欲無加諸人否?」曰:「此是二人,須把三人看,便見。人莫不有在我之上者,莫不有在我之下者。如親在我之上,子孫在我之下。我欲子孫孝於我,而我却不能孝於親;我欲親慈於我,我却不能慈於子孫,便是一畔長,一畔短,不是絜矩。」斷斷者是絜矩,媢疾者是不矩。「唯仁人能好人,能惡人」,是大段能絜矩底。「見賢不能舉,舉而不能先」,是稍能絜矩而未盡。「好人所惡,惡人所好」,是大不能絜矩。問:「『未有上好仁而下不好義』,如何上仁下便義?」曰:「這只是一個,在上便唤做仁,在下便唤做義,在父曰慈,在子曰孝。」食禄之家,又畜牛羊,是去與民争利,便是不絜矩。《荀子》、《莊子》注云:「絜,圍束也。」是將一物圍束以爲之則也。某幼時見范文正所言如此,他甚自喜,以爲先儒所未到。

以上治國平天下。

右專言大學

按程子曰:「《大學》,孔氏之遺書,而初學入德之門也。於今可見古人爲學次第者,獨賴此篇之存,而《論》、《孟》次之。學者必由是而學焉,則庶乎其不差矣。」朱子曰:「《大學》是脩身治人底規模。」又曰：「《大學》總説了，又逐段更説許多道理。聖賢怕有些子照管不到，節節覺察將去，到這裏有恁地病，到那裏有恁地病。」又曰：「《大學》一書，如行程相似。自某處到某處幾里，識得行程，須便行始得。」又曰：「此一個心，須每日提撕，令常惺覺。頃刻放寬，便隨物流轉，無復收拾。如今《大學》一書，豈是看它言語，正欲驗之於心如何。『如好好色，如惡惡臭』，試驗之吾心，好善、惡惡，果能如此乎？閒居爲不善，見君子則掩其不善而著其善，是果有此乎？一有不至，則勇猛奮躍不已，方有長進處。今不知如此，則書自書，我自我，何益之有！」《大學》一書有正經，有解，有《或問》，看來看去，不用《或問》只看注解便了，久之又只看正經便了，又久之自有一部《大學》在胷中，而正經亦不用矣。然不用某許多工夫，亦看某底不出。不用聖賢許多工夫，亦看聖賢底不出。問敬之：「有異聞乎？」曰：「得一日教看《大學》【九】，曰：『我平生精力盡在此書，須先通此，方可讀他書。』」又嘗曰：「横渠云：『如《中庸》文字，直須句句理會過，使其言互相發。』今讀《大學》亦然。某年十七八時，讀《中庸》、《大學》，每早起須誦十遍，今《大學》且可熟讀。」

【九】得一日　據《朱子語類》卷十四，此句有删減。

甲集二十二

《大傳》：「天生神物，聖人則之；　天地變化，聖人效之。天垂象，見吉凶，聖人象之；　河出圖，洛出書，聖人則之。」朱子曰：「此四者，聖人作《易》之所由也。」　程子曰：「孔子感麟而作《春秋》，麟不出，《春秋》豈不作？大抵須有發端處，如畫八卦，因見《河圖》、《洛書》。果無《圖》、《書》，八卦亦須作。」又因見賣兔者，曰：「聖人見《河圖》、《洛書》而畫八卦。然何必《圖》、《書》，只看此兔，亦可作八卦，數便此中可起。古聖人只取神物之至者耳。」　朱子曰：「伏羲『觀鳥獸之文與地之宜』，那時未有文字，只是仰觀俯察而已。想聖人心細，雖以鳥獸羽毛之微，也盡察得有陰陽。今人心粗，如何見得？」或曰：「伊川見兔，曰察此亦可以畫卦，便是此義。」曰：「就這一端上，亦可見凡草木鳥獸，無不有陰陽。」

古者包犧氏之王天下也，仰則觀象於天，俯則觀法於地，觀鳥獸之文與地之宜，近取諸身，遠取諸物，於是始作八卦，以通神明之德，以類萬物之情。朱子曰：「王昭素云：『與地之間，諸本多有天字。』俯仰遠近，所取不一，然不過以驗陰陽消息兩端而已。神明之德，如健順動止之性。萬物之情，如雷風山澤之象。」

易有太極，是生兩儀，兩儀生四象，四象生八卦，八卦定吉凶，吉凶生大業。朱子曰：「一每生二，自然之理也。易者，陰陽之變，太極者，其理也。兩儀者，始爲一畫，以分陰陽。四象者，次爲二畫，以分太少。八卦者，次爲三畫，而三才之象始備。此數言者，實聖人作易自然之次第，有不假絲毫智力而成者。」　易有太極：

太極者象數未形，而其理已具之稱。形器已具，而其理無朕之目。周子曰：「無極而太極。」邵子曰：「道爲太極。」又曰：「心爲太極。」此之謂也。是生兩儀，太極之判，始生一奇一偶，而爲一畫者二，是爲兩儀。其數則陽一而陰二。在「河圖」、「洛書」，則奇偶是也。周子所謂「太極動而生陽，動極而静，静而生陰，静極復動【一】，一動一静，互爲其根，分陰分陽，兩儀立焉」，邵子所謂一分爲二者，皆謂此也。兩儀生四象，兩儀之上，各生一奇一偶，而爲二畫者四，是謂四象。其位則太陽一，少陰二，少陽三，太陰四。其數則太陽九，少陰八，少陽七，太陰六。周子所謂水火木金，邵子所謂二分爲四者，皆謂此也。四象生八卦，四象之上，各生一奇一偶，而爲三畫者八。於是三才畧具，而有八卦之名矣。其位則乾一、兑二、離三、震四、巽五、坎六、艮七、坤八。《周禮》所謂三易經卦皆八，《大傳》所謂八卦成列，邵子所謂四分爲八者，皆指此而言也。

《大傳》又言：包犧畫卦所取如此，則易非獨以《河圖》而作也。蓋聖人於此仰觀俯察，遠求近取，固有以超然而默契於其心矣。故自兩儀之未分也，渾然太極，而兩儀、四象、六十四卦之理，已粲然於其中。自太極而分兩儀，則太極固太極也，兩儀固兩儀也；自兩儀而分四象，則兩儀又爲太極，而四象又爲兩儀矣。自是而推，由四而八，由八而十六，由十六而三十二，由三十二而六十四，以至千百千萬億之無窮。雖其見於摹畫者，若有先後而出於人爲，然其已定之形，已成之勢，則固已具於渾然之中，而不容毫髮思慮作爲於其間。程子所謂加一倍法者，可謂一言以蔽之。而邵子所謂畫前有易者，又可見其真不妄矣。世儒於此或不之察，往往以爲聖人作易，蓋極其心思探索之巧而得之，甚者至謂凡卦之畫，必由蓍而後得，其誤益以甚矣。八卦之上，各生一奇一偶，而爲四畫者十六，於經無見，邵子所謂八分而爲十六者是也。又爲兩儀之上，各加八卦；又爲八卦之上，各加兩儀也。四畫之上各生一奇一偶，而爲五畫者三十二，邵子所謂十六分爲三十二者是也。又爲四象之上，各加八卦；又爲八卦之上，各加四象也。五畫之上各生一奇一偶，而爲六畫者六十四，則兼三才而兩之，而八卦之乘八卦亦周，於是六十四卦之名立而易道大成矣。《周禮》所謂「三易之别，皆六十有

【一】静極復動　「極」後原有「一」字，據四庫本删。

四」，《大傳》所謂「因而重之，爻在其中矣」，邵子所謂「三十二分爲六十四者」，是也。闔闢往來，乃易之道。「易有太極」，則承上文而言，所以闔闢往來而無窮者，以其有是理耳。有是理，則天地設位而易行乎其中矣。兩生四，四生八，至於八則三變相因而三才可見【二】。故聖人因之爲八卦，以形變易之妙而定吉凶，至此然後可以言書爾。所謂「易有太極」者，未可以書言也。

子曰：「加我數年，五十以學《易》，可以無大過矣。」朱子曰：「劉聘君見元城劉公自言嘗讀它《論》，『加』作『假』，『五十』作『卒』。蓋加、假聲相近而誤讀，卒與五十字相似而誤分也。按：此章之言，《史記》作『假我數年，若是，我於《易》則彬彬矣』，加正作假，而無五十字。蓋是時，孔子年已幾七十矣，五十字誤無疑也。學《易》則明乎吉凶消長之理、進退存亡之道，故可以無大過。蓋聖人深見易道之無窮，而言此以教人，使知其不可不學，而又不可以易而學也。」所謂大過，如當潛不潛、當見不見、當飛不飛，皆過也。

周子曰：「元、亨，誠之通；利、貞，誠之復。大哉易也，性命之源乎！」全文見《四德》篇。朱子曰：「易者，交錯代換之名，卦爻之立由是而已。天地之間陰陽交錯，而實理流行，一賦一受於其中，亦猶是也。」

又曰：「聖人之精，畫卦以示；聖人之蘊，因卦以發。卦不畫，聖人之精不可得而見；微卦，聖人之蘊殆不可悉得而聞。朱子曰：「精者，精微之意。畫前之易，至約之理也。伏羲畫卦，專以明此而已。蘊，謂凡卦之所有，如吉凶消長之理，進退存亡之道，至廣之業也，有卦則因以形矣。」《易》何止五經之源，其天地鬼神之奧乎！」陰陽有自然之變，卦畫有自然之體，此《易》之爲書，所以爲文字之祖、義理之宗也。然不止此，蓋凡管於陰陽者，雖天地之大、鬼神之幽，其理莫不具於卦畫之中。此聖人之蘊，所以必於此而寄之也。

【二】而三才可見　「而」字不清，據四庫本補。

程子《傳序》曰：「易，變易也，隨時變易以從道也。其爲書也，廣大悉備，將以順性命之理，通幽明之故，盡事物之情，而示開物成務之道也。聖人之憂患後世，可謂至矣。去古雖遠，遺經尚存，然而前儒失意以傳言，後學誦言而忘味，自秦而下，蓋無傳矣。予生千載之後，悼斯文之湮晦，將俾後人沿流而求源，此《傳》之所以作也。《易》有聖人之道四焉：『以言者尚其辭，以動者尚其變，以制器者尚其象，以卜筮者尚其占。』吉凶消長之理、進退存亡之道備於辭，推辭考卦可以知變，象與占在其中矣。君子居則觀其象而玩其辭，動則觀其變而玩其占。得於辭不達其意者有矣，未有不得於辭而能通其意者也。至微者理也，至著者象也，體用一源，顯微無間，觀會通以行其典禮，則辭無所不備。故善學者，求言必自近，易於近者，非知言者也。予所傳者辭也，由辭以得意，則在乎人焉。」延平李氏曰：「頃年聞沈元用問尹和靖：『伊川《易傳》何處是切要？』尹云：『體用一源，顯微無間，此最是切要處。』尹説固好，然須是看得六十四卦、三百八十四爻都有下落，方始説得此語。若學者未曾仔細理會，便如此説，豈不誤他？」朱子自謂聞此悚然，始知前日虚言無實，全不濟事，自此讀書益加詳細云。問：「籍溪見譙天授問《易》，天授令先看『見乃謂之象』一句，籍溪未悟。他日又問，天授曰：『公豈不思象之在道，猶《易》之有太極耶？』此意如何？」曰：「如此教人，只好聽耳。使某答之，必先教他將六十四卦熟讀，方可及此。」二説相類，故附見。

來書云：「《易》之義，本起於數。」謂義起於數非也。有理而後有象，有象而後有數。《易》因象以明理，由象而知數。得其義，則象數在其中矣。理無形也，故因象以明理。理既見乎辭矣，則可由辭以觀象，故曰云云。必欲窮象之隱微，盡數之毫忽，乃尋流逐末。術家之所尚，非儒者之務也。答張閎中上文云：「《易傳》未傳，自量精力未衰，尚覬有少進爾。覺耄則傳矣。書雖未出，學未嘗不傳，第患無受之者爾。」《遺事》云：「其後寖疾，始以授尹焞、張繹。」又曰：「《易傳序》云：『觀會通以行典禮。』如堯、舜揖遜，湯、武征伐，皆是典禮處，只是常事。」又曰：「『求言必自近，易於近者，非知言者也』，此伊川喫力爲人處。」又曰：「讀《易》之法，先讀正經，不曉則將《彖》、《象》、《繫辭》來解。」

又曰：「知時識勢，學《易》之大方也。」又曰：「《大畜》初二，乾體剛健而不足以進，四五陰柔而能止。時之盛衰，勢之强弱，學易者所宜深識也。」

《易》中只言反復、往來、上下。

《易》須是默識心通，只窮文義，徒費力。作《易》，自天地幽明，至于昆蟲草木微物，無不合。觀《易》須看時，然後觀逐爻之才。一爻之間，常包函數意，聖人常取其重者爲之辭。亦有《易》中言之已多，取其未嘗言者，亦不必重事。又有且言其時，不及其爻之才，皆臨時參考。

讀《易》須先識卦體。如乾有元、亨、利、貞，缺却個，便不是乾，須要認得。

凡六爻人人有用，聖人自有聖人用，賢人自有賢人用，衆人自有衆人用，學者自有學者用，君有君用，臣有臣用，無所不通。因問：「坤卦是人臣之事，人君有用處否？」先生曰：「是何無用？如『厚德載物』，人君安可不用？」又問：「胡先生解九四作太子，恐不是卦義。」先生曰：「亦不妨，只看如何用，當儲貳則做儲貳。使九四近君，便作儲貳，亦不害。但不要拘一，若執一事，則三百八十四爻只作得三百八十四件事，便休也。」又曰：「介甫以武王觀兵爲九四，大無義理。兼觀兵之説，亦自無此事，云云。」

《易》，聖人所以立道，窮神則無《易》矣。

易要玩索。

乾坤，古無此二字，作《易》者特立此二字以明難明之道，乾坤毁則無以見，易須以意明之。以此形容天地間事。安有識得《易》後，不知退藏於密。密者，用之源，聖人妙處。

聖人用意深處全在《繫辭》。又曰：「《繫辭》本欲明《易》，若不先求卦義，則看《繫辭》不得。」一本云：「《繫辭》所以解《易》，須看了《易》，方看得《繫辭》。」

《易》八卦之位，元不曾有人説。先儒以謂乾位西北，坤位西南，言乾、坤任六子，而自處於無爲之地，此大故無義理。風雷山澤之類，便是天地之用。豈天地外別有六子，如人生六子，則各任以事，而父母自閑。風雷之類於天地間，如人身之有耳目手足，便是人之用也。豈可謂手足耳目皆用，而身無爲乎？按：康節邵氏云：「至哉，文王之作《易》也！其得天地之用乎！故乾、坤交而爲泰，坎、離交而爲既濟也。乾生於子，坤生於午，坎終於寅，離終於申，以應天之時也。置乾於西北，退坤於西南，長子用事，而長女代母，坎離得位，兑艮爲耦，以應地之方也。王者之法，其盡於此矣。」按：此謂文王後天之《易》也，程子之論與邵子不同，今附此以竢參考。　程子又嘗曰：「今人讀《易》，皆不識《易》爲何物，不過就上穿鑿而已。若誦之不熟，就上增一德亦不覺多，減一德亦不覺少。其譬如不識此兒子，若減一隻脚，亦不知是少；添一隻脚，亦不知是多。若識，則自添減不得也。」又：「瑩中嘗愛《文中子》『或問學《易》，子曰：終日乾乾可也』，此語最盡。文王所以聖，亦只是個不已。」先生曰：「凡説經義，如只管節節推上去，可知是盡。終日乾乾，未盡得《易》。據此句，只做得九三使。若謂乾乾是不已，不已又是道，漸漸推去，則自然是盡。只是理不如此。」又曰：「凡看書，各有門庭。《詩》、《易》、《春秋》，不可逐句看；

《尚書》、《論語》，可以逐句看。」

邵子曰：「君子於《易》玩象，玩數，玩辭，玩意。張氏曰：「此教人學易之法。」夫《易》者，聖人長君子、消小人之具也。及其長也，闢之於未然；及其消也，闔之於未然。一消一長，一闔一闢，渾渾然無迹，非天下之至神，其孰能與於此？」

《復》次《剥》，明治生於亂乎？《姤》次《夬》，明亂生於治乎？時哉！時哉！未有《剥》而不《復》，未有《夬》而不《姤》者【三】。防乎其防，邦家其長，子孫其昌，是以聖人貴未然之防。是謂《易》之大綱。知《易》者，不必引用講解，是爲知《易》。孟子著書未嘗及《易》，其間《易》道存焉，但人見之者鮮耳。人能用《易》，是爲知《易》。如孟子，可謂善用《易》者也。又曰：「老子知《易》之體者也，未詳。」

《易》三百八十四爻，真天文也。

楊氏曰：「夫《易》求之吾身，斯可見矣。」又曰：「人人有《易》，不知自求，只於文字上用功，欲作何用？」問：「《易》曰：『乾坤，其《易》之門耶。』所謂門，莫是學《易》自此入否？」曰：「不然。易與乾坤，豈有二物，孰爲内外？謂之乾坤者，因其健順而命之爾。乾坤即易，易即乾坤，故孔子曰：『乾坤毁無以見易。』蓋無乾坤則不見易，非易則無乾坤。謂『乾坤爲易之門』者，陰陽之氣有動静屈伸爾。一動一静，或屈或伸，闔闢之象也。故孔子曰：『闔户謂之坤，闢户爲之乾。』所謂門者如此。夫氣之闔闢往來，豈有窮哉！有闔有闢，變由是生。其變無常，非易而何？夫易云云，豈應外求？横渠於《正蒙》中曾畧説破，云：『乾坤之闔闢出入，消息之象也【四】。』非見得徹，言不能及此云云。」

【三】未有夬　「夬」原作「决」，據四庫本改。

【四】消息之象　「息」，四庫本、乾隆本作「長」。

朱子曰：「易字義只是陰陽，莊生曰『易以道陰陽』，亦不爲無見。」又曰：「龜山過黄亭詹季魯家，季魯問《易》，龜山取紙畫圈，墨塗其半，云：『這便是《易》。』此説極好。《易》只是一陰一陽，做出許多般樣。」

又曰：「易字有二義：有變易，有交易。」問：「《正義》云：『易者，變化之總号，代换之殊稱，乃陰陽二氣生生不息之理。』此數語亦説得好。」先生云：「看天地之間別有甚事【五】？只是陰與陽兩個字。看是甚麽物事都離不得，只就身上體看，纔開眼不是陰便是陽。密拶拶在這裏，不是仁，便是義；不是剛，便是柔。只自家要做向前便是陽；纔收退，便是陰。意思纔動便是陽，纔静便是陰。未消别看，只是一動一静，便是陰陽。伏羲只因此畫卦以示人。」

《易》中之辭，大抵陽吉而陰凶，間亦有陽凶而陰吉者。蓋有當爲有不當爲，若當爲而不爲，不當爲而爲之，雖陽亦凶。

夫子讀《易》，與常人不同：是其胷中洞見陰陽剛柔、吉凶消長、進退存亡之理。其贊《易》，即就胷中寫出此理。《易》中多言利貞、貞吉、利永貞之類，皆是要人守正。

《易》大槩欲人恐懼修省。如讀《坤》之初六，須知履霜堅冰之漸，要人恐懼修省。問：「《易》如何讀？」曰：「虚心以求其義，而不執己見。他書亦然。」

上古之書莫尊於《易》，中古以後之書莫大於《春秋》，然此二書皆未易學。今人才學此，便入於鑿。若讀此二書，且當求其大義：《易》尊陽抑陰，進君子而退小人，明消息盈虚之理；《春秋》則尊王賤伯，内中國而外夷狄，明君臣上下之分，所謂大義也。

横渠云：「《易》爲君子謀，不爲小人謀，甚善。然《易》中亦有時爲小人謀，如『包

【五】看天地之間　「看」原作「云」，據《朱子語類》卷六十五改。

承,小人吉,大人否,亨』,言小人當否之時,能包承君子則吉。但此雖爲小人謀,乃所以爲君子謀也。《易》本爲卜筮而作,古人淳質,初無文義,故畫卦爻以開物成務。故曰夫《易》,何爲而作也?夫《易》開物成務,冒天下之道,如斯而已矣。此《易》之大意如此。」又曰:「聖人作《易》,本爲欲定天下之志,斷天下之疑而已,非欲因此説道理也。如人占得這爻之象是吉是凶,吉便爲之,凶便不爲,如此則理自在其中。如《剥》之上九『碩果不食,君子得輿,小人剥廬』,其象如此,謂一陽在上,如碩大之果,不及食而獨留於其上,如君子在上而小人皆載於下,則是君子之得輿也。然小人雖載君子,而乃欲自下而剥之,則是自剥其廬耳。蓋唯君子乃能覆蓋小人,小人必賴君子以保其身。今小人欲剥君子則君子亡,君子亡則小人亦無所容其身,如自剥其廬也。且看自古小人欲害君子,到害得尽後,國破家亡,小人曾有存活得者否?故《象》曰:『君子得輿,民所載也;小人剥廬,終不可用也。』若人占得此爻,則爲君子之所爲者必吉,而爲小人之所爲者必凶矣。其象如此,而理在其中,却不是因欲説道理而後説象也。」問《易》。曰:「聖人作《易》之初,蓋是仰觀俯察,見得盈乎天地之間,無非一陰一陽之理。有是理則有是象,有是象則其數便自在這裏,非特《河圖》、《洛書》爲然。蓋所謂數者,祇是氣之分限節度處,得陽必奇,得陰必偶,凡物皆然,而《圖》、《書》爲特著耳。於是聖人因之而畫卦,其始也,只是畫一奇以象陽,畫一偶以象陰而已。但纔有兩,則便有四;纔有四,則便有八;又從而再倍之,便是十六。蓋自其無眹之中,而無窮之數已具,不待安排而其勢有不容已者。卦畫既立,便有吉凶在裏。蓋是陰陽往來交錯於其間,其時則有消長之不同,長者便爲主,消者便爲客;事則有當否之或異,當者便爲善,否者便爲惡。即其主客、善惡之辨,而吉凶見矣,故曰『八卦定吉凶』。吉凶既決定而無差,則以之立事,而大業自此生矣。此聖人作《易》教民占筮,而以開天下之愚,以定天下之志,以成天下之事者如此。但自伏羲而上,只有六畫,而未有文字可傳。到得文王、周公,乃繫之以辭,故曰『聖人設卦觀象,繫辭焉而明吉凶』。蓋是卦之未畫也,因觀天地自然之法象而畫；及其既畫也，一卦自有一卦之象。謂象有個形似也，故聖人即其象而命之名。以爻之進退而言，則如剥、復之類；以其形之肖似而言，則如鼎、井之類。此是伏羲即卦體之全，而立個名如此。及文王觀卦體之象而爲之象辭，周公視卦爻之變而爲之爻辭，而吉凶之象益著矣。大率天下之道，只是善惡而已，但所居之位不同，所處之時既異，而其幾甚微。只爲天下之人不能曉會，所以聖人因此占筮之法以曉人，使人居則觀象玩辭，動則觀變玩占，不迷於是非得失之塗，所以是書夏、商、周皆用之。其所言雖不同，其辭雖不可盡見，然皆太卜之官掌之，以爲占筮之用。有所謂『繇辭』者，左氏所載，尤可見古人用《易》處。蓋其所謂象者，皆是假此衆人共曉之物，以形容此事之理，使人知所取舍而已，故自伏羲而文王、周公，雖自畧而詳，所謂占筮之用則一。蓋即那占筮之中，而所以處置是事之理便在那裏了，故其法若粗淺，而隨人賢愚皆得其用。蓋是文王雖有定象，有定辭，皆是虛說，此個地頭，合是如此置，初不黏着物上，故一卦一爻，足以包無窮之事【六】，不可只以一事指定說。他裏面也有指一事說處，如『利建侯』、『利用祭祀』之類，其他皆不是指一事說。此所以見《易》之爲用，無所不該，無所不偏，但看人如何用之耳。到得夫子，方始純以理言，雖未必是羲、文本意，而事上說理亦是如此，但不可便以夫子之說爲文王之說。」

又曰：「聖人作《易》，本是使人卜筮，以決所行之可否，而因之以教人爲善，如嚴君平所謂與人子言依於孝，與人臣言依於忠者。故卦爻之辭只是因依象類，虛設於此，以待扣而決者。便以所值之辭決所疑之事，似若假之神明，而亦必有是理而後有是辭。理無不正，故其丁寧告戒之詞皆依於正【七】。」又曰：「讀《易》之法，竊疑卦爻之詞，本爲卜筮者斷吉凶而因以訓戒。至《彖》、《象》、《文言》之作，始因其吉凶訓戒之意，而推說其義理以明之。後人但見孔子所說義理而不復推本文王、周公之本意【八】，因指卜筮爲不足言，而其所以言《易》者遂遠於日用之實【九】，類皆牽合委曲，偏主一事而言，無復包含該貫、曲暢旁通之妙。若但如此，則聖人當時自可別作一書，明諸義理，以詔後世，何用假托卦象，爲此艱深隱晦之詞乎？故今欲凡讀一卦一爻，便如占筮所得，虛心以求其詞義之所指，以爲吉凶可否之決。然

【六】足以包無窮　「包」字原脱，據《朱子語類》卷六十七補。
【七】故其丁寧　「故」原作「欲」，據四庫本改。
【八】推本文王　「推本」原作「雄舉」，據四庫本、《御纂朱子全書》卷二十七改。
【九】遠於日用　「遠」原作「退」，據四庫本改。

後考其象之所以然者，求其理之所以然者，然後推於事，使上自王公，下至民庶，所以脩身治國，皆有可用。私竊以爲如此求之，似得三聖遺意。」

又曰：「聖人因卦爻以垂戒，多是利於正，未有不正而利者。如云『夕惕若厲，无咎』，若占得這爻，必是朝兢夕惕，戒謹恐懼，可以无咎。若不如此，便有咎。」又云：「『直方大，不習無不利』，若占得這爻，須是將自身己體看：是直，是方，是大，去做某事必得其利；若自家未是直，不曾方，不曾大，則無所往而得其利，此是本爻辭如此。到孔子又添説：『敬以直内，義以方外。』本來只是卜筮，聖人爲之辭以曉人，便説許多道理在上。今學《易》，非必待遇事而占，方有所戒。只平居玩味，看所説道理，於自家所處地位合是如何。故云：『居則觀其象而玩其辭，動則觀其變而玩其占。』」又曰：「學《易》者須將《易》各自看，伏羲《易》自作伏羲《易》看，是時未有一辭也。文王《易》自作文王《易》看，周公《易》自作周公《易》看，孔子《易》自作孔子《易》看，必欲牽合作一意看不得。」又《本義》文：「有天地自然之《易》，有伏羲之《易》，有文王、周公之《易》，有孔子之《易》。自伏羲以上，皆無文字，只有圖書，最宜詳玩，可見作《易》本原精微之意。文王以下方有文字，讀者宜各就本文消息，不可便以孔子之説爲文王之説也。」又曰：「《易》中言，占者有其德，則其中如是；言無其德而得是占者，却是反説。如南蒯得『黄裳元吉』，疑吉矣，而蒯果敗者，蓋卦辭明言黄裳元吉，無黄裳之德則不吉也。如奢侈之人，而得『共儉則吉』之占，明不共儉者，是占爲不吉也。他皆倣此。如此看，自然意思活。」

愚按：魯穆姜筮得隨卦，與南蒯得黄裳之義同。又曰：「《易》只是個空底物事，未有是事，預説是理，故包括得盡許多道理，看人做甚事，皆撞着他。」又曰：「『《易》無思也，無爲也』，《易》是個無情底物事，故『寂然不動』。占之者吉凶善惡隨事著見，乃『感而遂通』。」又曰：「《易》如一個鏡相似，看甚物來，都能照得，如所謂潛龍，只是有個潛龍之象。自天子至於庶人，看甚人來都使得。孔子説作『龍德而隱，不易乎世，不成乎名，遯世無悶，不見是而無悶，樂則行之，憂則違之，確乎其不可拔，潛龍也』，便是就事上指殺説了。然會看底，雖孔子説也活，也無不通；

不會看底，雖文王、周公説底也死了。須知得他是假託説，是包含説。假託謂不惹着那事，包含是説個影象在這裏，無所不包。」按：朱子以《易》本爲卜筮作，故《本義》一書專以明此，同時諸賢雖有異論，而不能奪也。故詳載其説，使學者知先生本意云。以上易之要指。又程子曰：「《易》有百餘家，難爲徧觀，如素未識文義，且須看王弼、胡先生、王荆公三家，理會得文義且要熟讀，然後却有用心處。」又曰：「王弼注《易》，元不見道，但以老、莊之意解説而已。」尹氏曰：「伊川於《易傳》潛心甚久，未嘗容易下一字。」朱子曰：「伊川先生晚年所見甚實，更無一句懸空説話。今觀《易傳》可見。」又曰：「伯恭謂：『《易傳》理到語精，平易的當，立言無毫髮遺恨。』此乃名言。」又曰：「《易傳》明白無難看，但伊川以天下許多道理散入六十四卦中，若作《易》看，即無意味。唯將來作事看，即字字句句有用處。」又曰：「《易傳》須先讀它書，理會得義理了，方有個入路，見其精密處。蓋其所言義理極妙，初學者未使著，不識其味，如遺書之類，人看着却有啓發處。非是《易傳》不好，但不當使未合看者看，須是已知義理者，得此便可磨礲入細。此書於學者非啓發工夫，乃磨礲工夫。」　焞曰：「先生踐履盡是《易》，其作《傳》只是寫成。」

孔氏《書序》曰：「孔子討論《墳》、《典》，斷自唐、虞以下，訖于周。芟夷繁亂，翦截浮辭，舉其宏綱，撮其樞要，足以垂世立教。典、謨、訓、誥、誓、命之文，凡百篇，所以恢弘至道，示人主以軌範也。帝王之制坦然明白，可舉而行，三千之徒並受其義。」

程子曰：「觀《書》須要見二帝三王之道，如二《典》，即求堯所以治民、舜所以事君。」朱子曰：「看二《典》之書，堯、舜所以卷舒作用，直如此熟。」

張子曰：「《尚書》難讀，蓋難得胷臆如此之大。只欲解義，則無難也。」

朱子曰：「《尚書》初讀，若於己不相關，熟而誦之，乃知堯、舜、禹、湯、文、武之事，無非切己者。」又曰：「二《典》、三《謨》等篇，義理明白，句句皆實理。」下云：「堯之所以爲君，舜之所以爲臣，皋陶、契、益、伊、傅輩所言所行，最好紬繆玩味，體貼向自家身上來，其味自别。」又曰：「伊尹告太甲五篇，説得極切。其所以治心修身處，雖爲人主言，然初無貴賤之别。」又曰：「伊尹許多語，句句是天理。」又嘗問學者曰：「《尚書》如何看？」曰：「須要考歷代之變。」先生曰：「世變難看。唐、虞、三代事，浩大闊遠，何處測度？不若求聖人之心。如堯，則考其所以治民；舜，則考其所以事君。且如《湯誓》曰：『予畏上帝，不敢不正。』熟讀豈不見湯之心？」　愚謂：武王曰「予弗順天，厥罪惟鈞」，是亦湯之心也。

東萊吕氏曰：「《書》者，堯、舜、禹、湯、文、武、皋、夔、稷、契、伊尹、周公之精神心術盡寓其中，觀《書》不求其心之所在，夫何益？欲求古人之心，盡吾之心，然後可以見古人之心。」以上《書》之要指。　朱子曰：「《書》有古文，有今文。古文乃壁中之書，今文乃伏生口傳。易讀書皆古文，却是伏生口傳者難讀【一〇】。」又曰：「《書》有兩體：有極分曉者，有極難曉者。如《盤庚》、《大誥》、《多方》、《多士》之類，恐是當時召來而面命之，自是當時一類説話。至於《湯誥》、《微子之命》、《君陳》諸篇，則是當時修其辭命，所以百姓皆曉者，有今時老師宿儒之所不曉。今人所不曉者，未必當時之人不識其詞義也。」又曰：「《典》、《謨》諸書，恐是曾經史官潤色來，《周誥》諸篇，恐只似今榜文曉諭，方言俚語，隨地隨時，各自不同。」又曰：「《尚書》有不必解者，有須着意解者，有畧須解者，有不可解者。如《仲虺》、《太甲》諸篇，只是熟讀，義理自分明，何俟於解？如《洪範》則須着意解。《典》、《謨》諸篇，辭稍雅奥，亦畧須解。若如《盤庚》諸篇已難解，而《康誥》之屬，則已不可解矣。昔日吕伯恭相見，語之以此。渠云：『亦無可闕處。』因語之曰：『如此則是讀未熟。』後二年相見，云：『誠如此語。』」　孔安國《傳》恐是魏、晉間人作，與毛公《詩傳》大不同，《序》文亦不類漢文章。　《書小序》亦非孔子作，與《詩小序》同。

【一〇】却是伏生　「却」原作「切」，據四庫本改。

問：「《書解》東坡爲上否？」曰：「然。」又曰：「大綱好，亦有得有失。」　東萊改本書說，無闕疑處。又曰：「伯恭說書傷於巧。」　愚按：五十八篇之《書》無一語不及天，無一語不主敬。

《詩大序》曰：「詩者，志之所之也，在心爲志，發言爲詩。朱子曰：「心有所之謂之志，而《詩》所以言志也。」　情動於中而形於言，言之不足故嗟嘆之，嗟嘆之不足故永歌之，永歌之不足，不知手之舞之、足之蹈之也。情者，性之感於物而動者也。喜怒憂懼愛惡欲，謂之七情。形，見。永，長也。　情發於聲，聲成文謂之音。治世之音，安以樂，其政和；亂世之音，怨以怒，其政乖；亡國之音，哀以思，其民困。聲不止於言，凡嗟嘆永歌皆是也。成文，謂其清濁高下，疾徐疏數之節，相應而和也。然情之所感不同，則音之所成亦異矣。　故正得失，動天地，感鬼神，莫近於詩。事有得失，《詩》因其實而諷詠之，使人有所創艾興起，至其和平怨怒之極，又足以達於陰陽之氣而致祥召災。蓋其出於自然，不假人力，是以入人深而見功速，非他教之所及也。　先王以是經夫婦，成孝敬，厚人倫，美教化，移風俗。」先王指文、武、周公、成王。是，指風、雅、頌之正經。經，常也。女正位乎內，男正位乎外，夫婦之常也。孝者，子之所以事父。敬者，臣之所以事君。《詩》之始作，多發於男女之間而達於父子君臣之際，故先王以《詩》爲教，使人興於善而戒其失，所以道夫婦之常而成父子君臣之道也。三綱既正，則人倫厚、教化美而風俗移矣。

「故《詩》有六義焉：一曰風，二曰賦，三曰比，四曰興，五曰雅，六曰頌。此一條本出於《周禮》大師之官，蓋三百篇之綱領管轄也。風雅頌者，聲樂部分之名也，風則十五《國風》，雅則大、小《雅》，頌則三《頌》也。賦、比、興，則所以製作風、雅、頌之體也，賦者直陳其事，如《葛覃》、《卷耳》之類是也；比者以彼狀此，如《螽斯》、《綠衣》之類是也；興者託物興詞，如《關雎》、《兔罝》之類是也。蓋衆作雖多，而其聲音之節、製作之體不外乎此。故太師之教國子，必使之以是六者，三經而三緯之，則凡《詩》之節奏、指歸，皆將不待講說，而直可吟詠以得之矣。六者之序以其篇次，風固爲先，而風則有賦比興矣。故三者次之，而雅頌又次之，蓋亦以是三者爲之也。然比興之中，《螽斯》專於比，而《緑衣》兼於興，《兔罝》專於興，而《關雎》兼於比，此其例中又自有不同者，學者亦不可以不知也。

上以風化下，下以風刺上，主文而譎諫。言之者無罪，聞之者足以戒，故曰風。 風者，民俗歌謡之詩，如物被風而有聲，又因其聲以動物也。上以風化下者，詩之美惡，其風皆出於上，而被於下也。下以風刺上者，上之化有不善，則在下之人，又歌詠其風以譏其上也。凡以風刺上者，皆不主於政事，而主於文詞，不以正諫，而託意以諫。若風之被物，彼此無心，而能有所動也。

至于王道衰，禮義廢，政教失，國異政，家殊俗，而變風、變雅作矣。」 先儒舊説二《南》二十五篇爲正風，《鹿鳴》至《菁莪》二十二篇爲正小雅，《文王》至《卷阿》十八篇爲正大雅，皆文、武、成王時詩，周公所定樂歌之詞。《邶》至《豳》十三國爲變風，《六月》至《何草不黄》五十八篇爲變小雅，《民勞》至《召旻》十三篇爲變大雅，皆康、昭以後所作，故其爲説如此。「國異政，家殊俗」者，天子不能統諸侯，故國國自爲政；諸侯不能統大夫，故家家自爲俗。然正、變之説，經無明文，今姑從之。

「國史明乎得失之迹，傷人倫之廢，哀刑政之苛，吟詠情性，以風其上，達於事變而懷其舊俗者也。 《詩》之作，或出於公卿大夫，或出於匹夫匹婦，蓋非一人，而《序》以爲專出於國史，則誤矣。説者欲蓋其失，乃云國史紬繹詩人情性而歌詠之，以風其上，則不唯文理不通，而考之《周禮》，太史之屬掌書而不掌詩，其誦詩以諫，乃太師之屬，瞽矇之職也。故《春秋傳》曰：「史爲書，瞽爲詩。」説者之云，兩失之矣。

故變風發乎情，止乎禮義。發乎情，民之性也。止乎禮義，先王之澤也。 情者，性之動，而禮義者，性之德也。動而不失其德，則以先王之澤入人者深，至是而猶有不忘者也。然此言亦其大槩，有如此者，其放逸而不止乎禮義者，固已多矣。　是以一國之事，繫一人之本，謂之風。所謂上以風化下。言天下之事，形四方之風，謂之雅。雅者，正也，言王政之所由廢興也。政有小大，故有小雅焉，有大雅焉。形者，體而象之之謂。《小雅》皆王政之小事，《大雅》則言王政之大體也。頌者，美盛德之形容，以其成功告於神明者也。告，古毒反。頌皆天子所制郊廟之樂歌，頌、容古字通，故其取義如此。是謂四始，《詩》之至也。」《史記》曰：「《關雎》之亂，以爲《風》始；《鹿鳴》爲《小雅》始；《文王》爲《大雅》始；《清廟》爲《頌》始：所謂四始也。」《詩》之所以爲《詩》者，至是無餘蘊矣，後世雖有作者，其孰能加於此乎！邵子曰：「刪《詩》之後，世不復有《詩》矣。」蓋此謂也。

子曰：「《詩》三百，一言以蔽之，曰思無邪。」朱子曰：「《詩》三百十一篇，言三百者，舉大數也。蔽，猶蓋也。思無邪，《魯頌·駉》篇之辭。凡《詩》之言，善者可以感發人之善心，惡者可以懲創人之逸志，其用歸於使人得其情性之正而已。然其言微婉，且或各因一事而發，求其直指全體，則未有若此之明且盡者。故夫子言《詩》三百篇，而惟此一言足以盡蓋其義，其示人之意亦深切矣。」程子曰：「『思無邪』，誠也。」范氏曰：「學者必務知要，知要則能守約，守約則足以盡博矣。經禮三百，曲禮三千，亦可以一言蔽之，曰『毋不敬』。」

子貢曰：「貧而無諂，富而無驕，何如？」子曰：「可也。未若貧而樂，富而好禮者也。」子貢曰：「《詩》云『如切如磋，如琢如磨』，其斯之謂與？」子曰：「賜也！始可與言《詩》已矣，告諸往而知來者。」說已見前。

子夏問曰：「『巧笑倩兮，美目盼兮，素以爲絢兮。』何謂也？」子曰：「繪事後素。」曰：「禮後乎？」子曰：「起予者商也！始可與言《詩》已矣。」朱子曰：「禮必以忠信爲質，猶繪事以粉素爲先。起，猶發也。起予，言能起發我之志意。謝氏曰：『子貢因論學而知《詩》，子夏因論《詩》而知學，故皆可與言《詩》。』」楊氏曰：「『甘受和，白受采。忠信之人，可以學禮。苟無其質，禮不虚行。』此『繪事後素』之説也。孔子曰『繪事後素』，而子夏曰『禮後乎』，可謂能繼其志矣。非得之言意之表者能之乎？商、賜可與言《詩》者以此。若夫玩心於章句之末，則其爲詩也固而已矣。所謂『起予』，則亦相長之義也。」南軒曰：「凡禮之生，生於質也。無其質，則禮安從施？夫素雖待於絢，然素所以有絢也，無其質則何絢之有？曰『繪事後素』者，謂質爲之先，而文爲後也。子夏於此知禮之爲後，可謂能默會於語言之外矣。」

子曰：「《關雎》樂而不淫，哀而不傷。」朱子曰：「淫者，樂之過而失其正者也。傷者，哀之過而害於和者也。《關雎》之詩，言后妃之德，宜配君子。求之未得，則不能無寤寐反側之憂；求而得之，則宜有其琴瑟鍾鼓之樂。蓋其憂雖深而不害於和，其樂雖盛而不失其正，故夫子稱之如此。欲學者玩其辭，審其音，而有以識其性情之正也。」南軒曰：「哀樂，情之爲也，而其理具於性。樂而至於淫，哀而至於傷，則是情之流而性之汩矣。樂而不淫，哀而不傷，發不踰則性情之正也。非養之有素者，其能然乎？《關雎》之詩，樂得淑女以配君子，至於琴瑟友之，鐘鼓樂之，所謂樂而不淫也。哀窈窕，思賢才，至於寤寐思服，展轉反側，所謂哀而不傷也。玩其詞義，可不深體於性情之際乎？」

子曰：「誦《詩》三百，授之以政，不達；使於四方，不能專對。雖多，亦奚以爲？」朱子曰：「專，獨也。《詩》本人情，該物理，可以驗風俗之盛衰，見政治之得失。其言温厚和平，長於風諭，故誦之者，必達於政而能言也。」程子曰：「窮經將以致用也。世之誦《詩》者，果能從政而專對乎？然則其所學者，章句之末耳，此學者之大患也。」《集義》程子曰：「今人不會讀書，如『誦《詩》三百』云云，須是未讀《詩》時，授之以政不達，使四方不能專對；既讀《詩》後，便達於政，能專對四方，始是讀《詩》。未讀《周南》、《召南》時，一似面墻；到讀後，便不面墻，方是有驗。大抵讀書，只此便是法。」

子曰：「小子！何莫學夫《詩》？《詩》可以興，朱子曰：「感發志意。」可以觀，考見得失。可以羣，和而不流。可以怨。怨而不怒。邇之事父，遠之事君，人倫之道，《詩》無不備，二者舉重而言。多識於鳥獸草木之名。」其緒餘又足以資多識。　學《詩》之法，此章盡之。讀是經者，所宜盡心也。　謝氏曰：「《詩》吟詠情性，善感發人，使人易直子諒之心易以生，故可以興；得情性之正，無所固滯，則閱理自明，故可以觀；心平氣和，於物無競，故可以羣；優游不迫，雖怨而不怒也，無鄙倍心，故可以怨。」　黄氏曰：「可以觀，謂可以考見己之得失也。」

子謂伯魚曰：「女爲《周南》、《召南》矣乎？人而不爲《周南》、《召南》，其猶正墻面而立也與！」朱子曰：「爲，猶學也。《周南》、《召南》，《詩》首篇名。所言皆修身齊家之事，正墻面而立，言即其至近之地，而一物無所見，一步不可行。」　或問：「二《南》何以爲《詩》之首篇也？」曰：「《周南》之詩，言文王后妃閨門之化；《召南》之詩，言諸侯之國夫人、大夫妻被文王后妃之化而成德之事。蓋文王治岐【一一】，而化行於江漢之域，自北而南，故其樂章以南名之。用之鄉人，用之邦國，以教天下。後世誠意正心、脩身齊家之道，蓋《詩》之正風也。」

《孟子》曰：咸丘蒙問曰：「舜之不臣堯，則吾既得聞命矣。《詩》云：『普天之下，莫非王土；率土之濱，莫非王臣。』而舜既爲天子矣，敢問瞽瞍之非臣，如何？」曰：「是《詩》也，非是之謂也；勞於王事，而不得養父母也。曰：『此莫非王事，我獨賢勞也。』故説《詩》者，不以文害辭，不以辭害志。以意逆志，是爲得之。如以辭而已矣，《雲漢》之詩曰：『周餘黎民，靡有孑遺。』信斯言也，是周無遺民也。」朱子曰：「言説《詩》之法，不可以一字

【一一】文王治岐　「岐」原作「歧」，據四庫本改。

而害一句之義，不可以一句而害設辭之志，當以己意迎取作者之志，乃可得之。若但以其辭而已，則如《雲漢》所言，是周之民真無遺種矣。惟以意逆之，則知作《詩》者之志在於憂旱，而非真無遺民也。」程子曰：「舉一字是文，成句是辭。」

公孫丑問曰：「高子曰：『《小弁》，小人之詩也。』」孟子曰：「何以言之？」曰：「怨。」曰：「固哉，高叟之爲詩也！有人於此，越人關弓而射之，則己談笑而道之，無他，疏之也。其兄關弓而射之，則己垂涕泣而道之，無他，戚之也。《小弁》之怨，親親也。親親，仁也。固矣夫，高叟之爲詩也！」曰：「《凱風》何以不怨？」曰：「《凱風》，親之過小者也。《小弁》，親之過大者也。親之過大而不怨，是愈疏也；親之過小而怨，是不可磯也。愈疏，不孝也；不可磯，亦不孝也。孔子曰：『舜其至孝矣，五十而慕。』」說已見前。

程子曰：「《詩》者，言之述也。言之不足而長言之，此詠歌之所由興也。其發於誠，感之深，至於不知手之舞之、足之蹈之，故其入於人也亦深。古之人幼而聞歌誦之聲，長而識美刺之意，故人之學由《詩》而興。後世老師宿儒尚不知《詩》之義，後學豈能興起乎？二《南》之詩，蓋聖人取之以爲天下國家之法，使邦家鄉人皆得歌詠之也。有天下國家者，未有不自齊家始，故先言后妃，次言夫人，又次言大夫妻，而古人有能修之身以化在位者，文王是也，故繼之以文王之詩。」

《周南》、《召南》如乾坤。

古者家有塾，黨有庠，故人未有不入學者。三老坐於里門，出入察其長幼揖遜之序。如今所傳之《詩》，人人諷誦，莫非止於禮義之言。今人雖白首，未嘗知有《詩》，至於里俗之言，皆不可聞，皆繫其習也。以古所習，安得不善？以今所習，安得不惡？

學者不可以不看《詩》，看《詩》便使人長一格。作《詩》者未必皆聖賢，當時所取者，取其意思止於禮義而已。其言未必盡善，如比其君以狡童之類是也。朱子亦曰：「變風止乎禮義，如《泉水》、《載馳》之類，固止乎禮義。如《桑中》有甚禮義？《大序》只説得那好底。」

張子曰：「置心平易，然後可以言《詩》。涵泳從容【一二】，則忽不自知而自解頤矣。若以文害辭，以辭害意，則幾何而不爲高叟之固哉！」

求《詩》者貴平易，不要崎嶇。蓋詩人之情性温厚、平易、老成，今以崎嶇求之，其心先狹隘，無由可見。詩人之志平易，故無艱嶮之言。大率所言皆目前事，而義理存乎其中，以平易求之，則思遠以廣，愈艱嶮則愈淺近矣。

知《詩》者莫如孟子，以意逆志，讀《詩》之法也。

謝氏曰：「學《詩》，須先識得六義體面，而諷味以得之。」朱子曰：「六義之説，見於《周禮》、《大序》其辨甚明，其用可識。而自鄭氏以來，諸儒相襲，不唯不能知其所用，反行異説以汨陳之。唯謝氏此説爲庶幾得其用爾。」　問《詩》備六義之旨。先生曰：「六義次序，孔氏得之。但六字之旨極爲明白，只因鄭氏不曉《周禮・籥章》之文，妄以《七月》一詩分爲三體，故諸儒多從其説，牽合附會，紊亂顛錯，費盡安排，只扶合鄭氏曲解《周禮》一章，

【一二】涵泳從容　「泳」原作「味」，據四庫本改。

而於《詩》之文義、意旨了無所益，故鄙意不敢從之。只且白直依文解義，既免得紛紜，枉費心力，而六義又都有用處，不爲虚設。蓋使讀《詩》者知是此義，便作此義推求，極爲省力。今人説《詩》，空有無限道理而無一點意味，只爲不曉此耳。《周禮》以六詩教國子，亦是使之明此義例，推求《詩》意，庶其易曉。若如今説，即是未通經時無所助於發明，既通經後徒然增此贅説，教國子者何必以是爲先，而《詩》之爲義，又豈止於六而已耶？《籥章》之『豳雅』、『豳頌』，恐《大田》、《良耜》諸篇當之。不然，即是别有此詩而亡之，如王氏説。又不然，即是以此《七月》一篇吹成三調，詞同而音異耳。若如鄭説，即兩章爲《豳風》，猶或可成音節，至於四章半爲《豳雅》，三章半爲《豳頌》，不知成何曲拍耳。」又曰：「讀《詩》全在諷詠之功。諷詠得熟，則六義將自分明。須使篇篇有個下落，始得。」問《詩》中比興。先生曰：「《詩》中比處少，風雅頌只是今詩中風雅頌不須説，每詩皆有。如賦則是鋪陳其事，『七月流火，九月授衣』是也。興處極多，如《鶴鳴》詩却全是比，分明是七個謎子。『淠彼涇舟，烝徒楫之。周王于邁，六師及之』，分明是比出深味意思，便見得相似。」問《關雎》。先生曰：「此是興詩。興，起也。引物以起吾意，如雎鳩是摯而有别之物，荇菜是潔淨和柔之物，引此起興，猶不甚遠。其他亦有全不相類者。雖皆是興，只借他物以起吾意耳。與《關雎》又略不同也。」問：「『倬彼雲漢，爲章于天』，何以見作人之義？」先生曰：「『倬彼雲漢』，則『爲章于天』矣。『周王壽考』，則何不作人乎？此等語言，自有個血脈流通處，但涵泳久之，自然見得條暢浹洽，不必多引外來道理言語，却壅滯詩人活底意思也。周王既是壽考，豈不作成人材？此事已自分明，更着個『倬彼雲漢，爲章于天』唤起來，便愈見活潑潑地，此六義所謂興也。興乃興起之義，凡言興，皆當以此例觀之。《易》以言不盡意，而立象以盡意，蓋亦如此。」

君子之於《詩》，非徒誦其言，又將以考其情性；非徒考其情性，又將以考先王之澤。蓋法度禮樂雖亡，於此猶能併得其深微之意而傳之。故其爲言，率皆樂而不淫，憂而不困，怨而不怒，哀而不愁，如《緑衣》傷己之詩也，其言不過曰「我思古人，俾無訧兮」。

《擊鼓》怨上之詩也，其言不過曰「土國城漕，我獨南行」。至軍旅數起，大夫久役，止曰「自詒伊阻，行役無期」。度思其危難以風焉，不過曰「苟無飢渴而已」。若夫言天下之事，美盛德之形容，固不待言而可知也。其與憂愁思慮之作，孰能優游不迫也？孔子所以有取焉，作《詩》者如此，讀《詩》者其可以邪心讀之乎？《詩》須諷味以得之，古《詩》即今之歌曲，今之歌曲往往能使人感動，至學《詩》却不然。只爲泥章句故也。明道先生善言《詩》，它又渾不曾章解句釋，但優游玩味，吟哦上下，便使人有得處。「瞻彼日月，悠悠我思。道之云遠，曷云能來」，思之切矣。終曰「百爾君子，不知德行。不忮不求，何用不臧」，歸於正也。又云：「伯淳常談《詩》，並不下一字訓詁，有時只轉却一兩字點，平掇地念過，便教人省悟。」又因言「鳶飛魚躍」云云【一三】，曰：「今人學詩將章句橫在肚裏，怎生得脱灑去。」

龜山楊氏曰：「今之説《詩》者，多以文害辭。非徒以文害也【一四】，又有甚者，析字之偏旁以取義，豈復有詩？孟子引『天生蒸民，有物有則；民之秉彝，好是懿德』，其釋詩也，於其本文加四字耳，而語自分明，與今之説詩者異矣。」

詩全在體會。仲素問：「《詩》如何看？」曰：「云云且如《關雎》之詩，詩人以興后妃之德，蓋如是也。須當想象雎鳩爲何物，知其爲摯而有别之禽，則又想象關關爲何聲，知關關之聲爲和而適，則又想象在河之洲是何所在，知河之洲居幽閒遠人之地，則知如是之禽，其鳴聲如是，而又居幽閒遠人之地，則后妃之德可以意曉矣。是之謂體會。惟體會得，則看時有味。」又曰：「《狼跋》之詩曰：『公孫碩膚，赤舄几几。』周公之遇謗，何其安閑不迫也。學詩者不在語言文字，當想其氣味，則詩意得矣。」

【一三】鳶飛魚躍云云　前「云」字原作「去」，據四庫本改。

【一四】徒以文害也　「徒」原作「徙」，據四庫本改。

問：「《時》如何以興？」朱子曰：「讀《詩》，見其不美者，令人羞惡；見其美者，令人興起。」

《柏舟》之詩曰「静言思之，不能奮飛」，《緑衣》之詩曰「我思古人，實獲我心」，此可謂止乎禮義。所謂可以怨，即是喜怒哀樂發而皆中節處。推此以觀，則子之不得於父，臣之不得於君，朋交之不相信，皆當以此意處之。如屈原之懷沙赴水，賈誼言「歷九州而相其君，何必懷此都也」，便都過當了。古人胷中發出意思自好，看着三百篇《詩》，則後世之《詩》多不足觀矣。又曰：「古人情意温厚寬和，道得言語自恁地好。」

讀《詩》之法，只是熟讀涵泳，自然和氣從胷中流出，其妙處不可得而言。不待安排措置，務自立説也。只恁平讀着，意思自足。須是打疊得這心光蕩蕩地，不立一個字，只管虚心讀他，少間自然推出那個道理。所以説以此洗心，便是以這道理盡洗出那心裏物事，渾然都是道理。又曰：「大凡讀書，光曉得文義了，只是常常熟讀。如看《詩》，不須得着意去裏面訓解【一五】，但只平平地涵泳自好。」因舉「池之竭矣，不云自頻；泉之竭矣，不云自中」四句，吟詠者久之【一六】。又嘗聽學者説《鴟鴞》詩，先生曰：「詩不是恁地看，此只是論詩。《鴟鴞》之詩，豈不知是周公遭變而作，須是將來節節看取。如明道先生善詩，曰『瞻彼日月，悠悠我思』，思之切也。『百爾君子，不知德行』，歸於正也。只如此説，段段脈絡分明，此方是詩今意。如『鴟鴞鴟鴞，既取我子』一章，乃説鳥自言，既取我子矣，又毁我室，毋乃害我太甚邪！『迨天之未陰雨，徹彼桑土』，言我爲國家勤勞如此，預備牢固，宜無敢侮者。今乃毁之，以至於予尾翛翛矣，予口卒荼矣，風雨乃飄摇，安得不哀鳴疾呼而告訴乎？詩只是如此看，便見得一篇之意。」又有問《抑》詩之序曰【一七】，先生曰：「此序有得有失，蓋其本例以爲非美非刺，則詩無所爲而

【一五】裏面 「面」字原脱，據《朱子語類》卷八十補。

【一六】四句吟詠 「詠」原作「泳」，據四庫本改。

【一七】詩之序曰 「曰」字，疑爲衍文。

作。又見此詩之次在宣王前，故以爲刺厲王。又以《國語》有左史之言，故又以爲亦以自警。以詩考之，其曰刺厲王者失之，而曰自警者得之也。曰刺厲王所以爲失者，《史記》衛武公即位於宣王之三十六年，不與厲王同時，一也；詩以小子目其君而爾汝之，無人臣之禮，與其所謂敬威儀、謹出詞者，自相背戾，二也；厲王無道，貪虐爲甚，詩不以此箴其膏肓【一八】，而徒以威儀詞令爲諄切之戒，緩急失宜，三也；詩辭倨慢，雖仁厚之主有所不能容，厲王之暴，何以堪之，四也；或以《史記》之年不合，而以爲追刺者，則詩所謂『聽用我謀，庶無大悔』，非所望於既往之人，五也。曰自警所以爲得者，《國語》云云，一也；詩曰『謹爾侯度』，二也；又曰『曰喪厥國』，三也；又曰『亦聿既耄』，四也；詩意所指，與《淇澳》所美、《賓筵》所悔相表裏，五也。二説之得失，其佐驗明白如此，必去其失而取其得，然後此詩之義明。人之序者，乃合而一之，則其失者固已失之，而其得者亦未爲全得也。然此猶即其詩之外而言之，若但即其詩之本文，而各以其一説，反覆讀之，則其訓義之顯晦疏密，意味之厚薄淺深，可以不待考證而判然於胷中矣。此又讀詩之簡要直訣，學者不可以不知也。」又曰：「讀詩正在於吟詠諷誦，其委曲折旋之意，正如自家作此詩相似，自然能感發人之善心。今人讀詩，只將三兩句包了，中間委曲周旋之意，並不曾理會，只是自將己意去包籠他，濟得甚事？且如『女曰雞鳴，士曰昧旦。子興視夜，明星有爛』，女曰鷄既鳴矣，可以興矣，士曰尚昧旦也。子起視夜，則明星尚爛然也。不成又去睡，於是將翱將翔，而弋鳧與鴈。觀它意思如此好，所以有感發人之善心底意，真個有不知手之舞之、足之蹈之始得【一九】。」

問：「《關雎》疑周公所作。」曰：「凡言風者，皆民間歌謡，採詩者得之，而聖人因以爲樂，以見風化流行、淪肌浹髓而發於聲氣者如此。其謂之風，正以其自然而然，如風之動物而成聲耳。」如《關雎》之詩，正是當時之人被文王、大姒德化之深【二〇】，心膽肝腸一時換了，自然不覺形於歌詠如此，故當作樂之時，列爲篇首，以見一時之盛，爲萬世之法，尤是感人妙處。若云周公所作，即《國風》、《雅》、

【一八】箴其膏肓　「其」原作「甚」，據四庫本改。

【一九】真個有　「真」原作「其」，據四庫本、乾隆本改。

【二〇】大姒德化　「姒」原作「如」，據四庫本改。

《頌》無一篇是出於民言，只與後世差官撰樂章相似，都無些子發見活底意思，亦何以致移風易俗之效邪【一一】？又曰：「《關雎》之詩，看得來是妾媵爲之，所以形容得『寤寐反側』之事，外人不能及此。」

《詩》體不同，固有鋪陳其事，而不加一詞而意自見者，然必其事之可言，若《清人》之詩是也。至於《桑中》、《溱洧》之篇，則雅人莊士有難言之者矣。孔子之稱「思無邪」也，以爲《詩》三百篇勸善懲惡，雖其要歸不出於正，然未有若此言之約而盡者耳，非以作詩之人所思皆無邪也。今必曰彼以無邪之思，鋪陳淫亂之事，而閔惜懲創之意自見於言外，則曷若曰彼雖以有邪之思作之，而我以無邪之思讀之，則彼之自狀其醜者，乃所以爲吾警懼懲創之資邪？而况曲爲訓説而求其無邪於彼，不若反而得之於我之易也；巧爲辨數而歸無邪於彼，不若反而責之於我之切也。若夫雅也、鄭也、衛也，求之諸篇固各有其目矣。雅則《大雅》若干篇是也，鄭則《鄭風》若干篇是也。是則自衛反魯以來未之有改，而《風》、《雅》之篇，説者又有正變之别焉。至於《桑中·小序》「政散民流而不可止」之文與《樂記》合，則是詩之爲桑間又不爲無所據者。今必曰三百篇皆「雅」，而《鄭風》不爲「鄭」，《邶》、《鄘》、《衛》之風不爲「衛」，《桑中》不爲桑間亡國之音，則其篇帙混亂，邪正錯揉，非復孔子之舊矣。且於《小序》之無稽可笑者猶篤信之，而於其有據者反不之信，此又何耶？夫二《南》正風，房中之樂也，鄉樂也；二《雅》之正雅，朝廷之樂也；商、周之頌，宗廟之樂也。是或見於序，又或出於傳記，皆有可考。至於變《雅》，則固已無施

【一一】亦何以致　「何」原作「可」，據四庫本、《朱熹文集》卷五十改。

於事，而變《風》又特里巷之歌，其領在樂官者，以爲可以識時變、觀土風，而賢於四夷之樂耳。今必曰三百篇皆祭祀朝聘之所用，則未知《桑中》當薦何等之鬼神，《溱洧》當接何等之賓客耶？蓋古者天子巡守，命太師陳詩以觀民風，固不可問其美惡而悉存以訓也。然其與先王雅頌之正，篇秩不同，施用亦異，如前所陳，則固不無於龐雜矣。今於雅鄭之實，察之既不詳；於龐雜之名，畏之又太甚。顧乃引夫淫放之鄙詞，而文以風刺之美説，必欲强而置諸先王雅頌之列，是乃反爲龐雜之甚而不自知也。夫以胡樂與鄭、衛合奏，猶曰不可，而况强以《桑中》、《溱洧》爲雅樂，又欲合於《鹿鳴》、《文王》、《清廟之什》而奏之宗廟之中、朝廷之上乎？其以二詩爲猶止於中聲者，太史公所謂「孔子皆弦歌之，以求合於《韶》、《武》之旨」，其誤蓋亦如此。然古樂既亡，無所考正，則吾不敢必爲之説，獨以其理與其詞推之，有以知其必不然耳。又以爲近於勸百諷一而止乎禮義，則又信《大序》之過者。夫有所謂諷者，若《漢廣》知不可而不求，《大車》有所畏而不敢，則猶有所謂禮義之止也。若《桑中》、《溱洧》，則吾不知其何詞之諷而何禮義之止乎哉！若曰孔子嘗欲放鄭聲矣，不當於此而又收之以備六籍也，此則曾南豐於《戰國策》、劉元城於「三不足」之論皆嘗言之，又豈俟吾言而後白也哉？因讀《桑中》之説，而惜前論之不及，竟又痛伯恭父之不可作也，因書其後。又曰：「《桑中》一詩，乃淫奔者所自作。《序》之首句以爲刺奔，誤矣。其下云云者，乃復得之《樂記》之説，已略見本篇。而或者以爲刺詩之體，固有鋪陳其事，不加一辭，而閔惜懲創之意自見於言外者，此類是也。豈必譙讓質責，然後爲刺也哉！此説不然。夫詩之爲刺，固有不加一辭而意自見者，《清人》、《猗嗟》之屬是已。然嘗試玩之，則其所賦之人猶在所賦之外，而詞意之間猶有賓主之分也。豈有將欲刺人之惡，乃反自爲彼人之言，以陷其身於所刺之中，而不自知也哉！其必不然也，明矣。又況此等之人安於爲惡，其於此等之詩，計其平日固已自其口出而無慚矣，又何待吾之鋪陳而後始知其所爲之如此，亦豈畏吾之閔惜而遂幡然遽有懲創之心耶？以是爲刺，不唯無益，殆恐不免於鼓之舞之，而反以勸其惡也。或者又曰：《詩》三百篇，皆雅樂也，祭祀朝聘之所用也。桑間、濮上之音，鄭、衛之樂也，世俗之所用也。雅、鄭不同部，其來尚矣。且夫子答顔淵之問，於鄭聲亟欲放而絶之，豈其删詩乃録淫奔者之辭，而使之合奏於雅樂之中乎？亦不然也。《雅》者，二《雅》是也。鄭者，《緇衣》以下二十一篇是也。衛者，《邶》、《鄘》、《衛》三十九篇是也。桑間衛之一篇，《桑中》之詩是也。二《南》、《雅》、《頌》，祭祀朝聘之所用也。鄭、衛、桑濮，里巷狹邪之所歌也。夫子之於鄭、衛，蓋深絶其聲於樂以爲法，而嚴立其詞於詩以爲戒。如聖人固不語亂，而《春秋》所記無非亂臣賊子之事，蓋不如是無以見當時風俗事變之實，而垂監戒於後世，故不得已而存之，所謂道並行而不相悖者也。」

按：東萊吕氏曰：「《桑中》、《溱洧》諸篇幾於勸矣，夫子取之何也？曰：《詩》之體不同，有直刺之者，《新臺》之類是也。有微諷之者，《君子偕老》之類是也。有鋪陳其事，不加一辭而意自見者，此類是也。或曰：後世狹邪之樂府，冒之以此詩之序，豈不可乎？曰：仲尼謂《詩》三百，一言以蔽之，曰思無邪。詩人以無邪之思作之，學者亦以無邪之思觀之，閔惜懲創之意，隱然自見於言外矣。或曰：《樂記》所謂桑間濮上之音，安知非即此篇乎？曰：《詩》，雅樂也，祭祀朝聘之所用也。桑間、濮上之音，鄭、衛之樂也，世俗之所用也。雅鄭不同部，其來尚矣。戰國之際，魏文侯與子夏言古樂、新樂，齊宣王與孟子言古樂，蓋皆别而言之。雖今之世，太常、教坊各有司局，初不相亂，況上而春秋之世，寧有編鄭、衛樂曲於雅音中之理乎？《桑中》、《溱洧》諸篇作於周道之衰，其聲雖已降於煩促，而猶止於中聲，荀卿獨能知之。其辭雖近於諷一勸百，然猶止於禮義，《大序》獨能知之。仲尼録之於經，所以謹世變之始也。借使仲尼之前，雅、鄭果嘗龐雜，自衛反魯正樂之時，所當正者無大於此矣！唐明皇令胡部與鄭、衛之聲合奏，談俗樂者尚非之，曾謂仲尼反使雅、鄭合奏乎？《論語》答顔子之問，迺孔子治天下之大綱也，於鄭聲亟欲放之，豈有删詩示萬世，反收鄭聲以備六藝乎？」東萊之説如此，故朱子辨之。學者正當參玩也。　以上詩之要指。　朱子曰：「《詩大序》是後人作，其間有病句。《小序》極有難曉處，多是附會。如《魚藻》詩見有『王在鎬』之言，便以爲君子思古之武王。似此類甚多。」詳見《集傳》。　又曰：「伊川有《詩解》數篇，説《小雅》以後極佳。」又曰：「程先生《詩傳》取義太多，詩人平易，恐不如此。」亦曰：「子由《詩解》好處多，歐公《本義》亦善。東萊説詩太巧，古人意思自寬平，何嘗如此纖細拘迫？」　又曰：「看《詩》須并叶韻。讀古人文，自是叶音。《詩譜韻》乃吴棫才老作。」

甲集二十三

《記·禮器》："經禮三百，曲禮三千，其致一也。"

《中庸》："禮儀三百，威儀三千。"《漢志》："《易》曰：『有夫婦、父子、君臣、上下，然後禮義有所錯。』帝王質文，世有損益。至周曲爲之防，事爲之制，故曰『經禮三百，威儀三千』。及周之衰，諸侯將踰法度，惡其害己，皆滅去其籍，自孔子時而不具。" 朱子曰："經禮即今《儀禮》，但亡逸者多，故其篇數不及三百。曲禮則皆禮之微文小節，如今《曲禮》、《少儀》、《内則》、《玉藻》、《弟子職》所記事親、事長、起居、飲食、容貌、辭氣之法，制器、備物、宗廟、宫室、衣冠、車旗之等，條而析之，亦應不下三千有餘云云。" 愚按：鄭氏諸人皆以《周禮》三百六十官爲經禮，《儀禮》爲曲禮。朱子始以臣瓚及葉氏之説辨其不然，始記其略於此，以見經禮、曲禮之别云。 葉氏，名夢得。

韓子曰："予嘗苦《儀禮》難讀，又其行之於今者蓋寡，沿襲不同，莫知其由。考於今，誠無所用之。然文王、周公之法制，粗在於是。孔子曰『吾從周』，謂其文章之盛也。古書之存者希矣，百氏雜家尚有可取，况聖人之制度邪？於是掇其大要、奇辭、奥旨，著於篇，學者可觀焉。惜乎，吾不及其時進退揖讓於其間，嗚呼盛哉！"愚謂韓子可謂好古矣，然以爲於今無所用，則亦考之未詳也。

朱子曰："《儀禮》，禮之根本，而《禮記》乃其枝葉。"又曰："《儀禮》經也，《禮記》傳也。"且如《儀禮》有《冠禮》，《禮記》便有《冠義》；《儀禮》有《昏禮》，《禮記》便有《昏義》；以至燕、射之類，莫不皆然。又曰：「《儀禮》載其事，《禮記》明其理。讀《禮記》不讀《儀禮》，許多理皆無安著處。」又曰：「《禮記》只是解《儀禮》，如《喪服小記》便是解《喪服傳》，推之諸篇皆然。」問禮書。曰：「惟《儀禮》是古全書。若《曲禮》、《玉藻》諸篇，皆戰國之士及漢儒所裒集。」問：「《儀禮》傳記是誰作？」曰：「傳是子夏作，記是子夏以後人作。」又曰：「漢河間獻王得古禮五十六篇，想必有可觀，但當時君臣間有所不曉，遂至無傳。故先儒謂聖經不亡於秦火，而壞於漢儒，其說亦好。温公論景帝太子既亡，當時若立獻王爲嗣，則漢之禮樂制度必有可觀。」又曰：「今《儀禮》多是士禮，天子諸侯喪祭之禮皆不存，其中不過有些小朝聘燕享之禮。自漢以來，凡天子之禮，皆是將士禮來增加爲之。漢河閒獻王所得禮五十六篇，卻有天子、諸侯之禮，故班固謂『愈於推士禮以爲天子、諸侯之禮者』。班固作《漢書》時，此禮猶在，不知何代何年失了，可惜。」又曰：「《儀禮》，不是古人預作一書如此。初間只以義起，漸漸相襲，行得好，至於情文極細密、極周緻處。聖人見此意思好，故録成書。只看古人君臣之際，如君臨臣喪，坐撫當心、要經而踊。今日之事，至於死生之際，恝然不相關，不啻如路人，恩義安在？」又曰：「《儀禮》舊與六經、三傳並行，至王介甫始罷去。其後雖復《春秋》，而《儀禮》卒廢。今士人讀《禮記》，而不讀《儀禮》，故不能見本末。」

問：「《周禮》有訛缺否？」程子曰：「甚多。周公致治之大法，亦在其中，須知道者觀之，可決是非也。」

張子曰：「《周禮》是的當之書，然其間必有末世增入者，如盟詛之類，必非周公之意。蓋盟詛起於王法不行，人無所取直，故要之於神，所謂『國將亡，聽於神』也。」

天官之職，須襟懷洪大方看得。蓋其規模至大，若此心欲事事上致曲窮究，湊合此心，如是之大，必不能得也。又曰：「《周禮》惟太宰之職難看，蓋無許大心胷包羅，得此復忘彼。其混混天下之事，當如捕龍蛇、搏虎豹，用心力看方可。其它五官，便易看，止一職也。」

又曰：「有《麟趾》、《關雎》之意，然後能行周官之法度。」或問：「云云，何也？」朱子曰：「須是自閨門衽席之微，積累到薰蒸洋溢，天下無一民一物不被其化，然後可以行周官之法度。不然，則爲王莽矣。」

楊氏曰：「《周官》之書，先王經世之務也，不可不講。」　朱子曰：「《周禮》，周公遺典也。」胡氏父子以爲王莽令劉歆撰此，恐不然。　又曰：「《周禮》乃周家盛時，聖賢制作之書。」又曰：「《周禮》一書，周公所以立下許多條貫，皆是從廣大心中流出。」又曰：「《周官》徧布精密，乃周公運用天理熟爛之書。」又曰：「説制度之書，惟《周禮》、《儀禮》可信，《禮記》便不可深信。《周禮》畢竟出於一家，謂是周公親筆做成固不可，然大綱卻是周公意思。」又曰：「天官之職，是總五官者。若其心不大，如何包得許多事？且冢宰内自王之飲食衣服，外至五官庶事，自大至小，自本至末，千頭萬緒，若不是大其心者區處應副，事到面前，便且區處不下。況於先事措置，思患預防，是着多少精神。所以記得此，復忘彼。佛氏只合下將那心頓下無用處，纔動步便疏脱，所以吾儒貴窮理致知，便須事事物物理會過。」又曰：「五峯以《周禮》爲非周公致太平之書，謂如天官冢宰，卻管甚宫閫之事。其意只是見後世宰相請託宫闈，交結近習，以爲不可。殊不知此正人君治國、平天下之本，豈可以後世之弊而併廢聖人之良法美意哉？又如王后不當交通外朝之説，他亦是懲後世弊。要之，《儀禮》中亦分明自載此禮在。至若『女祝，掌凡内禱祠、禬禳之事』，使後世有此官，則巫蠱之事安從有哉！」又曰：「比閭族黨之法，正周公建太平之基本。他這個一如碁盤相似，枰布定後，碁子方有放處。舊嘗妄意此書大綱，是要人主正心脩身，齊家治國平天下，使天下之民無不被其澤，又推而至於鳥獸草木無一不得其所而已，不如是不足以謂之裁成輔相，參贊天地耳。」曰：「是恁地，須要識公平意思。」

《周禮》一書好看，廣大精密，周家法度在裏許，但不敢令學者看。又曰：「學有先後，先須理會自家身心合做底，學《周禮》卻是後一截事。」問：「《周禮》合如何看？」曰：「也且循注疏看去。第一要見得聖人是個公平底意思。

陳君舉說天官之職，如膳羞衣服之官，皆屬之，此是治人主之身，此說自是。到得中間有官屬相錯綜處，皆謂聖人有使之相防察之意，這便不是。」　按：永嘉陳氏君舉有《周禮說》曰：「周制：三公位冢宰，則冢宰與王坐而論道者也。今攷其屬，小宰掌外治，凡與王左右親習之官隸焉。內宰掌內治，凡與后左右親習之官隸焉，而他無職業。凡若是作《格君心》四篇，其一曰：凡饔飱田罟薪蒸之事、醫藥之事、酒漿之事、幄帟次舍之事，甚卑冗也，甚煩辱也，必用命士，必皆領於冢宰。若王有師田之事，則大僕而下凡僕馭之官；有祭祀之事，則大祝而下凡巫祝之官；有燕樂之事，則大師而下凡聲樂之官。其用命士，每官多至四十人，往往皆大夫長之，而屬於卿。若夫宿衛，非宮正之羣吏，則宮伯之士庶子，所謂執矛戈立階戺皆冕衣裳者，非若後世但以兵衛也。昔周公作《立政》，大抵汲汲於用賢，而以虎賁、綴衣、趣馬、攜僕，列諸左右常伯三事之下。常伯三事，皆大臣也，名位尊矣，視趣馬、綴衣至不等，而周公一槩言之，何也？誠以大臣進見有節，敷奏有常，而朝夕與王燕者，則斯人也，必以士爲之，則必公卿所自簡除，所自考課【一】。苟非命士，則簡除考課不出於朝廷，其進雜而羣枉至矣。是故分隸於列卿，而冢宰之治特詳。《書》曰：『昔在文、武，侍御僕從，罔匪正人。』以旦夕承弼，厥辟由此其選也。方周公之教世子也，魯公之子伯禽、衛康叔之子牟、齊太公之子伋，俱事成王。伯禽、牟、伋，蓋宿衛國子也。他日能爲顯諸侯而成王與之處，則相觀而善之益多。其後詩人刺皇父曰：『皇父卿士，家伯冢宰【二】。仲允膳夫，蹶維趣馬，豔妻煽方處。』以是數人者，皆相從於女謁者也。由此觀之，王之所與燕私，得其人則太子見德，而成王爲賢君；不得其人，則女謁行而褒姒之禍作。自後世子賢否繫焉，而周之興亡從之，如之何其不謹乎？　其二曰：庖事、酒事、衣裘之事，唯王及后有司不敢會，既不會矣，而必領於大臣，何也？彼賤有司，誠不宜以苛細課校至尊，唯大臣以道佐人主，獨得與人主可否相是非，是故領之。夫富有四海而一人之奉，就使無節歲費幾何，方且嘉與大臣，以自防檢，庶幾過差不中。九式之度，雖有司不敢議，而大臣盡規，所以資啓沃、成敬畏也。　其三曰：嘗讀《關雎》，知三代而上，后妃極天下之選矣。后妃母儀天下，而慊慊然有不足配至尊之意。當是時，夫人嬪若干人，世婦若干人，女御若干人，各以其職奉上，所以共賓祭、蕃子姓之官備矣。后方惻然遐想，幽深側陋

【一】所自考課　「考」原作「者」，據四庫本改。

【二】家伯冢宰　「冢」原作「維」，據四庫本改。

之間，尚有遺賢宜配君子，求而不可得，則中夜不寐，展轉嘆息，庶幾得之，吾當推琴瑟鐘鼓之奉，與之偕樂而後慊。后德如此，則宮掖之政，一以聽后之所爲，奚不可者？今廼內小臣而下凡閹官，九嬪而下凡婦官，下至於女奴曉祝者、曉書者、曉裁縫者，必屬之大臣，則夫員數之增損、職掌之廢置、禄秩之多寡、賜予之疏數，皆禀命於朝廷，而后不與，且使內宰得以稽其功緒，而賞罰其勤惰。苟違有司之禁，雖天子不得自以爲恩，是故私謁不行而內政舉。古之所謂正家者，蓋如此，而非屑屑然也。今出房闥而方較是非於侵紊之後，爭予奪於縱弛之餘，抑末矣。漢太尉楊秉糾中常侍，而尚書詰以『三公統外，安得越奏近官』，蓋內治不聽於公卿久矣，無怪乎後世之多亂也歟？其四曰：周之學政不別言王世子，而嫁子無王姬之法。蓋天子之元子，毋過命士，與公卿大夫之子，共齒於學。王姬之車服，雖不繫其夫，而其《肅雝》之詩曰『齊侯之子，平王之孫』，則從夫之序也。夫唯王與后，自牧甚卑，則以能下人爲家法。夫唯能下人，而後能長有天下。自秦人尊君卑臣之令行，無惑乎後世之疑周禮也。」自此而上，蓋朱子之所是，故録之，餘不取。

程子曰：「《禮記》中有聖人格言，亦有俗儒乖繆之說。乖繆之說，本不能混格言，只爲學者不能辨別，如珠玉之在泥沙耳。聖人文章自然，與學爲文者不同。譬之化工生物，剪裁繪畫雖似相類，終不若化工所生者，自有一般生意。」

《禮記·儒行》、《經解》極害義理。又曰：「《儒行》之篇，如後世遊說之士所爲誇大之說。觀孔子平日語言，有如是者否？」朱子亦曰：「讀禮要人自辨別其間，非純是格言。如至孝近乎王，至弟近乎伯，全不成義理。」

《禮記》除《中庸》、《大學》，唯《樂記》爲最近道，學者深思自得之。《表記》亦近道，其言正。

朱子曰：「世謂《禮記》爲漢儒作，非也。漢儒最純者莫如董仲舒，仲舒之文最純者莫如《三策》，曷嘗有《禮記》中語乎？如《樂記》所謂『天高地下，萬物散殊，而禮制行矣。流而不息，合同而化，而樂興焉』，仲舒安能到此？」

禮有經，有變。經者，常也。變者，常之變也。先儒以曲禮爲變禮，蓋曲者，委曲之義，故以爲變禮。然「毋不敬，安定辭，安民哉」，此三語謂之變可乎？先儒以《儀禮》爲經禮，然其中亦自有變，又不可一律觀也。

問：「孔子何以問禮於老聃？」曰：「始疑有兩老聃，後思之，老子曾爲柱下史，故知禮之節文，所以孔子問之。聃雖知禮，然其意以爲不必盡行，行之反以多事，故欲絶滅之。《禮運》所謂『謀用是作，而兵由此起』等語，亦有此意。」

東萊呂氏曰：「《曲禮》、《少儀》，皆是遜志道理。步趨進退，左右周旋，若事事理會，必有所不周。惟常存此心，則自然不違乎理。心有時而不存，則禮有時而或失。内有毫釐之礙，則外有尋尺之差。」下云：「如天之於百物，根莖枝葉、華實條榦，豈一一生之哉？氣則百物自生，若一枝一葉之病，則是氣不到處也。又所謂遜志，如徐行後長，如灑掃應對，如相師，皆是。」

程子曰：「孟子之時，去先王爲未遠，又載籍未經秦火，然而班爵禄之制，已不聞其詳。今之禮書，皆掇拾於煨燼之餘，而多出於一時之傳會，奈何欲盡信而句爲之解乎？然則其事固不可一一追復矣。」朱子亦曰：「古禮難盡行，後世苟有作者，必須酌古今之宜。若如古人煩縟，如何教今人盡行得?古人上下習熟,不待家至户曉,皆如飢食渴飲,故不見其爲難。」又曰:「若聖人有作,古禮未必盡用,須且是理會本原。曾子垂死丁寧,説及君子所貴乎道者三。孟子答滕文公喪禮,只説:『諸侯之禮,吾未之學。吾嘗聞之矣,齊衰之服,饘粥之食,自天子達於庶人。』這便是大原大本。又如説井田,只據《詩》裏説『雨我公田,遂及我私』,後面都説鄉田同井,出入相友,守望相助,病疾相扶持。井九百畝,其中爲公田,八家皆私百畝,同養公田,説井田只説這幾句,是多少好看。孟子不去理會許多細碎,只理會許多大原大本。因説如今學問,不考古固不得。若一向去採摭故事,零碎湊合説出來,也無甚益。孟子慨然以天下自任,曰:『當今天下,舍我其誰哉!』到説制度處,也只説諸侯之禮,吾未之學也,嘗聞其略也。」又曰:「以《明堂位》觀之,周人每事皆添四重虞黻,不過是一水擔相似。夏火,殷藻,周龍章,皆重添去。若聖賢有作,須簡易疏通,便見之而易知,推之而易行。蓋文質相生,秦、漢初已自趨於質了。太史公、董仲舒每欲改用夏之忠,不知其初蓋已是質也。」又云:「孔子曰『如用之,則吾從先進』,已厭周之文了。」又曰:「『行夏之時,乘殷之輅』,此意皆可見。使有聖賢者作,必不盡如古之禮,必當裁酌,從今之宜而爲之也。」

古者禮學是專門名家,始終考訂此事,故學者有所傳授,終身守而行之。凡典禮有疑,輒就質問,所以上自宗廟朝廷,下至士庶鄉黨,典禮各分明。漢、唐時猶有此意。以上禮經要指。朱子又曰:「《禮記》有王肅注【三】,煞好。太史公書載《樂記》全文,中兼有王、鄭二注。」鄭康成是個好人,考禮名數大有功。陸農師禮象,陳用之禮書,亦該博,陳又勝似陸。後世禮樂無足觀者,諸儒議論卻有可取,當別類作一書。六朝人多精於禮,必竟當時此學自專門名家,朝廷有禮事,使用此等人議之。如今刑法官,專用試法人。

孔子曰:「吾志在《春秋》,行在《孝經》。」

《孟子》:公都子問夫子好辯章。「世衰道微,邪説暴行有作,臣弒其君者有之,子弒其父者有之。朱子曰:「『有作』之『有』,讀爲『又』,古字通用。」孔子懼,作《春秋》。《春秋》,天子之事

【三】有王肅注　「注」原作「經」,據《朱子語類》卷八十七改。

也。是故孔子曰：『知我者其惟《春秋》乎！罪我者其惟《春秋》乎！』胡氏曰：「仲尼作《春秋》以寓王法，惇典庸禮，命德討罪，其大要皆天子之事也。知孔子者，謂此書之作遏人欲於橫流，存天理於既滅，爲後世慮至深遠也；罪孔子者，以謂無其位而託二百四十二年南面之權，使亂臣賊子禁其欲而不得肆，則戚矣。」昔者禹抑洪水而天下平，周公兼夷狄、驅猛獸而百姓寧，孔子成《春秋》而亂臣賊子懼。」南軒曰：「成《春秋》而亂臣賊子懼者，亂臣賊子之情僞畢見，而討絶之法著焉，施於萬世皆無所遁其跡故也。」

孟子曰：「王者之迹熄而《詩》亡，《詩》亡然後《春秋》作。朱子曰：「王者之迹熄，謂平王東遷，而政教號令不及於天下也。《詩》亡，謂《黍離》降爲國風而雅亡也。《春秋》，魯史記之名，孔子因而筆削之，始於魯隱公之元年，實平王之四十九年也。」晉之《乘》，楚之《檮杌》，魯之《春秋》，一也。《春秋》者，記事者必表年以首事，年有四時，故錯舉以爲所記之名也。古者列國皆有史官，掌記時事，此三者皆其所記册書之名也。其事則齊桓、晉文，其文則史。孔子曰：『其義則丘竊取之矣。』」春秋之時，五霸迭興，而桓、文爲盛。史，史官也。竊取者，謙辭也。《公羊傳》作「其辭則丘有罪焉爾」，意亦如此。蓋言斷之在己，所謂「筆則筆，削則削，游、夏不能贊一辭」者也。尹氏曰：「言孔子作《春秋》，亦以史之文載當時之事也，而其義則定天下之邪正，爲百王之大法。」　此又承上章歷敘羣聖，因以孔子之事繼之，而孔子之事莫大於《春秋》，故特言之。

孟子曰：「《春秋》無義戰，彼善於此，則有之矣。《春秋》每書諸侯戰伐之事，必加譏貶，以著其擅興之罪，無有以爲合於義而許之者。但就中「彼善於此」者則有之，如召陵之師之類是也。征者，上伐下也，敵國不相征也。」征，所以正人也。諸侯有罪，則天子討而正之，此《春秋》所以無義戰也。

《左氏傳》君子曰：「《春秋》之稱，微而顯，志而晦，婉而成章，盡而不汙，懲惡而勸善,非聖人誰能脩之?」莊子曰:「《春秋》經世先王之志也,聖人議而不辨。」漢上大夫壺遂曰:「昔孔子何爲作《春秋》?」太史公曰:「余聞之董生:仲舒也。『周道廢,孔子爲魯司寇,諸侯害之,大夫壅之。孔子知時之不用,道之不行也。是非二百四十二年之中,以爲天下儀表,貶諸侯,討大夫,以達王事而已矣。』子曰:『我欲載之空言,不如見之於行事之深切著明也。』《春秋》上明三王之道,下辨人事之經紀,别嫌疑,明是非,定猶豫【四】,善善惡惡,賢賢賤不肖,存亡國,繼絶世,補敝起廢,王道之大者也。撥亂世反之正,莫近於《春秋》。《春秋》文成數萬,其指數千,萬物之散聚皆在《春秋》。《春秋》之中,弑君三十六,亡國五十二,諸侯奔走不得保社稷者不可勝數,察其所以,皆失其本已。故《易》曰:『差以毫釐,謬以千里。』故臣弑君,子弑父,非一朝一夕之故,其漸久矣。有國者不可以不知《春秋》,前有讒而不見,後有賊而不知;爲人臣者不可以不知《春秋》,守經事而不知其宜,遭變事而不知其權。爲人君父者而不通於《春秋》之義者,必蒙首惡之名;爲人臣子不通於《春秋》之義者,必陷篡弑誅死之罪。其實皆以善,爲之而不知其義,被之空言不敢辭。夫不通禮義之指,至於君不君,臣不臣,父不父,子不子。夫君不君則犯,臣不臣則誅,父不父則無道,子不子則不孝。此四者,天下之大過也。以天下大過予之,受而不敢辭,故《春秋》者,禮義之大宗也。」

文中子曰:「《春秋》之於王道,是輕重之權衡、曲直之繩墨也,舍則無所折衷矣。」又

【四】定猶豫　「豫」原作「與」,據《史記集解》卷一百三十改。

曰：「《春秋》其以天道終乎，故止於獲麟。」

程子曰：「五經，載道之文。《春秋》，聖人之用。五經之有《春秋》，猶法律之有斷例也，律令惟言其法，斷例始見法之用。」楊氏曰：「孔子於六經言其理，《春秋》著其行事。若得六經之理，《春秋》誠不難知。」

五經如藥方，《春秋》如用藥治病，聖人之用全在此書。《春秋》一句即一事，是非便見於此，乃窮理之要。學者只觀《春秋》，亦可以盡道矣。所謂「不如載之行事深切著明」者也【五】。有重疊言者，如征伐、盟會之類。蓋欲成書，勢須如此，不可事事各求異義。但一字有義，上下有異，則義須别。

《春秋》傳爲按，經爲斷。以傳考經之事迹，以經别傳之真僞。黄聱隅問：「《春秋》如何看？」曰：「云云。」按：聱隅名晞，亦當時爲古學者。

夫子作《春秋》，爲百王不易之大法。後世以史視《春秋》，謂褒善貶惡而已，經之大法則不知也。《春秋》大義數十，炳如日星，乃易見也，惟微辭隱義，時措從宜者爲難知耳。或予或奪，或進或退，或微或顯，而得乎義理之安、文質之中、寬猛之宜、是非之公，乃制事之權衡，揆道之模範也。夫觀百物而後識化工之神，聚衆材而後知作室之用，於一事一義而欲窺聖人之用，非上智不能也。故學《春秋》者，必優游涵泳，默識心通，然後能造其微也。《傳序》。

又曰：「自伏羲、堯、舜，歷夏、商以至於周，或文或質，因襲損益，其變既極，其法既

【五】著明者也　「者」字原脱，據《二程遺書》卷二上補。

詳，於是孔子參酌其宜，以爲百王法度之中制，此其所以《春秋》作也。」

問：「《春秋》書日食如何？」曰：「日食有定數，聖人必書者，蓋欲人君恐懼修省。」

《春秋》之文一一意在示人，如土功之事，無大小莫不書之，其意止欲人君重民力也。

《春秋》之法極謹嚴，中國而用夷禮則夷之，韓子之言深得其旨。

邵子曰：「《春秋》，孔子之刑書也。功過不相掩，五伯者功之首、罪之魁也，先定五伯之功過而學《春秋》，則大意立矣。春秋之間有功者，未有大於四國者也；有過者，亦未有大於四國者也。不先治四國之功過，則事無統理，不得聖人意矣。」又曰：「五伯功過不相掩，聖人先褒其功，後貶其罪，故罪人有功，亦必録之。」孫復云：「《春秋》有貶而無褒。」邵子曰：「春秋禮法廢，君臣乱，其間有能爲小善者，安得不進之也？況五伯實有功於天下，安得不與之也？」

《春秋》皆因事而褒貶，非有意於其間，故曰《春秋》盡性之書也。

《春秋》爲君弱、臣强而作，故謂之名分之書。夫聖人之經，渾然無迹，如天道焉，《春秋》録實事，而善惡形於其中矣。《春秋》書實事而善惡自見，此之謂天理之自然，而非一人之私意也。

張子曰：「《春秋》之書在古無有，乃仲尼所自作，惟孟子爲能知之，非理明義精殆未可學。先儒未及此而治之，故其說多鑿。」武夷胡氏曰：「傳《春秋》者三家，《左氏》叙事見本末，《公羊》、《穀梁》詞辨而義精。學經以傳爲按，則當閱《左氏》；玩詞以義爲主，則當習《公》、《穀》。如載惠公元妃繼室及仲子之歸於魯，即隱公兄弟嫡庶之辨，攝讓之實可按而知也，當閱《左氏》，謂此類也；　若夫來賵仲子以爲豫凶事，則誣矣。王正月之爲大一統及我欲之暨不得已，當習《公羊氏》，謂此類也；　若母以子貴，媵妾許稱夫人則亂矣。段，弟也，弗謂弟；　公子也，弗謂公子，賤段而甚鄭伯之處心積慮成於殺也，當習《穀梁氏》，謂此類也；　若夫曲生條例，以大夫日卒爲正，則鑿矣。萬物紛錯懸諸天，衆言淆亂折諸聖，要在反求於心，斷之以理，精擇而慎取之，則美玉之與珷玞，必有能辨之者。自晉杜預、范甯，唐啖助、趙匡，此數子者，用力甚勤，時有所取，雖造宫墻之側，幾得其門而入，要皆未見宗廟之美、百官之富者也，故不預七家之列。」謂孟、莊、董、文中子、程、邵、張，今增孔子自言及《左氏傳》章。

七家所造，固有深淺，獨程氏嘗爲之傳。然其説甚略，於意則引而不發，欲使後學慎思明辨，自得於耳目見聞之外者也。故今傳，事按《左氏》，義採《公羊》、《穀梁》之精者。大綱本《孟子》，而微詞多以程氏爲證云。

《傳序》曰：「古者列國各有史官，掌記時事。《春秋》，魯史爾。仲尼就加筆削，乃史外傳心之要典也。而孟氏發明宗旨，目爲天子之事者。周道衰微，乾綱解紐，亂臣賊子接迹當世，人欲肆而天理滅矣。仲尼，天理之所在，不以爲己任而誰可？五典弗惇，己所當叙；　五禮弗庸，己所當秩；　五服弗章，己所當命；　五刑弗用，己所當討。故曰：『文王既没，文不在兹乎？天之將喪斯文也，後死者不得與於斯文也。天之未喪斯文也，匡人其如予何？』聖人以天自處，斯文之興喪在己，而由人乎哉！故曰：『我欲載之空言，不如見諸行事之深切著明也。』空言獨能載其理，行事然後見其用，是故假魯史以寓王法，撥亂世反之正。叙先後之倫，而典自此可惇；秩上下之分，而禮自此可庸；有德者必褒，而善自此可勸；有罪者必貶，而惡自此可懲。其志存乎經世，其功配於抑洪水，膺戎狄，放龍蛇，驅虎豹，其大要則皆天子之事也。故曰：『知我者其惟《春秋》乎！罪我者其惟《春秋》乎！』知孔子者，謂此書遏人欲於横流，存天理於既滅，爲後世慮至深遠也；罪孔子者，無其位而託二百四十二年南面之權，使亂臣賊子禁其欲而不得肆，則戚矣。是故《春秋》見諸行事，非空言比也。公好惡，則發乎《詩》之情；酌古今，則貫乎《書》之事；興常典，則體乎《禮》之經；本忠恕，則導乎樂之和；著權制，則盡乎《易》之變。百王之法度，萬世之繩準，皆在此書。故君子以謂五經之有《春秋》，猶法律之有斷例也。學是經者，信窮理之要矣；不學是經，而處大事，決大疑，能不惑者鮮矣。自先聖門人，以文學名科如游、夏，尚不能贊一辭，蓋立義之精如此。去聖既遠，欲因遺經窺測聖人之用，豈易能乎？然世有先後，人心之所同然一爾。苟得其所同然者，雖越宇宙，若見聖人親炙之也，而《春秋》之權度在我矣。」

朱子曰：「《春秋》大指其可見者，誅亂臣，討賊子，内中國，外夷狄，貴王賤伯而已，未必如先儒所言，字字有義也。」又曰：「正誼不謀利，明道不計功，《春秋》之大指也。」又曰：「《春秋》正義明道，貴王賤霸，尊君抑臣，内夏外夷，乃其大義，而以爵氏、名字、日月、土地爲褒貶之例，若法家之深刻，乃傳者之鑿説。」又曰：「《春秋》傳例多不可信，聖人記事，安有許多義例？」又曰：「《春秋》一事各是發明一例，如看風水，移步换形。但以今人之心求聖人之意，未到聖人灑然處，不能無失也。」朱子謂得之延平先生者，如此。又曰：「聖人作《春秋》，不過直書其事，善惡自見。」又曰：「《春秋》之事且據《左氏》，當時大亂，聖人且據實而書之，其是非得失，付諸後世公論，蓋有言外之意。若必於一字之間求褒貶所在，竊恐不然。」又曰：「孔子只是要備二三百年之事，故取史文略加修定，何嘗云某事用某法，某事用某例耶？且如會盟征伐，不過見諸侯擅興自肆耳。郊禘，不過見魯僭禮耳。至如三卜四卜，牛傷牛死，是失禮之中又失禮也。書『不郊，猶三望』，是不必望而猶望也。書『仲遂卒，猶繹』，是不必繹而猶繹也。如此看却分明。」

《春秋》本明道正誼之書，今人止較齊、晉伯業優劣，反成謀利，大義晦矣。

《春秋》是末後事，惟理明義精方見得。又曰：「《春秋》是言天下事，學者讀書，先要理會自己分上事。」

南軒張氏曰：「《春秋》即事而明天理，窮理之要也。觀其書，取其大義數十，斷爲定論而詳味其抑揚、予奪、輕重之宜，則有以權萬變矣。」以上《春秋》要指。問三傳優劣。朱子曰：「左氏曾見國史，考事頗精，只是不知大義，專去小處理會，往往不曾講學。公、穀考事甚踈，然理義却精。二人乃經生，傳得許多説話，往往却不見國史。」又曰：「左氏有淺陋處，如君子曰之類，病處甚多。」又曰：「左氏之病，是以成敗論是非，而不本於義理之正。」又曰：「左氏乃一趍時避害之人，要置身於穩地，而不識道理，於大倫處皆錯。《大學》論所『止』，便説君臣父子，左氏豈知此？如云『周、鄭交質』，而曰『信不由中，質無益也』。正如田客論主，而責其不請飲茶。使孔子論此，肯如此否？尚得謂與聖人同好惡哉！」又曰：「《左氏傳》是個博記人作，只是以世俗見識斷當他事，皆功利之説。」　又曰：「近時言《春秋》者，皆是計較利害，大義卻不曾見。如唐陸淳、本朝孫明復之徒，雖未深於聖經，然觀其推言治道，凜凜可畏，終是得聖人意思。」又曰：「胡文定《春秋傳》大義正，議論有開合精神，存取此本與後世看，縱未能盡得，然不中不遠矣。」又曰：「劉棨父《春秋》亦好，蘇子由、吕居仁亦看得平。」

程子曰：「學者當以《論語》、《孟子》爲本。《論語》、《孟子》既治，則六經可不治而明矣。讀書者當觀聖人所以作經之意，與聖人所以用心，聖人之所以至於聖人，而吾之所以未至者，所以未得者。句句而求之，晝誦而味之，中夜而思之，平其心，易其氣，闕其疑，則聖人之意可見矣。」

學者須將《論語》中諸弟子問作自己問，聖人答處便作今日耳聞，自然有得。雖孔、孟復生，不過以此教人。若能於《語》、《孟》中深求玩味，將來涵養成甚生氣質【六】。

凡學《語》、《孟》，且須熟讀玩味，將聖人言語切己，不可只作一場話説。人只看得此二書切己，終身儘多也。又曰：「《論》、《孟》只剩讀着便自意足，學者須是玩味。若以語言解著，意便不足。」五峯胡氏初見龜山先生，問爲學之方。先生令讀《論語》。問何爲要，曰：「熟讀。」初不知異，後來方覺此語之深切。

或問：「且將《語》、《孟》緊要處看，如何？」曰：「固是好，但終是不浹洽耳。」問：「《論語》須揀緊要底看否？」朱子曰：「不可。須從頭看，無精無粗，無淺無深，都玩味得熟，道理自然出。若便要揀別，則《孟子》一部可删者多矣。聖賢言語，粗説細説，皆着理會教徹透。蓋道體至廣大，若不盡見，必有窒礙處。」

孔子言語句句是自然，孟子言語句句是事實。尹和靖嘗言：「近日看《論》、《孟》，似有所見。」先

【六】將來涵養　「將」字原脱，據《二程遺書》卷二十二上補。

生曰：「所見如何？」曰：「只見句句皆是實語。」先生首肯之，曰：「善自涵養。」

又曰：「學者先讀《論語》、《孟子》，如尺度權衡相似，以此去量度事物，自然見得長短輕重。」

凡讀《論語》，非是要理會語言，要識得聖賢氣象。讀《論語》、《孟子》而不知道，所謂「雖多亦奚以爲」。又曰：「讀《論語》，有讀了全然無事者，有讀了後其中有得一兩句喜者，有讀了後知好之者，有讀了後直有不知手之舞之、足之蹈之者。」又曰：「今人不會讀書，如讀《論語》，未讀時是此等人，讀了後又只是此等人，便是不曾讀。」又曰：「頤自十七八讀《論語》，當時已曉文義，讀之愈久，但覺氣味深長。」

《論語》問同而答異者甚多，或因人才性，或觀人之所問意思，而言及所到地位。

或問：「學者之於《論》、《孟》，其用力也奈何？」朱子曰：「循序而漸進，熟讀而精思，可也。」曰：「然則請問循序漸進之説。」曰：「以二書言之，則先《論》而後《孟》，通一書而後及一書。以一書言之，則其篇章文句、首尾次第亦各有序，而不可亂也。量力所至，約其程課而謹守之，字求其訓，句索其旨，未得乎前則不敢求其後，未通乎此則不敢志乎彼，如是循序而漸進焉，則意定理明而無踈易陵躐之患矣。是不惟讀書之法，是乃操心之要，尤始學者之不可不知也。」曰：「其熟讀精思者，何耶？」曰：「《論語》一章不過數句，易以成誦，成誦之後反復玩味，於燕閒静一之中以須其浹洽可也。《孟子》每章或千百言，反復論辨，雖若不可涯者，然其條理踈通，語意明潔，徐讀而以意隨之，出入往來以十百數，則其不可涯者將有以得之於指掌之間矣。大抵觀書先須熟讀，使其言皆若出於吾之口。繼以精思，使其意皆若出於吾之心，然後可以有得爾。至於文義有疑，衆説紛錯，則亦虚心静慮，勿遽取舍於其間。先使一説自爲一説，而隨其意之所之，以驗其通塞，則其尤無義理者不待觀於它説而先自屈矣。復以衆説互相詰難，而求其理之所安，以考其是非，則似是而非者，亦將奪於公論而無以立矣。大抵徐行卻立，處静觀動，如攻堅木，先其易者而後其節目。如解亂繩，有所不通則姑置而徐理之。此讀書之法也。」又曰：「讀《孟子》，非惟看它義理，熟讀之，便曉作文之法：首尾照應，血脉通貫，語意反覆，明白峻潔，無一字閑。」

《論語》之言無所不包，而其所以示人者，莫非操存涵養之要。七篇之指無所不究，而其所以示人者，類多體驗充擴之端。

《論語》中看得有味，餘經亦迎刃而解。聖人之言，平易中有精深處，不可穿鑿求速成，又不可苟簡閑看過，直須是置心平澹慤實之地，玩味探索，而虚恬省事以養之，遲久不懈，當自覺其益。又答魏元履書云：「欲爲《春秋》學，甚善。但前輩以爲此學者最後一段事，蓋非理明義精，則止是較得失，考同異，心緒轉雜，與讀史傳、摭故實無異。況左右心中本鬧，非所以矯失而趍中也。愚意以爲不若且看《論語》。」

《語》、《孟》工夫少，得效多；六經工夫多，得效少。近日學者病在好高，讀《論語》，未問學而時習，便説一貫。讀《孟子》，未言梁王問利國，便説盡心。

南軒張氏曰：「《論語》日夕玩味，覺得消磨病痛，稍變氣質。須是潛心此書久久，愈見其味。」

又曰：「《論語》首篇所記，大抵皆欲略文華趨本實，敦篤躬行，循序而進，乃聖人教人之大方。從事於此，則不差也。」又曰：「學者潛心孔、孟，莫先於明義利之辨。」已見前《義利》篇。以上《語》、《孟》要指。朱子曰：「《論語》一日只看一段，大致明白底【七】，看兩段。須是專一，自早至莫，夜雖不讀，亦當涵味常在胸次。」

子所雅言，《詩》、《書》、執禮，皆雅言也。朱子曰：「雅，常也。執，守也。《詩》以理情性，《書》以道政事，禮以謹節文，皆切於日用之實，故常言之。禮獨言執者，以人所執守而言，非徒誦説而已。」程子曰：「孔子雅素之言，止於如此。若性與天道，則有不可得而聞者，要在默而識之也。」此章兼言《詩》、《書》、《禮》。

陳亢問於伯魚曰：「子亦有異聞乎？」對曰：「未也。嘗獨立，鯉趨而過庭，曰：『學《詩》乎？』對曰：『未也。』『不學《詩》，無以言。』鯉退而學《詩》。事理通達而心氣和平，故能言。他日，又獨立，鯉趨而過庭。曰：『學《禮》乎？』對曰：『未也。』『不學《禮》，無以立。』鯉退而學《禮》。品節詳明而德性堅定，故能立。聞斯二者。」陳亢退而喜曰：「問一得三：聞《詩》，聞《禮》，又聞君子之遠其子也。」此章兼言《詩》、《禮》。

子曰：「興於《詩》，朱子曰：「興，起也。《詩》本性情，有邪有正，其爲言既易知，而吟詠之間，抑揚反復，其感人又易入。故學者之初，所以興起其好善惡惡之心而不能自已者，必於是而得之。」立於禮，禮以恭敬、辭遜爲本，而有節文度数之詳，可以固人肌膚之會、筋骸之束。故學者之中，所以能卓然而立，而不爲事物所摇奪者，必於是而得之。成於樂。」樂有五聲十二律，更唱迭和，以爲歌舞八音之節，可以養人之性情，而蕩滌其邪穢，消融其查滓。故

【七】大致明白　「致」原作「故」，據四庫本改。

學者之終至於義精仁熟，而自和順於道德者，必於是而得之。是學之成也【八】。按：《内則》十歲學幼儀，十三學樂誦《詩》，二十而後學禮，則此三者，非小學傳授之次，乃大學終身所得之難易、先後、淺深也。程子曰：「天下之英才不爲少矣，特以道學不明，故不得有所成就。夫古人之詩如今之歌曲，雖閭里童稚皆習聞之而知其説，故能興起。今雖老師宿儒尚不能曉其義，况學者乎？是不得興於詩也。古人自灑掃應對以至冠昏喪祭莫不有禮，今皆廢壞，是以人倫不明，治家無法，是不得立於禮也。古人之樂，聲音所以養其耳，采色所以養其目，歌詠所以養其性情，舞蹈所以養其血脉，今皆無之，是不得成於樂也。是以古之成材也易，今之成材也難。」或問：「古者之教，十年學幼儀，十三學樂，誦詩，舞《勺》，成童舞《象》，二十始學舞《大夏》【九】，今夫子之言，其序如此，乃與教之先後不同，何也？」曰：「詩者，樂之章也，故必學而後誦詩。所謂樂樂，蓋琴瑟塤篪，樂之一物，以漸習之，而節夫詩之音律者也。然詩本於人之情性，有美刺風諭之旨，其言近而易曉，而從容詠嘆之間，所以漸漬感動於人者，又爲易入，故學之所得，必先於此而有以發起其仁義之良心也。至於禮，則有節文度数之詳，其經至於三百，其儀至於三千，其初若甚難强者，故其未學詩也，先已學幼儀矣。蓋禮之小者，自爲童子而不可闕焉者也。至於成人，然後及其大者，又必服習之久而有得焉，然後内有以固其肌膚之會，筋骸之束，而德性之守，得以堅定而不移；外有以行於鄉黨州閭之間，達於宗廟朝廷之上，而其酬酢之際，得以正固而不亂也。至於樂，則聲音之高下，舞蹈之疾徐，尤不可以旦暮而能。其所以養其耳目，和其心志，使人淪肌浹髓而安於仁義禮智之實，又有非思勉之所及者，必其甚安且久，然後有以成其德焉，所以學之最早，而其見效反在詩、禮之後也。」問：「『興於《詩》』，如何？」程子曰：「古人自小諷誦，自然善心生而興起，今雖老師宿儒不知《詩》也。」興於《詩》者，吟詠情性，涵暢道德之中而歆動之，有「吾與點也」氣象。又云：「『興於《詩》』是興起人善意，汪洋浩大，皆是此意。」南軒曰：「此學之序也。學《詩》則有以興起其性情之正，學之所先也。禮者，可踐之規矩，學禮而後有所立，此致知力行，學者所當兼用其力者也。至於樂，則和順積中而不可以已焉，學之所由成也。此非力之所及，惟久且熟而自至焉耳。」此章兼言《詩》、《禮》、樂。

【八】學之成　「學」原作「與」，據四庫本改。

【九】二十始學　「二」原作「一」，據四庫本、《四書或問》卷十三改。

《記·經解》："入其國，其教可知也。鄭氏曰："觀其風俗，則知其所以教。"其爲人也温柔敦厚，《詩》教也；疏通知遠，《書》教也；廣博易良，《樂》教也；潔静精微，《易》教也；恭儉莊敬，《禮》教也；屬辭比事，《春秋》教也。疏曰："言人君以六經之道，各隨其民教之，民從上教，各從六經之性。觀民風俗，則其教可知也【一〇】。温，謂顔色温潤。柔，謂情性柔和。《詩》依違諷諫不指切事，故云云。《書》録帝王言語，舉其大綱，事非繁密，是疏通；上知帝皇之世，是知遠。樂以和通爲體，無所不用，是廣博；簡易良善，使人從化，是易良。《易》之於人，正則獲吉，邪則獲凶，不爲淫濫，是潔静。窮理盡性，言入秋毫，是精微。禮以恭遜、節儉、齊莊、敬慎爲本，若人能恭敬節儉，是禮之教。屬，合也。比，近也。《春秋》聚合會同之辭，是屬辭；比次褒貶之事，是比事。凡人君行此等六經之教以化於下，在下染習其教，還有六經之性，故云云。"故《詩》之失，愚；《書》之失，誣；《樂》之失，奢；《易》之失，賊；《禮》之失，煩；《春秋》之失，亂。失謂不能節其教者也。《詩》敦厚近愚；《書》知遠近誣；《易》精微，愛惡相攻，遠近相取，則不能容人近於傷害；《春秋》習戰鬭之事，近亂。其爲人也，温柔敦厚而不愚，則深於《詩》者也；疏通知遠而不誣，則深於《書》者也；廣博易良而不奢，則深於《樂》者也；潔静精微而不賊，則深於《易》者也；恭儉莊敬而不煩，則深於《禮》者也；屬辭比事而不亂，則深於《春秋》者也。"《正義》曰："《詩》爲樂章，《詩》、樂是一，而教别者，若以聲音、干戚以教人，是《樂》教也。若以詩辭美刺、諷諭以教人，是《詩》教也。此爲政以教民，故有六經。若教國子，則唯用四術。《王制》曰『春秋教以禮、樂，冬夏教以《詩》、《書》』是也。"此章言六經之教。程子論《經解》，説見前，然朱子於論《易》則曰："《易》初未有物，只是懸空説出。當其未有卦畫，則渾然一太極，在人則喜怒哀樂未發之中。一旦發出，則陰陽吉凶，事事都有在裏。人須就至虚

【一〇】其教可知　「知」字原脱，據四庫本補。

静中，見得這道理周遍通瓏方好。若先靠定一事説，則滯泥不通。此所謂潔静精微，《易》之教也。」其序吕氏《詩記》，亦謂其有意於温柔敦厚之教，則朱子之於斯言蓋深取之，注疏之辭多未粹。愚謂古者君臣上下共由六經之道，上之所以爲教者此也，下之所以爲學者此也。上因性以爲教，下亦因學以成性，故觀其國之俗，即知其君之教。學《詩》則能感發其性情之正，故其爲人温和而柔順，敦篤而厚重。學《書》則通知古今治亂之理，故其爲人疏明不滯，而所見者遠。樂以導和，故學之者開廣而博大，平易而温良。《易》道簡潔精深，禮主於恭儉莊敬，故學之者各得之而成其德。《春秋》連屬其辭，比次其義，以寓是非褒貶之指，故凡能如是者，必有得於《春秋》者也。古之學者，學一經必得一經之用，其曰爲人則氣質俱化，習與性成矣。其視後世通經之士徒習章句訓義，而無益於性情心術者，何如哉！然人各有所偏，醇厚者於智或不足，故其失愚。疏達者於言或易發，故其失誣。博大者易以奢廣，峻潔者易以深刻，恭敬者或煩勞而不安樂。屬辭比事而不至者，則善惡或至繆乱。故必矯其失而後有以全其得，亦如古者教冑之意也。曰《詩》之失、《書》之失云者，蓋言學經者之失，非謂經之有失也。或謂：「孔子之前六經未備，教者何以爲教，學者何以爲學哉？」曰：「經之書雖未備，而經之理已具於人心，故以温柔敦厚教之者，即《詩》之教；以疏通知遠教之者，即《書》之教也。其它皆然。然六經未備，則學者難爲功；六經既備，則學者易爲力。今之學者，學此經則當思有得於經者何如：學《詩》矣，吾之德果温柔敦厚矣乎？學《書》矣，吾之德果疏通知遠矣乎？必如是而深思焉，如是而自勉焉，庶乎爲善學經者。不然，則章句而已耳，訓義而已耳，其何益哉？」

荀子曰：「《書》者，政事之紀也。楊氏曰：「《書》所以紀政事，此説六經之意。」《詩》者，中聲之所止也。《詩》謂樂章，所以節音，生乎中而止，不使流淫。《春秋傳》曰：「中聲已降，五降之後，不復彈矣【一二】。」禮者，法之大分、類之綱紀也。禮所以爲典法之大分，統類之綱紀。類，謂禮法所觸類而長者，猶律條之比附。故學至乎禮而止矣，夫是之謂道德之極。禮之敬文也，樂之中和也，《詩》、《書》之博

【一二】不復彈　「彈」原作「殫」，據《荀子校釋》卷一改。

也，《春秋》之微也，在天地之間者畢矣。」又曰：「禮、樂法而不説，有大法而不曲説。《詩》、《書》故而不切，《詩》、《書》但謂先王故事，而不委曲切近於人。《春秋》約而不速。」文義隱約，不能使人速曉其意。愚謂：「法而不説」謂陳列其法，使人自悟而無待於論説。「故而不切」謂但述已然之得失，使人視以爲監而不待於迫切。

莊子曰：「《詩》以導志，《書》以導事，樂以導和，《易》以導陰陽，《春秋》以導名分。」朱子曰：「莊子此語，後來人如何可及，直是如快刀利斧，劈截將去，字字有着落。」

揚子：「或問：『五經有辯乎？』曰：『惟五經爲辯。説天者莫辯乎《易》，説事者莫辯乎《書》，説體者莫辯乎《禮》，説志者莫辯乎《詩》，説理者莫辯乎《春秋》。捨斯，辯亦小矣。』」按：戰國以來，辯士之説勝而不根諸理，流俗惑之，至漢猶然。故揚子發此論，然於五經之指未能大有發明也。其後班氏作《藝文志》有云：「六藝之文，樂以和神，仁之表也；《詩》以正言，義之用也；《禮》以明體，明者著見，故無訓也；《書》以廣聽，知之術也；《春秋》以斷事，信之符也。五者蓋五常之道，相須而備，故《易》爲之原。」夫六經於五常之道無不包者，今以五常分屬於六藝，是樂有仁而無義，《詩》有義而無仁也，可乎哉？大率漢儒論經鮮有得其指要者，反不若莊生之當於理也。

《史記》：孔子去魯，凡十四歲而反乎魯。哀公時。魯終不能用孔子，孔子亦不求仕。時周室衰，禮、樂廢，《詩》、《書》缺。追迹三代之禮，序《書傳》，上紀唐、虞之際，下至秦繆。曰：「夏禮吾能言之，杞不足徵也。殷禮吾能言之，宋不足徵也。足，則吾能徵之矣。」觀殷、夏所損益，曰：「後雖百世可知也。」又曰：「周監二代，郁郁乎文哉！吾從周。」孔子語魯大師：「樂其可知也。」又曰：「吾自衛反魯，然後樂正，《雅》、《頌》各得其所。」古者《詩》三千餘篇【一二】，孔子去其重，取其可施於禮義，上采契、后稷，中述殷、周之盛，至幽、厲之缺，始於衽席，故曰：「《關雎》之亂以爲《風》始，《鹿鳴》爲《小雅》始，《文王》爲《大雅》始，《清廟》爲《頌》始。」三百五篇，孔子皆弦歌之，以求《韶》、《武》、《雅》、《頌》之音。禮樂自此可得而述，以備王道，成六藝。孔子晚而喜《易》，序《彖》、繫《象》、《説卦》、《文言》。讀《易》，韋編三絶，曰：「假我數年，若是，我於《易》則彬彬矣。」孔子以詩書禮樂教，弟子蓋三千焉，身通六藝者七十有二人。哀公十四年春，狩大野。叔孫氏車子鉏商獲獸，以爲不祥。仲尼視之，曰：「麟也。」取之，曰：「河不出圖，雒不出書，吾已矣夫！」顔淵死，孔子曰：「天喪予！」及西狩見麟，曰：「吾道窮矣！」乃因史記作《春秋》，上至隱公，下訖哀公十四年，據魯，親周，其辭約，其指博。郢楚之君自稱王，《春秋》貶之曰「子」。踐土之會實召周天子，而《春秋》諱之曰「天王狩於河陽」。推此類以繩當世，貶損之義，後有王者舉而用之。《春秋》之義行，則天下亂臣賊子懼焉。孔子在位聽訟，文辭有可與人共者，弗獨有也。至於爲《春秋》，筆則筆，削則削，子夏之徒不能贊一辭。以上總論六經之指。

程子曰：「初學入德之門，無如《大學》，其它莫如《論語》、《孟子》。」又曰：「學者且先讀《語》、《孟》，更讀一經，然後看《春秋》。先識得個義理，方可看《春秋》。以何爲

【一二】詩三千餘篇 「詩」字原脱，據四庫本補。

準？無如《中庸》。」朱子亦曰：「先看《大學》，次《語》、《孟》，次《中庸》。果然下工夫，句句字字涵泳切己，看得透徹，一生受用不盡。只怕人不下工夫，雖多讀古人書，無益。書止是明得道理，却要人做出書中所説聖賢工夫來。若果看此数書，他書可見而決矣。」又曰：「《大學》者，《中庸》之户庭。《中庸》者，《大學》之閫奥。」又曰：「學問須以《大學》爲先，《論語》、《孟子》次《中庸》，《中庸》工夫密，規摹大。」又曰：「《論》、《孟》、《中庸》待《大學》通貫浹洽，無可得看後方看，乃佳。」又曰：「爲學之序，爲己而後可以及人，達理然後可以制事，故程子教人先讀《語》、《孟》，次及諸經，然後觀史，其序不可亂也。若恐其徒務空言，但當就《論》、《孟》經書中教以躬行之意，庶不相遠。至於左氏、奏疏之言，則皆時事利害，而非學者切身之急務也。其爲空言亦益甚矣，而欲使之從事其間而得躬行之實，不亦背馳之甚乎！」按：此答東萊書，時東萊方令學者讀左氏及諸賢疏。又曰：「讀《大學》、《語》、《孟》、《中庸》四書，然後看《詩》、《書》、《禮》、《易》與《春秋》，皆未易看。」又曰：「孟子曰：『博學而詳説之，將以反説約也。』故必先觀《論》、《孟》、《大學》、《中庸》，以考聖賢之意，讀史以考存亡治亂之迹，讀諸子百家以見其駁雜之病。其節目自有次序，不可以越過。近日學者欲約而不於博求之，不知不求於博，何以考驗其約？又有專於博上求之，而不反其約。今日考一制度，明日又考一制度，空於無用處作工夫，其病又甚於約而不博者。」以上論讀書之序。

校勘記

甲集二十四

程子曰：「經所以載道也，器所以適用也。學經而不知道，治器而不適用，奚益哉？」又曰：「聖人之道，坦如大路，學者病不得其門耳。得其門，無遠之不可到也。求入其門，不由於經乎？今之治經者亦衆矣，然而買櫝還珠之蔽，人人皆是。經所以載道也，誦其言辭，解其訓詁而不及道，乃無用之糟粕耳。覬足下由經以求道，勉之又勉，異日見卓爾有立於前，然後不知手之舞而足之蹈，不加勉而不能自止矣。」按：此伊川與人帖也。

若不能存養，只是説話。延平李氏曰：「讀書者知其所言莫非吾事，而即吾身以求之，則凡聖賢所至而吾未至者，皆可勉而進矣。若直以文字求之，悦其詞義，以資誦説，其不爲玩物喪志者幾希。」朱子亦曰：「學須做自家底，便見切己。今人讀書只要科舉用，已及第則爲雜文用，其高者則爲古文用，皆做外面看。」又曰：「人惟有私意，聖賢所以留千言萬語，以掃滌人私意。」又曰：「學者當以聖賢之言反求諸身，一一體察。」或人請諸經之疑，先生既答之，復曰：「今雖盡與公説，公盡曉得不於自家心地上做工夫，亦不濟事。」又曰：「讀書不可只專就紙上求理義，須反來就自家身上推究。秦、漢以後無人説到此，亦只是一向去書册上求，不就自家身上理會。自家見未到，聖人先説在那裏，自家只借他言語來就身上推究始得。」又曰：「開卷便有與聖賢不相似處，豈可不自鞭策？」又曰：「讀書無爲己之意，只欲以資口耳，作文字，即意思浮淺，看它義理不出。」又曰：「聖人言語，須是實體於身，灼然行得，方是讀書。豈可以言語解過一遍便休？」又曰：「孟子言學問之道，惟在求其放心，而程子所言心要在腔子裏。今一向耽着文字，令此心全體都奔在册子上，更不知有己，便是個無知覺、不識痛癢之人。雖讀得書，亦何益於吾事耶？」

尹焞問爲學之方。曰：「爲學須是讀書，觀書不必多，要知其約。多觀而不知其約，書肆耳。須是將聖人言語玩味，入心記著，然後力去行之，自有所得。」某緣少時讀書貪多，如今多忘了。又曰：「讀書要玩味。」朱子亦曰：「讀書着玩味，方見得義理從文字中迸出。」又曰：「博雜極害事。」伯恭曰：「前只向雜博處用功，却於要約處不曾子細研究。如閫範之作，指意極佳。然讀書只如此，亦有何意味耶？先達所以深懲玩物喪志之弊者，正爲是耳。范醇夫一生作此等功夫，想見將聖賢之言，却只忙中草草看過、抄節一番，便是事了，元不曾子細玩味。所以從先生許久，見處全不精明，是豈不可戒也耶？」又曰：「講學貴於實見義理，要在熟讀精思，潛心玩味，不可貪多務得，搜獵敷衍便爲究竟也。」又曰：「爲學不可以不讀書，而讀書之法又當熟讀沈思，反覆涵泳，銖積寸累，久自見功。不惟理明，心亦自定。若欲徒爲涉獵，而求此理之明，又欲別求方便，以期此心之定，其亦難矣！」又曰：「讀書須是將本文熟讀，且咀嚼有味。若有理會不得處，然後將注解看，方是有益。」又曰：「觀書静着心，寬着意思，沉潛反覆，將久自會曉得去。」又因説讀書云：「韓退之所謂沉潛乎訓義，反覆乎句讀，須有沉潛反覆之功方得。」又曰：「觀書不可只觀緊要處，閑慢處都要周匝。若能沉潛專一看得文字，只此便是治心養性之法。」

凡觀書不可以相類泥其義。不爾則字字相梗，當觀其文勢上下之意，如「充實之謂美」與詩之美不同。朱子亦曰：「凡讀書須看上下之意是如何，不可泥看一字【一】。如揚子於仁也柔，於義也剛，到《易》中又將剛來配仁，柔來配義。如《論語》『學不厭，智也；教不倦，仁也』，到《中庸》又謂『成己，仁也；成物，智也』。此等須是各隨本文意看，便自不相礙。」

凡觀書先須曉其文義，然後可求其意。未有文義不曉，而見意者也。又曰：「學者不泥文義，又全背却，速去理會文義者，又滯泥不通。如子濯孺子爲將之事，孟子只取其不背師之意，人須就上面理會事君之

【一】泥看一字　「看」原作「着」，據四庫本改。

道如何也。又如萬章問舜完廩浚井事，孟子只答它大意，人須要理浚井如何出得來，完廩又怎生下得來。若此之學，徒費心力。」

凡讀文字，如七年、一世、百年之事，皆當思其如何作爲，乃有益。

張子曰：「書以維持此心。」又曰：「讀書則此心常在。」讀書少，則無由考校得義精。蓋書以維持此心，一時放下，則一時德性有懈。讀書則此心常在，不讀書則終看義理不見。書須成誦，精思多在夜中，或静坐得之。不記則思不起，但通貫得大原後，書亦易記，所以觀書者釋己之疑，明己之未達，每見每加新益，則學進矣。於不疑處有疑，方是進。朱子曰：「近與學者講論，尤覺横渠成誦之説最爲捷徑。蓋未論看得義理如何，且是收得此心有歸着處，不至走作。然亦須是專一精研，使一書通透爛熟，都無記不起處，方可別换一書，乃爲有益。」又云：「所讀之書，經文注脚記得首尾通貫浹洽，方有可玩繹處。不然泛觀雜論，徒費日用，决無所益也。」

學者信書，且須信《論語》、《孟子》、《詩》、《書》無舛雜。《禮》雖雜出諸儒，亦若無害義處。如《中庸》、《大學》出於聖門，無可疑者，《禮記》則是諸儒雜記。至如《禮》文不可不信，己之言禮未必勝於諸儒。如有前後所出不同，且闕之。《記》有疑義，亦且闕之，就有道而正焉。

六經須循環理會，義理儘無窮。待自家長得一格，則又見得别。如《中庸》文字輩，直須句句理會過，使其言互相發明。又曰：「某觀《中庸》義二十年，每觀每有義，已長得一格。六經循環，年欲一觀。觀書以静爲心，但只是物不入心，然人豈能常静，須有以制其亂。」

書多閲而好忘者，只爲理未精耳。理精則須記了，無去處也。仲尼一以貫之，蓋只着一義理都貫却。

楊氏曰：「六經之義驗之於心而然，施之行事而順，然後爲得。」驗之於心而不然，施之於行事而未順，則非所謂經義。今之治經者工無用之文，徼幸科第而已，果何益哉？

以身體之，以心驗之，從容默會於燕閒静一之中，超然自得於書言象之表。語仲素曰：「某嘗有數句教學者讀書之法，云云。」又與人書曰：「至道之歸，固非筆舌能盡也。要以身體之，云云，則庶乎其至矣。反是，皆口耳誦數之學也。」

讀書須先看古人立意，所發明者何事，不可只於言上求之。如萬章問「象日以殺舜爲事」，孟子答舜所以處之之道，其意在説聖人無僞，此則不可不知。若從枝葉上理會，如象欲使二嫂治朕棲之語，此豈可信？堯在上，豈容有此？

學者須有所疑，乃能進德。然須用力深，方有疑。今之士讀書爲學，蓋自以爲無可疑者，故其學莫能相尚。如孔子門人所疑，皆後世所謂不必疑者也。子貢問政，子曰：「足食，足兵，民信之矣。」子貢疑所可去，答之以去兵；於食與信猶有疑焉，故能發孔子民無信不立之説。若今人問政，使之足食足兵，何疑之有？樊遲問仁，子曰：「愛人。」問知，子曰：「知人。」是甚明白，而遲猶曰未達，故孔子以「舉直錯諸枉，能使枉者直」教之。由是而行之，於智之道，不其庶矣乎？然遲退而見子夏，猶申問舉直錯諸枉之義，於是又得舜舉皐陶、湯舉伊尹之事爲證，故仁智兼盡其説。如使今之學者方得其初問之答，便不復疑矣。蓋嘗謂古人以爲疑者，今人不知疑也，學何以進？又曰：「讀書須有疑，然後能進。今人讀書元不知疑，所以不及古人。如子夏問『巧笑倩兮，美目盼兮』，直推至於禮後問。宰我於三年之喪猶有疑問，何也？曰此其所以爲宰我也。凡學於孔子者，皆欲窮究到無疑處方已。三年之喪，在他人於此不敢發言，宰我疑以朞斷，故必求質於聖人，雖被深責所不辭也。」西山李氏曰：「學者讀書，須是於無味處當致思焉，至於羣疑並興，寢食俱廢，乃能驟進。」朱子曰：「驟進二字最下得好，須是如此。若進得些子，或進或退，若存若亡，不濟事。如用兵相戰，争得些兒小子一二十里地，也不濟事。須大捷一番，方是善勝。爲學之要亦是如此。」又曰：「讀書無疑者須教有疑，有疑者却要無疑，到這裏方是長進。」又曰：「讀書始讀未知有疑，其次則漸漸有疑，中則節節是疑。過了這一番後，疑漸漸減，以至融會貫通，都無可疑，方始是學。」

延平李氏嘗語問者曰：「講學切在深潛縝密，然後氣味深長，蹊徑不差。若槩以理一而不察夫分之殊，此學者所以流於疑似亂真之說，而不自知也。」

朱子教人讀書之法，有曰：「正身危坐，緩視微吟，虛心涵味，切己省察。」

又曰：「立志不定，如何讀書？」又曰：「人要讀書，須是先收拾身心，令稍安静，然後開卷方有所益。若只如此馳騖紛擾，則方寸之間自與道理全不相近，如何看得文字？今亦不必多言，但且閉門端坐半月十日，却來觀書，自當信此言之不妄也。」又曰：「今世之人心不在軀殼裏，如何讀得聖人之書？」又曰：「昔陳烈先生苦無記性，一日讀《孟子》『學問之道無他，求其放心而已矣』，忽悟曰：『我心不曾收得，如何記得書？』遂閉門静坐百餘日，以收放心，却去讀書，遂一覽無遺。」又問：「讀書須是有精力？或云亦須是聰明？」先生曰：「雖有聰明，亦須是静方運得精神，緣静則心虛，道理方看得出。」又曰：「今人看文字，多是以昏怠去看，所以不子細。故學者且於静處收拾，教意思在裏，然後虛心去看，則其義理未有不明者也。」又曰：「讀書閒暇，宜於静室安坐，庶幾心平氣和，可以思索義理。」又曰：「收斂精神，方可商量讀書。」

人常讀書，庶幾可以管攝此心，使之常存，須是存心與讀書爲一事方得。又曰：「觀書一舉兩得：這邊又存得心，那邊理又到。」又曰：「本心陷溺之久，義理浸灌未透，且宜讀書窮理。常不間斷，則物欲之心自不能勝，而本心之義理自安且固矣。」

問讀諸經之法。曰：「亦無法，只是虛心平讀去。」又曰：「看文字須是虛心，莫先立己意。」又云：「虚心切己，虚心則見道理明，切己自然要體認得出。」又答學者曰：「所喻讀書未能有疑，此初學之通患。蓋緣平日讀書只爲科舉之計，貪多務得，不暇子細慣得意思，長時忙迫。今當以此爲戒，洗滌净盡【二】，別立規模，將合看文字，擇其尤精而最急者，且看一書，一日隨力看一兩段，俟一段已曉方换一段，一書皆畢方换一書。先要虚心平氣，熟讀精思，令一字一句皆有下落。諸家注解一一通貫，然後可以較其是非，以求聖賢之本意。雖已得之，亦更反復玩味，令其義理浹洽於中，淪肌浹髓，然後乃可言學耳。」又曰：「讀書須虚心静慮，依傍文義，推尋句脉，看定此句指意是説何事，略用今人言語襯帖替换一兩字，説得古人意思出來，先教自家心裏分明歷落，如與古人對面説話，彼此對答，無一言一字不相肯可，此外别無閑雜説話，方是得個入處。若棄却本文，肆爲浮説，都忘了從初因甚話頭，説得到此，此最學者大病也。」又曰：「觀書當虚心平氣，以徐觀義理之所在：如其可取，雖世俗庸人之言有所不廢；如有可疑，雖或傳以爲聖賢之言，亦須更加審擇，自然意味平和，道理明白，脚踏實地【三】。讀書之法無它，只是篤志虚心，反復詳玩，爲有功耳。近見學者多是率然穿鑿，便爲定論，或即信所傳聞，不復稽考，所以日誦聖賢之書，而不識聖賢之意。其所誦説，只是據自家見識撰成爾，如此豈復能有所進？」

學者貪作工夫，便看得義理不精。

讀書須是子細，逐句逐字要見去着。若用工麤鹵，不務精思，只道無可疑，理會未到不知有疑爾。譬如飲食，從容咀嚼其味必長，大嚼大咽終不知味也。又曰：「讀書只恁逐段子細看，積累去，則一生讀多少書？若務貪多則反不曾讀得。」又曰：「其始也自謂百事能，其終也一事不能，此言人讀書不專一，而貪多廣閲之弊也。」問：「《遺書》云『看雞雛可以觀仁』，如何？」曰：「既通道理後，這般個久久自知之。《記》曰：『善問者如攻堅木，先其易者，而後其節目。』所以游先生問『陰陽不測之謂神』，而程子答之曰：『公是揀難底問？是疑後問？』故昨日與公説讀書，須看一句後又看一句，讀一章後又讀一章，正如格物，格一物後又格一物。見這個物事道理既多，則難者道理自然識得。」又曰：「知讀書有漸甚善，但亦須且讀一書，先其近而易知者，字字考驗，句句推

【二】洗滌净盡　「净」原作「静」，據四庫本改。

【三】脚踏實地　「實地」二字原脱，據四庫本補。

詳，上句了然後及下句，前段了然後及後段，乃能真實該徧，無所不通。使自家意思與古聖賢泯然無間，乃爲真讀書爾。」又曰：「看此一書，且須專此一書。便待此邊冷如水，那邊熱如火，亦不可捨此而觀彼。」

泛觀博取，不若熟讀而精思。又曰：「學者只是要熟，工夫純一而已。讀時熟，玩味時熟。」又曰：「書須熟讀，所謂書只是一般。然讀十遍時與讀一遍時終別，讀百遍時與讀十遍又自不同也。」又曰：「讀書不精深，只是不專一。」又曰：「讀書須純一，如看了一般未了，又要涉一般【四】，都不濟事。某向時讀書，方讀上句，不知有下句；讀上章，不知有下章。」又曰：「讀《論語》如無《孟子》，讀前一段如無後一段。不然，方讀此又思彼，擾擾於中，這般人不惟無得於書，胷中如此，做事全不得。」

讀書須心在簡册上，方可研究義理。本文云：「讀書須將心貼在書册上，逐句逐字看得各有着落，方始好商量。」又曰：看文字須此心在上面，若心下不在，便是不曾看相似，所謂『視之而不見，聽之而不聞』。」問：「着心讀書，有時半板前心在書上，半板後忽然思量它事。口雖讀，心自在別處，如何得心只在書上？」先生曰：「此最不可。所謂不誠無物，雖讀猶不讀也。」又曰：「大凡讀書，須是要身心都入在這一段裏面，更不問外面有何事，方見得一段道理出。如『博學而篤志，切問而近思』，如何却説仁在其中？蓋自家能常常存得此心，莫教走作，則理自然在其中。今人却一邊去看文字，一邊去思量外事，只是枉費了工夫，不如放下了文字，待打疊教意思靜了却去看。」

又曰：「蓄之極則通。」看文字且自用工夫，先已切至，方可舉所疑，與朋友講論。假無朋友，久之亦能自見得。蓋蓄積者多，忽然爆開，便自然通。此所謂何？天之衢亨也，蓋蓄極則通。

大凡讀書：少看熟讀，一也；不必鑽研立説，但反覆體驗，二也；埋頭理會【五】，不必求效，三也。三者，學者當守此。讀書須是偏布周滿，某嘗以爲寧詳毋略，寧下毋高，

【四】要涉一般　「涉一般」原作「般涉」，據四庫本改。

【五】埋頭理會　「埋」原作「理」，據四庫本改。

寧拙毋巧，寧近毋遠。

古人文章，大率平説而意自長，觀書且須觀其平易正當處。又曰：「看文字且先看明白易曉者。」又曰：「觀書當平心以觀之。大抵看書不可穿鑿，看從分明去處【六】，不可尋從隱僻去處。凡文字，諸家説異同處最可觀。熹舊日讀書專於異同處觀之。」又曰：「凡看文字，諸家説有異同處最可觀。謂如甲説如此，且挦扯住甲【七】，窮盡其詞。乙説如此，且挦扯住乙，窮盡其詞。兩家之説既盡，又參攷而窮究之，必有一真是者出矣。」又曰：「學者觀書，病在只要向前，不肯退步看。愈向前，愈看得不分曉，不若退步却看得審。大槩病在執着，不肯放下。正如聽訟，心先有主張乙底意思，便只見得甲底不是。先有主張甲底意思，便只見乙底不是。不若姑置甲乙之説，徐徐觀之，方能辨其曲直。」

學者有二患：一是自主己意，一是有先入之説。本文云：「横渠言濯去舊見，以來新意，此説甚當。若不濯去舊見，何處得新意來？今學者有二種病：一是主自家意思，一是舊有先入之説。雖欲擺脱，亦被他自來相尋。」又曰：「讀書若有所見，未必便是，不可便執着，且放在一邊，益更讀書，以來新見。若執着一見，則此心便被此見遮蔽了。譬如一片浄潔田地，若上面纔安一物，便須有遮蔽了處。聖人七通八達，事事説到極致處。學者須是多讀書，使互相發明，事事窮到極致處。所謂『本諸身，徵諸庶民，考諸三王而不繆，建諸天地而不悖，質諸鬼神而無疑，百世以俟聖人而不惑』，直到這個田地，方是。《語》云：『執德不弘。』《易》云：『寬以居之。』聖人多説個廣大寬大之意，學者要須體之。」

讀書不可不先立一程限，如農之有畔，爲學亦然。又曰：「嚴立功程，寬着意思，久之自當有味，不可求欲速之功也。」

觀書看大意，又看句語中何字是切要。孟子謂「仁義理智根於心」，只根字甚有意。如此用心，義理自出。

【六】從分明去處　「去處」原作「處去」，據四庫本乙正。

【七】挦扯住甲　「甲」原作「曰」，據四庫本改。

文字大節目，痛理會三五處後，當迎刃而解。學者之患在於輕浮，不沈着痛快。爲學者計，當就日用間致其下學之功。讀書窮理，則細立課程，耐煩著實而勿速解；操存持守，則隨時隨處省覺收斂，而勿計近功。全文云：「人無英氣，固安於卑陋而不足以語上。其或有之，而無以制之，則又反爲所使而不肯遜志於學，此學者之通患。所以古人設教，自灑掃、應對、進退之節，禮、樂、射、御、書、數之文，必皆使之抑心下首，以從事於其間而不敢忽，然後可以消磨其飛揚倔强之氣，而爲入德之階。今既皆無此矣，則唯有讀書一事，尚可以爲攝伏身心之助，然不知循序而致謹焉，則亦未有益也。故今爲學者計，云云。如此積累，做得三五年工夫，庶幾心意漸馴，根本粗立，而有可據之地。不然終恐爲氣所使，而不得有所就也。」

或問《左傳》疑義。曰：「子不求之於六經、《語》、《孟》之中，而用功於《左傳》，有甚義理？縱有，能幾何？」只看聖人所説，無不是這個大本，如云：「天高地下，萬物散殊，而禮制行矣。流而不息，合同而化，而樂興焉。」不然，子思何故説個「天命之謂性，率性之謂道，脩道之謂教」，此三句是怎生如此説？是乃天地萬物之大本大根，萬化皆從此出。人若能體察得，方見得聖賢所説道理，皆從自己胷中流出，不假他求。又曰：「人須是於這大原本上看得透，自然胷中開闊，見世間事皆瑣瑣不足道矣。」

尹氏門人有言尹和靖教學者，云：「耳順心得，如誦己言。用功既至，誦聖賢言語即己言語。」

理明後，雖讀申、韓書亦有得。

觀書當如猛將用兵、酷吏治獄。直是鏖戰一陣，直到推究到底始得。　又按：朱子教人讀書，有曰：「讀書已是第二義。蓋人之生，道理合下皆完具，所以要讀書者，是未曾經歷見得許多，聖人是經歷見得許多，所以寫在世上與人看。而今讀書只是要見得許多道理，及理會得了，又皆是自家合下元有底，不是外面旋添得來。」又曰：「讀書如理亂髮，理髮須逐條理，教條直。」又曰：「讀書須逐句逐字理會，教通透。」又曰：「看文字且逐條看，多是一事，不須牽合。」問：「孟子言『羞惡之心，義之端也』，又曰『義之實，從兄是也』，不知羞惡與從兄之意如何相似？」曰：「不要如此看，且理會一處上義理教通透了，方可别看。如今理會一處未得，却又牽一處來滚同説着，少間愈無理會處。聖賢説話各有指歸，且與他逐句逐字上理會將去。」又曰：「讀書須細看，得意思通融後，都不見注解，但見有正經幾個字方好。」又曰：「讀書理會得通徹是當了，則終生更不用再理會，後面只須把出來温尋涵泳。若不逐件理會，則雖讀到老，依舊是生底，如不曾讀一般。」《曾裘父詩話》中載東坡教人讀書小簡，先生取以示學者，曰：「讀書要當如是。」

按：《裘父詩話》載東坡與王郎書云：「少年爲學者，每一書皆作數次讀之。富如入海，百貨皆有，人之精力不能兼收盡取，但得其所欲求者爾。故願學者每次作一意求之，如欲求古今興亡治亂，聖賢作用，且只作此意求之，勿生餘念。又别作一次求事迹文物之類，亦如之，他皆倣此。若學成，八面受敵，與涉獵者不可同日而語。」又山谷與李幾仲帖云：「不審諸經諸史何者最熟，大率學者喜博，而常病不精，汎濫百書，不若精於一也。有餘力然後及諸書，則涉獵諸篇，亦得其精。蓋以我觀書，則處處得益；以書博我，則釋卷而茫然。」先生深喜之，以爲有補於學者。

南軒張氏《讀書樓之銘》曰：洪惟元聖，研幾極深，出言爲經，以達天心。天心煌煌，聖謨洋洋，有赫其傳，惠我無疆。嗟哉學子，生乎千載，孰謂聖遠？遺經猶在。孰不讀書，而昧厥旨？章句是鑿，文采是事。矧其所懷，惟以禄利。茫乎四馳，其曷予塈？嗟哉學子，當知讀書，匪有所爲，惟求厥初。厥初惟何？爾所固然。因書而發，爾知其全。維誦維歌，維究維復，維以泳游，勿肆勿梏。維平乃心，以會其理，切于乃躬，以察以體。積功既深，有爗其明，迥然意表，大體斯呈。聖豈予欺，實發予機，俾予自知，以永於爲。

若火始然，若泉始達，推之自玆，進孰予遏？若登泰山，益高益崇，維理無形，維經無窮。嗟哉學子，盍敬念玆，以是讀書，則或庶幾。以上論讀書之法。　又元城劉氏嘗舉司馬公讀《三國志》「曹操遺令」事以語客，客曰：「非温公識見不能及此。」劉氏曰：「此無他也，乃一誠字爾。」老先生讀書必具衣冠，正坐莊色，不敢懈怠，惟以誠意讀之。誠之者，可以開金石，况此虛僞之事，一看即解散也。　愚按：朱子斂襟危坐即此意，故附見焉。

程子曰：「聖人之言其遠如天，其近如地。」上文云：「凡解文字，但易其心，自見理。理只是人理，甚分明，如一條平坦路道。《詩》曰：『周道如砥，其直如矢。』此之謂也。或曰：聖人之言，恐不可以淺近看。曰：聖人之言，自有近處，自有深遠處。如近處怎生强要鑿教深遠？揚子曰：『聖人之言遠如天，賢人之言近如地。』某與改之云云。」朱子亦曰：「聖賢之言，有高遠處，有平實處。」又曰：「今之談經者，往往有四者之病：本卑也，而抗之使高；本淺也，而鑿之使深；本近也，而推之使遠；本明也，而必使至於晦。此今日談經之大患。」又曰：「聖賢立言，本自平易，而平易之中，其旨無窮。今必推之使高，鑿之使深，是未必真能高深而固已離其本指，喪其平易無窮之味矣。」

解經不同無害，但要切處不可不同。

好著書則多言，多言則害道。程子勸楊時勿好著書，云云。學者要當察此。

楊氏曰：「解經欲得理通而語簡。」舊嘗解「易簡而天下之理得」，云：「行其所無事，不亦易乎？一以貫之，不亦簡乎？如是則天下之理得矣。」又言：「行其所無事，一以貫之，立是一個自然之理。」

朱子曰：「解經但可略釋文義、名物，而使學者自求之，乃爲有益。」先生謂南軒《孟子》解文不過數語，而所解者文過數倍，將使學者求經而先坐困於吾説，非先賢談經之體。且如《易傳》已爲太詳，然必先釋字義，次釋文義，然後推本而索言之，其淺深近遠詳密有序，不如是之忽遽繁雜也，云云。

漢儒善説經，不過只説訓詁，使人以此玩索經文，訓詁、經文不相離異，只作一道看，直是意味深長。先生謂近世説經者，多是推衍文義，自做一片文字，非惟屋下架屋，説得意味淡薄，且是使人看者將注與經作兩項工夫，做了下梢，看得支離，至於本旨，全不相照，云云。

經書有不可解處，只得闕。若一向去解，便有繆處。

讀書先有立説之心，此念已外馳矣。

解經當如破的。以上論解經之法。自《易要指》至此，皆格物致知之事，程子所謂「讀書講明義理」者也，故以爲《廣大學》之首。

右廣大學之一

子謂子産：「有君子之道四焉：其行己也恭，其事上也敬，其養民也惠，其使民也義。」朱子曰：「子産，鄭大夫公孫僑。恭，謙遜也。敬，謹恪也。惠，愛利也。使民義，如都鄙有章、上下有服、田有封洫、廬井有伍之類。」吴氏曰：「數其事而責之者，其所善者多也，『臧文仲不仁者三、不知者三』是也。數其事而稱之者，猶有所未至也，『子産有君子之道四焉』是也。今或以一言蓋一人、一事蓋一時，皆非也。」或問：「是四事者亦有序耶？」曰：「行己恭則其事上也敬，非有容悦之私意於民，惠後使之以義焉，則民雖勞而不怨矣。」問：「子産莫短於才否？」曰：「孔子稱之如此，安得短於材？而爲政不專於寬【八】，有非理者須以法治之，孟子所言惠不知為政，蓋指其一耳。」南軒曰：「子産此四者，爲得君子之道。然君子之道其目亦多矣，子産有此四者而已，其它固未盡得也。聖人與人爲善，故特舉其所長焉。」

【八】而爲政　「而」字不清，據四庫本補。或當爲「其」。

子曰：「伯夷、叔齊，不念舊惡，怨是用希。」伯夷、叔齊，孤竹君之二子。孟子稱其「不立於惡人之朝，不與惡人言」，「與鄉人立，其冠不正，望望然去之，若將浼焉」。其介如此，宜若無所容矣。然其所惡之人，能改即止，故人亦不甚怨之也。　程子曰：「不念舊惡，此清者之量。」又曰：「二子之心，非夫子孰能知之？」　或問：「夷、齊之有舊惡，何也？」曰：「蘇氏蓋嘗言之，然無所考，未敢斷以爲必然也。蘇氏曰：『夷、齊之事遠矣，傳失其辭。意其出也，父子之間有間言焉，若申生之事與？不若是，則又何惡之可念哉？』」　問云云。曰：「此與『不遷怒』相似。其所惡者，因其人之可惡惡之，而所惡不在我。及其能改，又只見它善處。聖賢之心皆是如此。」　南軒曰：「以夷、齊平日之節觀之，疑其狹隘而不容矣。今夫子乃稱之如此，何其宏裕也！蓋於其所爲，亦安夫天理之所當然，而其胷中休休然，初無一毫介於其間也。若有一毫介於其間，則是私意之所執，而豈夷、齊之心哉！味夫子此言，庶幾可以識之矣。『怨是用希』者，己無所怨於人，而人亦無所怨於己也。」

子曰：「孰謂微生高直，或乞醯焉，乞諸其鄰而與之。」朱子曰：「微生姓，高名，魯人，素有直名者。醯，醋也。人來乞時，其家無有，故乞諸鄰家以與之。夫子言此譏其曲意徇物，掠美市恩，不得爲直也。」　程子曰：「微生高所枉雖小，害直爲大。」范氏曰：「是曰是、非曰非、有謂有、無謂無，曰直。聖人觀人於其一介之取予，而千駟萬鍾從可知焉。故以微事斷之，所以教人不可不謹也。」　或問：「微生乞醯之説，或有謂直非中庸之行，微生之事，夫子蓋美之者，然乎？」曰：「爲是説者，新則新矣，然即其言以觀之，有以知其無正大之情也。夫醯非難得之物，或乞於我，而我無之，則直答以無而已，彼將去而求之他人，豈患其不得哉？設其有急難之用，而不知可得之處，則告之可也，求之而不得焉，則往助其求可也。今微生高之乞諸鄰也，必不告以求之之意，其與之也，必不告以得之之所，其掠美行私，左右異態如此，夫子尚何美之云哉！善乎沂國王文正公之言，曰：『恩欲己出，怨使誰當？』至哉斯言，其亦異乎微生之用心矣。且直之爲言，自古聖賢未有以爲非美德者，特惡其過而失於較計而已。今槩以直爲非中庸之行，吾不知其何取而爲斯言耶？然則斯人之所謂中庸者，乃胡廣之中庸，而非子思之中庸必矣。」問：「張子韶説乞醯不是不直。」曰：「此無它，只是要人回互委曲以爲直爾。此鄉原之漸，不可不謹。」南軒曰：「順理之謂直，計較作爲，有纖毫之枉【九】，則害於直矣。故夫子舉此，以明直之理。」

子曰：「巧言、令色、足恭，左丘明恥之，丘亦恥之。匿怨而友其人，左丘明恥之，丘亦恥之。」朱子曰：「足，過也。」程子曰：「左丘明，古之聞人也。」謝氏曰：「二者之可恥，有甚於穿窬也。左丘明恥之，其所養可知矣。夫子自言『丘亦恥之』，蓋『竊比老彭』之意。又以深戒學者，使察乎此而立心以直也。」或問：「左丘明非傳《春秋》者耶？」曰：「未可知也。啖、趙、陸氏辨之於《纂例》詳矣，先友鄧著作考之《氏姓書》曰：『此人蓋左丘姓而明名，傳《春秋》者，乃左氏耳。』」鄧名世，字元亞云。足是加添之意，能恭則禮已盡矣。若又去上面添些，便是私欲。巧言、令色、足恭與匿怨，皆不誠實者也。人而不誠實，何所不至？所以可恥，與上文乞醯之義相似。南軒曰：「是在衆人習以爲常，而未知爲恥，惟君子學以爲己，不忍須臾自欺，故以爲恥焉。觀諸此，則丘明爲人誠實可知。言己亦恥之，以明丘明所恥之爲得。又可以味聖人與人爲善，其辭氣温厚如此。」

子曰：「孟之反不伐，奔而殿。將入門，策其馬，曰：『非敢後也，馬不進也。』」朱子曰：「孟之反【一〇】，魯大夫，名側。胡氏曰：『反即莊周所稱孟之反者是也。』伐，誇功也。奔，敗走也。軍後曰殿。策，鞭也。戰敗而還，以後爲功。反奔而殿，故以此言自揜其功也。事在哀公十一年。」謝氏曰：「人能操無欲上人之心，則人欲日消、天理日明，而凡可以矜己誇人者，皆無足道矣。然不知學者，欲上人之心無時而忘也，若孟之反可以爲法矣。」南軒曰：「爲學之害，矜伐居多，聖人取孟之反所以教門人也。」

子謂衛公子荆：「善居室。始有，曰：『苟合矣。』少有，曰：『苟完矣。』富有，曰：

【九】纖毫之枉　「枉」原作「枉」，據四庫本改。

【一〇】孟之反　「之」原作「子」，據四庫本改。

『苟美矣。』」朱子曰：「荆，衛大夫。苟，聊且粗略之意。合，聚也。完，備也。言其循序而有節，不以欲速、盡美累其心。」楊氏曰：「務爲全美，則累物而驕吝之心生。公子荆皆曰『苟』而已，則不以外物爲心，其欲易足故也。」或問八章之說。曰：「胡氏之說爲備。胡氏曰：『自合進而完，自完進而美，非善乎其事，不能彌光於前，而公子荆知此非所存心者，直謂之苟且而已。既見其不以殖產自能，又見其不以多財自累，富而無驕，滿而弗溢，非賢而能之乎？此可爲居室之法。』」

或問子產。子曰：「惠人也。」朱子曰：「子產之政，不專於寬。然其心，則一以愛人爲主。故孔子以爲惠人，蓋舉其重而言也。」問子西。曰：「彼哉！彼哉！」子西，楚公子申，能遜楚國，立昭王，而改紀其政，亦賢大夫也。然不能革其僭王之號。昭王欲用孔子，又沮止之。其後卒召白公以致禍亂，則其爲人可知矣。彼哉者，外之之詞。問管仲。曰：「人也。奪伯氏駢邑三百，飯疏食，没齒無怨言。」人也，猶言此人也。伯氏，齊大夫。駢邑，地名。齒，年也。蓋桓公奪伯氏之邑以與管仲，伯氏自知己罪而心服管仲之功，故窮約以終身而無怨言。荀卿所謂「與之書社三百，而富人莫之敢拒」者，即此事也。　或問：「管仲、子產孰優？」曰：「管仲之德，不勝其才；子產之才，不勝其德。然於聖人之學，則槩乎其未有聞也。」　或問十章之說。曰：「胡氏之說爲詳。胡氏曰：『鄭，小國也，介乎晉、楚。子產爲政，黜汰侈，崇恭儉，作封洫，鑄刑書，惜幣爭承，皆以豐財足用，禁姦保民，其用法雖深，爲政雖嚴，而卒歸於愛，故夫子以惠人蔽之。及其卒也，聞之出涕而曰：古之遺愛也。然孟子以爲惠而不知爲政，《禮記》以爲能食民而不能教者，蓋先王之政之教，子產誠有所未及也。』諸家皆不論子西爲何人，獨吳氏爲能考之。吳氏曰：『當時有三子西：鄭駟夏、楚宜申、公子申也【一一】。駟夏未嘗當國，無大可稱，宜申謀亂被誅，相去又遠，宜皆所不論者。衛公子申與孔子同時，又讓國。昭王欲用孔子，而子西止之，其後又召白公，以致楚亂，則其爲人可知矣。』」問：「『管仲人也』，范、楊皆以爲盡人道，如何？」曰：「恐未然【一二】。古注謂猶《詩》言所謂『伊人』，莊

【一一】鄭駟夏　「夏」原作「憂」，據四庫本改。下同。

【一二】恐未然　「未」原作「夫」，據四庫本改。

子所謂『之人』也。若作盡人道説，除管仲是個人，他人便不是人，管仲也未盡得人道在。」　愚按：古注、范、楊之説，皆似未安。意「人」字之上，猶有一字，若子産惠人之類，而逸之與？

子曰：「孟公綽爲趙、魏老則優，不可以爲滕、薛大夫。」朱子曰：「公綽，魯大夫。趙、魏，晉卿之家。老，家臣之長。大家勢重，而無諸侯之事；家老望尊，而無官守之責。優，有餘也。滕、薛，二國名。大夫，任國政者。滕、薛國小政繁，大夫位高責重。然則公綽蓋廉靜寡欲而短於才者也。」　楊氏曰：「知之弗豫，枉其才而用之，則爲棄人矣。此君子所以患不知人也。言此，則孔子之用人可知矣。」　南軒曰：「老者，行義爲人所尊之稱。趙、魏老當時號爲家事治者，公綽之不欲其德可取也，故以爲趙、魏老則優。若夫滕、薛，則小國也，大夫之職煩勞，意者公綽之才有所不足，故不可爲耳。大抵用人之方，貴在處之得其當而已。」　黄氏曰：「君子不器，則無施而不可也。未至於不器，則各有所長而不能相通。世之議論人物者，但見其長厚，則曰此賢也。然賢而不能任事，則亦未足爲全德。夫子之於公綽云云，其言可謂公且平矣。」

子問公叔文子於公明賈曰：「信乎，夫子不言、不笑、不取乎？」朱子曰：「公叔文子，衛大夫公孫枝也。公明，姓。賈，名。亦衛人。文子爲人，其詳不可知，然必廉靜之士，故當時以三者稱之。」公明賈對曰：「以告者過也。夫子時然後言，人不厭其言；樂然後笑，人不厭其笑；義然後取，人不厭其取。」子曰：「其然，豈其然乎？」厭者，苦其多而惡之之辭。事適其可，則人不厭，而不覺其有是矣。是以稱之或過，而以爲不言、不笑、不取也。然此言也，非禮義充溢於中，得時措之宜者不能。文子雖賢，疑未及此。但君子與人爲善，不欲正言其非也，故曰「其然，豈其然乎」，蓋疑之也。　或問：「公叔文子得不言、不笑、不取之名，而公明賈以爲時然後言、笑、取，何也？」曰：「蘇氏曰：『凡事之因物而中理者，人不知其有是也。飲食未嘗無五味也，而人不知者，以其適宜而中度也。飲食而知其有五味，必其過者也。此文子得不言、不笑、不取之名也，而公明賈以是稱之也。』」「夫子之疑之，何也？」曰：「吳氏曰：『文子請享靈公也，史鰌曰：子富君貪，禍必及矣。觀此，則文子之言豈能皆當？而其取豈能皆善乎？』」　南軒曰：「公叔文子，意者簡默厚重之士，故人之稱之如此。聖人質之於其門人，將以察其然也。公明賈之言善矣，然非文子之所及也。蓋如賈所言，非和順積中，發而中節者莫能。不直謂不然，而爲之疑辭曰『其然，豈其然乎』，聖人詞氣，含洪忠厚如此。」

子曰：「臧武仲以防求爲後於魯，雖曰不要君，吾不信也。」朱子曰：「防，地名，武仲所封邑也。要，有挾而求也。武仲得罪奔邾，如防，使請立後而避邑。以示若不得請【一三】，則將據邑以叛，是要君也。」　范氏曰：「要君者無上，罪之大者。武仲之邑，受之於君。得罪出奔，則立後在君，非己所得專也。而據邑以請，由其好智而不好學也。」楊氏曰：「武仲卑辭請後，其跡非要君者，而意實要之。夫子之言，亦《春秋》誅意之法也。」　南軒曰：「尹氏云：『據邑以請，非要君而何？』不知義者，將以武仲之存先祀爲賢也，故夫子正之。」

子曰：「晉文公譎而不正，齊桓公正而不譎。」朱子曰：「晉文公，名重耳。齊桓公，名小白。譎，詭也。二公皆諸侯盟主，攘夷狄以尊周室者也。雖其以力假仁，心皆不正，然桓公伐楚仗義執言，不由詭道，猶爲彼善於此。文公則伐衛以致楚，而陰謀以取勝，其譎甚矣。二君他事亦多類此，故夫子言此以發其隱。」　晉文用兵，便是戰國孫、吳氣習。　南軒曰：「詳觀召陵討罪之舉、城濮怒楚之戰，則可見矣。二君皆以功利爲心，爲三王之罪人則同然，就其中行事之迹，又有譎正之異。」

公叔文子之臣大夫僎，與文子同升諸公。朱子曰：「之臣，家臣。公，公朝。謂薦之與己同進爲公朝之臣也。」子聞之，曰：「可以爲文矣。」文者，順理而成章之謂。《謚法》亦有所謂錫民爵位曰文者。　洪氏曰：「家臣之賤而引之使與己並，有三善焉：知人，一也；忘己，二也；事君，三也。」　南軒曰：「志在上賢，而無媢疾之心，以斯一善，其謚以文可也。」

【一三】以示若不得　「示」原作「求」，據《論語集註》卷七改。

子言衛靈公之無道也，康子曰：「夫如是，奚而不喪？」朱子曰：「喪，失位也。」孔子曰：「仲叔圉治賓客，祝鮀治宗廟，王孫賈治軍旅。夫如是，奚其喪？」仲叔圉，即孔文子也。三人皆衛臣，雖未必賢而其才可用。靈公用之，又各當其才。尹氏曰：「衛靈公之無道，宜喪也，而能用此三人，猶足以保其國。而況有道之君，能用天下之賢才者乎？《詩》曰：『無競維人，四方其訓之。』」南軒曰：「以衛靈公之無道，然所用得其才，猶足以無喪。雖然僅能維持，使之勿喪而已，若身正於上，而用得其人，則孰禦焉？」

子曰：「臧文仲其竊位者與？知柳下惠之賢，而不與立也。」朱子曰：「竊位，言不稱其位而有愧於心，如盜得而陰據之也。柳下惠，魯大夫展獲，字禽，食邑柳下，謚曰惠。與立，謂與之並立於朝。」范氏曰：「臧文仲爲政於魯，若不知賢，是不明也；知而不舉，是蔽賢也。不明之罪小，蔽賢之罪大，故孔子以爲不仁，又以爲竊位。」按：《論語》所論人物，如管仲、晏平仲、臧文仲、令尹子文、陳文子、季文子、甯武子、子桑伯子、史魚、柳下惠，各已見前論，今不重出。而《春秋》褒貶尤衆，又當即全經而考焉，非此所能盡録也。學者觀聖人論人之得失皆當，反觀己之得失，然後爲有補云。

匡章曰：「陳仲子豈不誠廉士哉？居於陵，三日不食，耳無聞，目無見也。井上有李，螬食實者過半矣，匍匐往，將食之，三咽，然後耳有聞，目有見。」朱子曰：「匡章、陳仲子，皆齊人。廉，有分辨，不苟取也。於陵，地名。螬，蠐螬蟲也。匍匐，言無力不能行也。咽，吞也。」孟子曰：「於齊國之士，吾必以仲子爲巨擘焉。雖然，仲子惡能廉？充仲子之操，則蚓而後可者也。巨擘，大指也。言齊人中有仲子，如衆小指中有大指也。充，推而滿之也。操，所守也。蚓，丘蚓也。言仲子未得爲廉也，必若滿其所守之志，則惟丘蚓之無求於世，然後可以爲廉耳。夫蚓，上食槁壤，下飲黄泉。仲子所居之室，伯夷之所築與？抑亦盜跖之所築與？所食之粟，伯夷之所樹與？抑亦盜跖之所樹與？是未可知也。」槁壤，乾土也。黄泉，濁水也。抑，發語辭也。言蚓無求於人而自足，而仲子未免居室食粟，若所從來或有非義，則是未能如蚓之廉也。 曰：「是何傷哉？彼身織屨，妻辟纑，以易之也。」辟，績也。纑，練麻也。 曰：「仲子，齊之世家也。兄戴，蓋禄萬鍾。以兄之禄爲不義之禄而不食也，以兄之室爲不義之室而不居也，辟兄離母，處於於陵。他日歸，則有饋其兄生鵝者，己頻顣曰：『惡用是鶂鶂者爲哉？』他日，其母殺是鵝也，與之食之。其兄自外至，曰：『是鶂鶂之肉也。』出而哇之。」世家，世卿之家。兄名戴，食采於蓋，其入萬鍾也。歸，自於陵歸也。己，仲子也【一四】。鶂鶂，鵝聲也。頻顣而言，以其兄受饋爲不義也。哇，吐之也。「以母則不食，以妻則食之；以兄之室則弗居，以於陵則居之。是尚爲能充其類也乎？若仲子者，蚓而後充其操者也。」言仲子以母之食、兄之室爲不義而不食、不居，其操守如此。至於妻所易之粟，於陵所居之室，既未必伯夷之所爲，則亦不義之類耳。今仲子於此則不食、不居，於彼則食之、居之，豈爲能充滿其操守之類者乎？必其無求自足，如蚯蚓然，乃爲能滿其志而得爲廉耳，然豈人之所可爲哉？ 范氏曰：「天之所生，地之所養，惟人爲大。人之所以爲大者，以其有人倫也。仲子避兄、離母，無親戚君臣上下，是無人倫也。豈有無人倫，而可爲廉哉？」 南軒曰：「於陵仲子於所當享有所不安，引而避之，而其窮至於無以食，而食井上之螬李。在當時或稱其廉，謂其能不以一介取諸人也。曾不知伊尹之不以一介与人，不以一介取諸人，以非其義，非其道之故耳。若於其所當居而不居，則反害於道義矣。仲子，齊之世家也。兄戴，蓋禄萬鍾。仲子苟以爲不當虛享其禄食，則當與其兄共思社稷之計，光輔其主，治其國家，保其民人，則齊國有無窮之業，而仲子之家亦有無窮之聞，斯爲稱焉耳。今乃昧正大之見，爲狹陋之思，以食粟、受鵝爲不

【一四】己仲子也 「己」原作「兄」，據《孟子纂疏》卷六改。

義，而不知避兄離母之爲非，徒欲潔身以爲清，而不知廢大倫之爲惡。小廉妨大德，私意害公義。原仲子本心，亦豈不知母子之性重於其妻，兄之居爲愈於陵乎？惟其私意所萌，亂夫倫類至此極也。衆人惑於其迹，以其清苦高介而取之，而不知原其所萌，若是其差殊也，嗟乎！世之貪冒苟得，肆而爲惡者多矣，而孟子於仲子之徒，獨闢之之深者，蓋世之爲惡者其失易見，而仲子之徒其過爲難知也。惟其難知，故可以惑世俗而禍仁義。孟子反覆闢之，蓋有以也。」

公都子曰：「匡章，通國皆稱不孝焉。夫子與之遊，又從而禮貌之，敢問何也？」朱子曰：「匡章，齊人。通國，盡一國之人也。禮貌，敬之也。」孟子曰：「世俗所謂不孝者五：惰其四支，不顧父母之養，一不孝也；博弈好飲酒，不顧父母之養，二不孝也；好貨財，私妻子，不顧父母之養，三不孝也；從耳目之欲，以爲父母戮，四不孝也；好勇鬭狠，以危父母，五不孝也。章子有一於是乎？戮，羞辱也。狠，忿戾也。夫章子，子父責善而不相遇也。遇，合也。相責以善而不相合，故爲父所逐也。責善，朋友之道也；父子責善，賊恩之大者。賊，害也。朋友當相責以善，父子行之，則害天性之恩也。夫章子，豈不欲有夫妻子母之屬哉？爲得罪於父，不得近，出妻屏子，終身不養焉。其設心以爲不若是，是則罪之大者。是則章子已矣。」言章子非不欲身有夫妻之配、子有子母之屬，但爲身不得近於父，故不敢受妻子之養，以自責罰。其心以爲不如此，則其罪益大也。　此章之旨，於衆所惡而必察焉，可以見聖賢至公至仁之心矣。楊氏曰：「章子之行，孟子非取之也，特哀其志而不與之絶耳。」　南軒曰：「常人之私情，樂聞人之過，責人惟恐不深，而不復察其理。君子恕以待人，油然公平，各以其分，而是非無不得矣。匡章之事，亦可謂處乎其不幸者也。衆人皆歸之以不孝之名，而孟子獨明其不然者，察其理故耳。蓋諫於其父而父不受，以至於怒而屏之。以君子之法論之，章特未知夫『有隱而無犯』與夫『號泣而從之』之義耳。夫其所謂『有隱而無犯』與夫『號泣而從』者，其婉愉委曲爲如何？非致其深愛者不能也。章之諫也，無乃不能察其親之意，而或過於辭色歟？是以爲責善而賊恩也。夫至於責善而賊恩，則非惟不能正救其事，而反以傷其父子之天性。其所處固不爲無過，然謂之不孝，則抑甚矣。蓋章本心，亦庶幾欲其父之爲善耳，而處之或過，反以致其怒。而章又以爲既得罪於父，則己亦不當安夫妻子之養【一五】，則從而黜屏其妻子，謂不若是，則己之罪益大也。其深自咎責之意可見矣。夫察章之事，既異乎世俗之所謂不孝，而原章之心，則又以得罪於父爲不遑安，則章亦庶幾其可進於善者，而豈當棄絶於君子之門哉？若章得罪於父而不知懼，則是以忿戾之氣行於其間，而可罪矣。然則君子之觀人也，豈苟云乎哉？夫齊國之士，皆以仲子爲廉，通國皆稱匡章爲不孝，而孟子獨明其不然。世俗之毀譽如無本之水，非君子孰能察之？」按：孟子論人物，如伯夷、柳下惠、伊尹之類，已散見諸篇。若仲子事合見《出處》篇，匡章事亦合在《父子》篇，以其察世俗之毀譽而斷之以至公之理，深得論人之法，故備載焉。若荀、揚以下，評論人物未必皆當，故略之。

問：「四凶堯不誅，而舜誅之，何也？」程子曰：「四凶皆大才也，在堯之時，未嘗爲惡，堯安得而誅之？及舉舜加其上，然後始有不平之心而肆其惡，故舜誅之耳。」曰：「堯不知四凶乎？」曰：「惟堯知之。」「知其惡而不去，何也？」曰：「在堯之時，非特不爲惡，亦賴以爲用。」

「或言高宗於傅説，文王於太公，蓋已素知之矣。恐羣臣未信，故託夢卜以神之。」曰：「此僞也，聖人豈僞乎？」

問：「伯夷叩馬諫武王，義不食周粟，有諸？」曰：「叩馬則不可知。非武王誠有之

【一五】亦不當安　「安」原作「女」，據四庫本、《癸巳孟子説》卷四改。

也，夫是之謂隘。君尊臣卑，天下之常理也。伯夷知守常理，而不知聖人之變，故隘。不食粟，蓋不食其禄，非餓而不食也。《史記》所載諫詞，皆非也。」韓退之頌伯夷甚好，然説得伯夷隘處。要知伯夷心，須是聖人。《語》曰：「不念舊惡，怨是用希。」此甚説得伯夷心也。

問：「『伐國不問仁人』，何也？」曰：「未知其所以伐如何？若武王伐紂，則皆仁人也。柳下惠之時，諸侯以土地之故，糜爛其民，皆不義之伐，宜仁人不忍言也。」

問：「宋襄公不鼓不成列，如何？」曰：「此愚也。」既與它戰，又却不鼓不成列，必待它成列，圖個甚？

問：「漢文多災異，漢宣多祥瑞，何也？」曰：「譬之小人多行不義，人不之責，至君子未有一事，則議論便生，此一理也。白者易汙，此又一理也。《詩》中幽王大惡爲小惡，宣王小惡爲大惡，此又一理也。東漢之士尚名節，只爲不明理，若使明理【一六】，則皆大賢也。」

趙苞爲邊守，虜奪其母，招之以城降，苞遽戰而殺其母，非也。以君之城降而求生其母，固非也，然亦當求所以生母之方，奈何遽戰乎？不得已，身降之可也。王陵母在楚，而使質以招陵，陵降可也。徐庶得之矣【一七】。

問：「三國之興孰爲正？」曰：「蜀志在復漢，則正也。」

唐太宗爲藩臣，佐父取天下一功臣耳，而可奪元良之位乎？終唐之世，三綱不正，太

【一六】若使明理　「理」原作「經」，據四庫本改。

【一七】徐庶得之　「徐」字原脱，據四庫本補。

宗啓之。又曰：「太宗人知其爲英主，不曾有人識其惡。」餘同。又曰：「如肅宗即位靈武，分明是篡也。」又曰：「唐有天下，如貞觀、開元間，雖號治平，然亦有夷狄之風。三綱不正，無父子、君臣、夫婦，其原起於太宗。故其後世子孫，皆不可使：玄宗使肅宗便篡；肅宗使永王璘便反。君不君，臣不臣，故曰藩鎮不賓，權臣跋扈，陵夷至於五代之亂。」

朱子曰：「鬻拳乃一粗厲之人，其意則忠，而其事皆非，不足法也。」按：《左氏傳》以鬻拳爲愛君，曰：「諫以自納於刑，刑而不忘納君於善。」是豈所以爲人臣法歟【一八】？故朱子辨其不然，范甯亦議其非矣【一九】。

樂毅亦一戰國之士，何嘗是王者之師？問：「樂毅伐齊，文中子以爲善藏其用，東坡則責其不合妄效王者事業以取敗，二者說孰是？」朱子曰：「不然。此只是田單會守，遂無如之何耳。毅其初是合秦、魏之師，又因人怨湣王之暴，故一舉下齊七十餘城。及湣王死，人心之怨已解，它又恐三國來分它功，急發遣了。以燕之力，亦只做得恁地。況田單忠義死節，堅守二城，自是不可攻。非不欲取，蓋力不能耳，云云。毅在當時，亦恣意鹵掠，正與孟子所謂『毁其宗廟，遷其重器』同【二〇】。」愚按：夏侯玄以來，稱許皆大過【二一】，至是無餘藴矣。鹵掠事見毅與燕惠王書，云「珠玉財寶，車甲珍器，盡收入於燕」，是也。

漢高祖私意分數尚少，唐太宗一切假借仁義以行其私。

漢高祖急於攻楚，所以致太公之歸。廣武之會，項羽所以不殺沛公者，蓋是時漢强而楚少弱，使高祖屈意於事楚【二二】，則有俱斃而已。惟其云云。項籍亦能曉此，知殺太公爲不可，不若歸之可以致漢之歡心。若分羹之說，則大不可。

漢文帝資質雖美，然安於此而已。如云卑之無甚高論，今人可行之類是也。先王之道，情願不要去

【一八】爲人臣法　「臣」原作「君」，據四庫本改。

【一九】范甯　「范」前原衍「然」字，據文意删。

【二〇】重器同　「同」原作「爾」，據四庫本改。

【二一】皆大過　「大」原作「人」，據四庫本改。

【二二】意於事楚　「楚」原作「禁」，據四庫本改。

做，只循循自守。武帝之病固多，然天資高，志向大。惜其無真儒輔佐，不能勝其多欲之私耳。然輪臺之悔，終是資高，故能如此。嘗因人言，太子仁柔不能用武，帝曰：「若太子又如朕所爲，是襲亡秦之迹。」可見當時自知其非。向若能以仲舒爲相，汲黯爲御史大夫，豈不善邪？召平高於四皓。

或問：「霍光不負社稷，而有許后之事。馬援以口過戒子孫，而他日有裹屍之禍。」朱子曰：「『采葑采菲，無以下體。』取人之善，爲己師法，不當如是論也。」

漢儒董仲舒最平正，劉向博洽而淺，然皆不見聖人大道。賈誼、司馬遷皆駁雜，大意是言權謀功利，時以仁義搶覆之，然終救不得。

漢儒專以災異、讖緯之屬爲内學【一二三】，如徐孺子之徒多能此。反以義理之學爲外學。如《鍾離意傳》所載修夫子廟事，説夫子若會覆射者，甚可怪也。

問：「黄憲豈得似顏子？」曰：「其資質終是美。」又問：「若得聖人爲之依歸，如何？」曰：「又未知其志向何若。顏子豈徒一柔善之人？觀其敢問爲邦，而孔子告以四代禮樂，其聰明絶人，可見矣。」

人知曹操之爲漢賊，而不知孫權亦漢賊也。若權有意興復漢室，當與先主並心合謀，以正曹氏之罪。奈何先主稍能自立，即摧而仆之，其襲取關羽之類是也。權自知與操同是竊據土地之人，若先主可成，必滅曹氏，且復滅吴矣。權之姦謀，蓋不可掩。平日所與先主交通，姑爲自全計爾。

【一二三】爲内學　「内」原作「問」，據《朱子語類》卷一百三十五改。

問羊、陸之事。曰：「此敵國相傾之謀耳，非善意也。觀陸抗正是彰其德，於祜之言，斯可見矣。」如石勒修祖逖母墓，亦相類。

嵇紹蕩陰之忠，固可取，亦不足以贖事讎之過，二者正不相掩也。

陶淵明，古之逸民。

唐源流出於夷狄，故閨門失禮之事，不以爲異。

唐史贊太宗功德兼隆，蓋謂除隋之亂是功，致治之美是德。自道學不明，故言功德者如此。揆以聖門之法，則此二事不過是功，未可謂之德。

顔魯公是有忠義而無意智之人。當時去那裏，見使者來，不知是賤，便兩拜。後來知得，方罵。愚按：顔公始以節制之權遜賀蘭進明，不居功之意甚矣，而不知進明之不可恃。晚爲盧杞所忌，不知引去以全明哲保身之道，皆於智有所不足。朱子之評當矣。

南軒張氏曰：「責己須要備，人有片善，皆當取之。古人之學只是爲己，如晏平仲其事君臨政，未必皆是，然善與人交，聖人便取之。子産有君子之道四焉，其不合道處想多，只是四者便是吾之師。責己而取人，不惟養吾之德，亦所以與人爲善。」

問：「高祖規模宏遠，何事可驗？」曰：「約法三章，用董公仁義之説，此二事可驗。」

漢武謂多欲，不宜君國子民，此言當矣。帝雖能言，而自亦多欲，然此言不可以人廢。于定國爲廷尉，天下無冤民。史氏將誰欺？趙、蓋、楊、韓之死，皆在定國之手，冤莫大焉。大凡看史，不可被史官謾過。

人言東漢之亡，黨錮趣之也。曾不知東漢若無數君子，其亡也尤速。譬如羸病者之服丹，一旦死則歸罪於丹，不知其所以能延數日之命者，丹之功也。

問：「趙苞當初不當爲邊守。」曰：「然。當擇於初，至是無可爲者，非不忠則不孝矣。」又曰：「温嶠當時只當終老北方，不當棄母。」

劉玄德言【二四】：「濟大事以人爲本，今人歸吾，吾何忍棄去？」大哉言乎！足以得人之心矣。因言玄德胸襟是大不同【二五】。向在淮上，有歸正人來，或欲不受。因舉此言，謂此等皆吾之赤子，久相隔絶，不得見其父母，幸而有路歸來，父母閉户而拒之，可乎？

孟宗當與立傳。又曰：「孫翊之妻，能報夫之讎，又不汙其身，可謂智、仁、勇三者兼全矣。」史傳中煞有好人埋没而不顯者，如吴主下詔，方事之殷，國家多難，凡在職遭喪而奔赴者，置之大辟。吴令孟宗喪母奔喪，已而拘之，聽刑。賴陸遜等力陳其素具，減一等。如此等人，是甚力量當云云。雖是一事，關係甚大，又如孫翊之妻云云。

李太白從永王璘，非必有意於璘之爵禄也，亦是疏快忽過耳。若杜子美，則無此。自《語》、《孟》論人物至此，亦格物致知之事，程子所謂「辨論古今人物，而別其是非」者也。然諸老先生所論，多已見諸篇，其評將相大臣事業，又當悉入《乙記》。至若司馬公《通鑑》、范氏《唐鑑》、致堂胡氏《讀史管見》及龜山《史論》、了齋《史約》【二六】，與南軒諸老先生《史論》，當即全書而觀之。故今獨取程子以下數條列之於此，以爲《廣大學》之一條云。

【二四】劉玄德　「玄」原作「元」，據四庫本改。

【二五】是大不同　「不同」原作「小大」，據四庫本改。

【二六】了齋史約　「史」原作「人」，據四庫本改。

世間常有上種邪説，與正説相對。如唐肅宗時，議陷賊官罪，李勉議當以九等定刑，而當時却恐堅河北叛臣之心，不知所以正叛臣之罪也。又如渡江之初，衆論欲先追駕而後即位，而黄潛善、汪伯彦則唱爲先即位之論。正論常見危，邪説常見安，使吾人平日間暇講究，必不到得錯，只恐利害倉卒之際，錯了路歧。某觀昔賢多是於利害倉卒之際錯了【二七】，是故學不可不講，氣不可不養。

右廣大學之二　亦格物致知之事，程子所謂「講論古今人物而辨其是非也」。

桃應問曰：「舜爲天子，皋陶爲士，瞽瞍殺人，則如之何？」朱子曰：「桃應，孟子弟子也。其意以爲舜雖愛父，而不可以私害公。皋陶雖執法，而不可以刑天子之父。故設此問，以觀聖賢用心之所極，非以爲真有此事也。」孟子曰：「執之而已矣。」言皋陶之心，知有法而已，不知有天子之父也。「然則舜不禁與？」桃應問也。曰：「夫舜惡得而禁之？夫有所受之也。」言皋陶之法，有所傳授，非所敢私，雖天子之命，亦不得而廢之也。「然則舜如之何？」桃應又問。曰：「舜視棄天下，猶棄敝蹝也。竊負而逃，遵海濱而處，終身訢然，樂而忘天下。」蹝，草履也。遵，循也。言舜之心，知有父而已，不知有天下也。孟子嘗言舜棄天下猶草芥，而惟順於父母可以解憂，與此意互相發。此章言爲士者但知有法，而不知天子父之尊，爲子者但知有父，而不知天下之爲大。蓋其所以爲心者，莫非天理之極、人倫之至。學者察此而有得焉，則不待較計論量，而天下無難處之事矣。南軒曰：「善發明舜之心者，其惟孟子乎！若以後世利害之見論之，則謂天下方歸戴於舜而賴其治。舜乃舍而去之，得無廢已成之業，而孤天下之望乎！此不知天理之言也。聖人之所以爲治者，循天理而已。若汩於利害，而失天理之所存，則雖舜何以治天下哉？或者以舜竊負爲狂，是未之思也。又以爲皋陶既執瞽瞍，舜烏得而竊之，是又未之思也。皋陶執瞽瞍於前，而使舜得以申竊負之義於後，是乃天理

【二七】某觀昔賢　「某」原作「其」，據四庫本、乾隆本改。

時中，全夫君臣、父子之義者也。微孟子，孰能推之？」　按：程子以應接事物而處其當否爲格物致知之一事，然所謂處事之方，不過本之以義理，而恭之以時與勢而已。湯之以義制事，《易》之義以方外，《中庸》之時中是也，各已散見諸篇。今獨取《孟子》一章列之於此，蓋其事乃天下之至難，而聖賢處之曲盡其道，此即處事之大法也。又朱子嘗謂「正其誼不謀其利，明其道不計其功」，乃處事之要。學者誠能每事以義爲的，而權其輕重可否之宜，不雜以世俗利害之私，則庶乎應酬事物有餘裕矣。

右廣大學之三　亦格物致知之事，程子所謂「應接事物而處其當否也」。

甲集二十五

《易》䷀乾上乾下。《象》曰：天行健，君子以自强不息。程子曰：「此解一卦之象。乾道覆育之象至大，非聖人莫能體，欲人皆可取法，故取其行健而已，至健固足以見天道也。君子以自彊不息，法天之行健也。」朱子曰：「天，乾卦之象也。凡重卦皆取重義，此獨不然者，天一而已。但言天行，則見其一日一周，而明日又一周，若重復之象，非至健不能也。君子法之，不以人欲害其天德之剛，則自彊不息矣。」天惟健，故不息，不可把不息做健。使天有一頃之息，則地必陷，人必跌死矣。惟其不息，故局得地在中間。問：「健足以形容乾否？」曰：「可。伊川曰：『健而無息謂之乾。』蓋自人而言，固有一時之健，有一日之健。惟無息，乃天之德。」

䷁坤下坤上。《象》曰：地勢坤，君子以厚德載物。程子曰：「坤道之大猶乾也，非聖人孰能體之？地厚而其勢順傾，故取其順厚之象，而云地勢坤也。君子觀坤厚之象，以深厚之德，容載庶物。」朱子曰：「地，坤之象，亦一而已。故不言重，而言其勢之順，則見其高下相因之無窮，至順極厚，而無所不載也。」

䷂震下坎上。《象》曰：雲雷屯，君子以經綸。程子曰：「坎不云雨而云雲者，雲爲雨而未成者也。未能成雨，所以爲屯。君子觀屯之象，經綸天下之事，以濟於屯難。經，緯。綸，緝【一】。謂營爲也。」朱子曰：「經綸治絲之事，經引之，綸理之也。屯難之世，君子有爲之時也。」問：「屯、需二象，皆陰陽未和洽成雨之象也。然屯言君子以經綸，而需乃言飲食宴樂，何也？」曰：「需是緩意，在它無所致力，只得飲食宴樂。屯是物之始生，象草木初出地之狀。其初出時，欲破地面而出，不無齟齬艱難之時，故當爲經綸其義，所以不同也。」

校勘記

【一】綸緝　「綸」字原脱，據四庫本補。

䷃坎下艮上。《象》曰：山下出泉，蒙，君子以果行育德。程子曰：「山下出泉，出而遇險，未有所之，蒙之象也。若人蒙稺，未知所適也。君子觀蒙之象，以果行育德，觀其出而未能通行，則以果決其所行。觀其始出未有所向，則以養育其明德也。」朱子曰：「泉水之始出者，必行而有漸也。」

䷄乾下坎上。《象》曰：雲上於天，需，君子以飲食宴樂。程子曰：「雲氣蒸而上升於天，必待陰陽和洽，然後成雨。雲方上於天，未成雨也，故爲須待之義。陰陽之氣交感，而未成雨澤，猶君子畜其才德，而未施於用也。君子觀雲上於天，需而爲雨之象，懷其道德，安以待時，飲食以養其氣體，宴樂以和其心志，所謂居易以俟命也。」朱子曰：「雲上於天，無所復爲，待其陰陽之和，而自雨耳。事之當需者【一】，亦不容更有所爲，但飲食宴樂，俟其自至而已，一有所爲則非需矣。」需，待也，云云。待之須有至時，學道者亦猶是也。

䷅坎下乾上。《象》曰：天與水違行，訟，君子以作事謀始。程子曰：「天上水下，相違而行，二體違戾，訟之由也【二】。若上下相順，訟何由興？君子觀象，知人情有争訟之道，故凡所作事，必謀其始，絶訟端於事之始，則訟無由生矣。謀始之義廣矣，若謹交結、明契券之類是也。」朱子曰：「作事謀始，言觀此等象，便當每事謀之於其始。」

䷆坎下坤上。《象》曰：地中有水，師，君子以容民畜衆。程子曰：「地中有水，水聚於地中，爲衆聚之象，故爲師也。君子觀此象，以容保其民，畜聚其衆也。」朱子曰：「水不外於地，兵不外於民，故能養民，則可以得衆矣。」

䷇坤下坎上。《象》曰：地上有水，比，先王以建萬國親諸侯。程子曰：「夫物相親比而無間者，莫如水，所以比也。先王觀比之象，以建萬國，親諸侯。建立萬國，所以比民也。親撫諸侯，所以比天下也。」朱子

【一】事之當需者　「事」前原衍「自」字，據四庫本删。

【二】訟之由　「由」字原脱，據《伊川易傳》卷一補。

曰：「地上有水，水比於地，不容有間。建國親侯，亦先王所以比於天下而無間者也。」伊川曰「建萬國以比民」，言民不可盡得而比，故建諸侯，使比民，而天下所親者諸侯而已，這便是它比天下之道。

䷈乾下巽上。《象》曰：風行天上，小畜，君子以懿文德。程子曰：「乾之剛健，而爲巽所畜。夫剛健之性，唯柔順爲能畜止之。雖可以畜止之，然非能固制其彊健也，但柔順以擾系之耳，故爲小畜也。君子觀小畜，以懿美其文德。畜聚爲藴畜之義。君子所藴畜者，大則道德經綸之業，小則文章才藝。君子觀小畜之象，以懿美其文德。文德方之道義爲小也。」朱子曰：「風有氣而無質，能畜而不能久，故爲小畜之象。懿文德，言未能厚積而遠施也。」問云云。曰：「山是堅剛之物，故能力蓄其三陽。風是柔軟之物，止能小畜之而已。」云云，言畜他不住，且只逐些子發泄出來，只以大畜比之便見得。大畜説「多識前言往行，以畜其德」，便見得小畜只是做得這些個文德，如威儀、文辭之類。

䷉兌下乾上。《象》曰：上天下澤，履，君子以辨上下定民志。程子曰：「天在上，澤居下，上下之正理也。人之所履當如是，故取其象而爲履。君子觀履之象，以辨別上下之分，以定其民志。夫上下之分明，而後民志有定。民志定，然後可以言治；民志不定，天下不可得而治也。古之時，公卿大夫而下，位各稱其德，終身居之，得其分也。位未稱德，則君舉而進之。士脩其學，學至而君求之，皆如有預於己也【四】。農工商賈勤其事，而所享有限，故皆有定志，而天下之心可一。後世自庶士至於公卿日志於尊榮，農工商賈日志於富侈，億兆之心，交騖於利【五】，天下紛然，如之何而可一也？欲其不亂，難矣。此由上下無定志也。君子觀履之象，而分辨上下，使各當其位，以定民之心志也。」

䷊乾下坤上。《象》曰：天地交，泰，后以財成天地之道，輔相天地之宜，以左右民。程子曰：「天地交而陰陽和，則萬物茂遂，所以泰也。人君當體天地通泰之象，而以財成天地之道，輔相天地之宜，以左右生

【四】皆如有預　「預」原作「頌」，據四庫本、乾隆本改。

【五】交騖於利　「騖」原作「駕」，據四庫本改。

民也。財成，謂體天地交泰之道，而財制成其施爲之方也。輔相天地之宜，天地通泰則萬物茂遂，人君體之而爲法制，使民用天時、因地利，輔助化育之功，成其豐美之利也。如春氣發生萬物，則爲播殖之法；秋氣成實萬物，則爲收斂之法。乃輔相天地之宜，以左右輔助於民也。民之生必賴君上爲之法制，以教率輔翼之，乃得遂其生養，是左右之也。」朱子曰：「財成以制其過，輔相以補其不及。」問：「財成輔相，云云。」曰：「裁成，猶裁截成就之也。裁成者，所以輔相也。」又問：「裁成何處可見？」曰：「且如君臣、父子、兄弟、夫婦，聖人便爲制下許多禮數倫序【六】，只此便是裁成處。萬物本自有此理，若非聖人裁成，亦不能得如此齊整，所謂『贊天地化育而與之參』也。」

䷋坤下乾上。《象》曰：天地不交，否，君子以儉德辟難，不可榮以禄。程子曰：「天地不相交通，故爲否。否塞之時，君子道消，當觀否塞之象，而以儉損之德避免禍難，不可榮居禄位也。否者，小人得志之時，君子居顯榮之地，禍患必及其身，故宜晦處窮約也。」朱子曰：「收斂其德，不形於外，以辟小人之難。人不得以禄位榮之。」

䷌離下乾上。《象》曰：天與火，同人，君子以類族辨物。程子曰：「不云火在天下，天下有火，而云天與火者，天在上，火性炎上，火與天同，故爲同人之義。君子觀同人之象，而以類族辨物，各以其類族辨物之同異也。若君子小人之黨，善惡是非之理，物情之離合，事理之異同，凡同異者君子能辨明之，故處物不失其方也。」朱子曰：「天在上而火炎上，其性同也。『類族辨物』，所以審異而致同也。」問：「類族辨物，如伊川云『各以其類族辨物之同異也』，則是就族類上辨物否？」曰：「類族是就人上説，辨物是就物上説。天下有不可以皆同之理，故隨地頭項如分別。類族去分姓氏，張姓同作一類。辨物，如牛類是一類。就其類處以致，其所以爲同也。伊川之説不可曉也。」

䷍乾下離上。《象》曰：火在天上，大有，君子以遏惡揚善，順天休命。程子曰：「火高在天上，照見萬物之衆多【七】，故爲大有，繁庶之義。君子觀大有之象，以遏絶衆惡，揚明善類，以奉順天休美之命。萬物

【六】禮數倫序　「數」原作「敬」，據四庫本、《朱子語類》卷七十改。

【七】萬物之衆多　「衆」原作「象」，據四庫本、《伊川易傳》卷一改。

衆多，則有善惡之殊。君子享大有之盛，當代天工，治養庶類。治衆之道，不過遏惡揚善而已【八】。」朱子曰：「火在天上，所照者廣，爲大有之象。所有既大，無以治之，則釁蘖萌於其間矣。天命有善而無惡，故遏惡揚善所以順天。反之於身，亦若是而已矣。」

䷎艮下坤上。《象》曰：地中有山，謙，君子以裒多益寡，稱物平施。程子曰：「地體卑下，山之高大而在地中，外卑下而內蘊高大之象，故爲謙也。不云山在地中，而曰地中有山，言卑下之中蘊其崇高。君子觀謙之象，山而在地下，是高者下之，卑者上之，見抑高舉下、損過益不及之義。以施於事，則裒取多者，增益寡者，稱物之多寡以均其施與，使得其平也。」朱子曰：「以卑蘊高，謙之象也。裒多益寡，所以稱物之宜而平其施，損高增卑以趨於平，亦謙之意也。」

䷏坤下震上。《象》：雷出地奮，豫，先王以作樂崇德，殷薦之上帝，以配祖考。程子曰：「雷者，陽氣奮發，陰陽相薄而成聲也。陽始潛閉地中，及其動，則出地奮震也。始閉鬱及奮發，則通暢和豫，故爲豫也。坤順震發，和順積中而發於聲，樂之象也。先王觀雷出地而奮，和暢發於聲之象，作聲樂以褒崇功德，其殷盛至於薦之上帝，推配之以祖考。殷，盛也。禮有殷奠，謂盛也。薦上帝，配祖考，盛之至也。」朱子曰：「雷出地，奮和之至也。先王作樂，既象其聲，又取其義。」先王作樂，無處不用。然用樂之大者，尤在於薦上帝、配祖考。問：「作樂崇德是自崇其德，如《大韶》、《大武》之類否？」曰：「然。」

䷐震下兌上。《象》曰：澤中有雷，隨，君子以嚮晦入宴息。程子曰：「雷震於澤中，澤隨震而動，爲隨之象。君子觀象以隨時而動。隨時之宜，萬事皆然。取其最明且近者言之，君子以嚮晦入宴息：君子晝則自強不息，乃嚮昏晦，則入居於內宴息，以安其身。起居隨時，適其宜也。《禮》：君子晝不居內，夜不居外，隨時之道也。」朱子曰：「雷藏澤中，隨時休息。」

【八】遏惡揚善　「遏」字原脱，據四庫本、《伊川易傳》卷一補。

䷑巽下艮上。《象》曰：山下有風，蠱，君子以振民育德。程子曰：「山下有風，風遇山而回，則物皆散亂，故爲有事之象。君子觀有事之象，以振濟於民，養育其德也。在己則養德，於天下則濟民，君子之所事，無大於此二者。」　朱子曰：「山下有風，物壞而有事矣。而事莫大於二者，乃治己、治人之道也。」

䷒兑下坤上。《象》曰：澤上有地，臨，君子以教思無窮，容保民無疆。程子曰：「澤之上有地。澤，岸也，水之際也。物之相臨與含容，無若水之在地，故澤上有地爲臨也。君子觀親臨之象，則教思無窮，親臨於民，則有教導之意思也。無窮，至誠無斁也。觀含容之象，則有容保民之心。無疆，廣大無疆限也。含容有廣大之意，故爲無窮無疆之義。」　朱子曰：「地臨於澤，上臨下也。二者皆臨下之事。教之無窮者，兑也。容之無疆者，坤也。」問：「《臨》卦臨字，不特是上臨下之謂臨，凡進而逼近者皆謂之臨否？」曰：「然。此是二陽自下而進上，則知凡相逼近者皆爲臨也。」

䷓坤下巽上。《象》曰：風行地上，觀，先王以省方觀民設教。程子曰：「風行地上，周及庶物，爲由歷周覽之象，故先王體之爲省方之禮，以觀民俗而設政教也。天子巡省四方，觀視民俗，設爲政教，如奢則約之以儉，儉則示之以禮是也。省方，觀民也。設教，爲民觀也。」

䷔震下離上。《象》曰：雷電，噬嗑，先王以明罰勑法。程子曰：「象無倒置者，疑此文互也。雷電，相須並見之物，亦有嗑象，電明而雷威。先王觀雷電之象，法其明與威，以明其刑罰，飭其法令。法者，明事理而爲之防者也。」　問：「雷電《噬嗑》與雷電《豐》似一同。」朱子曰：「《噬嗑》明在上，動在下，是明得事理，先立這法在此，未有犯底人，留待異時而用，故云『明罰勑法』。《豐》威在上，明在下，是用這法時，須是明見下情曲折方得。不然，威動於上，必有過差，故云『折獄致刑』。此伊川之意，説得極善。」

䷕離下艮上。《象》曰：山下有火，賁，君子以明庶政，無敢折獄。程子曰：「山者草木百物之所聚生也，火在其下而上照，庶類皆被其光明，爲賁飾之象也。君子觀山下有火明照之象，以脩明其庶政，成文明之治，而無果敢於折獄也。折獄者，人君之所致慎也，豈可恃其明而輕自用乎？乃聖人之用心也，爲戒深矣。象之所取，唯以山下有火，明照庶物，以用明爲戒，而賁亦自有無敢折獄之義。折獄者，專用情實，有文飾則没其情矣，故無敢用文以折獄也。」朱子曰：「山下有火，明不及遠。明庶政，事之小者。折獄，事之大者。内離明而外艮止，故取象如此。」問：「《本義》云云，伊川却就賁飾説，不知二説可相備否？」曰：「明庶政是就離上説，無折獄是就艮上説。離明在内，艮止在外，則是事之小者，可以用明。折獄是大事，一折便了，有止之義。明在内不能及他，故止而不敢折也。大凡就象中説，則意味長。若懸空説道理，亦説得去，亦不甚親切也。」又曰：「此與《旅》卦都説刑獄事，但争艮與離之在内外，故其説相反。」

☶坤下艮上。《象》曰：山附於地，剥，上以厚下安宅。程子曰：「艮重於坤，山附於地也。山高起於地，而反附著於地，圮剥之象也。上謂人君與居人上者，觀剥之象而厚固其下，以安其居也。下者，上之本，未有基本固而能剥者也。故上之剥必自下，下剥則上危矣。爲人上者知理之如是，則安養人民以厚其本，乃所以安其居也。《書》曰：『民惟邦本，本固邦寧。』」

☷震下坤上。《象》曰：雷在地中，復，先王以至日閉關，商旅不行，后不省方。程子曰：「雷者，陰陽相薄而成聲，當陽之微，未能發也。雷在地中，陽始復之時也。陽始生於下而甚微，安静而後能長。先王順天道，當至日陽之始生，安静以養之，故閉關，使商旅不得行，人君不省視四方，觀復之象而順天道也。在一人之身亦然，當安静以養其陽也。」問：「陽始生甚微，安静而後能長。人於迷途之復，其善端之萌亦甚微，故須莊敬持養，然後能大。不然，復亡之矣。」朱子曰：「然。」

☰震下乾上。《象》曰：天下雷行，物與無妄，先王以茂對時，育萬物。程子曰：「雷行於天下，陰陽交和，相薄而成聲，於是驚蟄藏，振萌芽，發生萬物，其所賦與，洪纖高下，各正其性命，無有差妄，物與無妄也。先王觀天下雷行發生賦與之象，而以茂對天時，養育萬物，使各得其宜，如天與之無妄也。茂，盛也。盛對之爲言，猶盛行永言之比。對時，謂順合天時，天道生萬物，各正其性命而不妄。王者體天之道，養育人民，以至昆蟲草木，使各得其宜，乃對時育物之道也。」朱子曰：「天下雷行，震動發生，萬物各正其性命，是物物而與之以無妄也。先王法此以對時育物，因其所性，而不爲私焉。」

䷙乾下艮上。《象》曰：天在山中，大畜，君子以多識前言往行，以畜其德。程子曰：「天爲至大，而在山之中，所畜至大之象。君子觀象以大其蘊畜。人之蘊畜，由學而大，在多聞前古聖賢之言與行，考跡以觀其用，察言以求其心，識而得之，以畜成其德，乃大畜之義也。」朱子曰：「天在山中，不必實有是事，但以其象言耳。」

䷚震下艮上。《象》曰：山下有雷，頤，君子以慎言語，節飲食。程子曰：「以二體言之，山下有雷，雷震於山下，山之生物，皆動其根荄，發其萌芽，爲養之象。以上下義言之，艮止而震動，上止而下動，頤頷之象。以卦形言之，上下二陽，中含四陰，外實中虚，頤口之象，口所以養身也。故君子觀其象以養其身，慎言語以養其德，節飲食以養其體。不唯就口取養義，事之至近而所繫至大者，莫過於言語、飲食也。在身爲言語，於天下則凡命令、政教出於身者皆是，慎之則必當而無失。在身爲飲食，於天下則凡貨資財用養於人者皆是，節之則適宜而無傷。推養身之道，養德養天下，莫不然也。」

䷛巽下兑上。《象》曰：澤滅木，大過，君子以獨立不懼，遯世無悶。程子曰：「澤，潤養於木者也，乃至滅没於木，則甚過矣，故爲大過。君子觀大過之象，以立其大過人之行。君子所以大過人者，以其能獨立不懼，遯世無悶也。天下非之而不顧，獨立不懼也。舉世不見知而不悔，遯世無悶也。如此，然後能自守，所以爲大過人也。」朱子曰：「澤在下而木在上，今澤水高漲，乃至浸没了木，是爲大過【九】。程子曰：『木雖爲水浸，而未嘗動，故

【九】是爲大過　「過」字原脱，據四庫本、《朱子語類》卷七十一補。

君子觀之而獨立不懼，遯世無悶。』」

䷜坎下坎上。《象》曰：水洊至，習坎，君子以常德行，習教事。說見前《德行》篇。

䷝離下離上。《象》曰：明兩作，離，大人以繼明照於四方。程子曰：「若云兩明，則是二明不見繼明之義，故云明兩，明而重兩，謂相繼也。作離，明兩而爲離，繼明之義也。震巽之類，亦取洊隨之義，然離之義尤重也。大人，以德言則聖人，以位言則王者。大人觀離明相繼之象，以世繼其明德，照臨於四方。大凡以明相繼，皆繼明也。舉其大者，故以世襲繼照言之。」朱子曰：「明兩作，離。若做兩明，則是有二個日，不可也，故云云。只是一個日相繼之義。」

䷞艮下兌上。《象》曰：山下有澤，咸，君子以虛受人。程子曰：「澤性潤下，土性受潤，澤在山上而其漸潤通徹，是二物之氣相感通也。君子觀山澤通氣之象，而虛其中以受於人。夫人中虛則能受，實則不能入矣。虛中者，無我也。中無私主，則無感不通。以量而容之，擇合而受之，非聖人有感必通之道也。」朱子曰：「山下有澤，以虛而通也。」上若不虛，如何受得？

䷟巽下震上。《象》曰：雷風恒，君子以立不易方。程子曰：「君子觀雷風相與成恒之象，以常久其德，自立於大中常久之道，不変易其方所也。」

䷠艮下乾上。《象》曰：天下有山，遯，君子以遠小人，不惡而嚴。程子曰：「天下有山，山下起而乃止，天上進而相違，是遯避之象也。君子觀其象，以避遠乎小人，遠小人之道，若以惡聲厲色，適足以致其怨忿，唯在乎矜莊威嚴，使知敬畏，則自然遠矣。」朱子曰：「天體無窮，山高有限，遯之象也。嚴者，君子自守之常，而小人自不能近。」

䷡乾下震上。《象》曰：雷在天上，大壯，君子以非禮弗履。《程傳》見前《禮》篇。朱子曰：

「君子之自治，須是如此猛烈，方得。」

☷坤下離上。《象》曰：明出地上，晉，君子以自昭明德。程子曰：「昭，明之也。《傳》曰：『昭德塞違，昭其度也。』君子觀明出地上而益明晉之象，而以自昭其明德，去蔽致知，昭明德於己也；明明德於天下，昭明德於外也。明明德在己，故云自昭。」

☲離下坤上。《象》曰：明入地中，明夷，君子以莅衆，用晦而明。程子曰：「明所以照，君子無所不照，然用明之過，則傷於察，大察則盡事而無含弘之度，故君子觀明入地中之象，於莅衆也。不極其明察而用晦，然後能容物和衆，衆親而安，是用晦乃所以爲明也。若自任其明，無所不察，則已不勝其忿疾，而無寬厚含弘之德，人情睽疑而不安，失莅衆之道，適所以爲不明也。古之聖人，設前旒屏樹者，不欲明之盡乎隱也。」

☲離下巽上。《象》曰：風自火出，家人，君子以言有物而行有恒。程子曰：「正家之本，在正其身。正身之道，一言一動不可易也。君子觀風自火出之象，知事之由内而出，故所言必有物，所行必有恒也。物謂事實，恒謂常度法則也。德業之著於外，由言行之謹於内也。言慎行脩，則身正而家治矣。」朱子曰：「風自火出，是火中有風，如一堆火在此，氣自薰蒸上出也。」

☱兑下離上。《象》曰：上火下澤，睽，君子以同而異。程子曰：「上火下澤，二物之性違異，所以爲睽離之象。君子觀睽異之象，於大同之中而知所當異也。夫聖賢之處世，在人理之常莫不大同，於世俗所同者則有時而獨異，蓋彝則同矣，於世俗之失則異也。不能大同者，亂常拂理之人也。不能獨異者，隨俗習非之人也，要在同而能異耳。《中庸》曰『和而不流』是也。」朱子曰：「二卦合體而性不同。」或謂：「『同而異』作『理一分殊』看，如何？」曰：「『理一分殊』是理之自然如此，這處又就人事之異上説。如所謂『周而不比』、『羣而不黨』是也。大抵《易》中六十四象，下句皆是説人事之近處，不必深去求。伊川説得甚好。」

䷦艮下坎上。《象》曰：山上有水，蹇，君子以反身脩德。說見《丁記》。

䷧坎下震上。《象》曰：雷雨作，解，君子以赦過宥罪【一〇】。程子曰：「天地解散而成雷雨，故雷雨作而爲解也。與明兩而作離，語不同。赦，釋之。宥，寬之。過失則赦之可也，罪惡而赦之，則非義也，故寬之而已。君子觀雷雨作解之象，體其發育，則施恩仁；體其解散，則行寬釋也。」朱子曰：「天地解而雷雨作，陰陽之氣閉結之極，忽然迸散出做這雷雨。只管閉結了，若不解散，如何會有雷雨作？小畜所以不能成雷雨者，畜不極也。雷便如今是個爆杖。」

䷨兑下艮上。《象》曰：山下有澤，損，君子以懲忿窒欲。說已見《治情》篇。

䷩震下巽上。《象》曰：風雷益，君子以見善則遷，有過則改。說見《廣大學》之五篇。

䷪乾下兑上。《象》曰：澤上於天，夬，君子以施禄及下，居德則忌。程子曰：「澤，水之聚也，而上於天至高之處，故爲夬象。君子觀澤決於上而注溉於下之象，則以施禄及下，謂施其禄澤以及於下也。觀其決潰之象，則以居德則忌，居德，謂安處其德則約也。忌，防也，謂約立防禁，有防禁【一一】，則無潰散也。王弼作明忌，亦通。不云澤在天上，而云澤上於天，上於天，則意不安而有決潰之勢。云在天上，乃安辭也。」朱子曰：「澤上於天，潰決之勢也。施禄及下，潰決之意也。」

䷫巽下乾上。《象》曰：天下有風，姤，后以施命誥四方。程子曰：「風行天下，無所不周，爲君后者，觀其周徧之象，以施其命令【一二】，周誥四方也。風行地上，與天下有風，皆爲周徧庶物之象。而行於地上，徧觸萬物，則爲《觀》，經歷觀省之象也。行於天下，周徧四方，則爲《姤》，施發命令之象也。諸象或稱先王，或稱后，或稱君子、大人。稱先王者，先王所以立法制建國，作樂省方，勑法閉關，育物享帝皆是也。稱后者，后王之所爲也，財成天地

【一〇】赦過宥罪　「宥」原作「有」，據四庫本、《伊川易傳》卷三改。

【一一】有防禁　「禁」原作「蔡」，據四庫本、《伊川易傳》卷三改。

【一二】以施其命令　「以」原作「曰」，據《伊川易傳》卷三改。

之道，施命誥四方是也。君子則上下之通稱，大人者王公之通稱。」

䷬坤下兑上。《象》曰：澤上於地，萃，君子以除戎器，戒不虞。程子曰：「澤上於地，爲萃聚之象。君子觀萃象，以除治戎器，用戒備於不虞。凡物之萃，則有不虞度之事，故衆聚則有争，物聚則有奪。大率既聚則多故矣，故觀萃象而戒也。除謂簡治也，去弊惡也。除而聚之，所以戒不虞也。」

䷭巽下坤上。《象》曰：地中生木，升，君子以順德積小以高大。程子曰：「木生地中，長而上升，爲升之象。君子觀升之象，以順脩其德，積累微小，以至高大也。順則可進，逆乃退也。萬物之進長，皆以順道也。善不積不足以成名。學業之充實，道德之崇高，皆由積累而至。積小所以成高大，升之義也。」朱子曰：「王肅本『順』作『慎』，古字通用。」汪公嘗言：「曾考究樹木之生【一三】，日月滋長。若一日不長，便是生理不接，日以枯瘁矣。學者之於學，不可一日少懈，一日不進則退。木一日不長則必死，學一日不進則心亦危【一四】。」

䷮坎下兑上。《象》曰：澤無水，困，君子以致命遂志。説見《處患難》篇。

䷯巽下坎上。《象》曰：木上有水，井，君子以勞民勸相。程子曰：「木承水而上之，乃器汲水而出井之象。君子觀井之象，法井之德，以勞徠其民，而勸勉以相助之道也。勞徠其民，法井之用也【一五】。勸民使相助，法井之施也。」朱子曰：「木上有水，津潤上行，井之象也。勞民者，以君勸民；勸相者，使民相養，皆取井養之義。」草木之生，津潤皆下而上，如菖蒲葉，每旦皆有水，如珠，雖藏密室中亦如此，非露水也。又曰：「木上有水，便如井中之水。水在井底，却能上來治人之食，故取象如井也。」

䷰離下兑上。《象》曰：澤中有火，革，君子以治曆明時。程子曰：「水火相息爲革，革，变也。君子觀變革之象，推日月星辰之遷易，以治曆數，明四時之序也。夫變易之道，事之至大，理之至明，跡之至著，莫如四時。

【一三】考究樹木　「考」原作「老」，據《朱子語類》卷七十二改。

【一四】則心亦危　「危」原作「死」，據四庫本、乾隆本改。

【一五】法井之用　「用」原作「固」，據四庫本改。

觀四時而順變革，則與天地合其序矣。」　朱子曰：「『澤中有火』，水能滅火，此只是説陰盛陽衰。火盛則克水，水盛則克火。此是『澤中有火』之象，便有那四時之革意思。君子觀這象，便去『治曆明時』。林艾軒説因革卦得曆法，云『曆須年年改革，不改革，便差了天度』，此説不然。天度之差，蓋緣不曾推得那曆元定，却不因不改革而然。『治曆明時』，非謂曆當改革。蓋四時變革中，便有『治曆明時』底道理。」

䷱巽下離上。《象》曰：木上有火，鼎，君子以正位凝命。程子曰：「木上有火，以木巽火，有烹飪之象，故爲鼎。君子觀鼎之象，以正位凝命。鼎者法象之器，其形端正，其體安重。取其端正之象，則以正其位，謂正其所居之位。君子所處必正，其小至於席，不正不坐，毋跛毋倚。取其安重之象，則以凝其命令，安重其命令也。凝，聚止之義，謂安重也。今世俗有凝然之語，以命令而言耳，凡動爲皆當安重也。」　朱子曰：「『正位凝命』，伊川説得未然。此言人君臨朝，也須端莊安重，一似那鼎相似，安在這裏不動，然後可以凝住那天之命，如所謂『協于上下，以承天休』。」　鼎，重器也，故有正位凝命之意。凝，猶「至道不凝焉」之「凝」。

䷲震下震上。《象》曰：洊雷震，君子以恐懼脩省。程子曰：「洊，重襲也。上下皆震，故爲洊雷。雷重洊則威益盛。君子觀洊雷威震之象，以恐懼自脩飭循省也。君子畏天之威，則脩正其身，思省其過咎而改之。不唯雷震，凡遇驚懼之事，皆當如是。」

䷳艮下艮上。《象》曰：兼山艮，君子以思不出其位。説已見前。

䷴艮下巽上。《象》曰：山上有木，漸，君子以居賢德善俗。程子曰：「山上有木，其高有因，漸之義也。君子觀漸之象，以居賢善之德，化美於風俗。人之進於賢德，必有其漸，習而後能安，非可陵節而遽至也。在己且然，教化之於人不以漸，其能入乎？移風易俗，非一朝一夕所能成，故善俗必以漸也。」朱子曰：「二者皆當以漸而進。疑『賢』字衍【一六】，或『善』字下有脱字。」

【一六】疑賢字衍　「疑」原作「居」，據四庫本、乾隆本改。

䷵兑下震上。《象》曰：澤上有雷，歸妹，君子以永終知敝。説已見《夫婦》篇。

䷶離下震上。《象》曰：雷電皆至，豐，君子以折獄致刑。程子曰：「雷電皆至，明震並行也【一七】。二體相合，故云『皆至』。明動相資，成豐之象。離，明也，照察之象。震，動也，威斷之象。折獄者必照其情實，惟明克允。致刑者以威於姦惡，唯斷乃成。故君子觀雷電明動之象，以折獄致刑也。《噬嗑》言先王飭法，《豐》言君子折獄，以明在上而麗於威震，王者之事，故爲制刑立法。以明在下而麗於威震，君子之用，故爲折獄致刑。《旅》，明在上，而云君子者，《旅》取慎用刑與不留獄，君子皆當然也。」朱子曰：「取其威照並行之象。」

䷷離下艮上。《象》曰：山上有火，旅，君子以明慎用刑而不留獄。程子曰：「火之在高，明無不照。君子觀明照之象，則以明慎用刑。明不可恃，故戒於慎明，而止亦慎象。觀火行不處之象，則不留獄。獄者，不得已而設，民有罪而入，豈可留滯淹久也？」朱子曰：「慎刑如山，不留如火。」

䷸巽下巽上。《象》曰：隨風巽，君子以申命行事。程子曰：「兩風相重，隨風也。隨，相繼之義。君子觀重巽相繼以順之象，而以申命令、行政事。隨與重，上下皆順也。上順下而出之，下順上而從之，上下皆順，重巽之義也。命令政事，順理則合民心，而民順從矣。」問：「『申』字是兩番降命令否？」曰：「非也。只是丁寧反復説，便是申命。巽，風也。風之吹物，無處不入，無物不動。詔令之入人，淪肌浹髓，亦如風之動物也。」

䷹兑下兑上。《象》曰：麗澤兑，君子以朋友講習。説已見《朋友》篇。

䷺坎下巽上。《象》曰：風行水上，涣，先王以享于帝立廟。程子曰：「風行水上，有涣散之象。先王觀是象，收天下之涣散，至于享帝立廟也。收合人心，無如宗廟。祭祀之報，出於其心，故享帝立廟，人心之所歸也。係人心，合離散之道，無大於此。」朱子曰：「皆所以合其散。」

【一七】明震並行　「明」原作「朋」，據四庫本、《伊川易傳》卷四改。

☵兑下坎上。《象》曰：澤上有水，節，君子以制數度，議德行。説已見《德行》篇。

☴兑下巽上。《象》曰：澤上有風，中孚，君子以議獄緩死。程子曰：「澤上有風，感於澤中。水體虚，故風能入之。人心虚，故物能感之。風之動乎澤，猶物之感於中，故爲中孚之象。君子觀其象，以議獄與緩死。君子之於議獄，盡其忠而已。於決死，極其惻而已【一八】。故誠意常求於緩。緩，寬也。於天下之事，無所不盡其忠，而議獄緩死，最其大者也。」朱子曰：「風感水受，中孚之象；議獄緩死，中孚之意。」「議獄緩死」，只是以誠意求之。「澤上有風」，感得水動。「議獄緩死」，則能動人心。

☳艮下震上。《象》曰：山上有雷，小過，君子以行過乎恭，喪過乎哀，用過乎儉。程子曰：「雷震於山上，其聲過常，故爲小過。天下之事，有時當過，而不可過甚，故爲小過。君子觀小過之象，事之宜過者則勉之，行過乎恭，喪過乎哀，用過乎儉是也。當過而過，乃其宜也，不當過而過，則過矣。」朱子曰：「山上有雷，其聲小過，三者之過，皆小者之過，可過於小而不可過於大，可以小過而不可甚過。《象》所謂可小事而宜下者也。」小過大率是過得不多。如大過便説「獨立不懼」，小過只説行、喪、用，只是這般小事。小過是過於慈惠之類，大過則是剛嚴果然氣象。行過恭、用過儉，皆是宜下之意。

☲離下坎上。《象》曰：水在火上，既濟，君子以思患而豫防之。程子曰：「水火既交，各得其用，爲既濟。時當既濟，唯慮患害之生，故思而豫防，使不至於患也。自古天下既濟而致禍亂者，蓋不能思患而豫防也。」

☵坎下離上。《象》曰：火在水上，未濟，君子以慎辨物居方。程子曰：「水火不交，不相濟爲用，故爲未濟。火在水上，非其處也。君子觀其處不當之象，以慎處於事物，辨其所當，各居其方，謂止於其所也。」朱子曰：「水火異物，各居其所，故君子觀象而審辨之。」以上言六十四卦之象，蓋有是象則有是理，理與象未嘗相離，故

【一八】極其惻　「其」原作「於」，據四庫本改。

曰「顯微無間，象有形」，故曰「顯理無形」，故曰「微聖人見其象即知其理」，故發之以示人，欲人體象而盡其理也。在聖人則物自格，知自至，不待窮索而知之。學者則當因象而推其理，故列此於格物致知之條，使學者知天地之間，拍塞充滿，無非至道。誠能虛心以體之，則耳目所接，妙理粲然，而形而上者真不在形而下者之外矣。

古者包犧氏之王天下也，仰則觀象於天，俯則觀法於地，觀鳥獸之文與地之宜，近取諸身，遠取諸物，於是始作八卦，以通神明之德，以類萬物之情。作結繩而爲罔罟，以佃以漁，蓋取諸《離》。朱子曰：「兩目相承而物麗。」包犧氏没，神農氏作，斲木爲耜，揉木爲耒，耒耨之利，以教天下，蓋取諸《益》。二體皆木，上入下動，天下之益，莫大於此。日中爲市，致天下之民，聚天下之貨，交易而退，各得其所，蓋取諸《噬嗑》。日中爲市，上明而下動【一九】，又借噬爲市，嗑爲合也。神農氏没，黄帝、堯、舜氏作，通其變，使民不倦，神而化之，使民宜之。《易》，窮則變，變則通，通則久。是以自天祐之，吉無不利。黄帝、堯、舜垂衣裳而天下治，蓋取諸《乾》、《坤》。乾坤變化而無爲。刳木爲舟，剡木爲楫，舟楫之利，以濟不通，致遠以利天下，蓋取諸《涣》。木在水上也。「致遠以利天下」，疑衍。服牛乘馬，引重致遠，以利天下，蓋取諸《隨》。下動上説【二〇】。重門擊柝，以待暴客，蓋取諸《豫》。豫備之意。斷木爲杵，掘地爲臼，臼杵之利，萬民以濟，蓋取諸《小過》。下止上動。弦木爲弧，剡木爲矢，弧矢之利，以威天下，蓋取諸《睽》。睽，乖然後威以服之。上古穴居而野處，後世聖人易之以宫室，上棟下宇，以待風雨，蓋取諸《大壯》。壯固之意。古之葬者，厚衣之以薪，葬之中野，不封不樹，喪期無數。後世

【一九】上明而下動　「下」原作「不」，據四庫本改。

【二〇】下動上説　「下動上説」，原作「上動下説」，據四庫本改。

聖人易之以棺椁，蓋取諸《大過》。送死大事而過於厚。上古結繩而治，後世聖人易之以書契，百官以治，萬民以察，蓋取諸《夬》。明夬之意。　愚按：此亦前所列卦象之意也。蓋離之中虛而物麗，乾坤之上下，風之行水上，此皆物象之自然者也。有自然之象，則有自然之理，人之所共睹也。然常人見其象而昧其理，惟聖人之心虛明洞徹，故見是象則知是理，知是理則制是器。人皆謂備物致用，立成器以利天下，出於聖人之心思，不知聖人亦因其所固有而已。蓋天地之間，昭布森列，莫非至理之所存，故曰春秋冬夏、風雨霜露無非教也。又曰：「天何言哉？四時行焉，百物生焉。」天豈有隱乎哉？百姓日用而不知耳。學者誠能虛心以體天下之物，則精義妙道，莫不昭昭然接於吾之心目，然後真知道器之相合【二二】，而顯微之無間也。又《後漢志》：「上古聖人見轉蓬始知爲輪，輪行可載，因物智生，復爲之輿。輿輪相乘，流運罔極，任重致遠，天下獲其利。後世聖人觀於天，視斗周旋，魁方杓曲，以攜龍角爲帝車，於是乃曲其輈，乘牛駕馬，登險赴難，周覽八極。故《易·震》乘龍謂之壯，言器莫有尚之者也。」此《志》所云，即十三卦之意，故附焉。

子在川上曰：「逝者如斯夫，不舍晝夜。」說已見《道體》篇。

徐子曰：「仲尼亟稱於水，曰：『水哉，水哉！』何取於水也？」朱子曰：「亟，數也。『水哉，水哉』，歎美之辭。」孟子曰：「原泉混混，不舍晝夜，盈科而後進，放於四海。有本者如是，是之取爾。原泉，有原之水也。混混，湧出之貌。不舍晝夜，言常出不竭也。盈，滿也。科，坎也。言其進以漸也。放，至也。言水有原本不已，而漸進以至於海，如人有實行，則亦不已，而漸進以至於極也。苟爲無本，七八月之間雨集，溝澮皆盈；其涸也，可立而待也。故聲聞過情，君子恥之。」集，聚也。澮，田間水道也。涸，乾也。如人暴得虛譽，不能長久也。聲聞，名譽也。情，實也。恥者，恥其無實而將不繼也。林氏曰：「徐子之爲

【二二】道器之相合　「相」原作「用」，據四庫本、乾隆本改。

人，必有躐等干譽之病，故孟子以是答之。」　鄒氏曰：「孔子之稱水，其旨微矣。孟子獨取此者，自徐子所急者言之也。孔子嘗以『聞』、『達』告子張矣：達者，有本之謂也；　聞者，無本之謂也。然則學者其可以不務本乎？」　又《家語》「孔子觀於東流之水」一段，亦當參觀。古今同此水也，然孔子觀之，而明道體之無息；　孟子推之，而明爲學之有本。今人之凡觀於水者，其亦知此乎？此格物、致知所當察也。

《孟子》：有孺子歌曰：「滄浪之水清兮，可以濯我纓；　滄浪之水濁兮，可以濯我足。」孔子曰：「小子聽之：清斯濯纓，濁斯濯足矣。自取之也。」朱子曰：「聖人聲入心通，無非至理，此類可見。」　愚按：「聲入心通」四字，朱子嘗以解耳順之義矣。今復用於此，蓋聖人之心表裏澄澈，故所聞之言雖淺，而所悟之理甚精，亦猶見至顯之象而識至微之理也。故附於此。　自《易·象》至此，皆言聖人物格知至之事。

《書·説命》説拜稽首，曰：「非知之艱，行之惟艱。王忱不艱，允協于先王成德，惟説不言有厥咎。」南軒張氏曰：「孔子觀上世之化，曰：大哉知乎！雖堯、舜之民比屋可封，亦能使之由之而已。知者，凡聖之分也，豈可易云乎哉！傅説之告高宗，高宗蓋知之者，『恭默思道，夢帝賚予良弼』，非知之者有此乎？此舊學於甘盤之所得也。故《君奭》篇言在武丁時，則有若甘盤而未及於傅説。蓋發高宗之知者，甘盤也。知之非艱，行之惟艱，説之意亦曰，雖已知之，此非艱也，貴於身親實履之，此爲知之者言也。若高宗未克知之，而告之曰知之非艱，則説爲失言矣。」

《易·乾》九三《文言》子曰：「君子進德脩業。忠信，所以進德也；　脩辭立其誠，所以居業也。知至至之，可與幾也。知終終之，可與存義也。」程子曰：「知至至之，致知也。求知所至而後至之，知之在先，故可與幾，所謂『始條理者，智之事也』。知終終之，力行也。既知所終，則力進而終之，守之在後，故可與存義，所謂『終條理者，聖之事也』。此學之始終也。」　朱子曰：「知至至之，進德之事也；知終終之，居業之事也。」「知至」是要知所至之地，「至之」便是至那地了。「知終」是知得合如此，「知終」便須下終底工夫。「幾」字是知之初，方是見得事幾，便須是至之。「存義」是守得定，方存得這義。　上「至」字是至處，下「至」字是到那至處。知終是終處，終之是終之而不去，蓋求必終於是，而守之不去也。「知至至之，可與幾也」，先知爲幾，如人欲往長安，雖未到長安，然已知長安之所在，所謂可與幾也。「知終終之，可與存義也」，存者守而勿失，既知得個道理如此，則堅守之而勿失，所謂可與存義也。　「知至至之」、「知至」則「知」字是輕，「至之」則「至」字是實。《大學》「知至」，「知」字是重，「至」字是輕。

《論語》：子路有聞，未之能行，唯恐有聞。朱子曰：「前所聞者既未及行，故恐復有所聞而行之不給也。」　范氏曰：「子路聞善，勇於必行，門人自以爲不及也，故著之。若子路，可謂能用其勇矣。」《集義》尹氏曰：「子路勇於行者，故有聞而未能行，唯恐有聞也。」　問云云。曰：「可見古人爲己之實處。子路急於爲善，惟恐行之不徹。子路不急於聞，而急於行。今人惟恐不聞，既聞了便休，更不去行處着工夫。」　南軒曰：「門人記此，亦可謂善觀子路者矣。」《中庸》博學、審問、愼思、明辨、篤行，已見《爲學》篇。　「生知、安行、好學、力行」章，已見《智仁勇》篇。

程子曰：「《書》云：『知之非艱，行之惟艱。』此固是也，然知之亦自艱。」譬如人欲往京師，必知是出那門，行那路，然後可往。若不知，雖有欲往之心，其將何之？自古非無美材能力行者，然鮮能明道，以此見知之亦難也。又曰：「須是識在所行之先，譬如行路，須得光照。」　問：「致知與力行兼否？」曰：「爲常人言，纔知得非禮不可違，須用勉强，至於知穿窬不可爲，則不待勉强，是知亦有淺深也。」又曰：「知至則當至之，知終則當終之，須以知爲本。知之深，則行之必至。無有知之而不能行，只是知得淺。飢而不食烏喙，人不蹈水火，只是知。人爲不善，只爲不知。知至而至之，知之事，故可與幾。知終而終之，故可與存義。知至是致知，博學、審問、愼思、明辨，皆致知、知至之事，篤行便是終之。」又曰：「世有篤學力行，而不知道者。」　餘已見《大學》「致知」章。

呂氏曰：「知崇者，所以致吾知也；　禮卑者，所以篤吾行也。」

朱子曰：「知、行常相須，如目無足不行，足無目不見。論先後，知爲先。論輕重，行爲重。」又曰：「聖賢説知，便説行。《大學》説『如切如瑳，道學也』，便説『如琢如磨【二二】，自脩也』。《中庸》説『學、問、思、辨』，便説『篤行』。」又曰：「講學、克己二事，各是一件工夫。學者於此須是無所不用其極，然後足目俱到，無偏倚之病。」　問：「某在湖南，見一先生只教人踐履。」朱子曰：「義理不明，如何踐履？」曰：「他説行得便見得。」曰：「如人行路，不見，便如何行？」又曰：「有人專要理會躬行，此亦是孤。」又曰：「言而不行，固爲失之。只説踐履而不務窮理，亦非小病。」　問：「須是先知之，然後行之不成？」曰：「未明理，便都不持守。且如曾點與曾子，便是兩個樣子：曾點便是理會得底，而行有不揜；　曾子便是合下持守，旋旋明理，到一唯處。」又曰：「《大學》『明明德』是知，『止至善』是守。　夫子曰『智及之，仁能守之』，聖賢未嘗不爲兩頭説話。如《中庸》所謂『擇善』，是知之事，『固執』是守之事。」又曰：「至善是以其極言，知要到極處，行亦要到極處。」　王德修相見。先生問：「和靖大槩如何接引學者？」曰：「先生只云在力行。」「力行以前，更有甚工夫？」德修曰：「尊所聞，行所知。」曰：「須是知得，方始行得。」德修曰：「自志學至不踰矩，皆是説行。」曰：「便是先知了，然後能志。」

南軒張氏曰：「『學而不思則罔，思而不學則殆。』歷攷聖賢之意，蓋欲使學者於此二端兼致其力，始則據其所知而行之，行之力，則知愈進；　知之深，則行愈達。是知常在先，而行未嘗不隨之也。知有精粗，必由粗以至精；　行有始終，必自始以及終。內外交正，本末不遺，條理如此，而後可以言無弊。然則聲氣容色之間，灑掃應對進退之事，乃致

【二二】如琢如磨　「磨」原作「麽」，據四庫本改。

知力行之原也。其可舍是而他求乎？」又曰：「知之而行，譬皎日當空，脚踏實地，步步相應。未知而行者，如闇中摸索，雖或中，而不中者多矣。」以上皆言知行並進之事。

右廣大學之四

《易大傳》：鳴鶴在陰，其子和之；我有好爵，吾與爾靡之。子曰：「君子居其室，出其言善，則千里之外應之，况其邇者乎？居其室，出其言不善，則千里之外違之，况其邇者乎？言出乎身加乎民，行發乎邇見乎遠。言行，君子之樞機。樞機之發，榮辱之主也。言行，君子之所以動天地也，可不慎乎？」朱子曰：「釋《中孚》九二爻義。」

子曰：「君子安其身而後動，易其心而後語，定其交而後求。君子脩此三者，故全也。危以動，則民不與也。懼以語，則民不應也。無交而求，則民不與也。莫之與，則傷之者至矣。《易》曰：『莫益之，或擊之，立心勿恒，凶。』」朱子曰：「此釋《益》上九爻義。」

將叛者其辭慙，中心疑者其辭枝，吉人之辭寡，躁人之辭多，誣善之人其辭游，失其守者其辭屈。朱子曰：「卦爻之辭，亦猶是也。」按：此自「夫乾，天下之至健也」爲一章，今特別取以附於此。謝安識王氏兄弟事當考。

子貢問君子。子曰：「先行其言而後從之。」周氏曰：「先行其言者，行之於未言之前；而後從之者，言之於既行之後。」范氏曰：「子貢之患，非言之艱而行之難，故告之以此。」南軒曰：「君子主於行，而非以言爲先，故其言之所發，乃其力行所至，言隨之也。夫主於行而後言者，爲君子；則夫易於言而行不踐者，是小人之歸矣。子貢非不能踐言者，然未免於多言。夫子恐其有時而或以言爲主，而行有未精也，是以深警焉。夫未之能踐而言，與夫力行所至而言者，其意味有間矣。學者宜深察。」

子曰：「古者言之不出，恥躬之不逮也。」范氏曰：「君子之於言也，不得已而後出之，非言之難，而行之難也。人惟其不行也，是以輕言之。言之如其所行，行之如其所言，則出諸其口必不易矣。」南軒曰：「君子以行不逮言爲恥，故言不輕其出。言之不出，則勉於躬行者，力可知也。夫子懼學者務於言，而行有弗篤，則趨於薄也，故言古之學者蓋如此。」

子曰：「君子欲訥於言，而敏於行。」謝氏曰：「放言易，故欲訥；力行難，故欲敏。」胡氏曰：「言而能訥，畜德則固，喻人則信，謀事則密，不訥者反是【一二三】。行而能敏，遷善則速，改過則勇，應務則給，不敏者反是。夫敏與訥，雖若出於天資，然可習也。言煩以訥矯之，行緩以敏勵之，由我而已。不自變其氣質，學豈有功哉？」

子張學干禄。子曰：「多聞闕疑，慎言其餘，則寡尤；多見闕殆，慎行其餘，則寡悔。言寡尤，行寡悔，禄在其中矣。」吕氏曰：「疑者所未信，殆者所未安。」程子曰：「尤，罪自外至者。悔，理自内出者。」朱子曰：「多聞見者學之博，闕疑殆者擇之精，謹言行者守之約。凡言『在其中』者，皆不求而自至之辭。言此以救子張之失而進之也。」程子曰：「修天爵則人爵至，君子言行能謹，得禄之道也。子張學干禄，故告之以此，使定其心而不爲利禄動，若顔、閔則無此問矣。」「子張學干禄」一章，是教人不以干禄爲意。蓋言行所當謹，非欲爲干禄而然也。若真能着實用功，則惟患言行之有悔尤，何暇有干禄之心耶？南軒曰：「夫謹言行者，非期於得禄，亦非必得禄也。曰『禄在其中』，詞氣不迫而義則完矣。若告之以士不可以求禄，則理有所未盡，亦非長善捄失之方也。」

宰予晝寢。子曰：「朽木不可雕也，糞土之牆不可杇也。於予與何誅？」言其志氣昏惰，

【一二三】不訥者「訥」原作「敏」，據四庫本改。

教無所施也。與，語辭。誅，責也。言不足責，乃所以深責之。 子曰：「始吾於人也，聽其言而信其行；今吾於人也，聽其言而觀其行。於予與改是。」宰予能言而行不逮，故孔子自言於予之事而改此失，亦以重警之也。 范氏曰：「君子之於學，惟日孜孜，斃而後已，惟恐其不及也。宰予晝寢，自棄孰甚焉，故夫子責之。」胡氏曰：「宰予不能以志帥氣，居然而倦，是宴安之氣勝，儆戒之志惰也。古之聖賢未嘗不以怠惰荒寧爲懼，勤勵不息自强，此孔子所以深責宰予也。聽言觀行，聖人不待是而後能，亦非緣此而盡疑學者，特因此立教，以警羣弟子，使謹於言而敏於行耳。」

子曰：「文，莫吾猶人也。躬行君子，則吾未之有得。」朱子曰：「莫，疑辭。猶人，言不能過人，而尚有可以及人。未之有得，則全未有得。皆自謙之詞，而足以見言行之難易緩急，欲人之勉其實也。」 謝氏曰：「文，雖聖人，無不與人同，故不遜；能躬行君子，斯可以入聖，故不居。猶言『君子道者三，我無能焉』。」 南軒曰：「言文吾不與人同者，至於躬行之君子則未見。聖人之意，欲使學者不但既其文，而務勉其實也。夫所謂文者，威儀藝文之事，可得而見者也。躬行之實，則在夫縝密篤至，存乎人之所不見者也。此顔、閔之徒，所以獨出於衆人與？」

子曰：「君子恥其言而過其行。」朱子曰：「恥者，不敢盡之意。過者，欲有餘之詞。」

子張問行。子曰：「言忠信，行篤敬，雖蠻貊之邦行矣；言不忠信，行不篤敬，雖州里行乎哉？立，則見其參於前也；在輿，則見其倚於衡也。夫然後行。」朱子曰：「其者，指忠信篤敬而言。參，讀如『毋往參焉』之『參』，言與我相參也。衡，軛也。言其於忠信篤敬，念念不忘【二四】。隨其所在，常若有見，雖欲頃刻離之而不可得。然後一言一行，自然不離於忠信篤敬，而蠻貊可行也。」子張書諸紳。程子曰：「學要鞭辟近裏，著己而已【二五】。博學而篤志，切問而近思。言忠信，行篤敬。立則見其參於前，在輿則見其倚

【二四】念念不忘　「忘」原作「志」，據《論語纂疏》卷八改。

【二五】著己而已　「著」原作「養」，據《論語集註》卷八改。

於衡。只此是學，質美者明得盡，查滓便渾化，却與天地同體。其次惟莊敬以持養之，及其至則一也。」「參前倚衡」，今人多錯説了，故每流於釋氏。先聖言此，只是説言必忠信，行必篤敬，念念不忘，到處常若見此兩事不離心目之間爾。如言見堯於羹，見堯於墻，豈是以我之心還見一心別爲一物而在身外耶？　篤者，有重厚深沉之意。　南軒曰：「篤敬者，敦篤於敬也。言忠信，則言有物；行篤敬，則行有常。以是而行，何往而不可？故雖蠻貊亦可行也。若夫言不忠信，行不篤敬，則妄而已，故雖州里亦不可行。參前、倚衡，使之常存乎忠信、篤敬也。存之不素，而欲遽保之於既發之時，難矣。此子張所以書紳而不敢忘也。」

南容三復白圭，孔子以其兄之子妻之。《詩·大雅·抑》之篇曰：「白圭之玷，尚可磨也；斯言之玷，不可爲也。」南容一日三復此言，事見《家語》，蓋深有意於謹言也。此邦有道所以不廢，邦無道所以免禍，故孔子以兄子妻之。　范氏曰：「言者行之表，行者言之實，未有易其言而能謹於行者。南容欲謹其言如此，則必能謹其行矣。」

子曰：「其言之不怍，則爲之也難。」朱子曰：「大言不慙，則無必爲之志，而不自度其能否矣。欲踐其言，豈不難哉？」　南軒曰：「易其言者，實必不至。若聽其言之而不怍，則知其爲之也難矣。故古者言之不出，恥躬之不逮，而仁者之言必訒也。」

子曰：「侍於君子有三愆：言未及而言謂之躁，言及之而不言謂之隱，未見顔色而言謂之瞽。」尹氏曰：「時然後言，則無三者之過矣。」　南軒曰：「此章戒人言語，當適其可也。」

《中庸》：庸德之行，庸言之謹。有所不足，不敢不勉，有餘不敢盡。言顧行，行顧言，君子胡不慥慥爾？説見專言《道》篇。

《表記》：子曰：「君子不以辭盡人。鄭氏曰：「不見人之言語，則以爲善，言其餘行或時惡也。」故天下有道，則行有枝葉。天下無道，則辭有枝葉。行有枝葉，所以益德也。言有枝葉，是益虚華也。枝葉依幹而生，言行亦由禮出。是故君子於有喪者之側，不能賻焉，則不問其所費。於有病者之側，不能饋焉，則不問其所欲。有客，不能館，則不問其所舍。皆辟有言而無其實。故君子之接如水，小人之接如醴。君子淡以成，小人甘以壞。《小雅》曰：「盗言孔甘，亂是用餤。」子曰：「君子不以口譽人，則民作忠。故君子問人之寒，則衣之。問人之飢，則食之。稱人之美，則爵之。」《國風》曰：「心之憂矣，於我歸説。」子曰：「口惠而實不至，怨菑及其身，善言而無信，人所惡也。是故君子與其有諾責也，寧有已怨。」已，謂不許也。言諾而不與，其怨大於不許。

《緇衣》：故大人不倡游言。游猶浮也，不可用之言也。可言也，不可行，君子弗言也。可行也，不可言，君子弗行也。則民言不危行，而行不危言矣。危，猶高也。言不高於行，行高於言，言行相應也。《詩》云：「淑慎爾止，不僭于儀。」子曰：「君子道人以言，而禁人以行。禁，猶謹也。故言必慮其所終，而行必稽其所敝，則民謹於言而慎於行。」稽猶考也、議也。《詩》云：「慎爾出話，敬爾威儀。」話，善言。子曰：「長民者衣服不貳，從容有常，以齊其民，則民德壹。」貳，不壹也。《詩》云：「彼都人士，狐裘黄黄，其容不改，出言有章。行歸于周，萬民所望。」

張子《東銘》曰：「戲言出於思也，戲動作於謀也。發於聲，見乎四支，謂非己心，不明也。欲人無己疑，不能也。過言非心也，過動非誠也。失於聲，謬迷其四體，謂己當然，自誣也。欲他人己從，誣人也。或者謂出於心者歸咎爲己戲，失於思者自誣爲己訥。不知戒其出汝者，歸咎其不出汝者，長傲且遂非，不智孰甚焉。」以上皆謹言敏行之事。

曾子曰：「吾日三省吾身：爲人謀而不忠乎？與朋友交而不信乎？傳不習乎？」朱子曰：「曾子以此三者日省其身，有則改之，無則加勉，其自治誠切如此，可謂得爲學之本矣。」《集義》游氏曰：「此曾子之省身者而已，若夫學者之所省，又不止此。事親有不足於孝，事長有不足於敬與？行或愧於心，而言或浮於行與？欲有所未窒，而忿有所未懲與？推是類而日省之，則曾子之誠身，庶乎可以跂及矣。古之人所謂夜以計過，無憾而後即安者，亦曾子之意也。」餘已見《忠信》篇。　荀子曰：「君子博學而日參省乎己，則智明而行無過矣。」此章言省身。

甲集二十六

《易》：風雷益，君子以見善則遷，有過則改。程子曰：「風烈則雷迅，雷激則風怒，二物相益者也。君子觀風雷相益之象，而求益於己。爲益之道，無若見善則遷，有過則改也。見善能遷，則可以盡天下之善。有過能改，則無過矣。益於人者，莫大於是。」朱子曰：「遷善如風之迅，改過如雷之烈。」

《復》初九：不遠復，无祇悔，元吉。程子曰：「復者，陽反來復也。陽，君子之道，故《復》爲反善之義。初剛陽來復，處卦之初，復之最先者也，是不遠而復也。失而後有復，不失則何復之有？唯失之不遠而復，則不至於悔，大善而吉也。『祇』，宜音秖，抵也。《玉篇》云適也，義亦同【一】。『無祇悔』，不至於悔也。顔子無形顯之過，夫子謂其庶幾，乃『無祇悔』也。過既未形而改，何悔之有？既未能不勉而中，所欲不踰矩，是有過也，然其明而剛，故一有不善未嘗不知，既知未嘗不遽改，故不至於悔，乃不遠復也。」《象》曰：不遠之復，以脩身也。不遠而復者，君子所以脩其身之道也。學問之道無它，唯知其不善則速改以從善而已。子曰：「顔氏之子，其殆庶幾乎！有不善未嘗不知，知之未嘗復行也。《易》曰：『不遠復，无祇悔，元吉。』」

无咎者，善補過也。上文云：「吉凶者，言乎其失得也。悔吝者，言乎其小疵也。」又曰：「憂悔吝者存乎介，震无咎者存乎悔。」朱子曰：「介，謂辨別之端，蓋善惡已動，而未形之時【二】，於此憂之，則不至於悔吝矣。震，動也。知悔則有以動其補過之心，而可以无咎矣。」案：《乾》九三：「君子終日乾乾，夕惕若厲，无咎。」《傳》曰：「三雖人位，已在下體之上，未離於下而尊顯者也。日夕不懈而兢惕，則雖處危地而无咎。」九四：「或躍在淵，无咎。」

校勘記

【一】義亦同　「同」原作「固」，據四庫本、《伊川易傳》卷二改。

【二】未形之時　「時」原作「時」，據四庫本改。

《傳》曰：「躍不躍，惟及時以就安耳。聖人之動，無不時也。」《本義》曰：「九陽四陰，居上之下，改革之際，進退未定之時也。能隨時進退，則无咎。」

《坤》六四：「括囊，无咎无譽。」《象》曰：「括囊无咎，慎不害也。」《傳》曰：「四居近五之位，而無相得之義，乃上下蔽隔之時。其自處以正，危疑之地也。若晦藏其智，如括結囊口而不露，則可得无咎，不然則有害。」《需》初九：「需于郊，利用恒，无咎。」《傳》曰：「需者，以遇險，故需而後進。初最遠於險，故爲需于郊。郊，曠遠之地。處於曠遠，利在安守其常，則无咎。不能安常，則躁動犯難，豈能需於遠而無過耶？」「師貞，丈人吉，无咎。」《傳》曰：「師之道，以正爲本。興師動衆以毒天下【三】，而不以正，民弗從也。故師以貞爲主。其動雖正，師之者必丈人，則吉而无咎。蓋有吉而有咎者，有无咎而不吉者。吉且无咎，乃盡善也。」九二：「在師中，吉，无咎。王三錫命。」《傳》曰：「二乃師之主，專制其事者也。居下專制其事，唯在師則可。自古命將，閫外之事得專制之。在師專制而得中道，故吉而无咎。蓋恃專則失爲下之道，不專則無成功之理，故得中爲吉。」六四：「師左次，无咎。」《傳》曰：「師之進，以强勇也。四以柔居陰，非能進而克捷者也。知不能進而退【四】，故左次。左次，退舍也，量宜進退，乃所當也，故无咎。」「比吉，原筮，元永貞，无咎。」《傳》曰：「人相親比，必有其道，苟非其道，必有咎悔。故必推原占決，其可比者而比之。筮謂占決卜度，非謂以蓍龜也。所比得元永貞，則无咎。元謂有君長之道，永謂可以常久，貞謂得正道。上之比下，必有此三者。下之從上，必以此三者。」

初六：「有孚比之，无咎。」《傳》曰：「初六，比之始也。相比之道，以誠信爲本。中心不信而親人，人誰與之？故比之始，必有孚誠，乃无咎。孚，信之在中也。」《小畜》初九：「復自道，何其咎，吉。」《傳》曰：「初九陽爻而乾體。陽，在上之物，又剛健之才，足以上進，而復與在上同志，其進復於上，乃其道也，故云復自道。復既自道，何過咎之有？无咎而又有吉也。諸爻言无咎者，如是則无咎矣，故云无咎者善補過也。雖使爻義本善，亦不害於不如是則有咎之義。初九乃由其道而行，故曰何其咎。」六四：「有孚，血去惕出，无咎。」《傳》曰：「四於畜時處近君之位，畜君者也。若

【三】興師動衆　「興」原作「與」，據四庫本、《伊川易傳》卷一改。

【四】能進而退　「而」字原脱，據《伊川易傳》卷一補。

內有孚誠，則五志信之，從其畜也。卦獨一陰畜衆陽者也，諸陽之志係于四。四苟欲以力畜之【五】，則一柔敵衆剛，必見傷害。唯盡其孚誠以應之，則可以感矣【六】。故其傷害遠，其危懼免也。如此，則可以无咎。不然則不免於害矣【七】。」《履》初九：「素履，往无咎。」《傳》曰：「履不處者，行之道。初處至下，素在下者也，而陽剛之才，可以上進，若安其卑下之素而往【八】，則无咎。」詳見《出處》篇。《否》九四：「有命无咎，疇離祉。」《傳》曰：「四以陽剛健體【九】，居近君之位，是有濟否之才，而得高位者也，足以輔上濟否，然當君道方否之時，處逼近之地，所惡在居功取忌而已。若能使必出於君命，威柄一歸於上，則无咎，而其志行矣。能使事皆出於君命，則可以濟時之否，其疇類皆附離其福祉。離，麗也。」《同人》初九：「同人于門，无咎。」《傳》曰：「九居同人之初，而無係應，是无所偏私。同人之公者也，故爲出門。同人出門謂在外，在外則无私昵之偏【一〇】，其同博而公，如此則无過咎也。」《象》曰：「出門同人，又誰咎也。」《傳》曰：「出門同人于外，是其所同者廣，无所偏私。人之同也，有厚薄親疏之異，過咎所由生也。既无所偏黨，誰其咎之？」

《大有》初九：「无交害。匪咎，艱則无咎。」《傳》曰：「九居大有之初，未至於盛，處卑无應與，未有驕盈之失，故无交害，未涉於害也。大凡富有，鮮不有害。若能享富有而知難處，則自无咎。」九二：「大車以載，有攸往，无咎。」《傳》曰：「九以陽剛居二，爲六五之君所倚任，剛健則才勝，居柔則謙順，得中則无過，其才如此，所以能勝大有之任。如大車之材强壯，能勝載重物也。可以任重行遠，故有攸往而无咎也。」九四：「匪其彭，无咎。」《傳》曰：「九四居大有之時，已過中矣，是大有之盛者也【一一】。過盛則凶咎所由生。故處之之道，匪其彭則无咎，謂能謙損，不處其太盛，則得无咎也。四近君之高位，苟處大盛，則致凶咎。彭，盛多之貌。《詩·載驅》云『汶水湯湯，行人彭彭』，行人盛多之狀。《雅·大明》云『駟騵彭彭』，言武王戎馬之盛也。」《象》曰：「匪其彭，无咎，明辨晳也。」《傳》曰：「能不處其盛而得无咎者，蓋有明辨之智也。晳，明智也。賢智之人，明辨物理，當其方盛則知咎之將至，故能損抑【一二】，不敢至於滿極也。」《豫》上六：「冥豫成，有渝无咎。」《傳》曰：「上六陰柔，非有中正之德，以陰居上，不正也。而當

【五】苟欲以力畜之　「苟」原作「義」，據四庫本改。
【六】則可以感　「則」原作「恨」，據四庫本改。
【七】不然則　「然則」原作「誠以」，據四庫本改。
【八】卑下之素　「之素」原作「上柔」，據四庫本改。
【九】四以陽剛　「四」原作「恨」，據四庫本改。
【一〇】則无私昵　「私」原作「踈」，據四庫本、《伊川易傳》卷一改。
【一一】大有之盛　「大」原作「夫」，據四庫本改。
【一二】故能損抑　「抑」原作「折」，據《伊川易傳》卷一改。

豫極之時，以君子居斯時，亦當戒懼，况陰柔乎？乃耽肆於豫，昏迷不知反者也。在豫之終，故爲昏冥已成者也。若能有渝变，則可以无咎矣。在豫之終，有變之義。人之失，苟能自變，皆可以无咎，故冥豫已成，能变則善也。聖人發此義，所以勸遷善也，故更不言冥之凶，專言渝之无咎。」《隨》：「元亨利貞，无咎。」《傳》曰：「隨之道，可以致大亨也。君子之道，爲衆所隨，與己隨於人，及臨事擇所隨，皆隨也。隨得其道，則可以致大亨也。凡人君之從善，臣下之奉命，學者之徙義，臨事而從長，皆隨也。隨之道，利在於貞正，隨得其正，然後能大亨而无咎。失其正則有咎矣，豈能亨乎？」九四：「隨有獲，貞凶。有孚在道，以明何咎。」《傳》曰：「九四以陽剛之才，處臣位之極，若於隨有獲，則雖正亦凶。有獲，謂得天下之心隨於己。爲臣之道，當使恩威一出於上，衆心皆隨於君。若人心從己，危疑之道也，故凶。居此地者奈何？唯孚誠積於中，動爲合於道，以明哲處之，則又何咎？古之人有行之者，伊尹、周公、孔明是也，皆德及於民，而民隨之。其得民之隨，所以成其君之功，致其國之安，其至誠有孚中，是有孚也。其所施爲无不中道，是在道也【一三】。唯其明哲，故能如是，復何過咎之有？是以下信而上不疑，位極而无逼上之嫌，勢重而无專權之過。非聖人大賢，則不能也。其次如唐之郭子儀，威震主而主不疑，亦由中有誠孚而處無甚失也，非明哲能如是乎？」

《蠱》初六：「幹父之蠱，有子，考无咎。厲終吉。」《傳》曰：「初六雖居最下，成卦由之，有主之義。居內在下而爲主，子幹父蠱也。子幹父蠱之道，能堪其事則爲有子，而其考得无咎。不然，則爲父之累，故必惕厲，則得終吉也。處卑而尸尊事，自當兢畏。以六之才，雖能巽順體柔，在下无應而主幹，非有能濟之義。若不以克幹而言，則其義甚小，故專言爲子幹蠱之道，必克濟則不累其父，能厲則可以終吉，乃備見爲子幹蠱之大法也。」九三：「幹父之蠱，小有悔，无大咎。」《傳》曰：「三以剛陽之才，居下之上，主幹者也，子幹父之蠱也。以陽處剛而不中，剛之過也。然而在巽體，雖剛過而不爲無順。順，事親之本也。又居得正，故無大過。以剛陽之才，克幹其事，雖以剛過而有小小之悔，終無大過咎也。然有小悔，已非善事親也。」《象》曰：「幹父之蠱，終无咎也。」《傳》曰：「以三之才，幹父之蠱，雖小有悔，終无大咎也。蓋剛斷能幹，不失正而有順，所以終无咎也。」《臨》六三：「甘臨，无攸利，既憂之，无咎。」《傳》曰：「三

【一三】是在道也　「道」原作「過」，據四庫本改。

居下之上，臨民者也。陰柔而説體，以處不中正，以甘説臨人者也。在上而以甘説臨下，失德之甚，無所利也。兑性既説，又乘二陽之上，陽方長而上進，故不安而益甘。既知危懼而憂之，若能持謙守正，至誠以自處，則无咎也。邪説由己，能憂而改之，復何咎乎？」《象》曰：「甘臨，位不當也。既憂之，咎不長也。」《傳》曰：「陰柔之人處不中正，而居下之上，復乘二陽【一四】，是處不當位也。既能知懼而憂之，則必强勉自改，故其過咎不長也。」　六四：「至臨，无咎。」「四居上之下，與下體相比，是切臨於下，臨之至也。臨道尚近，故以比爲至。四居正位，而下應於剛陽之初，處近君之位，守正而任賢，以親臨於下，是以无咎，所處當也。」《象》曰：「至臨无咎，位當也。」《傳》曰：「居近君之位，爲得其任；以陰處四，爲得其正；與初相應，爲下賢：所以无咎，蓋由位之當也。」上六：「敦臨，吉，无咎。」《傳》曰：「上六，坤之極，順之至也，而居臨之中，敦厚於臨也。與初二雖非正應，然大率陰求於陽，又其至順，故志在從乎二陽，尊而應卑，高而從下，尊賢取善，敦厚之至也，故曰『敦臨』，所以吉而无咎。陰柔在上，非能臨者，宜有咎也。以其敦厚於順剛，是以吉而无咎。」

《觀》九五：「觀我生，君子无咎。」《傳》曰：「九五居人君之位，時之治乱，俗之美惡，係乎己而已。觀己之生，若天下之俗皆君子矣，則是己之所爲政化善也，乃无咎矣。若天下之俗未合君子之道，則是己之所爲政治未善，不能免於咎也。」　上九：「觀其生，君子无咎。」《傳》曰：「上九以剛陽之德處於上，爲下之所觀，而不當位，是賢人君子不在於位，而道德爲天下所觀仰者也。觀其生，觀其所生也，謂出於己者，德業行義也。既爲天下所觀仰，故自觀其所生，若皆君子，則無過咎也。苟未君子，則何以使人觀仰矜式，是其咎也。」　《賁》上九：「白賁，无咎。《傳》曰：「上九，賁之極也。賁飾之極，則失於華僞。唯能質白其賁，則無過飾之咎。白，素也。尚質素，則不失其本真。所謂尚質素者，非無飾也，不使華没實耳。」《象》曰：「白賁无咎，上得志也。」《傳》曰：「白賁无咎，以其在上而得志也。既在上而得志，處賁之極，將有華僞失實之咎。故戒以質素，則无咎，飾不可過也。」

《剥》六三：「剥之，无咎。」《傳》曰：「衆陰剥陽之時，而三獨居剛應剛，與上下之陰異矣。志從於正，在剥之

【一四】復乘二陽　「二」原作「三」，據《伊川易傳》卷二改。

時，爲无咎者也。三之爲可謂善矣。不言吉，何也？曰：『方羣陰剥陽，衆小人害君子，三雖從正，其勢孤弱，所應在無位之地。於斯時也，難乎免矣，安得吉也？』其義爲无咎耳。言其无咎，所以勸也。」《象》曰：「剥之无咎，失上下也。」《傳》曰：「三居剥而无咎者，其所處與上下諸陰不同，是與其同類相失，於處剥之道爲无咎，如東漢之吕强是也。」

《復》：「亨，出入无疾，朋來无咎。」《傳》曰：「既復則亨也。陽氣復生於下，漸亨盛而生育萬物。君子之道既復，則漸以亨通，澤於天下，故復則有亨盛之理也。『出入无疾』，出入謂生長，復生於内，入也；長進於外，出也。先云出，語順耳。陽生非自外也，來於内，故謂之入。物之始生，其氣至微，故多摧折。春陽之發，爲陰寒所折，觀草木於朝暮，則可見矣。『出入无疾』，謂微陽生長，無害之者也。既無害之，而其類漸進而來，則將亨盛，故无咎也。所謂咎，在氣則爲差忒，在君子則爲抑塞，不得盡其理。陽之當復，雖使有疾之，固不能止其復也，但爲阻礙耳。而卦之才，有无疾之義，乃復道之善也。一陽始生至微，固未能勝羣陰，而發生萬物，必待諸陽之來，然後能成生物之功而无差忒，以朋來而无咎也。三陽子丑寅之氣，生成萬物，衆陽之功也。若君子之道既消而復，豈能便勝於小人？必待其朋類漸盛，則能協力以勝之也。」　六三：「頻復，厲无咎」。「三以陰躁，處動之極，復之頻數而不能固者也。復貴安固，頻復頻失，不安於復也。復善而屢失，危之道也。聖人開遷善之道，與其復而危其屢失，故云『厲无咎』。不可以頻失而戒其復也。頻失則爲危，屢復何咎？過在失而不在復也。」

《无妄》九四：「可貞，无咎。」《傳》曰：「四剛陽而居乾體，復無應，无咎者也。剛而無私，豈有妄乎？曰：以陽居乾體，若復處剛，則爲過矣，過則妄也。居四，无尚剛之志也。『可貞』與『利貞』不同，『可貞』謂其所處可貞固守之，『利貞』謂利於貞也。」《象》曰：「可貞无咎，固有之也。」《傳》曰：「貞固守之，則无咎也。」　《大過》初六：「藉用白茅，无咎。」《傳》曰：「初以陰柔巽體而處下，過於畏慎者也。以柔在下，用茅藉物之象。不措諸地，而藉以茅，過於慎也，是以无咎。茅之爲物雖薄，而用可重者，以用之能成敬慎之道也。慎守斯術而行，豈有失乎？大過之用也。《繫辭》云：『苟措諸地而可矣，藉之用茅，何咎之有？慎之至也。』夫茅之爲物，薄而用可重也，慎斯術也以往，其无所失矣，言敬慎之至也【一五】。茅雖至薄之物，然用之可甚重，以之藉薦，則爲重謹之道，是用之重也。人之過於敬謹，爲之非難，而可以保其安而无過。苟能慎斯道，推而行之於事，其無所失矣。」《習坎》六四：「樽酒簋貳，用缶，納約自牖，終无咎。」《傳》曰：「六四陰柔而下无助，非能濟天下之險者。以其在高位，故言爲臣處險之道。大臣當險難之時，惟至誠見信於君，其交固而不可間，又能開明君心，則可保无咎矣。夫欲上之篤信，惟當盡其質實而已。多儀而尚飾，莫如燕享之禮，故以燕享喻之，言當不尚浮飾，唯以質實。所用一樽之酒，二簋之食，復以瓦缶爲器，質之至也。其質實如此，又須納約自牖。納約，謂進結於君之道。牖，開通之義。室之暗也，故設牖所以通明。自牖，言自通明之處，以況君心所明處。」詳見《人臣正君》篇。　九五：「坎不盈，祗既平，无咎。」《傳》曰：「九五在坎之中，是不盈也，盈則平而出矣。祗音柢，抵也。抵於已平【一六】，則无咎。既曰不盈，則是未平而尚在險中，未得无咎也。以九五剛中之才，居尊位，宜可以濟於險，然下無助也。二陷於險中未能出，餘皆陰柔，无濟險之才，人君雖才，安能獨濟天下之險？居君位而不能致天下出於險，則爲有咎，必祗既平，乃得无咎。」

《離》初九：「履錯然，敬之，无咎。」《傳》曰：「陽固好動，又居下而離體。陽居下，則欲進。離性炎上，志在上麗，幾於躁動。其履錯然，謂交錯也。雖未進而跡已動矣，動則失下之心而有咎也。然其剛明之才，若知其義而敬謹之，則不至於咎也。初在下，無位者也。明其身之進退，乃所麗之道也。其志既動，不能敬謹則妄動，是不明所麗，乃有咎也。」《象》曰：「履錯之敬，以辟咎也。」《傳》曰：「履錯然欲動，而知敬慎不敢進，所以求辟免過咎也。居明而剛，故知而能辟，不剛明則妄動矣。」　「恒亨，无咎。貞吉，利有攸往。」《傳》曰：「恒者，常久也。常之道可以亨通，恒而能亨，乃无咎也。恒而不可以亨，非可常之道也，爲有咎矣。如君子之恒於善，可恒之道也。小人恒於惡，失可常之道也。恒所以能亨，由貞正也，故云利貞。」　《晉》初六：「晉如，摧如，貞吉。罔孚，裕无咎。」《傳》曰：「初居晉之下【一七】，進之始也【一八】。晉如，升進也。摧如，抑退也。於始進而言，遂其進，不遂其進，惟得正則吉也。罔孚者，在下而始進，豈遽能深見信於上？苟上未見信，則當安中自守，雍容寬裕，无急於求上之信也。苟欲信之心切，非汲汲以失其

【一五】敬慎之至　「至」原作「玉」，據《伊川易傳》卷二改。

【一六】抵於已平　「抵」字原脱，據《伊川易傳》卷四補。

【一七】晉之下　「晉」原作「吉」，據四庫本改。

【一八】進之始　「進」原作「晉」，據四庫本改。

守，則悻悻以傷於義矣，皆有咎也。故裕則无咎，君子處進退之道也。」《象》曰：「晉如，摧如，獨行正也。裕无咎，未受命也。」《傳》曰：「无進无抑，唯獨行正道也。寬裕則无咎者，始欲進而未當位故也。君子之於進退，或遲或速，唯義所當，未嘗不裕也。聖人恐後之人不達寬裕之義，居位者廢職失守以爲裕，故特云初六裕則无咎者，始進未受命當職任故也。若有官守，不信於上而失其職，一日不可居也。然事非一槩，久速唯時，亦容有爲之兆者。」上九：「晉其角，維用伐邑，厲吉无咎，貞吝。」《傳》曰：「角，剛而居上之物。上九以剛居卦之極，故取角爲象，以陽居上剛之極也。在晉之上，進之極也。剛極則有强猛之過，進極則有躁急之失。以剛而極於進，失中之甚也。無所用而可，維獨用於伐邑，則雖厲而吉，且无咎也。伐四方者，治外也。伐其居邑者，治内也。言伐邑，謂内自治也。人之自治，剛極則守道愈固，進極則遷善愈速。如上九者，以之自治，則雖傷於厲，而吉且无咎也。嚴厲非安和之道，而於自治則有功也。」

《睽》初九：「悔亡，喪馬勿逐自復。見惡人，无咎。」《傳》曰：「九居卦初睽之始也，在睽乖之時，以剛動於下，有悔可知，所以得亡者。九四在上，亦以剛陽，離無與，自然同類相合。同是陽爻，同居下，又當相應之位，二陽本非相應者，以在睽故合也。上下相與，故能亡其悔也。在睽，諸爻皆有應。夫合則有睽，本異則何睽？唯初與四，雖非應而同德相與，故相遇。馬者所以行也【一九】，陽，上行者也，睽獨無與則不能行，是喪其馬也。四既與之合，則能行矣，是勿逐而馬復得也。惡人，與己乖異者也。見者，與相通也。當睽之時，雖同德者相與，然小人乖異者至衆，若棄絶之，不幾盡天下以仇君子乎？如此則失含弘之義，致凶咎之道也，又安能化不善，而使之合乎？故必見惡人，則无咎也。古之聖王所以能化姦凶爲善良，革仇敵爲臣民者，由弗絶也。」《象》曰：「見惡人，以辟咎也。」《傳》曰：「睽離之時，人情乖違，求和合之，且病其不能得也。若以惡人而拒絶之，則將衆仇於君子而禍咎至矣。故必見之，所以免辟怨咎也。无怨咎，則有可合之道。」《本義》曰：「如孔子之於陽貨也。」九二：「遇主于巷，无咎。」《傳》曰：「二與五應，爲相與者也。然在睽乖之時，陰陽相勝之道衰，則剛柔相戾之意勝，學《易》者識此，則知變通矣。故二五雖正應，當委曲以相求也。二以剛中之德居下，上應六五之君，道合則志行，成濟睽之功矣。而居睽離之時，其交非固，二當委曲求於相

【一九】馬者所以　「馬」原作「焉」，據《伊川易傳》卷三改。

遇【二〇】，冀其得合也，故曰『遇主於巷』。必能合而後无咎。君臣睽離，其咎大矣。巷者，委曲之塗也。遇者，會逢之謂也。當委曲相求，期於會遇，與之合也。所謂委曲者，以善道宛轉就使合而已，非枉己屈道也。」九四：「睽孤，遇元夫，交孚，厲无咎。」《傳》曰：「九四當睽時，居非所安，無應而在二陰之間，是睽離孤處者也。以剛陽之德，當睽離之時，孤立无與，必以氣類相求而合，是以遇元夫也。夫，陽稱。元，善也。初九當睽之初，遂能與同德，而亡睽之悔，處睽之至善者也，故目之爲元夫，猶云善士也。四則過中，爲睽已甚，不若初之善也。四與初皆以陽處一卦之下，居相應之位，當睽乖之時，各無應援，自然同德相親，故會遇也。同德相親，必須至誠相與交孚，各有孚誠也。上下二陽以至誠相合，則何時之不能行，何危之不能濟？故雖處危厲而无咎也。當睽離之時，孤居二陰之間，處不當位，危且有咎也。以遇元夫而交孚，故得无咎也。」《象》曰：「交孚无咎，志行也。」《傳》曰：「初四皆陽剛。君子當睽乖之時，上下以至誠相交，協志同力，則其志可以行，不止无咎而已。卦辭但言无咎，夫子又從而明之，云可以行其志，救時之睽也。」六五：「悔亡，厥宗噬膚，往何咎。」《傳》曰：「六以陰柔，當睽離之時而居尊位，有悔可知。然而下有九二剛陽之賢，與之爲應以輔翼之，故得悔亡。厥宗，其黨也，謂九二正應也。噬膚，噬齧其肌膚而深入之也。當睽之時，非入之者深，豈能合也。五雖陰柔之才，二輔以陽剛之道而深入之，則可往而有慶，何過咎之有？以周成之幼稚，而興盛王之治。以劉禪之昏弱，而有中興之勢。蓋由任賢明之輔，而姬公、孔明所以入之者深也。」

《解》初六：「无咎。」《傳》曰：「六居解初，患難既解之時，以柔居剛，以陰應陽，柔而能剛之義。既無患難，而自處得剛柔之宜。患難既解，安寧無事，唯自處得宜，則爲无咎矣。方解之初，宜安静以休息之。爻之辭寡，所以示意。」《象》曰：「剛柔之際，義无咎也。」《傳》曰：「初四相應，是剛柔相際接也。剛柔相際，爲得其宜。難既解而處之剛柔得宜，其義无咎也。」《損》：「有孚，元吉，无咎可貞，利有攸往。」《傳》曰：「損，減損也。凡損益其過，以就義理，皆損之道也。損之道，必有孚誠，謂至誠順於理也。損而順理，則大善而吉。所損無過差，可貞固常行，而利有所往也。人之所損，或過或不及，或常或不常，皆不合正理，非有孚也。非有孚，則無吉而有咎，非可貞之道，不可

【二〇】二當委曲　「二」字原脱，據《伊川易傳》卷三改。

行也。」　初九：「已事遄往，无咎，酌損之。」《傳》曰：「損之義，損剛益柔，損下益上也。初以陽剛應於四【二二】，四以陰柔居上位，賴初之益者也。下之益上，當損己而不自以爲功，所益於上者，事既已，則速去之，不居其功，乃无咎也。若享其成功之美，非損己益上也，於爲下之道爲有咎矣。四之陰柔，賴初者也，故聽於初。當酌度其宜，而損己以益之，過與不及，皆不可也。」　六四：「損其疾，使遄有喜，无咎。」《傳》曰：「四以陰柔居上，與初之剛陽相應。在損時而應剛，能自損以從剛陽也，損不善以從善也。初之益四，損其柔而益之以剛，損其不善也，故曰損其疾，疾謂疾病不善也。損於不善，惟使之遄速，則有喜而无咎。人之損過，惟患不速，速則不至於深過，爲可喜也。」　愚按：疾病在躬，人惟恐去之不速，至於不善在躬，則往往不速於去之。是知疾之能害人，而不知不善尤害人之甚者也。人能去惡如去疾，則知損之義矣。

《益》初九：「利用爲大作，元吉，无咎。」《傳》曰：「初九，震動之主，剛陽之盛也。居益之時，其才足以益物，雖居至下，而上有六四之大臣應於己。四，巽順之主，上能巽於君，下能順於賢才也。在下者不能有爲也，得在上者應從之，則宜以道輔於上，作大益天下之事，利用爲大作也。居下而得上之用，以行其志，必須所爲大善而吉，則無過咎。不能元吉，則不唯在己有咎，乃累乎上，爲上之咎也。在至下而當大任，小善不足以稱也，故必元吉，然後得无咎。」《象》曰：「元吉无咎，下不厚事也。」《傳》曰：「在下者本不當處厚事，厚事，重大之事也。以爲在上所任，所以當大事，必能濟大事而致元吉，乃爲无咎。能致元吉，則在上者任之爲知人，己當之爲勝任，不然，則上下皆有咎也。」　《夬》九三：「壯于頄，有凶。君子夬夬獨行遇雨，若濡，有愠，无咎。」《傳》曰：「當云：『壯于頄有凶，獨行遇雨，君子夬夬，若濡有愠，无咎。』夬夬當剛健之時，三居下體之上，雖在上而未爲最上，上有君而自任其剛決，壯于頄者也，有凶之道也。獨行遇雨，三與上六爲正應，方羣陽共決一陰之時，己若以私應之，故不與衆同而獨行，則與上六陰陽和合，故云遇雨。《易》中言雨者，皆謂陰陽和也。君子道長，決去小人之時，而己獨與之和，其非可知。唯君子處斯時，則能夬夬。謂夬其夬，果決其断也。雖其私與，當遠絶之。若見濡污，有愠惡之色，如此則無過咎。」《象》曰：「君子夬夬，終无咎也。」

【二二】初以陽剛　「以」原作「六」，據四庫本、《伊川易傳》卷三改。

《傳》曰：「牽梏於私好，由無決也。君子義之與比，決於當決，故義不至於有咎也。」　九五：「莧陸夬夬，中行无咎。」《傳》曰：「五雖剛陽中正，居尊位，然切近於上六，上六説體，而卦獨一陰，陽之所比也。五爲決陰之主，而反比之，其咎大矣。故必決其決，如莧陸然，則於其中行之德，爲无咎也。中行，中道也。莧陸，今所謂馬齒莧是也。曝之難乾，感陰氣之多者也，而脆易折。五，若如莧陸，雖感於陰而決斷之易，則於中行無過咎矣。不然，則失其中正也。感陰多之物，莧陸爲易斷，故取爲象。」《象》曰：「中行无咎，中未光也。」《傳》曰：「卦辭言夬夬則於中行爲无咎矣。《象》復盡其義，云：『中未光也。』夫人心正意誠，乃能極中正之道，而充實光輝。吾心有所比，以義之不可而決之，雖行於外，不失中正之義，可以无咎，然於中道，未得爲光大也。蓋人心一有所欲，則離道矣，夫子於此，示人之意深矣。」

《萃》九四：「大吉，无咎。」《傳》曰：「四當萃之時，上比九五之君，得君臣之聚也；下比下體羣陰，得下民之聚也。得上下之聚，可謂善矣。然四以陽居陰，非正也，雖得上下之聚，必得大吉然後爲无咎也。大爲周遍之義，無所不周，然後爲大，無所不正，然後爲大吉，大吉則无咎也。夫上下之聚，固有不由正道而得者，非理枉道而得君者，自古多矣。非理枉道而得民者，蓋亦有焉。如齊之陳常、魯之季氏是也。然得爲大吉乎？得爲无咎乎？故九四必能大吉，然後爲无咎也。」《象》曰：「大吉无咎，位不當也。」《傳》曰：「以其位之不當，疑其所爲未能盡善，故云必得大吉，然後爲无咎也。非盡善，安得爲大吉乎？」　九五：「萃有位，无咎。匪孚，元永貞，悔亡。」《傳》曰：「九五居天下之尊，萃天下之衆而君臨之，當正其位，脩其德。以陽剛居尊位，稱其位矣。爲有其位矣，得中正之道，無過咎也。如是而有不信而未歸者，則當自反以脩其元永貞之德，則無思不服，而悔亡矣。元永貞者，君之德，民所歸也，故比天下之道與萃天下之道，皆在此三者。王者既有其位，又有其德，中正無過咎，而天下尚有未信服歸附者。蓋其道未光大也，元永貞之道未至也，在脩德以來之。如苗民逆命，帝乃誕敷文德。舜德非不至也，蓋有遠近昏明之異，故其歸有先後，既有未歸，則當脩德也。所謂德，元永貞之道也【一一二】。元，首也，長也，爲君德首出庶物，君長羣生，有尊大之義焉，有主統之義焉，而又常永貞固，則通於神明，光於四海，無思不服矣，乃無匪孚而其悔亡也。所謂悔，志之未光，心之未慊

【一一二】元永貞之道　「元永」原作「立式」，據《伊川易傳》卷三改。

也。」《升》九二：「孚乃利用禴，无咎。」《傳》曰：「二，居陽而在下。五，陰柔而居上。夫以剛而事柔，以陽而從陰，雖有時而然，非順道也。以暗而臨明，以剛而事柔，若黽勉於事勢，非誠服也。上下之交不以誠，其可以久乎？其可以有爲乎？五雖陰柔，然居尊位。二雖剛陽，事上者也，當内存至誠，不假文飾於外，誠積於中，則自不事外飾，故曰『利用禴』，謂尚誠敬也。自古剛强之臣，事柔弱之君，未有不爲矯飾者也。禴，祭之簡質者也。云『孚乃』，謂既孚乃宜不用文飾，專以其誠感通於上也。如是則得无咎。以剛强之臣而事柔弱之君，又當升之時，非誠意相交，其能免於咎乎！」「困亨，貞大人吉，无咎，有言不信。」《傳》曰：「如卦之才，則困而能亨，且得貞正，乃大人處困之道也，故能吉而无咎。大人處困，不唯其道自吉，樂天安命，乃不失其吉也。況隨時善處，復有裕乎？有言不信，當困而言，人誰信之？」九二：「困于酒食，朱紱方來。利用享祀，征凶，无咎。」《傳》曰：「酒食人所欲，而所以施惠也。二以剛中之才，而處困之時，君子安其所遇，雖窮厄險難，無所動其心，不恤其爲困也。所困者，唯困於所欲耳。君子之所欲者，澤天下之民，濟天下之困也。二未得遂其欲，濟其困，故爲困於酒食也。大人君子懷其道而困於下，必有得道之君求而用之，然後能施其所藴。二以剛中之德困於下，上有九五剛中之君，道同德合，必來相求，故云『朱紱方來』。『方來』【二三】，方且來也。朱紱，王者之服，蔽膝也。以行來爲義，故以蔽膝言之。『利用享祀』，享祀，以至誠通神明也。在困之時，利用至誠，如享祀然，其德既誠，自能感通於上。自昔賢者困於幽遠，而德卒升聞，道卒爲用，唯自守至誠而已。『征凶无咎』，方困之時，若不至誠安處以俟命，征而求之，則犯難得凶，乃自取也，將誰咎乎？不度時而征，乃不安其所，爲困所動也。失剛中之德，自取凶悔，何所怨咎？」

《革》六二：「巳日乃革之，征吉，无咎。」《傳》曰：「以六居二，柔順而得中正，又文明之主，上有剛陽之君，同德相應，中正則無偏蔽，文明則盡事理，應上則得權勢，體順則無違悖，時可矣，位得矣，才足矣，處革之至善者也。然臣道不當爲革之先，又必待上下之信，故巳日乃革之也。如二之才德，所居之地，所逢之時，足以革天下之弊，新天下之治，當進而上輔於君，以行其道，則吉而无咎也。不進則失可爲之時，爲有咎也。以二體柔而處當位，體柔則其進緩，當位

【二三】方來　「方來」原脱，據四庫本補。

則其處固。變革者，事之大，故有此戒。二得中而應剛，未至失於柔也。聖人因其有可戒之疑，而明其義耳，使賢才不失可爲之時也。」「艮其背，不獲其身，行其庭，不見其人，无咎。」《傳》曰：「人之所以不能安其止者，動於欲也。欲牽於前而求其止，不可得也。故艮之道，當『艮其背』。所見者在前，而背乃背之，是所不見也。止於所不見，則無欲以亂其心，而止乃安。『不獲其身』，不見其身也，謂忘我也。無我則止矣。不能無我，無可止之道。『行其庭，不見其人』，庭除之間至近也，在背，則雖至近不見，謂不交於物也。外物不接，内欲不萌，如是而止，乃得止之道，於止爲无咎也。」　初六：「艮其趾，无咎，利永貞。」《傳》曰：「六在最下，趾之象，動之先也。艮其止，止於動之初也。事止於初，未至失正，故无咎也。以柔處下，當止之時也，行則失其正矣，故止乃无咎。陰柔患其不能常也，不能固也，故方止之初，戒以利在常永貞固，則不失止之道也。」　《漸》初六：「鴻漸于干，小子厲，有言，无咎。」《傳》曰：「《漸》初爻皆取鴻象。鴻之爲物，至有時而羣有序，不失其時序，乃爲漸也。干，水湄。水鳥止於水之湄，水至近也，其進可謂漸矣。行而以時，乃所謂漸。進不失，漸得其宜矣。六居初，至下也。陰之才，至弱也。而上無應援，以此而進，常情之所憂也。君子則深識遠照，知義理之所安，時事之所宜，處之不疑。小人幼子唯能見已然之事，從衆人之知，非能燭理也，故危懼而有言。蓋不知在下所以有進也，用柔所以不躁也，無應所以能漸也，於義自无咎也。若漸之初而用剛急進，則失漸之義，不能進而有咎必矣。」《象》曰：「小子之厲，義无咎也。」《傳》曰：「雖小子以爲危厲，在義理實无咎也。」

《豐》初九：「遇其配主，雖旬无咎，往有尚。」《傳》曰：「雷電皆至，成豐之象。明動相資，致豐之道。非明無以照，非動無以行，相須猶形影，相資猶表裏。初九明之初，九四動之初，宜相須以成其用，故雖旬而相應。位則相應，用則相資，故初謂四爲配主，己所配也。配雖匹稱，然就之者也。如配天以配君子，故初於四云『配』，四於初云『夷』也。『雖旬无咎』，旬，均也。天下之相應者，嘗非均敵。如陰之應陽，柔之從剛，下之附上，敵則安肯相從？唯豐之初四，其用則相資，其應則相成，故雖均是陽剛，相從而無過咎也。蓋非明動無所之，非動則明無所用，相資而成用。同舟則胡、越一心，共難則仇怨協力，事勢使然也。往而相從，則能成其豐，故云『有尚』，有可嘉尚也。在他卦，則不相下而離隙矣。」《象》曰：「雖旬无咎，過旬災也。」《傳》曰：「聖人因時而處宜，隨事而順理。夫勢均則不相下者，常理也。然有雖敵而相資者，則相求也。初四是也，所以雖旬而无咎也。與人同而力均者，在乎降己以相求，協力以從事。若懷先己之私，有加上之意，則患當至矣，故曰『過旬災也』。均而先己，是過旬也，一求勝，則不能同矣。」

《巽》九二：「巽在床下，用史巫紛若，吉无咎。」《傳》曰：「二居巽時，以陽處陰而在下，過於巽者也。牀，人之所安。巽在牀下，是過於巽，過所安矣。人之過於卑巽，非恐怯則諂説，皆非正也。二實剛中，雖巽體而居柔，爲過於巽，非有邪心也。恭巽之過，雖非正禮，可以遠恥辱，絶怨咎，亦吉道也。史巫者，通誠意於神明者也。紛若，多也。苟至誠安於謙巽，能使通其誠意者多，則吉而无咎，謂其誠足以動人也。人不察其意，則以過巽爲諂矣。」《節》初九：「不出户庭，无咎。」《傳》曰：「户庭，户外之庭。門庭，門内之庭。初以陽在下，上復有應，非能節者也。又當節之初，故戒之謹守，至於不出户庭，則无咎也。初能固守，終或踰之。不謹於初，安能有卒，故於節之初，爲戒甚嚴也。」《小過》九四：「无咎，弗過遇之，往厲必戒，勿用永貞。」《傳》曰：「四當小過之時，以剛處柔，剛不過也，是以无咎。既弗過，則合其宜矣，故謂遇之，謂得其道也。若往則有危，必當戒懼也。往，去柔而以剛進也。『勿用永貞』，陽性堅剛，故戒以隨宜，不可固守也。方陰過之時，陽剛失位，則君子當隨時順處，不可固守其常也。四居高位，而無上下之交，雖比五應初，方陰過之時，彼豈肯從陽也？故往則有厲。」《既濟》初九：「曳其輪，濡其尾，无咎。」《傳》曰：「初以陽居下，上應於四，又火體，其進之志鋭也。然時既濟矣，進不已則及於悔咎，故曳其輪，濡其尾，乃得无咎。輪所以行，倒曳之使不進也。獸之涉水，必揭其尾，否則不能濟。方既濟之初，能止其進，乃得无咎，不知已則至於咎也。」《象》曰：「曳其輪，義无咎也。」《傳》曰：「既濟之初，而能止其進，則不至於極，其義自无咎也。」《未濟》上九：「有孚于飲酒，无咎。濡其首，有孚失是。」《傳》曰：「九以剛在上，剛之極也。居明之上，明之極也。剛極而能明，則不爲躁而爲決。明能燭理，剛能断義。居未濟之極，非得濟之位，無可濟之理，則當樂天順命而已。若否終則有傾，時之變也。未濟則無極而自濟之理【二四】，故止爲未濟之極，至誠安於義命而自樂，則可无咎。飲酒，自樂也。不樂其處，則忿躁隕穫，

【二四】而自濟之理　此句原作「之理而自濟」，據《伊川易傳》卷四乙正。

入于凶咎矣。若從樂而耽肆過禮，至濡其首，亦非能安其處也。」予友湯伯紀曰：「无咎之所以爲善補過者，蓋謂卦爻中有時位之難處，本當有咎，以其善處故免，所謂轉禍爲福，易危爲安，故謂之善補過耳，非真以爲某卦某爻先有過，而後能改也。今之所取，本爲改過而无咎之辭，取之太泛，但當取《豫》上六、《臨》六三、《復》六三、《離》初九、《損》六四、《夬》九五六條，皆改過之親切者，餘爻可削。」伯紀之説是矣，然嘗難處之時而處之善，乃所以無過，尤學者所宜盡心，故存而不削，且併記其説於此云。

子曰：「已矣乎！吾未見能見其過而內自訟者也。」朱子曰：「已矣乎者，恐其終不得見而嘆之也。內自訟者，口不言而心自咎也。人有過而能自知者鮮矣，知過而能自訟者尤鮮。能內自訟，則其悔悟深切而能改必矣。夫子自恐終不得見而歎之，其警學者深矣。」南軒曰：「人惟安於所偏，而狃於所習，是以鮮能見其過。就或覺其爲過，不能自訟，又從而文之者，多矣。內自訟，則無一毫蓋覆之意，其於徙義進德也孰禦？」「過則勿憚改」已見《爲學》篇。

蘧伯玉使人於孔子，孔子與之坐而問焉，曰：「夫子何爲？」對曰：「夫子欲寡其過而未能也。」使者出，子曰：「使乎！使乎！」朱子曰：「夫子，指伯玉也。言其但欲寡過而尚未能，則其省身克己，常若不及之意可見矣。使者之言愈自卑約，而其主之賢益彰，亦可謂深知君子之心，而善於詞令者矣。故夫子再言『使乎』以重美之。按：莊周稱『伯玉行年五十而知四十九年之非』，又曰『伯玉行年六十而六十化』，蓋其進德之功，老而不倦。是以踐履篤實，光輝宣著，不惟使者知之，而夫子亦信之。」或問二十六章之説。曰：「蘧伯玉使者之言，極有味。學者所宜熟玩而深省焉。胡氏説亦可觀也，胡氏曰：『未能寡過，乃伯玉心事，而使者知之。雖伯玉克己日新之符著見於外，而使者亦可謂知德而能言矣。』」南軒曰：「夫欲寡過而未能，非篤於進德脩業，莫知此味也【二五】，則伯玉之賢可知。」「聞義不能徙，見善不能改」已見《爲學》篇。

【二五】莫知此味　「知」原作「如」，據四庫本改。

子貢曰：「君子之過也，如日月之食焉。過也人皆見之，更也人皆仰之。」黄氏曰：「其過也，明白而無揜覆，故人皆見；其更也，瑩徹而無瑕疵，故人皆仰。」南軒曰：「人皆見之者，君子不文飾掩蔽其過也。日月之食，旋而復矣，無損其明也。故君子改過不吝，而德愈光焉。」

子曰：「過而不改，是謂過矣。」朱子曰：「過而能改，則復於無過。唯不改則其過遂成，而將不及改矣。」

孟子曰：「古之君子，過則改之。今之君子，過則順之。古之君子，其過也如日月之食，人皆見之，及其更也，民皆仰之。今之君子，豈徒順之，又從而爲之辭。」朱子曰：「順，猶遂也。更，改也。辭，辨也。更之，則無損於明，故民仰之。順而爲之辭，則其過愈深矣。」

孟子曰：「子路，人告之以有過則喜。」朱子曰：「喜其得聞而改之，其勇於自修如此。程子曰：『子路云云，可謂百世之師矣。』」

孟子曰：「西子蒙不潔，則人皆掩鼻而過之。雖有惡人，齋戒沐浴，則可以祀上帝。」

周子曰：「人之生，不幸不聞過，大不幸無恥。朱子曰：「不聞過，人不告也。無恥，我不仁也。」必有恥則可教，聞過則可賢。」有恥則能發奮而受教，聞過則知所改而爲賢。然不可教，則雖聞過而未必能改矣。以此見無恥之不幸，爲尤大也。

有善不及？朱子曰：「設問：人或有善，而我不能及，則如之何？」曰：「不及則學焉。」答，言當學其善而已。問曰：「有不善？」問：人有不善，則何以處之？曰：「不善則告之不善，且勸曰：『庶幾有改乎！斯爲君子。答，言人有不善，則告之以不善，而勸其改。告之者，恐其不知此事之爲不善；勸之者，恐其不知不善之可改而爲善也。有善一，不善二，則學其一而勸其二。』亦答辭也。言人有善惡之雜，則學其善而勸其惡。有語曰：『斯人有是之不善，非大惡也？』則曰：『孰無過，焉知其不能改？改則爲君子矣。不改爲惡，惡者天惡之，彼豈無畏耶？焉知其不能改！』」此亦答言。聞人有過，雖不得見而告勸之，亦當答之以此，冀其或聞而自改也。有心悖理謂之惡，無心失理謂之過。故君子悉有衆善，無弗愛且敬焉。善無不學，故悉有衆善。惡無不勸，故不棄一人於惡。不棄一人於惡，則無所不用其愛敬矣。

仲由喜聞過，令名無窮焉。今人有過不喜人規，如護疾而忌醫，寧滅其身而無悟也，噫！

《易·夬》九四《程氏傳》曰：夫過而能改，聞善而能用，克己以從義，唯剛明者能之。學者有自言其病，而未有以藥之者。朱子曰：「知得如此是病，即知不如此是藥【二六】。」以上皆言省躬補過之事。

廣大學之五　脩身。　誠意、正心，前卷備之。

《易·家人》：利女貞。程子曰：「家人之道，利在女正，女正則家道正矣。夫夫、婦婦而家道正，獨云利女貞者，夫正者身正也，女正者家正也，女正則男正可知矣。」《彖》曰：家人，女正位乎内，男正位乎外，男女正，天地之大義也。《彖》以卦才而言。陽居五，在外也；陰居二，處内也：男女各得其正位也。尊卑内外之道正，合天地陰陽之大義也。家人有嚴君焉，父母之謂也。家人之道，必有所尊嚴而君長者，謂父母也。

【二六】知不如此　「知不」原作「不知」，據四庫本改。

雖一家之小，無尊嚴則孝敬衰，無君長則法度廢。有嚴君而後家道正，家者，國之則也。**父父、子子、兄兄、弟弟、夫夫、婦婦而家道正，正家而天下定矣。**父子、兄弟、夫婦各得其道，則家道正矣。推一家之道可以及天下，故家正則天下定矣。**《象》曰：風自火出，家人，君子以言有物而行有恒。**正家之本，在正其身。正身之道，一言一動，不可易也。君子觀風自火出之象，知事之由内而出，故所言必有物，所行必有恒也。物謂事實，恒謂常度、法則也。德業之著於外，由言行之謹於内也。言慎行脩，則身正而家治矣。**初九：閑有家，悔亡。**初，家道之始也。閑，謂防閑法度也。始其有家之始，能以法度爲之防閑，則不至於悔矣。治家者，治乎衆人也。苟不閑之以法度，則人情流放，必至於有悔，失長幼之序，亂男女之别，傷恩義，害倫理，無所不至。能以法度閑之於始，則無是矣，故悔亡也。九，剛明之才，能閑其家者也。不云無悔者，羣居必有悔，以能閑故亡耳。**《象》曰：閑有家，志未變也。**閑之於始，家人志意未變動之前也。正志未流散變動之前而閑之【二七】，則不傷恩，不失義，處家之善也，是以悔亡。志变而後治，則所傷多矣，乃有悔也。**六二：无攸遂，在中饋，貞吉。**人之處家，在骨肉父子之間，大率以情勝礼，以恩奪義，唯剛立之人，則能不以私愛失其正理。故《家人》卦大要以剛爲善，初三上是也。六二以陰柔之才而居柔，不能治於家者也，故『無攸遂』，无以爲而可也。夫以英雄之才，尚有溺情愛而不能自守者，况柔弱之人，其能勝妻子之情乎？如二之才，若爲婦人之道，則其正也。以柔順處中正，婦人之道也，故在中饋則得其正而吉也。婦人，居中而主饋者也，故云『中饋』。朱子曰：「六二柔順中正，女之『正位乎内』者也，故其象占如此。」六二爻義當以《本義》爲正，《程傳》少差。**《象》曰：六二之吉，順以巽也。**二以陰柔居中正，能順從而卑巽者也，故爲婦人之貞吉。**九三：家人嗃嗃，悔厲吉。婦子嘻嘻，終吝。**嗃嗃，未詳字義，然以文義及音意觀之，与敖敖相類，又若急速之意。九三在内卦之上，主治乎内者也。以陽居剛而不中，雖得正而過乎剛者也。治内過剛，則

【二七】而閑之　「而」前原衍「也正志未流散變動」，據四庫本删。

傷於嚴急，故家人嗃嗃然。治家過嚴，不能无傷，故必悔於嚴厲，骨肉恩勝過，故悔也。雖悔於嚴厲，未得寬猛之中，然而家道齊肅，人心祇畏，猶爲家之吉也【二八】。若婦子嘻嘻，則終至羞吝矣【二九】。在卦非有嘻嘻之象，蓋對嗃嗃而言，謂與其失於放肆，寧過於嚴也。嘻嘻，笑樂无節也。自恣無節，則終至敗家，可羞吝也。蓋嚴謹之過，雖於人情不能无傷，然苟法度立，倫理正，乃恩義之所存也。若嘻嘻無度，乃法度之所由廢，倫理之所由亂，安能保其家乎？嘻嘻之甚，則致敗家之凶，但云吝者，可吝之甚則至於凶，故未遽言凶也。《象》曰：家人嗃嗃，未失也。婦子嘻嘻，失家節也。雖嗃嗃，於治家之道未爲甚失，若婦子嘻嘻，是无禮法，失家之節，家必乱也。六四：富家，大吉。六以巽順之體，而居四得其正位，居得其正，爲安處之義。巽順於事而由正道，能保有其富者也。居家之道，能保有其富，則爲大吉也。四高位，而獨云富者，於家而言。高位，家之尊也，能有其富，是能保其家也。吉孰大焉！《象》曰：富家大吉，順在位也。以巽順而居正位，正而巽順，能保有其富者也。富，家之大吉也。九五：王假有家，勿恤，吉。九五男而在外，剛而處陽，居尊而中正，又其應順正於內，治家之至正至善者也。王假有家，五，君位，故以王言。假，至也。極乎有家之道也。夫王者之道，脩身以齊家，家正則天下治矣。自古聖王，未有不以恭己正家爲本。故有家之道既至，則不憂勞而天下治矣，勿恤而吉也。五，恭己於外；二，正家於內，內外同德，可謂正矣。《象》曰：王假有家，交相愛也。王假有家之道者，非止能使之順從而已，必致其心化誠合，夫愛其內助，婦愛其刑家，交相愛也。能如是者，文王之妃乎！若身脩法立，而家未化，未得爲假有家之道也。上九：有孚威如，終吉。上，卦之終，家道之成也，故極言治家之本。治家之道，非至誠不能也，故必中有孚信則能常久，而衆人自化爲善。不由至誠，己且不能常守也，況欲使人乎？故家以有孚爲本。治家者，在妻孥情愛之間，慈過則無嚴，恩勝則掩義，故家之患，常在禮法不足而瀆慢生也。長失尊嚴，少忘恭順，而家不亂者，未之有也，故必有威嚴則能終

【二八】家之吉也 「吉」原作「若」，據四庫本、《伊川易傳》卷三改。

【二九】至羞吝矣 「羞」原作「差」，據四庫本、《伊川易傳》卷三改。

吉。保家之終，在有孚、威如二者而已，故於卦終言之。《象》曰：威如之吉，反身之謂也。治家之道，以正身爲本，故云「反身之謂」。爻辭謂治家當有威嚴，而夫子又復戒云：當先身也。威嚴不先行於己，則人怨而不服，故云「威如之吉」者，能自反於身也。孟子所謂「身不行道，不行於妻子」也。

《孝經》子曰：「閨門之内，具禮矣乎？嚴父嚴兄，妻子臣妾，猶百姓徒役也。」

孟子曰：「身不行道，不行於妻子。使人不以道，不能行於妻子。」朱子曰：「身不行道者，以行言之。不行者，道不行也。使人不以道者，以事言之。不能行者，令不行也。」

周子曰：「家人離，必起於婦人，故《睽》次《家人》，以二女同居，而志不同行也。」詳見乙卷《人君正家》篇。

右廣大學之六　齊家。

堯曰：「咨！爾舜！天之曆數在爾躬，允執其中。四海困窮，天禄永終。」朱子曰：「此堯命舜，而禪以帝位之辭。曆數，帝王相繼之次第，猶歲時氣節之先後也。允，信也。中者，無過不及之名。四海之人困窮，則君禄亦永絶矣。戒之也。」舜亦以命禹。即《虞書》所載「危微精一」之訓是也。已見前篇。曰：「予小子履，敢用玄牡，敢昭告于皇皇后帝：有罪不敢赦。帝臣不蔽，簡在帝心。朕躬有罪，無以萬方；萬方有罪，罪在朕躬。」此引《商書·湯誥》之辭，蓋湯既放桀而告諸侯也。與《書》文大同小異。「曰」上當有「湯」字。履，蓋湯名。「用玄牡」，夏尚黑，未變其禮也。簡，閲也。言桀有罪，己不敢赦；而天下賢人，皆上帝之臣，己不敢蔽。簡在帝心，惟帝所命。此述其初請命而伐桀之詞也。又言君有罪非民所致，民有罪實君所爲。見其厚於責己、薄於責人之意，此其告諸侯之辭也。

周有大賚，善人是富。此以下述武王事。賚，予也。武王克商，大賚于四海，見《周書·武成》篇。此言其所富者，皆善人也。《詩序》云「賚，所以錫予善人」，蓋本於此。「雖有周親，不如仁人。百姓有過，在予一人」。此《周書·泰誓》之詞。孔氏曰：「周，至也。言紂至親雖多，不如周家之多仁人。」謹權量，審法度，修廢官，四方之政行焉。權，稱錘也。量，斗斛也。法度，礼樂制度皆是也。興滅國，繼絶世，舉逸民，天下之民歸心焉。興滅繼絶，謂封黄帝、堯、舜、夏、商之後。舉逸民，謂釋箕子之囚，復商容之位。三者皆人心之所欲也。所重：民、食、喪、祭。《武成》曰：「重民五教，惟食喪祭。」寬則得衆，信則民任焉，敏則有功，公則説。此於武王之事無所見，恐或汎言帝王之道也。楊氏曰：「《論語》之書，皆聖人微言，而其徒傳守之，以明斯道者也。故於終篇，具載堯、舜咨命之言，湯、武誓師之意，與夫施諸政事者。以明聖學之所傳者，一於是而已，所以著明二十篇之大旨也。《孟子》於終篇，亦歷敘堯、舜、湯、文、孔子相承之次，皆此意也。」南軒曰：「此篇所載帝王之事，孔子之所常言，門人列於末章，所以示後世之大法也。」黄氏曰：「《論語》末篇，歷序堯、舜、禹、湯、武王相傳之道，而先之以執中，可謂得其要矣。至其下乃泛及於賞善罰惡，責己恕人，大綱小紀，本數末度，無不具舉者，蓋帝王之道，初無精粗，惟其合於天理，當於人心者，是其所以爲道也。所謂執中者，正以其事事物物，無適而非中也。是豈空虚無據而可謂之中乎？知此然後知聖賢相傳之道【三〇】，無非實理，非若老、釋氏空無之謂也。」

子畏於匡，曰：「文王既没，文不在兹乎？朱子曰：「道之顯者謂之文，不曰道而曰文，謙辭也。兹，此也，孔子自謂。」天之將喪斯文也，後死者不得與於斯文也；天之未喪斯文也，匡人其如予何？」馬氏曰：「文王既没，故孔子自謂後死者。言天若欲喪此文，則必不使我得與於此文；今我既得與於此文，則是天未欲喪此文也。天既未欲喪此文，則匡人其奈我何？言必不能違天害己也。」南軒曰：「『文王既没，文

【三〇】知此然後　「知」字原脱，據《論語集編》卷十補。

不在兹』，聖人以斯文爲己任也。己之在與亡，斯文之喪與未喪係焉。是豈人之所能爲哉？天也。不曰喪己，而曰喪斯文，蓋己之身即斯文之所在也。」

子曰：「甚矣，吾衰也！久矣，吾不復夢見周公。」朱子曰：「孔子盛時，志欲行周公之道，故夢寐之間，如或見之。至其老而不能行也，則無復是心，而亦無復是夢矣，故因此而自歎其衰之甚也。」程子曰：「孔子盛時，寤寐常存行周公之道；及其老也，則志慮衰而不可以有爲矣。蓋存道者，心無老少之異；而行道者，身老則衰也。」或問：「孔子不夢周公之説，程子以爲初實未嘗夢也，如何？」曰：「孔子自言不夢之久，則其前固嘗夢之矣。程子之意，蓋嫌於因思而夢者，故爲此説。其義則精矣，然恐非夫子所言之本意也。」

衛公孫朝問於子貢曰：「仲尼焉學？」子貢曰：「文武之道，未墜於地，在人。賢者識其大者，不賢者識其小者，莫不有文、武之道焉。夫子焉不學？而亦何常師之有？」朱子曰：「文、武之道，謂文王、武王之謨訓功烈，與凡周之禮樂文章皆是也。在人，言人有能記之者。」又曰：「此言未墜落於地，而猶在人耳。賢者則能記其道之大者，不賢者則能記其道之小者，皆有文武之道，夫子皆師之也。」或問：「何以言文武之道，爲周之禮樂也？」曰：「此固好高者之所不樂聞，然其文意不過如此，以未墜在人之云者考之，則可見矣。若曰道無適而非，唯所取而得，則又何時墜地，且何必賢者識其大，不賢者識其小，而後得師耶？此所謂人，正謂老聃、萇弘、郯子、師襄之儔耳。若入太廟而每事問焉，則廟之祝史，亦其一師也。大率近世學者，習於老、佛之言，皆有厭薄事實，貪鶩高遠之意【三一】，故其説常如此，不可以不戒也。然彼所謂無適而非者，亦豈離於文章禮樂之間哉？但子貢本意，則正指其事實而言，不如是之空虛恍惚而無所據也。」南軒曰：「文、武之道，謂周家之制度典章，在當時猶有存者，未至盡泯也。在人所識何如？賢者則識其大者，不賢者則識其小者。至如鄉黨之間，其冠昏喪祭、日用飲食，亦習乎其教而不自知也。然則夫子焉往而非學，惟善之主而初無常師也，此其所以能集文、武之道，而極其

【三一】貪鶩高遠　「遠」原作「逮」，據四庫本、《四書或問》卷二十四改。

大全歟！」

《中庸》：仲尼祖述堯、舜，憲章文、武。朱子曰：「祖述者，遠宗其道。憲章者，近守其法。」游氏曰：「中庸之道，至仲尼而集大成，故此書之末，以仲尼明之。道著於堯、舜，故祖述焉；法詳於文、武，故憲章焉。」呂氏曰：「祖述者，推本其意；憲章者，循守其法。」

《孟子》：宰我曰：「以予觀於夫子，賢於堯、舜遠矣。」程子曰：「語聖則不異，事功則有異。夫子賢於堯、舜，語事功也。蓋堯、舜治天下，夫子又推其道以垂教萬世。堯、舜之道非得孔子，則後世亦何所據哉！」或問：「三代以前，只是説中、説極，至孔門答問説者，便是仁，何也？」朱子曰：「説中、説極，今人多錯會了文義，今未暇詳説。但至孔門方説仁字【三二】，則是列聖相傳到此，方漸次説到親切處爾。夫子之所以賢於堯、舜，亦其一端也。」

孟子曰：「舜生於諸馮，遷於負夏，卒於鳴條，東夷之人也。文王生於岐周，卒於畢郢，西夷之人也。地之相去也千有餘里，世之相後者千有餘歲，得志行乎中國，若合符節。先聖後聖，其揆一也。」朱子曰：「揆，度也。其揆一者，言度之而其道無不同也。」范氏曰：「言聖人之生，雖有先後遠近之不同，然其道則一也。」南軒曰：「先聖後聖，莫非一揆，孟子獨舉舜與文王言之者，蓋其地相去爲最遠，而世相去爲最久故耳。所謂得志行乎中國者，聖人之道，化行乎天下，是所謂行志者也。然自今觀之，舜與文王所值之時，周旋於父子君臣之際者，蓋不同矣。孟子謂若合符節者，何耶？蓋道一而已。其所以一者，天之理也。若夫人爲，則萬殊矣。聖人者，純乎天理者也。純乎天理，則其云爲注措，莫非天之所爲而有二乎哉？故舜之所以事瞽瞍者，是文王所以事王季者也；而文王之事紂，是舜所以事堯者也；文王之憂勤，是舜無爲而治者也。舜與文王易地則皆然，何者？舜與文王皆天也。使其間有一毫不相似，則不曰『若符節之契』矣。然舜與文王之所以爲天者，則抑

【三二】方説仁字　「方説」原脱，據《晦庵集》卷七十四補。

有道矣。堯、舜、文王生知之聖也，亦必學以成之。『惟精惟一，允執厥中』者，舜之學也。『緝熙敬止，克宅厥心』者，文王之學也。即其生知之聖，而學以成之，此其所以爲天之無疆也。學者讀此章，當深究所以一者，於此有得，則先聖後聖之心，可得而識矣。」

孟子曰：「舜明於庶物，察於人倫，由仁義行，非行仁義也。」說已見前。

孟子曰：「禹惡旨酒，而好善言。湯執中，立賢無方。文王視民如傷，望道而未之見。武王不泄邇，不忘遠。周公思兼三王，以施四事。其有不合者，仰而思之，夜以繼日；幸而得之，坐以待旦。」朱子曰：「此承上章言舜，因歷叙羣聖以繼之，而各舉其一事，以見其憂勤惕厲之意。蓋天理之所以常存，人心之所以不死也。」程子曰：「孟子所稱，各因其一事而言，非謂武王不能執中立賢，湯却泄迩忘遠也。人謂各舉其盛，亦非也，聖人亦无不盛。」南軒曰：「於是四者而窺四聖人之心，則可見其運而不息，化而不滯，其天地之心歟！」

孟子曰：「王者之迹熄而《詩》亡，《詩》亡然後《春秋》作。晉之《乘》，楚之《檮杌》，魯之《春秋》，一也。其事則齊桓、晉文，其文則史。孔子曰：『其義則丘竊取之矣。』」朱子曰：「此承上章列叙羣聖，因以孔子之事繼之。而孔子之事莫大於《春秋》，故特言之。」

孟子曰：「君子之澤，五世而斬。小人之澤，五世而斬。予未得爲孔子徒也，予私淑諸人也。」朱子曰：「私，猶竊也。淑，善也。人謂子思之徒也。孟子言：予雖未得親受業於孔子之門，然聖人之澤尚存，猶有能傳其學者，故我得聞孔子之道於人，而私竊以善其身。蓋推尊孔子而自謙之辭【三三】。至此又承上三章，歷叙舜、禹至於周、孔，而以是終之。其辭雖謙，然其所以自任之重，亦有不得而辭者矣。」

【三三】推尊孔子　「推」原作「摧」，據四庫本改。

孟子曰：「昔者禹抑洪水而天下平，周公兼夷狄、驅猛獸而百姓寧，孔子成《春秋》而亂臣賊子懼。《詩》云：『戎狄是膺，荊舒是懲，則莫我敢承。』無父無君，是周公所膺也。我亦欲正人心，息邪説，距詖行，放淫辭，以承三聖者。予豈好辯哉？予不得已也。」詳見後篇。

孟子曰：「由堯、舜至於湯，五百有餘歲。若禹、皋陶，則見而知之；若湯，則聞而知之。趙氏曰：「五百歲而聖人出，天道之常。然亦有遲速，不能正五百年，故言『有餘』也。」尹氏曰：「知，謂知其道也。」由湯至於文王，五百有餘歲。若伊尹、萊朱，則見而知之；若文王，則聞而知之。趙氏曰：「萊朱，湯賢臣。」或曰：「即仲虺也。」由文王至於孔子，五百有餘歲。若太公望、散宜生，則見而知之；若孔子，則聞而知之。散，氏。宜生，名。文王賢臣也。由孔子而來至於今，百有餘歲，去聖人之世，若此其未遠也；近聖人之居，若此其甚也，然而無有乎爾，則亦無有乎爾。」林氏曰：「孟子言孔子生今時未遠，鄒、魯相去又近，然而已無有見而知之者矣；則五百餘歲之後，又豈復有聞而知之者乎？」朱子曰：「按：此言雖若不敢自謂已得其傳，而憂後世遂失其傳，然乃所以自見其有不得辭者，而又以見夫天理民彝不可泯滅，百世之下，必將有神會而心得之者耳。故於篇終歷序羣聖之統，而終之以此，所以明其傳之有在，而又以俟後聖於無窮也，其指深哉！」南軒曰：「道不爲古今而有加損，聖人先得我心之所同然者耳。苟得其所同然，則雖越宇宙，與親見之何以異哉？」愚按：皋陶、伊尹、萊朱、太公望、散宜生，皆與斯道之傳。今考之《皋陶謨》、《伊訓》、《太甲》《咸有一德》諸篇，則二人之學，至精至粹，其得與羣聖之列也，宜哉！萊朱若誠，仲虺則固伊尹之亞也。太公望於書無所見，惟《大戴禮·踐阼》篇武王問道於太公望，公奉丹書以入，所陳者敬義仁之道，其所以爲文、武之師者，亦豈苟哉！後世待以爲兵家之祖，蓋未然也。散宜生之名，一見於書，而傳道之事，則無所攷。至於獨言文王，而不及武王、周公，則以父子同道，舉文王則餘在其中故爾。或者遂謂孟子有不取武王之意，豈其然耶？

韓子曰：「斯道何道也？曰：斯吾所謂道也，非向所謂老與佛之道也。堯以是傳之舜，舜以是傳之禹，禹以是傳之湯，湯以是傳之文、武、周公，文、武、周公傳之孔子，孔子傳之孟軻。軻之死，不得其傳焉。荀與揚也，擇焉而不精，語焉而不詳。」程子曰：「退之因學文，日求所未至，遂有所得。如曰『軻之死，不得其傳』，似此言語，非蹈襲前人，又非鑿空撰出，必有所見。若無所見，不知言所傳者何事。」張子曰：「孔、孟而後，其心不傳，如荀、揚皆不能知。」以上總叙堯、舜、禹、湯、文、武、周、孔傳授，然其所傳之道，若堯、舜、禹之中，湯、文之敬，武王之極，周公之禮樂，孔子之六經，與凡心學、性學之類，各已散見諸篇。合而觀之，然後見聖賢傳授之全體，又非此篇所能悉該也。

甲集二十七

顔淵問仁。子曰：「克己復禮爲仁。一日克己復禮，天下歸仁焉。爲仁由己，而由人乎哉？」顔淵曰：「請問其目。」子曰：「非禮勿視，非禮勿聽，非禮勿言，非禮勿動。」顔淵曰：「回雖不敏，請事斯語矣。」説已見《言仁》篇。

子曰：「回也，其心三月不違仁，其餘則日月至焉而已矣。」同上。

顔淵喟然嘆曰：「仰之彌高，鑽之彌堅。瞻之在前，忽然在後。朱子曰：「仰彌高，不可及。鑽彌堅，不可入。在前在後，恍惚不可爲象。顔淵深知夫子之道無窮盡，無方體，而嘆之也。」夫子循循然善誘人，博我以文，約我以禮。循循，有次序貌。誘，引進也。博文、約禮，教之序也。言夫子道雖高妙，而教人有序也。侯氏曰：「博我以文，致知格物也。約我以禮，克己復禮也。」程子曰：「此顔子稱聖人最切要處。聖人教人，唯此二事而已。」欲罷不能，既竭吾才，如有所立卓爾。雖欲從之，末由也已。」此顔子自言其學之所至也。蓋悦之深而力之盡，所見益親，而又無所用其力也。吴氏曰：「所謂卓爾，亦在乎日用行事之間，非所謂窈冥昏默者。」程子曰：「到此地位，工夫尤難，直是峻絶，又大段著力不得。」楊氏曰：「可欲之謂善，充而至於大，力行之積也。大而化之，則非力行所及矣，此顔子所以未達一間也。」胡氏曰：「無上事而喟然歎，此顔子學既有得，故述其先難之故、後得之由【一】，而歸功於聖人也。高、堅、前、後，語道體也。仰、鑽、瞻、忽，未領其要也。惟夫子循循善誘，先博我以文，使我通古今，達事變；然後約我以禮，使我尊所聞，行所知。如行者之赴家、食者之求飽，是以欲罷而不能，盡心

校勘記

【一】述其先難　「述」原作「迷」，據四庫本、《論語纂疏》卷五改。

盡力，不少休廢。然後見夫子所立之卓然，雖欲從之，末由也已。是蓋不怠所從，必欲至乎卓立之地也。抑斯嘆也，其在『請事斯語』之後，『三月不違』之時乎？夫子教顔子，只是博文、約禮兩事。自堯、舜以來，便如此説。『惟精』便是博文，『惟一』便是約禮。」「博我以文」，是要四方八面却見得周匝無遺，至於「約之以禮」，又要逼向身己上來，無一毫之不盡。瞻、仰、鑽、忽，見得猶未親切在。「如有所立卓爾」，方始親切。「雖欲從之，末由也已」，只是脚步未到，蓋不能得似聖人從容中道也。或問云云。曰：「此是顔子當初尋討不着時節，仰之煞高，一層之上，又有一層。鑽之又堅，透一重，又有一重。瞻之却似前，又到着力趕上，又却在後。然夫子教人，又却循循善誘，既博之以文，又約之以禮。只如此教我去下工夫，久而後見道體卓爾立在這裏，此已得親切處。然『雖欲從之』，却又『末由也已』，此是顔子未達一間時，説已當初捉摸不着時事。」顔子初見聖人之道廣大如此，欲向前求之，轉覺無下手處。退而求之，則見聖人所以循循善誘人者，不過博文約禮。於是就此處竭力求之，而所見始親切的當，如有所立卓爾在前，而嘆其峻絶，着力不得也。顔子仰、鑽、瞻、忽，初是捉摸不着。夫子不就此啓發顔子，只博之以文，約之以禮，令有用功處。顔子做這工夫，漸見得分曉，至於欲罷不能，已是住不得了。及夫既竭吾才，如此精專，方見夫子動容周旋無不中處，皆是天理之流行，卓然如此分曉。到這裏，只有個生熟。顔子生些少未能渾化如夫子，故曰「雖欲從之，末由也已」。問云云。曰：「未到這裏，須着力。到這處，自是用力不得。如孔子六十而耳順，七十而從心，這處如何用力得？只熟了，自然恁地去。横渠曰：『大可爲也，化不可爲也，在熟之而已。』」所謂「瞻之在前，忽然在後」，只是個中庸不可能。蓋聖人之道，是個恰好底道理，所以不可及。自家才著意去做，不知不覺又蹉過了。且如恭而安，固是聖人不可及處。到得自家才著意去學時，便恭而不安了，此其所以不可能。只是難得到那恰好處，不着意又失了，才着意又過了，所以難。横渠曰：「高明不可窮，博厚不可極，則中道不可識，蓋顔子之歎也。」雖説得拘，然亦自説得好。或曰：「伊川過不及之説，亦是此意否？」曰：「然。」南軒曰：「誦味此章，則顔子學聖人終始之功，孔子教人先後之序，與夫聖人之道之至，皆可得而研求矣。」黄氏曰：「此章高堅前後之嘆，所立卓爾之言，顔子之見固非後學所可窺測；然以其不可窺測也，故言之者往往流於恍惚無所據依之地。敢於爲言者，反借老、佛之説以議聖人；其不敢者，則委之於虛無不可測識之域。故此章最爲難曉，惟吴氏以爲亦在日用常行之間者，最爲切實。今竊以其意而推之，夫聖人之道，固高明廣大不可幾及，然亦不過性情之間，動容之際，飲食起居交際應酬之務，君臣父子兄弟夫婦之常，出處去就辭受取舍，以至於政事施設之間，無非道之所寓。其所謂高堅前後者，他人於此或未能無纖毫之私，或未能達義理之正，或未能通權变之宜，或未能極從容之妙，故仰之但見其高，鑽之但見其堅，或前或後而無定所也。顏子用力，亦不過於博文約禮之間，而竭其力，則見益精，行益熟，而於聖人情性動容以至政事施設之類，皆有以見其當然之則，卓然立乎其前耳，初非有深遠不可窮詰之事也。」以上三章，乃孔、顏傳心要指。今本胡氏之説，以問仁爲首，不違仁次之，此章又次之，餘章則繫於後云。

子曰：「吾與回言終日，不違如愚。退而省其私，亦足以發。回也不愚。」朱子曰：「不違者意不相背，有聽受而無問難也。私，謂燕居獨處【二】，非進見請問之時。發，謂發明所言之理。愚聞之師曰：『顏子深潛純粹，其於聖人體段已具。其聞夫子之言，默識心融，觸處洞然，自有條理，故終日言，但見其不違如愚人而已。及退省其私，則見其日用動静語默之間，皆足以發明夫子之道，坦然由之而無疑，然後知其不愚也。』」或問先儒之説。曰：「曾氏、胡氏、張敬夫之説，亦善。曾氏曰：『入乎耳，著乎心，默而識之，故不違如愚。退而察其踐履，則布乎四體，形乎動静，故足以發。』胡氏曰：『顏子之質，鄰於生知，故聞夫子之言，心通默識，不復問辨，反如愚蒙之未達者；及侍坐而退，夫子察其燕私，則其視聽言動，皆能以聖人所教，隨用發見。然後知向之所謂愚者，乃所謂上智也。然聖人久已知顏子之不愚矣，而必曰退而省其私之云者，所以見其非無證之空言，且以明進德之功，必内外相符，隱顯一致，欲學者之謹其獨也。嗚呼！夫子與回言終日，則言多矣，而今存者無幾，可勝惜哉！』張敬夫曰：『夫子之言，顏子皆能體之於日用間，所以夫子退而省其私，而知其足以發明斯道，乃其請事斯語之驗也。』」問：「顏子省其私，

【二】燕居獨處　「處」原作「取」，據四庫本改。

不必指燕私，只是他自作用處。」曰：「便是這意思。但恐没着落，只得説燕私。謂如人相對坐，心意默有趨向，亦是私。如謹獨之獨，亦非特在幽隱人所不見處【三】。只它人之所不知，雖在衆中，便是獨也。」問：「亦足以發，莫是所以發明夫子所言之旨否？」曰：「然。且如夫子言以非禮勿視、聽、言、動，顔子受用，不復更問如何是禮與非禮。但是退而省察顔子之所爲，則直是視、聽、言、動無非禮也，此則足以發明夫子之言也。」問：「李先生謂顔子聖人體段已具，莫只是言個模樣否？」曰：「然。顔子去聖人不争多，其所以不及聖人者，只是須待聖人之言觸其機，乃能通曉爾。」問：「默識心融，如何？」曰：「融如消融相似。融如雪之在湯，若不融一句，只是一句在胷中，如何發得出來？如人飲，若不消化，如何能滋益體膚？如孔子告曾子一貫之語，它人聞之，只是個一貫，曾子聞之，便能融化，發得忠恕之説出來。」

子謂子貢曰：「女與回也孰愈？」對曰：「賜也何敢望回？回也聞一以知十，賜也聞一以知二。」朱子曰：「一，數之始。十，數之終。二者，一之對也。顔子明睿所照，即始而見終。子貢推測而知，因此而識彼。『無所不悦，告往知來』，是其驗矣。」子曰：「弗如也，吾與女弗如也【四】。」與，許也。胡氏曰：「子貢方人，夫子既語以不暇，又問其與回孰愈，以觀其自知如何。聞一知十，上知之資，生知之亞也。聞一知二，中人以上之資，學而知之才也。子貢平日以己方回，見其不可企及，故喻之如此。夫子以其自知之明，而又不難於自屈，故既然之，又重許之。此其所以終聞性與天道，不特聞一知二而已。」或問云云。曰：「胡氏亦得其旨。胡氏曰：『聞一知十，舉始知終，無不盡也。聞志學則知從心不踰矩之妙，聞可欲之善則知聖而不可知之神。聞一知二者，序而進、類而達也。語以出告反面，而知昏定晨省；語以徐行後長，而知天顯克恭。』」

子曰：「賢哉，回也。一簞食，一瓢飲，在陋巷，人不堪其憂，回也不改其樂。賢哉，回也！」朱子曰：「顔子之貧如此，而處之泰然，不以改其樂，故夫子深嘆美之。」程子曰：「顔子之樂，非樂簞瓢陋

【三】特在幽隱　「特」原作「符」，據《朱子語類》卷二十四改。

【四】與女弗如　「如」原作「知」，據《論語注疏》卷五改。

巷也。不以貧寠累其心，而改其所樂也，故夫子稱其賢。」又曰：「簞瓢陋巷非可樂，蓋自有樂爾。其字當玩味，自有深意。」又曰：「昔受學於周茂叔，每令尋仲尼、顏子樂處，所樂何事。」按：程子之言，引而不發，蓋欲學者深思而自得之。今亦不敢妄爲之說。學者但當從事於博文約禮之誨，以至於欲罷不能而竭其才，則庶乎有以得之矣。　或問：「顏樂之說，程子答鮮于侁之問，其意何也？」曰：「程子蓋曰顏子之心無少私欲，天理渾然，是以日用動静之間，從容自得而無適不樂，不待以道爲可樂然後樂也。」　問：「學者看文字如何？」對曰：「方思量顏子樂處。」先生曰：「不用思量，它只是『博我以文，約我以禮』，然後見得天理分明，日用間義理純熟，不被人欲來苦楚，自恁地快活。而今只去博文約禮，便自見得。若只索之於杳冥無眹之際，何益？只要着實用工。」　問「顏子樂處」。曰：「未到他地位，如何便能知得它樂處。且要得就他實下工夫處做，下稍亦須會到他樂時節。」　顏子胷中自有樂地，雖貧寠不以累其心，不是將那不以貧寠累心底做樂。明道曰：「百官萬務，金革百萬之衆，曲肱飲水，樂亦在其中。」　問：「伊川所謂其字當玩味，是如何？」曰：「是元有此樂。」　問：「濂溪教程子尋孔、顏樂處，如何？」曰：「先賢到樂處，已自成就向上了，非初學所能求。況今師非濂溪，友非二程，不如且就聖賢著實用工處求之。如克己復禮，致謹於視聽言動之間，久久自當純熟，充達向上處。」　孔、顏雖同此樂，然顏子未免有意。　問云云。曰：「不要去孔、顏身上問，只去自家身上討。」問：「程子曰：『使顏子以道爲樂，則非顏子。』周子『顏子』章又却似言以道爲樂。」先生曰：「顏子之樂，非是自家有這道，至富至貴，只管把來玩弄後樂。見得言道理後，自是樂。故曰：『見其大，則心泰；　心泰，則無不足；　無不足，則富貴貧賤處之一也。』」　問云云。曰：「程子之言，但謂聖賢之心與道爲一，故無適而不樂。若以道爲一物而樂之，則心與道二，非所以爲顏子爾。若某人之云，乃老、佛緒餘，非程子本意。」　又問：「伊川云云，曰如何？」曰：「樂道之言不失，只是説得不精切，故如此告之。今便以爲無道可樂，却走作了。」問：「如鄒侍郎引此，謂今日始見伊川面，已入禪去。」曰：「然。」　曾點之樂，是見得如此；　顏子之樂，是工夫到那裏。　南軒曰：「此不可以想像求也，惟用力於克己，則庶幾其得之耳。」　黄氏曰：「《集注》、《或問》二説不同，何也？曰：博文約禮，顏子所以用其力於前；　天理渾然，顔子所以求其功於後。博文則知之明，約禮則守之固。凡事物當然之理，既無不洞曉而窮通得喪【五】，凡可憂可喜之事，舉不足以累其心，此其所以無少私欲，天理渾然，蓋有不期樂而樂者矣。」

子謂顔淵曰：「用之則行，舍之則藏，惟我與爾有是夫！」尹氏曰：「用舍無與於己，行藏安於所遇【六】，命不足道也。顔子幾於聖人，故亦能之。」朱子曰：「用之則行，舍之則藏，此八字，極要人玩味。若它人用之則無可行，舍之則無可藏。唯孔、顔先有此事業在己分内，若用之，則見成將出來，舍之則藏了，它人豈有是哉！故下文云『唯我與爾有是夫』，『有是』二字，當如此看。」問「命不足道也」。曰：「如常人，用之則行，乃所願。舍之則藏，是自家命恁地，不得已，不奈何。聖人無不得已底意思。聖人用我便行，舍我便藏，無不奈何底意思，何消得更言命。」聖人説命，只是爲中人以下説。如道之將行、將廢，聖人欲曉子服景伯，故以命言。只看義理如何，都不問那命。雖使前面做得去，若義去不得，也只不做。若中人之情，則見前面做不得了方休，方委之於命。若使前面做得，定不肯已。所謂無可奈何而安之若命也，此固賢於世之貪冒無知者矣，然實未能無求之之心也。聖人更不問命，只看義如何。貧富貴賤，惟義所在，所謂安於所遇也。如顔子之安於陋巷，它那曾計較命如何。南軒曰：「用之則行，舍之則藏，龍德正中，隨時隱見者也。蓋君子所性，大行不加，窮居不損，道固自若也。因時用舍而有行藏耳。惟顔子幾於化，故足以與此。」南軒初本云：「其行也，豈有意於行之？其舍也，豈有意於藏之？」朱子曰：「聖人固無意必，然亦謂無私意期必之心耳。若其救時拯物之意，皇皇不舍，豈可謂無意於行哉！至於舍之而藏，則雖非其所欲，謂舍之而猶無意於藏，則亦過矣。若果如此，則是孔、顔之心漠然無情於應物，推而後行，曳而後往，如佛、老之爲也。聖人與異端不同處，正在於此，不可不察也。程子於此但言用舍無與己、行藏安於所遇，詳味其言，中正微密，不爲矯激過高之説，而語意卓然，自不可及，其所由來者遠矣。」

子曰：「語之而不惰者，其回也與！」范氏曰：「顔子聞夫子之言，而心解力行，造次，顛沛未嘗違

【五】窮通得喪　「窮」原作「第」，據四庫本改。

【六】安於所遇　「遇」原作「寓」，據《論語纂疏》卷四改。

之。如萬物得時雨之潤，發榮滋長，何有於惰？此羣弟子所不及也。」

子曰：「回也，非助我者也，於吾言無所不説。」朱子曰：「助我，若子夏之『起予』，因疑問而有以相長也。顔子於聖人之言，默識心通，無所疑問，故夫子云然，其辭若有憾焉，其實乃深喜之。」 胡氏曰：「夫子之於回，豈其以『助我』望之？蓋聖人之謙德，又以深贊顔子云爾。」

子曰：「回也其庶乎，屢空。朱子曰：「庶，近也，言近道也。屢空，數至空匱也。不以貧窶動心而求富，故屢至於空匱也。言其近道，又能安貧也。」賜不受命，而貨殖焉，億則屢中。」命，謂天命。貨殖【七】，貨財生殖也。億，意度也。言子貢不如顔子之安貧樂道，然其才識之明，亦能料事而多中也。程子曰：「子貢之貨殖，非若後人之豐財，但此心未忘耳。然此亦子貢少時事，至聞性與天道，則不爲此矣。」范氏曰：「屢空者，簞食瓢飲屢絶而不改其樂也。天下之物，豈有可動其中者哉？貧富在天，而子貢以貨殖爲心，則是不能安受天命。其言而多中者，億而已，非窮理樂天者也。夫子嘗曰：『賜不幸言而中，是使賜多言也。』聖人不貴言也如是。」 或問屢空之説。曰：「空爲匱乏，其説舊矣。何晏始以爲虚中受道，蓋出老、莊之説。非聖言本意也。胡氏亦論之曰：『以屢空爲虚中受道，聖人之言，未嘗如是之僻而晦也。屢而有間，是頻復矣。方其不空之時，與庸人亦奚遠哉？』此得之矣。且下文以子貢貨殖方之，尤見舊説之不易也。」

《易大傳》：子曰：「顔氏之子，其殆庶幾乎！有不善未嘗不知，知之未嘗復行也。」説見《廣大學》篇。

《中庸》：子曰：「回之爲人也，擇乎中庸，得一善，則拳拳服膺而弗失之矣。」説已見前。 以上皆聖人稱許之辭。

顔淵問爲邦。朱子曰：「顔子王佐之才，故問治天下之道。曰爲邦者，謙辭。」子曰：「行夏之時，夏

【七】貨殖 「貨殖」原脱，據《論語纂疏》卷六補。

時，謂以斗柄初昏建寅之月爲歲首也。天開於子，地闢於丑，人生於寅，故斗柄建此三辰之月，皆可以爲歲首。而三代迭用之：夏以寅爲人正，商以丑爲地正，周以子爲天正也。然時以作事，則歲月自當以爲紀，故孔子嘗曰「吾得夏時」，而説者以爲《夏小正》之屬。蓋取其時之正與其令之善，而於此又以告顔子也。**乘殷之輅**，商輅，木輅也。輅者，大車之名。古者以木爲車而已，至商而有輅之名，蓋始異其制也。周人飾以金玉，則過侈而易敗，不若商輅之朴素渾堅，而等威已辨，爲質而得其中也。**服周之冕**，周冕有五，祭服之冠也。冠上有覆，前後有旒。黄帝以來，蓋已有之，而制度儀等，至周始備。然其爲物小，而加於衆體之上，故雖華而不爲靡，雖費而不及奢。夫子取之，蓋亦以爲文而得其中也。**樂則《韶》舞**。取其盡善盡美。**放鄭聲，遠佞人。鄭聲淫，佞人殆。」**放，謂禁絶之。鄭聲，鄭國之音。佞人，卑諂辨給之人。殆，危也。　程子曰：「問政多矣，惟顔淵告之以此。蓋三代之制，皆因時損益，及其久也，不能無弊。周衰，聖人不作，故孔子斟酌先王之禮，立萬世常行之道，發此以爲之兆爾。由是求之，則餘皆可考也。」張子曰：「禮樂，治之法也。放鄭聲，遠佞人，法外意也。一日不謹，則法壞矣。虞、夏君臣更相飭戒，意蓋如此。」又曰：「法立而能守，則德可久，業可大。鄭聲、佞人，能使人喪其所守，故放遠之。」尹氏曰：「此所謂百王不易之大法。孔子之作《春秋》，蓋此意也。孔、顔雖不得行之於時，然其爲治之法，可得而見矣。」或問：「商、周之改正朔，何以不如夏之得其正也？」曰：「陽氣雖始於黄鐘，而其月爲建子，然猶潛於地中，而未有以見其生物之功也。歷丑轉寅，而三陽始備，於是叶風乃至，盛德在木，而春氣應焉。古之聖人，以是爲生物之始，改歲之端，蓋以人之所共見者言之，未有知其所由始也。至於商、周，始以征伐有天下，於是更其正朔，定爲一代之制，以新天下之耳目，而有三統之説。然以言乎統，則改歲之義不明；而凡四時五行之序，皆不得其中正，此孔子所以論考三王之制，而必行夏之時也。」曰：「周輅爲過侈，何也？」曰：「夫輅者，身之所乘，足之所履，其爲用也賤矣。運行振動，任重致遠，其爲物也勞矣。且一器而工聚焉，則其爲費也廣矣。賤用而貴飾之，則不稱物；勞而華飾之，則易壞費廣；而又增費之，則傷財，周輅之所以爲過侈與？」曰：「周冕之不爲侈，奈何？」曰：「加之首，則體嚴而用約；詳其制，則等辨而分明，此周冕所以雖文而不爲過也。夏、商之制，雖不可考，然意其必有未備者矣。」問程子云云。曰：「兆猶言準則也，謂以此四者爲準，則餘可推也。」屏山劉氏曰：「顏氏終日如愚，《論語》所載，惟發二問：一爲仁，一爲邦。夫子答之，皆極天理人事之大者。天理謂克己復禮，全一性之天也。人事謂行夏時，乘商輅【八】，服周冕，樂《韶》舞也。原《易》之用，内焉惟窮理盡性，外焉惟開物成務，顏子盡之。雖無諸子之著撰，謂之通《易》可也。」此章蓋聖人許顏子以王佐之事業。又《家語》魯定公問於顏回，曰：「子亦聞東野畢之善召御乎？」對曰：「善則善矣，然其馬將必佚。」三日馬佚。公召回曰：「吾子奚以知之？」回曰：「以政知之。昔者帝舜巧於使民【九】，造父巧於使馬。舜不窮其民力，造父不窮其馬力，是以舜無佚民，造父無佚馬。今東野畢之御也，升馬執轡，容體正矣；步驟馳騁，朝禮畢矣；歷險致遠，馬力盡矣。然猶求馬不已，以此知之。」公曰：「善。吾子之言，其義大矣，願少進乎【一〇】？」曰：「臣聞之，鳥窮則啄，獸窮則攫，人窮則詐，馬窮則佚，自古及今，未有窮其下而無危者也。」公悦，以告孔子。孔子曰：「夫其所以爲顏回者，此之類也。豈足多哉？」按：顏子在陋巷，而於帝王經世之事無所不講【一一】，此學者所當法也。

顏淵死。子曰：「噫！天喪予！天喪予！」朱子曰：「悼道無傳，若天喪己也。」顏淵死，子哭之慟。從者曰：「子慟矣。」曰：「有慟乎？非夫人之爲慟而誰爲？」朱子曰：「慟，哀過也。夫人，謂顏淵。言其死可惜，哭之宜慟，非它人之比也。」胡氏曰：「痛惜之至，施當其可，皆情性之正也。」《史記》：「回年二十九，髮盡白，蚤死。孔子哭之，曰：『自吾有回，門人益親。』」

子謂顏淵曰：「惜乎！吾見其進也，未見其止也。」朱子曰：「顏子既没之後，子惜之，言其方進而未已也。」或問云云。曰：「惟胡氏爲盡善。胡氏曰：『顏淵曰：舜何人也，予何人也，有爲者亦若是。此吾往者也。冉求曰：非不悦子之道，力不足也。此吾止者也。其進其止，皆非他人所能，此君子所以自彊不息也。』」南

【八】乘商輅　「輅」原作「路」，據四庫本改。

【九】昔者帝舜　「昔」原作「音」，據《大學衍義補》卷十五改。

【一〇】願少進乎　「少」字原脱，據《孔子家語》卷五補。

【一一】經世之事　「世」原作「此」，據四庫本改。

軒曰：「此顔子既没之後，夫子稱之詞。蓋其日進無疆，於聖爲幾矣。然未至於聖，則猶有所進焉。至於聖則止矣，所謂止者，大而化之，止於中而成乎天也。此顔子所以有『雖欲從之，末由也已』之歎與？」

哀公問：「弟子孰爲好學？」孔子對曰：「有顔回者好學，不遷怒，不貳過。不幸短命死矣，今也則亡，未聞好學者也。」説見《學》篇。

曾子曰：「以能問於不能，以多問於寡；有若無，實若虚；犯而不校。昔者吾友嘗從事於斯矣。」朱子曰：「友，馬氏以爲顔淵是也。顔子之心，唯知理義之無窮，不見物我之有間，故能如此。」程子曰：「此顔子之所以爲大賢。後之學者，有一善而自足，哀哉！」謝氏曰：「不知有餘在我，不足在人，不必得爲在己，失爲在人。非幾於無我者不能也。」或問：「能矣而問於不能，多矣而問於寡，不幾於巧僞以近名乎？」曰：「愚嘗聞之於師矣，曰：『顔子深知義理之無窮，惟恐一善之不盡，故雖能而肯問於不能，雖多而肯問於寡，以求盡乎義理之無窮者而已，非挾其能而故問也。但自他人觀之，則見其如此耳。』謝説意蓋如此【一二】。」曰：「孟子之自反，不如顔氏之不校，信乎？」曰：「孟子所言，學者反身修德之事；若顔子則心理渾然，不待自反，物我一致，不見可校者也。二者優劣，固不待言而喻矣。然自學者則隨其所至之深淺而用力，各有所當，不可以此廢彼，而反陷於躐等之失也。」曰：「有謂：『犯而不校，非特自反，且有包之之意焉，有彼之之意焉，有愧之之意焉，莫非理也。』其説然乎？」曰：「夫犯而不校，固不待於自反，今曰非特自反，則既失之矣；且其所謂包之者驕也，彼之者狹也，愧之者薄也，是豈顔子之心哉？」曰：「吴氏曰：『子貢多聞，故於顔子見其聞一知十；曾子力行，故又見其如此，信乎其優入聖域也。』此説如何？」曰：「即其言足以見三子之氣象，亦善言也。」此章乃朋友稱許之辭。

《孟子》：昔者竊聞之：子夏、子游、子張，皆有聖人之一體。冉求、閔子、顔淵，則具體而微。此公孫丑之問。一體，猶一肢也。具體而微，謂有其全體，但未廣大耳。

【一二】意蓋如此　「此」字原脱，據《論語或問》卷八補。

孟子曰：「禹、稷、顔回同道。」全章見《時中》篇。又「舜何人也」，見《性善》篇。

揚子：「昔仲尼潛心文王矣，達之。顔淵亦潛心仲尼矣，未達一間矣。」子雲論顔子凡數條，今獨取此。

周子曰：「顔子一簞食，一瓢飲，在陋巷，人不堪其憂，而不改其樂。夫富貴，人所愛者也。顔子不愛不求，而樂乎貧者，獨何心哉？天地間有至貴至愛可求，至愛之間，當有「貴可」二字。而異乎彼者，見其大而忘其小焉爾。此即周子之教程子，每令尋仲尼、顔子樂處，所樂何事者也。然學者當深思而實體之，不可但以語言解會而已。見其大則心泰，心泰則無不足，無不足則貴富、貧賤處之一也。一則能化而齊，故顔子亞聖。」齊字意復，恐或有悮。或曰：化，大而化也。齊，齊於聖也。亞則將齊而未全之名也。學顔子之所學，已見《學》篇。

孔子曰：「予欲無言。天何言哉？四時行焉，百物生焉。」然則聖人之蘊，微顔子殆不可見。發聖人之蘊，教萬世無窮者，顔子也。聖同天，不亦深乎！朱子曰：「蘊，中所畜之名也。仲尼無迹，顔子微有迹。故孔子之教既不輕發，又未嘗自言其道之蘊，而學之者唯顔子得其全，故因其進脩之迹，而後孔子之蘊可見，猶天不言而四時行，百物生也。」夫子之道如天，惟顔子得之。夫子許多大意思，盡在顔子身上發見。如天地生物，即在物上盡見天地純粹之氣。謂之發者，乃亦足以發之發，不必待顔子言之，而後發也。顔子所以發聖人之蘊，恐不可以二事言。蓋聖人全體大用，無不一一於顔子身上發見也。

程子曰：「學者欲得其正，必學顔子有準的。顔、孟於孔子，其知之深淺同，只是顔子尤温淳淵懿，近聖人氣象。」又曰：「顔子不動聲氣，孟子則動聲氣矣。」又曰：「人須學顔子，有顔子之德，則有孟子之事功。孟子者，禹、稷之事功也。」又曰：「孟子才高【一三】，學之無可依據。學顔子，入聖人爲近，有用力處。」又曰：「孟子有功於道，爲萬世之師，其才雄。只見雄才，便是不及聖人處。人須當學顔子，便入聖人氣象。」

或曰：「顔子爲人，似乎怯。」曰：「孰勇於顔子？觀其言曰『舜何人也，予何人也。有爲者亦若是』、『有若無，實若虚』之類，抑可謂大勇矣。」朱子亦曰：「顔子非懦善底人，開口便問爲邦。孔子便語以四代禮樂。愚謂顔子克己復禮，即雷天大壯氣象，非智仁勇之備，其孰能之！」問：「顔子所好何學？」曰：「學以至聖人之道也。」全文已見《論語》篇，其末云：「所未至者，守之也，非化之者。」又曰：「『大而化之【一四】』，只是謂理與己一。其未化者，如人操尺度量物，用之尚未免有差【一五】。若至於化者，則己便是尺度，尺度便是己。顔子正在此，若化則便是仲尼也。」

張子曰：「樂正子、顔淵，知欲仁矣。樂正子不致其學，足爲信人、善人，志於仁無惡而已。顔子好學不倦，合仁與智，具體聖人，獨未至於聖人之止耳。」又曰：「顔子未至聖人，猶是心麄。」

朱子曰：「顔子渾渾無迹。」有舉先生舊語，問曰：「顔子優於湯、武，如何見得？」曰：「公且自做工夫，這般處説不得。據自看得，覺顔子渾渾無痕迹。」以上皆後賢論述之辭。此篇專叙顔子傳授。愚按：堯、舜以及湯、文、武、周公之道，從可知矣。夫人心惟危【一六】，道心惟微，惟精惟一，允執厥中，堯、舜、禹相傳之要指也。克己復禮爲仁，孔、顔相傳之要指也。以言語求之，蓋甚不同矣，然孔子之所謂己，即舜之所謂人心；孔子之所謂礼，即舜之所謂道心；克而復，即精一之功，而仁之与中，又名異而实同者也。蓋合乎義理之正，而無過不及者，中也；純乎義

周、孔，其可見者，相傳之大槩尔，至孔子之授顔子，則本末盡見，聖人之藴無復遺餘。蓋希顔所以希孔，而堯、舜、禹、

【一三】孟子才高　「才」原作「木」，據《朱子語類》卷五十三改。

【一四】大而化之　「大」原作「人」，據《朱子語類》卷六十一改。

【一五】用之尚未　「用」原作「刑」，據《朱子語類》卷六十一改。

【一六】人心惟危　「危」字原脱，據四庫本補。

理之正，而不雜之以私欲者，仁也。未有中而不仁，亦未有仁而不中者。即此推之，凡聖賢相傳之心法，皆可一以貫之矣。

《語》：子曰：「參乎！吾道一以貫之。」曾子曰：「唯。」子出，門人問曰：「何謂也？」曾子曰：「夫子之道，忠恕而已矣。」愚按：此亦孔門傳授心法，與告顏子克己復禮一也，故以爲首章，説見前篇。

曾子曰：「吾日三省吾身：爲人謀而不忠乎？与朋友交而不信乎？傳不習乎？」朱子曰：「盡己之謂忠，以實之謂信，傳謂受之於師，習謂熟之於己。曾子以此三者日省其身，有則改之，無則加勉。其自治誠切如此，可謂得爲學之本矣。而三者之序，則又以忠信爲傳習之本也。」尹氏曰：「曾子守約，故動必求諸身。」謝氏曰：「諸子之學，皆出於聖人，其後愈遠而愈失其真。獨曾子之學，專用心於内，故傳之無弊，觀於子思、孟子可見矣。惜乎！其嘉言善行，不盡傳於世也。其幸存而未泯者，其可不盡心乎？」問：「未爲人謀，未交朋友時，所謂忠信，如何做工夫？」朱子引程子「鷄鳴爲善，只是主敬」之説，曰：「只是存養此心在這裏，照管勿差失，此便是不動而敬、不言而信處。」曾子守約，不是守那約，只是所守者約耳。曾子之學，大率力行之意多。曾子守約，是於樸實頭省力處用功。南軒曰：「曾子以此三者自省，可謂爲己篤實之功矣。」

曾子曰：「士不可以不弘毅，任重而道遠。仁以爲己任，不亦重乎？死而後已，不亦遠乎？」説見《言仁》篇。

曾子曰：「可以託六尺之孤，可以寄百里之命，臨大節而不可奪也。君子人與？君子人也【一七】。」説見《君臣》篇。

曾子有疾，召門弟子曰：「啓予足！啓予手！《詩》云：『戰戰兢兢，如臨深淵，如

【一七】君子人也　「也」原作「與」，據四庫本、《論語集註》卷四改。

履薄冰。』而今而後，吾知勉夫！小子！」朱子曰：「曾子平日以爲身體受於父母，不敢毀傷，故於此使弟子開其衾而視之。《詩》，《小旻》之篇。戰戰，恐懼。兢兢，戒謹。臨淵，恐墜；履冰，恐陷也【一八】。曾子以其所保之全示門人，言其所以保之之難如此。至於將死，而後得免於毀傷也。小子，門人也。語畢而又呼之，以致反覆丁寧之意，其警之深矣。」程子曰：「君子曰終，小人曰死。君子保其身以没【一九】，爲終其事也，故曾子以爲全歸則免矣。」尹氏曰：「父母全而生之，子全而歸之。曾子臨終而啓手足，於是故也。非有得於道，能如是乎？」范氏曰：「身體猶不可虧也，况虧其行以辱其親乎？」或問：「以易簀爲死生無变於己者，柰何？」曰：「昔晁詹事嘗問此義於程子，程子曰『礼也』。晁曰：『今人蔽於老、佛之説，則不謂之礼，而謂之達矣。』程子然之。不知或人之説，禮爲重乎？是未可知也【二〇】。」《集義》程子曰：「顔子没後，得聖人之道者，曾子也。觀其啓手足之言，可以見矣。所傳者子思、孟子，皆其學也。」

曾子有疾，孟敬子問之。曾子言曰：「鳥之將死，其鳴也哀；人之將死，其言也善。君子所貴乎道者三：動容貌，斯遠暴慢矣；正顔色，斯近信矣；出辭氣，斯遠鄙倍矣。籩豆之事，則有司存。」説見《敬》篇。或問此章之説。曰：「胡氏所考曾子之事則善。胡氏曰：『曾子之疾，見於此者二，而見於《檀弓》者一。愚嘗攷其事之先後，竊意此章最先，前章次之【二一】，而易簀之事最在其後，乃垂絶時語也【二二】。當是時也，氣息奄奄僅在，而聲爲律，身爲度，心即理，理即心，其視死生猶晝夜然【二三】，夫豈異教坐亡幻語，不誠不敬者所可彷佛【二四】。學者誠能盡心於此，則可以不惑於彼也。』」按：程子曰：「曾子易簀之意，心是理，理是心，聲爲律，身爲度也。」胡氏蓋本諸此。愚謂曾子之啓手足也，蓋以爲知免矣。而易簀一節猶在其後，使其終於大夫之簀，猶爲未正也。全歸之難如此，學者其可不戰兢以自省歟？

《記・檀弓》：曾子寢疾，病。樂正子春坐於牀下，曾元、曾申坐於足，童子隅坐而執

【一八】恐陷也　「陷」原作「蹈」，據四庫本改。

【一九】其身以没　「没」原作「度」，據四庫本改。

【二〇】是未可知　「未」原作「求」，據四庫本、乾隆本改。

【二一】前章次之　「次」原作「人」，據四庫本、乾隆本改。

【二二】時語也　「也」原作「如」，據四庫本、乾隆本改。

【二三】其視死生　「視」原作「佛」，據四庫本、乾隆本改。

【二四】不誠不敬者　「敬者」原作「誠首」，據四庫本改。

燭。童子曰：「華而睆，大夫簀與？」子春曰：「止。」曾子聞之，瞿然曰：「呼？」「華而睆，大夫之簀與？」曾子曰：「然。斯季孫之賜也，我未之能易也。元，起易簀！」曾元曰：「夫子之病革矣，不可以變。幸而至於旦，請敬易之。」曾子曰：「爾之愛我也不如彼。君子之愛人也以德，細人之愛人也以姑息。吾何求哉？吾得正而斃焉，斯已矣！」舉扶而易之，反席未安而没。 程子曰：「曾子傳聖人學，其德後來不可測，安知其不至聖人？如言『吾得正而斃』【二五】，且休理會文字，只看它氣象極好，彼它所見處大。後人雖有好言語，只被氣象卑，終不類道。」 又曰：「曾子疾病，只要以正，不慮死，與武王『殺一不辜，行一不義，得天下不爲』同心【二六】。」 又曰：「曾子易簀之際，其氣之微可知，只爲佗志已定，故雖死生許大事，亦動它不得。」

《孟子》：昔者孔子没，三年之外，門人治任將歸，入揖於子貢，相嚮而哭，皆失聲，然後歸。子貢反，築室於場，獨居三年，然後歸。他日子夏、子張、子游以有若似聖人，欲以所事孔子事之，彊曾子。曾子曰：「不可。江漢以濯之，秋陽以暴之，皜皜乎不可尚已！」朱子曰：「有若似聖人【二七】，蓋其言行氣象有似之者，如《檀弓》所記子游謂『有若之言似夫子』之類是也。所事孔子，所以事夫子之禮也。江漢水多，言濯，濯潔也。秋日燥烈，言暴，暴乾也。皜皜，潔白貌。尚，加也。言夫子道德明著，光輝潔白，非有若所能彷佛也。」 以上皆紀曾子言行。 末章形容聖人之語，非知德之至者，其能及是？

子曰：「柴也愚，參也魯，師也辟，由也喭。」朱子曰：「魯，鈍也。」程子曰：「參也，竟以魯得之【二八】。」又曰：「曾子之學，誠篤而已。聖門學者，聰明才辯，不爲不多，而卒傳其道，乃質魯之人爾。故學以誠實爲貴也。」尹氏曰：「曾子之才魯，故其學也確，所以能深造乎道也。」 楊氏曰：「曾子在孔門，當時以爲魯，學道宜難

【二五】如言吾得　「言」原作「吉」，據四庫本改。
【二六】得天下　「天」原作「上」，據《二程遺書》卷六改。
【二七】有若似聖人　「似」原作「以」，據乾隆本改。
【二八】竟以魯得之　「竟」原作「意」，據四庫本、乾隆本改。

於它人。然子思之《中庸》，聖學所賴以傳者也，考其淵源，乃自曾子。由此觀之，聰明才智未必不害道，而剛毅木訥信乎於仁爲近矣。」南軒曰：「曾子之魯，其爲學篤實，故卒能深造於道。」此章乃聖人目曾子之辭，然必在曰唯之前，無疑也。

《孝經》：仲尼閒居，曾子侍坐。子曰：「參，先王有至德要道，以順天下，民用和睦，上下無怨。女知之乎？」曾子避席曰：「參不敏，何足以知之？」子曰：「夫孝，德之本也，教之所由生也。」此章見曾子之學由孝而入，孔子以此授之，亦傳道之一端也。《礼記》所舉曾子論孝數條，與孟子稱曾子之孝，皆已見《五典》篇，不重出。然學曾子者，必自孝始可也。又《大學》正經，朱子以爲孔子之言而曾子述之，其傳十章，則曾子之意而門人述之。其序所以爲《大學》之書，蓋孔子取先王之法，誦而傳之，以詔後世。三千之徒，莫不聞其說，而曾氏之傳獨得其宗云。

程子曰：「顔子默識，曾子篤信，得聖人之道者二人也。」

朱子曰：「曾子之爲人，敦厚質實，而其學專以躬行爲主，故其真積力久，而得以聞乎一貫之妙。然其所以自守而終身者，則固未嘗離乎孝敬信讓之規，而其制行立身，又專以輕富貴，守貧賤，不求人知爲大。」朱子《曾子序》曰：「昔孔子没，門人惟曾氏爲得其傳。其後孔子之孫子思、樂正子春、公明儀之徒皆從之學，而子思又得其傳以授孟軻。故其言雜見《論語》、孟氏書及他傳語者爲多【二九】，然皆散出，不成一家之言。而世傳《曾子》書者，乃獨取《大戴禮》之十篇以充之，其言語氣象，視《論》、《孟》、《檀弓》篇所載相去遠甚。予友劉子澄蓋病其然，因輯此書以傳學者，而其精粗純駁之際，尤致意焉。熹嘗攷之，竊以謂云云。是以從之游者所聞雖或甚淺，亦不失爲謹厚脩潔之人。所記雖或甚疎，亦必有以切於日用躬行之實。蓋

【二九】及他傳語　「及」原作「是」，據四庫本、《晦庵集》卷八十一改。

雖或附而益之，要亦必爲如是之言，然後得以自託於其間也。然則是七篇者等而別之，雖有内外雜篇之殊【三〇】，而其大致皆爲有益於學者，非他書所及也。誠能志其大而必謹其小，歷其淺而徐望其深，則庶乎其無躐等之病，而有日新之功矣。」按：其書有曰：「曾子曰：『尊其所聞則高明，行其所知則光大。高明光大，不在乎它，加之意而已。』」即仲舒所引也。其他多名言【三一】，學者自當詳味。又按：《禮記·曾子問》一篇，雖所問皆禮文之變，然古之學者未有不以博文爲先，而三千三百皆道體之所形。文多不載，於此要當顯考云。

孔門唯一顔子天資至純粹，到曾子便過於剛，與孟子相似。世衰道微，人欲横流，不是剛勁有脚跟底人，定立不住。又曰：「曾子語言盛水不漏。」

問：「顔、曾以下皆致曲否？」曰：「顔子體段已當，曾子則是致曲，一一推之，至答一貫之問，則渾合矣。」因論《中庸》「致曲」及此。以上後賢論述之辭。此篇專叙曾子傳授。

德行：顔淵、閔子騫、冉伯牛、仲弓。顔淵已見，今以閔、冉事列於後。子曰：「孝哉，閔子騫！人不間於其父母昆弟之言。」此章已具前篇，今欲見諸子之淺深，故復出焉。解義則不録，餘倣此。

季氏使閔子騫爲費宰。閔子騫曰：「善爲我辭焉。如有復我者，則吾必在汶上矣。」《史記》曰：「不仕大夫，不食汙君之禄。」

閔子侍側，誾誾如也。

魯人爲長府。閔子騫曰：「仍舊貫，如之何？何必改作？」朱子曰：「長府藏貨財曰府，無故改作之。」

子曰：「夫人不言，言必有中。」言不妄發，發必當理，惟有德者能之。南軒曰：「貨財之府無故改

【三〇】雖有内外　「有」原作「者」，據《晦庵集》卷八十一改。

【三一】多名言　此句原作「名言多」，據四庫本乙正。

爲，得無示人以崇利聚斂之意乎？」按：閔子言行見於《論語》者，唯此四章。合而言之，見其躬至孝之行，辭不義之禄，氣和而正，言謹而確，此其所以亞於顔淵，而與曾子並稱也與？

伯牛有疾，子問之，自牖執其手，曰：「亡之命矣夫！斯人也而有斯疾也！斯人也而有斯疾也！」侯氏曰：「伯牛以德行稱，亞於顔、閔。故其將死也，孔子尤痛惜之。」

子曰：「雍也，可使南面。」朱子曰：「南面者，人君聽治之位。言仲弓寬洪簡重，有人君之度也。」

仲弓問子桑伯子。子曰：「可也，簡。」仲弓曰：「居敬而行簡，以臨其民，不亦可乎？居簡而行簡，無乃太簡乎？」子曰：「雍之言然。」

仲弓問仁。子曰：「出門如見大賓，使民如承大祭。己所不欲，勿施於人。」仲弓曰：「雍雖不敏，請事斯語矣。」

或曰：「雍也仁而不佞。」子曰：「禦人以口給，屢憎於人。不知其仁，焉用佞？」

子謂仲弓曰：「犂牛之子騂且角，雖欲勿用，山川其舍諸？」朱子曰：「犂【三二】，雜文。騂，赤色。周人尚赤，牲用騂。角周正，中犧牲也。用，用以祭也。山川【三三】，山川之神也。言人雖不用，神必不舍也。仲弓父賤而行惡，故夫子以此譬之。言父之惡，不能廢其子之善，如仲弓之賢，自當見用於世也。然此論仲弓云爾，非與仲弓言也。」范氏曰：「以瞽叟爲父而有舜，以鯀爲父而有禹。古之聖賢，不係於世類，尚矣。子能改父之過，變惡以爲美，則可謂孝矣。」或問云云。曰【三四】：「程子欲去曰字，蓋嫌於與其子言，而其論仲弓云爾，非與仲弓言也【三五】。此説得之。蓋以《論語》攷之，其歎顔淵未見其止，乃淵死後之言，此其例也。」

言語：宰我、子貢。

【三二】犂　「犂」原作「黎」，據《論語纂疏》卷三改。

【三三】山川　「山川」原脱，據四庫本補。

【三四】曰　「曰」字原脱，據文意補。

【三五】仲弓言也　此句文意有誤，見《論語或問》卷六。

宰我問曰：「仁者，雖告之曰『井有仁焉』，其從之也？」子曰：「何爲其然也？君子可逝也，不可陷也；可欺也，不可罔也。」

宰予晝寢。子曰：「朽木不可雕也，糞土之牆不可杇也，於予與何誅？」子曰：「始吾於人也，聽其言而信其行；今吾於人也，聽其言而觀其行。於予與改是。」

宰我問：「三年之喪，期已久矣。云云。」宰我出。子曰【三六】：「予之不仁也。」

《孟子》：宰我曰：「以予觀於夫子，賢於堯、舜遠矣。」《史記》曰：宰我問五帝之德。子曰：「予非其人也。」又宰我爲臨淄大夫，與田常作亂，夷其族，孔子恥之。　蘇氏《古史》曰：太史公云云，余以爲宰我之賢，列於四科，其師友淵源所從來遠矣。雖爲不善，不至於從畔逆，弑君父也。不幸平居有晝寢、短喪之過，儒者因遂信之。蓋田常之亂，本與闞止爭。闞止亦子我也，田常殺闞止，而宰我蒙其惡名，豈不哀哉！且使宰我信與田常之亂，常既弑闞止，弑簡公，則尚誰族宰我者？事必不然矣。又李斯曰：「田常陰取齊國，殺宰予於庭，因殺簡公。」信如此說，則宰我乃田常之仇，爲齊攻田常者，非與常作亂矣。要知由闞止亦曰子我，故戰國諸子誤以爲宰我，皆不足信也。

子曰：「賜也，始可與言《詩》已矣。告諸往而知來者。」

子貢問君子。子曰：「先行其言而後從之。」

子貢問曰：「賜也何如？」子曰：「女，器也。」曰：「何器也？」曰：「瑚璉也。」朱子曰：「器者，有用之成材，夏曰『瑚』，商曰『璉』，周曰『簠簋』，皆宗廟盛黍稷之器，而飾以玉，器之貴重而華美者也。子貢聞孔子以君子許子賤，故以己爲問，而孔子告之以此。然則子貢雖未至於不器，其亦器之貴者歟？」　南軒曰：「子貢之問，蓋欲因師言以省己之所未至也。而夫子告之，抑揚高下，所以長善而捄其失者備矣。謂之『器』，則固適於用，

【三六】子曰　「子」字原脱，據四庫本、《論語注疏》卷十七補。

然未若不器之周也。謂之『瑚璉』，則以其美質，可以薦之宗廟也。然瑚璉雖貴，未免於可器耳。賜也味聖人之言意，即其所至，而勉其所未至，則亦何有窮極哉！」按：前篇子曰：「君子不器。」朱子曰：「器者，各適其用而不能相通。成德之士，體無不具，用無不周，非特爲一才一藝而已。」黄氏曰：「萬物皆備於我，反身而誠，樂莫大焉。人具是性以生，則萬事萬物之理，無一不具於此性之中，顧爲氣質所拘【三七】，物欲所蔽，故偏而不通耳。惟夫格物致知、誠意正心，使天下之理無不明、無不實，則心之全體無所不具，而措之於用【三八】，宜其無不周也。又豈可以器言哉？」

子謂子貢曰：「女與回也孰愈？」對曰：「賜也何敢望回？回也聞一以知十，賜也聞一以知二。」子曰：「弗如也，吾與女弗如也。」

子貢曰：「我不欲人之加諸我也，吾亦欲無加諸人。」子曰：「賜也，非爾所及也。」

子曰：「賜不受命，而貨殖焉，億則屢中。」

子貢方人。子曰：「賜也賢乎哉？夫我則不暇。」朱子曰：「方，比也。乎哉，疑辭。比方人物而較其長短，雖亦窮理之事，然專務爲此，則心馳於外，而所以自治者踈矣。故褒之而疑其詞，復自貶以深抑之。」謝氏曰：「聖人責人，辭不迫切，而意已獨至如此。」南軒曰：「擬議人之優劣，非知者其能之乎？故亦可謂之賢。而曰『夫我則不暇』，求之它人，不若篤其在己也。聖人抑揚之間，所以長善救失者，宜深味也。」以上皆聖人稱許之詞，然所以勉其不及者，亦甚至矣。

子貢曰：「夫子之文章，可得而聞也；夫子之言性與天道，不可得而聞也。」蓋至此非復前日之子貢矣。

子曰：「賜也，女以予爲多學而識之者與？」對曰：「然，非與？」曰：「非也，予一以

【三七】顧爲氣質所拘　「顧」原作「碩」，「拘」原作「物」，據四庫本、乾隆本改。

【三八】措之於用　「措」原作「惜」，據四庫本改。

貫之。」

叔孫武叔語大夫於朝，曰：「子貢賢於仲尼。」朱子曰：「武叔，魯大夫，名州仇。」子服景伯以告子貢。子貢曰：「譬之宮牆，賜之牆也及肩，窺見室家之好。牆卑室淺。夫子之牆數仞，不得其門而入，不見宗廟之美、百官之富。七尺曰仞。不入其門，則不見其中之所有。言牆高而宮廣也。得其門者或寡矣。夫子之云，不亦宜乎？」此夫子，指武叔。　黄氏曰：「叔孫武叔以子貢賢於仲尼，子禽亦以仲尼豈賢於子貢。自今觀之，則二人之識見固繆矣。然其敢於爲此論者，亦豈無説？且其所謂子貢之賢者，何也？物之廣博者，其藏蓄也必高厚；其中狹小，則其外必卑薄。此理之自然，非其固爲是高厚卑薄之殊也。人之常情，有如是之力量，然後有如是之識見，故處下者不足以窺高，而淺近易見，則人情之所共喜也。豈惟宮墻爲然哉【三九】？雨露之澤物，人皆知其爲功，而元氣之密運，則人莫得而窺其際也。子貢三稱夫子：一稱宮墻，一稱日月，一以天喻之。其論愈精，此子貢之所以爲達也。」

叔孫武叔毁仲尼。子貢曰：「無以爲也，仲尼不可毁也。他人之賢者，丘陵也，猶可踰也。仲尼，日月也，無得而踰焉。人雖欲自絶，其何傷於日月乎？多見其不知量也！」無以爲，猶言無用爲此。土高曰丘，大阜曰陵。日月，喻其高。自絶，謂以謗毁自絶於孔子。多，與祇同，適也。不知量，謂不自知其分量。　南軒曰：「子貢善喻，如宮墻、日月之喻，皆可謂切矣。丘陵固可踰，太山雖高，然猶有可踰之理。至於日月之行天，則孰得而踰之哉？人之議日月者，初無損於日月之明，徒爲自絶於日月而已矣。」

陳子禽謂子貢曰：「子爲恭也，仲尼豈賢於子乎？」爲恭，謂爲恭敬，推遜其師也。子貢曰：「君子一言以爲知，一言以爲不知，言不可不慎也。責子禽不謹也。夫子之不可及也，猶天之

【三九】惟宮墻爲然　「惟」原作「性」，據四庫本、乾隆本改。

不可階而升也。階，梯也。大可爲也，化不可爲也，故曰「不可階而升」。夫子之得邦家者，所謂立之斯立，道之斯行，綏之斯來，動之斯和。其生也榮，其死也哀，如之何其可及也？」立之，謂植其生也。道，引也，謂教之也。行，從也。綏，安也。來，歸附也。動，謂鼓舞之也。和，所謂「於变時雍」，言其感應之妙，神速如此。榮，謂莫不尊親。哀，則如喪考妣。程子曰：「此聖人之神化，上下與天地同流者也。」謝氏曰：「觀子貢稱聖人語，乃知晚年進德，蓋極於高遠也。夫子之得邦家者，其鼓舞羣動，捷於桴鼓影響。人雖見其变化，而莫窺其所以变化也。蓋不離於聖，而有不可知者存焉。此殆難以思勉及也。」南軒曰：「子貢以日月喻聖人之不可踰矣，復以天之不可階升，喻聖人之不可及，尤爲切至也。蓋大而化之，非復思勉所及。學者至此無所用其力，是豈不猶天之不可階而升乎？所謂『立之斯立，道之斯行【四〇】，綏之斯來，動之斯和』者，不疾而速，不行而至，惟天下至誠，感無不通也。其生也榮，其死也哀，民心戴之如天，親之如父母也。子貢知足知此，其所造抑深矣。」黄氏曰：「子禽之問，見於《論語》者凡三：於夫子聞政，則疑其有所求；於伯魚，則疑夫子之私其子；於此章，則又疑子貢之賢於仲尼。其爲人粗率而淺陋可知。一言之善則可以爲知，一言之不善則遂爲不知，知與不知，係於一言之間，此言之不可不謹也。由志學而立，由立而不惑，由可欲而有諸己，由有諸己而充實，皆可以階而升，至於知天命，有輝光，已非有階級可漸次而進。若夫耳順、不踰矩、化而不可知，則德盛仁熟，莫知其所以然而然。但見其仰之高、鑽之堅、瞻之在前、忽焉在後，是豈得而階升也哉！立之、道之、綏之、動之，皆聖人政化之施；斯立、斯行、斯來、斯和，皆天下感動之速。榮謂賴之以生，故以爲榮幸。哀謂失其所依，故爲之哀戚。子貢之稱夫子者如此。」或曰：「子貢知足以知聖人，今乃不言其德，而稱其得邦家之效，何也？」曰：「天之德不可形容，即其生物而見其造化之妙；聖人之德不可形容，即其感人而見其神化之速。天下之理，實大則聲宏，本深而末茂，感動之淺深遲速，未有不視其德之所至者也。聖人道全德備，高明博厚，則其感於物者如此。因其感於物，以反觀聖人之道，豈不曉然而易見也哉？此子貢之所以爲善言聖人也。」

【四〇】道之斯行　「斯」原作「期」，據《論語注疏》卷十九改。

《孟子》：孔子没，三年之喪畢，門人治任將歸。子貢反，築室於場，獨居三年，然後歸。自「性與天道」而下數章，見子貢學力之進如此。朱子曰：「顏子而下，穎悟莫如子貢。」《左氏傳》：邾隱公來朝，子貢觀焉，見二公執玉之高卑【四一】，而知其將死亡，曰：「高仰驕也，卑俯替也，驕近亂，替近疾，君爲主，其先乎？」既而皆如其言。孔子曰「賜不幸而言中，是使賜多言也」，與《論語》「億則屢中」合，故附此。又《史記》曰：「子貢利口巧辭，孔子常黜其辨。」又載其説齊田常事曰：「子貢一出，存魯亂齊，破吴彊晉而霸越。」蘇氏曰：「此戰國説客設爲子貢之辭，以自託於孔氏，而太史公信之耳。」孔子有言：「誦《詩》三百，授之以政，不達。使於四方，不能專對【四二】。雖多，亦奚以爲？」孔門所謂言語者，初止於此，至於子貢加之以巧辯，可以解紛結、救患難而已。若如公孫衍、張儀騁其説辭【四三】，傾覆諸侯以快意一時，此則孔氏所諱也。

政事：冉有，季路。

季康子問：「仲由可使從政也與？」子曰：「由也果，於從政乎何有？」曰：「賜也可使從政也與？」曰：「賜也達，於從政乎何有？」曰：「求也可使從政也與？」曰：「求也藝，於從政乎何有？」

「由也，千乘之國，可使治其賦也，不知其仁也。求也，千室之邑，可使爲之宰也，不知其仁也。」

冉求曰：「非不説子之道，力不足也。」子曰：「力不足者，中道而廢，今女畫。」朱子曰：「力不足者【四四】，欲進而不能。畫者，能進而不欲。謂之畫者，如畫地以自限也。」胡氏曰：「夫子稱顏回不改其樂，冉求聞之，故有是言。然使求悦夫子之道，誠如口之悦芻豢，則必將盡力以求之，何患力之不足哉？畫而不進，

【四一】執玉之高卑　「玉」原作「正」，據四庫本改。

【四二】不能專對　「能」原作「記」，據《論語注疏》卷十三改。

【四三】公孫衍張儀騁其説辭　「衍」原作「荷」，「騁」原作「聘」，「説」原作「諸」，皆據四庫本、乾隆本改。

【四四】力不足者　「足」原作「進」，據四庫本改。

則自退而已矣，此冉求之所以局於藝也。」　南軒曰：「爲仁未有力不足者，故仁以爲己任，死而後已焉。今冉求患力之不足，非力不足也，乃自畫耳，所謂中道而廢者也。士之學聖人，不幸而死則已矣，此則可言力不足也。不然，而或止焉，則皆爲自畫耳。畫者，非有以止之，而自不肯前也。」　愚按：此章乃求也受病之源，惟不能自强以進學，故義利取舍之分不明，而苟以從人，無正救之益，而有順從之失也。

季氏旅於泰山，子謂冉有曰：「女弗能救與？」對曰：「不能。」子曰：「嗚呼！曾謂泰山不如林放乎？」朱子曰：「旅，祭名。泰山，在魯地。禮，諸侯祭封内山川。季氏祭之，僭也。冉有，名求，時爲季氏宰。救，謂救其陷於僭竊之罪。嗚呼，歎辭。言神不享非禮，欲季氏知其無益而自止，又進林放以厲冉有也。」范氏曰：「冉有從季氏，夫子豈不知其不可告也？然而聖人不輕絶人，盡己之心，安知冉有之不能救、季氏之不可諫也【四五】？既不能正，則美林放以明泰山之不可誣【四六】，是亦教誨之道也。」

季氏富於周公，而求也爲之聚斂而附益之。子曰：「非吾徒也，小子鳴鼓而攻之可也。」孟子曰：「冉求爲季氏宰，無能改於其德，而賦粟倍它日。孔子曰：『求非我徒也，云云。』」　朱子曰：「周公以王室至親，有大功，位冢宰，其富宜矣。季氏以諸侯之卿，而富過之，非攘奪其君，刻剥其民，何以得此？冉有爲季氏宰，又爲之急賦税以益其富。『非吾徒』，絶之也。『小子鳴鼓而攻之』，使門人聲其罪以責之也。聖人之惡黨惡而害民也如此。然師嚴而友親，故己絶之，而猶使門人正之，又見其愛人之無已也。」　范氏曰：「冉有以政事之才，施於季氏，故爲不善至於如此。由其心術不明，不能反求諸身，而以仕爲急故也。」　或問：「冉求學於夫子，於門弟子中亦可謂明達者，今乃爲季氏聚斂，何邪？」曰：「冉求之失，不待於聚斂而後見，自其仕於季氏，則已失之矣。蓋當是之時，達官重仕，皆爲公族之世官，其下則尺地一民，皆非國君之有，士唯不仕則已【四七】，仕則未有不仕於大夫者也。冉求豈亦習於衰世之風，而不自知其爲非與？然使之仕於季氏，而能勸之黜其强僭而忠於公室，則庶乎小貞之吉

【四五】不可諫　「諫」原作「誅」，據《論語纂疏》卷二改。
【四六】美林放　「放」原作「於」，據《論語纂疏》卷二改。
【四七】士唯不仕　「士」原作「仕」，據《四書或問》卷十六改。

矣【四八】。今乃反爲之聚斂，使權臣愈强而公室愈不振，故孔子云云。蓋不自知其學之未至，而以從仕爲士之常，職是以漸靡而至於此耳。」曰：「然則夫子曷爲不於其仕季氏焉責之也？」曰：「聖人以不仕爲無義，而猶望之以小貞之吉也。」　南軒曰：「此哀公十年，用田賦之事也。冉有時爲季氏宰，考左氏之《國語》，蓋嘗以此事訪於夫子，而卒莫之救。私門益以封植，則公室益以衰弱，此求之所以得罪於聖門爲深也。原求所以至此，蓋不能如閔子見幾而作，因循陵遲，而不自知也。有志於學者，亦鑒諸。」

季子然問：「仲由、冉求，可謂大臣與？」朱子曰：「子然，季氏子弟自多，其家得臣二子，故問之。」子曰：「吾以子爲異之問，曾由與求之問。異，非常也。曾，猶乃也。輕二子以抑季然也。所謂大臣者，以道事君，不可則止。今由與求也，可謂具臣矣。」具臣，謂備臣數而已。曰：「然則從之者與？」意二子既非大臣，則從季氏之所爲而已。子曰：「弑父與君，亦不從也。」言二子雖不足於大臣之道，然君臣之義則聞之熟矣，弑逆大故必不從之。蓋深許二子以死難不可奪之節，而又以陰折季氏不臣之心也。　尹氏曰：「季氏專權僭竊，二子仕其家而不能正也，知其不可而不能止也，可謂具臣矣。是時季氏已有無君之心，故自多其得人。意其可使從己也，故曰『弑父與君，亦不從也』，其庶乎二子可免矣。」

求也退，故進之。由也兼人，故退之。

季氏將伐顓臾。朱子曰：「顓臾，國名，魯附庸也【四九】。」冉有、季路見於孔子，曰：「季氏將有事於顓臾。」按：《左傳》、《史記》二子仕季氏不同時。此云爾者，疑子路嘗從孔子自衛反魯，再仕季氏，不久而復之衛也。孔子曰：「求！無乃爾是過與？冉求爲季氏聚斂，尤用事，故夫子獨責之。夫顓臾，昔者先王以爲東蒙主，且在邦域之中矣，是社稷之臣也。何以伐爲？」東蒙，山名。先王封顓臾於北

【四八】小貞之吉　「之」原作「志」，據四庫本改。

【四九】魯附庸也　「附」字原脱，據《論語纂疏》卷八補。

山之下，使主其祭，在魯地七百里之中。社稷，猶云公家。是時四分魯國，季氏取其二，孟孫、叔孫各有其一。獨附庸之國尚爲公臣，季氏又欲取以自益。故孔子言顓臾乃先王封國，則不可伐；在邦域之中，則不必伐；是社稷之臣，則非季氏所當伐也。此事理之至當，不易之定體，而一言盡其曲折如此，非聖人不能也。冉有曰：「夫子欲之，吾二臣者皆不欲也。」夫子，指季孫。冉有實與謀，以孔子非之，故歸咎於季氏。孔子曰：「求！周任有言曰：『陳力就列，不能者止。』危而不持，顛而不扶，則將焉用彼相矣？周任，古之良史。陳，布也。列，位也。相，瞽者之相也。言二子不欲則當諫，諫而不聽，則當去也。且爾言過矣。虎兕出於柙，龜玉毀於櫝中，是誰之過與？」兕，野牛也。柙，檻也。櫝，匱也。言在柙而逸，在櫝而毀，典守者不得辭其過。明二子居其位而不去，則季氏之惡，己不得不任其責也。冉有曰：「今夫顓臾，固而近於費。今不取，後世必爲子孫憂。」固，謂城郭完固。費，季氏之私邑。此則冉求之飾辭，然亦可見其實與季氏之謀矣。孔子曰：「求！君子疾夫舍曰『欲之』，而必爲之辭。欲之，謂貪其利。丘也聞有國有家者，不患寡而患不均，不患貧而患不安。蓋均無貧，和無寡，安無傾。寡，謂民少。貧，謂財乏。均，謂各得其分。安，謂上下相安。季氏之欲取顓臾，患寡與貧耳。然是時季氏據國，而魯公無民，則不均矣。君弱臣强，互生嫌隙，則不安矣。均則不患於貧而和，和則不患於寡而安，安則不相疑忌，而無傾覆之患。夫如是，故遠人不服，則脩文德以來之。既來之，則安之。內治脩，然後遠人服。有不服，則修德以來之，亦不當勤兵於遠。今由與求也，相夫子，遠人不服而不能來也，邦分崩離析而不能守也，子路雖不與謀，而素不能輔之以義，亦不得爲無罪，故并責之。遠人，謂顓臾。分崩離析，謂四分公室，家臣屢叛。而謀動干戈於邦內。吾恐季孫之憂，不在顓臾，而在蕭墻之内也。」干，楯也。戈，戟也。蕭墻，屏也。言不均不和，内变將作。其後哀公果欲以越伐魯而去季氏。　謝氏曰：「當是時，三家强，公室弱，冉求又欲伐顓臾以附益之。夫子所以深罪之，爲其瘠魯以肥三家也。」洪氏曰：「二子仕於季氏，凡季氏所欲爲，必以告於夫子。則因夫子之言而救止者，宜亦多矣。伐顓臾之事，不見於經傳，其以夫子之言而止也與？」　或問首章之説。曰：「蘇氏所推兩條考之尤密。蘇氏曰：『舊説以蕭墻之憂，爲陽虎之難，以吾考之，定公五年，陽虎始專季氏，囚桓子，至九年欲殺桓子，不克而出奔齊。前此者，季氏之所爲，惟虎之聽，非二子之罪也。定公五年，孔子年四十有七，冉有少孔子二十有九歲，蓋年十八而已，未能相季氏也。定公十二年，子路爲季氏宰；　哀公十一年，冉求爲季氏宰，皆見於《春秋》，則伐顓臾非陽虎出奔之前，其在季康子之世歟？哀公七年，季康子伐邾，以召吴寇，故曰遠人不服，而不能來也。十五年，公孫宿以成叛，故曰邦分崩離析而不能守也。公患三桓之侈也，而欲以越去之，故曰吾恐季孫之憂，不在顓臾而在蕭墻之内也。』但蕭墻之禍，亦本泛言，非預知哀公以越伐魯之事也。」曰：「然則所謂均無貧、和無寡、安無傾者，奈何？」曰：「是時季氏據魯之半，而公室無尺地一民之勢，不均甚矣。是時四分魯國，季氏取其二，而二家各有其一。不均，則臣疑其君，而以貧爲憂矣；　憂貧而求富不已，則君疑其臣而至於不和矣。不和，則臣益自疑，而常懼於衆少矣；　憂寡而求衆愈甚，則君益疑之，而至於不安矣。以臣亢君而不安至此，則雖欲長保其祭祀，而無傾危之患，其可得哉？必也痛自貶損，以復於諸侯千乘、大夫百乘之制，則均而不患於貧矣；　君臣輯睦，則和而不患於寡矣；　子孫長久，世守職業，則安而不至於傾矣。此在當時，蓋有難顯言者，故夫子微辭以告之，語雖略而意則詳也。」　釋曰：「三家之罪，在於四分公室而私有之，此其奸名犯分之大惡也。若以此而加之罪，則其不可仕明矣。馴習既久，以爲當然，故孔門弟子亦有仕於其家者。仕於其家，則不復知有魯矣。冉有之言曰『固而近於費，今不取，後世必爲子孫憂』，則但知費爲季氏之邑，而子孫者爲季氏子孫謀也，豈復知有魯哉？其於夫子社稷之臣之語，蓋懵然莫覺也。夫子不均不安之語，又專指魯以發之，其旨切矣。以求、由之賢，蔽於習俗，安於豢養，尚不復知義理之正，况下此者乎？此君子所以貴窮理也。」　南軒曰：「季氏，卿也，而上僭其君，其下觀之【五〇】，亦將不奪不饜，是徒以顓臾爲子孫憂，而不知禍之起於蕭墻，蓋有理之必然者矣。冉有但知爲宰者當任其家事，而昧於幾微，暗於遠大如此，則爲具臣而已矣【五一】。」　愚按：孔子與門弟子言，未有若此之反覆詳悉者，亦以其不可故耶？　按：《左氏》齊師伐魯，求以武城人三百爲己從卒，逆齊師于郊。求用矛以帥衆，遂入齊師，獲甲首八十，齊人宵遁。杜氏曰：「仲尼之徒，皆忠於魯國。」

【五〇】其下觀之　「其」原作「真」，據四庫本、乾隆本改。

【五一】爲具臣　「具」原作「其」，據四庫本改。

甲集二十八

子曰：「由！誨女知之乎？知之爲知之，不知爲不知，是知也。」朱子曰：「子路好勇，蓋有强其所不知以爲知者。故夫子告之曰：我教汝以知之之道乎！但所知者以爲知，所不知者以爲不知。如此則雖或不能盡知，而無自欺之蔽，亦不害其爲知矣。況由此而求之，又有可知之理乎！」南軒曰：「子路勇於進，於知與不知之間，容有察之未精者，故夫子語之以知之之道。蓋於其所已知與其所未知者，皆能察其實而無自欺，非心平氣和、守約務實者，莫之能也。於此而博學、審問、慎思、明辨，則其不知者，亦將終知之矣，故曰『是知也』，言是乃知之道也。不然，强以不知爲知，是則終身不知而已。」黄氏曰：「『不知爲不知，是知也』，其亦有説乎？曰：是非之心，智之端也。是是非非，見得分明，便是智之發見，而人之所以爲知也。若以是爲非，以非爲是，則是愚憒無識之人也。今有人焉，所知之事則以爲知，所不知之事則以爲不知，乃是非之心自然發見，如此智孰大焉？心之虚明，是非昭著，故夫子以爲是知也。」

子曰：「道不行，乘桴浮於海。從我者，其由與？」子路聞之喜。子曰：「由也好勇過我，無所取材。」

子曰：「由之瑟，奚爲於丘之門？」程子曰：「言其聲之不和，與己不同也。」《家語》曰：「子路鼓瑟，有北鄙殺伐之聲。」蓋其氣質剛勇，而不足於中和，故其發於聲者如此。門人不敬子路。子曰：「由也升堂矣，未入於室也。」門人以夫子之言，遂不敬子路，故夫子釋之。升堂入室，喻入道之次第。言子路之學，已造乎高明正大之域，特未深入精微之奥耳，未可以一事之失而遽忽之也。　南軒曰：「以瑟爲言者，蓋瑟之聲音，象其中之所存也。子路之氣禀偏於剛，雖其學之所至，氣質不爲不变，然於其所偏，終有化之未能盡者，在聖人之門，爲有未和也。斯言所以警子路而進之，而門人聞此，遂有不敬子路之意。蓋未知子路之所至，與夫聖人發言之意也，故復從而開曉之。夫自得其門而入，以至於升堂，其爲次序淺深，亦已多矣，其於用力，亦可謂至矣，獨未極夫閫奥之地耳。由室而言，在堂者則爲未至，所當勉以進也。由宫墻之外，而望其升堂者，則不亦有間乎？聖人斯言，非特以發明子路，亦所以使門人知學之有序也。」

子路曰：「子行三軍，則誰與？」子曰：「暴虎馮河，死而無悔者，吾不與也。必也臨事而懼，好謀而成者也。」

子曰：「片言可以折獄者，其由也與？」朱子曰：「片言，半言。折，斷也。子路忠信明決，故言出而人信服之，不待其辭之畢也。」子路無宿諾。宿，留也，猶宿怨之宿。急於踐言，不留其諾也。記者因夫子之言記此，以見子路所以取信於人者，由其養之有素也。　尹氏曰：「小邾射以句繹奔魯【一】，曰：『使季路要我，吾無盟矣。』千乘之國，不信其盟，而信子路之一言，其見信於人可知矣。一言而折獄者，信在言前，人自信之故也。不留諾，所以全其信也。」

子路有聞，未之能行，唯恐有聞。

子疾病，子路使門人爲臣。病間，曰：「久矣哉！由之行詐也，無臣而爲有臣。吾誰欺？欺天乎？」朱子曰：「夫子時已去位，無家臣。子路欲以家臣治其喪，其意雖尊聖人，而未知所以尊也。夫子既差而知其事，故言無臣而爲有臣，則是欺天而已。其責子路深矣。」且予與其死於臣之手也，無寧死

【一】小邾射　「射」原作「時」，據四庫本改。

於二三子之手乎？且予縱不得大葬，予死於道路乎？」范氏曰：「曾子將死，起而易簀，曰：『吾得正而斃焉，斯已矣。』子路欲尊夫子，而不知無臣之不可爲有臣，是以陷於行詐，罪至欺天。君子之於言動，雖微不可不謹。夫子深懲子路，所以儆學者也。」楊氏曰：「非知至而意誠，則用智自私，不如行其所無事，往往自陷於行詐欺天，而莫之知也。其子路之謂乎？」或問云云。曰：「胡氏云：『此必夫子失司寇之後【二】，未致其事之前也。若夢奠，則子路死於衛久矣。孔子初未嘗知爲臣之事，而曰吾誰欺者，引咎歸己，以深責子路也。』」或曰：「如使夫子疾病不間，非禮之臣遂以奉終，豈不仰累聖德乎？」曰：「夫子倘至大故，耳目所接有異，必將正之矣。聖人病則不能無，若其方寸決不以病而懵也。」南軒曰：「所謂天者，理而已。理不應有而强使之有，故曰欺天。子路，孔門之高弟，而所見若是之偏者，蓋意有毫厘之差，則流於欺詐而不自覺，此君子之所以戰兢自持，而每懼其或偏也。」

子曰：「衣敝緼袍，與衣狐貉者立，而不恥者，其由也與？『不忮不求，何用不臧？』」子路終身誦之。子曰：「是道也，何足以臧？」

子路使子羔爲費宰。子曰：「賊夫人之子。」子路曰：「有民人焉，有社稷焉，何必讀書然後爲學？」子曰：「是故惡夫佞者。」

子路曰：「衛君待子而爲政，子將奚先？」子曰：「必也正名乎！」子路曰：「有是哉，子之迂也！奚其正？」子曰：「野哉，由也！君子於其所不知，蓋闕如也。」

子見南子，子路不悦。

在陳絶糧，從者病，莫能興。子路愠見，曰：「君子亦有窮乎？」子曰：「君子固窮，小人窮斯濫矣。」

【二】司寇之後　「後」原作「事」，據《論語或問》卷九改。

子曰：「由！知德者鮮矣。」

子路曰：「君子尚勇乎？」子曰：「君子義以爲上，君子有勇而無義爲亂，小人有勇而無義爲盜。」又「六言六蔽」章曰：「好勇不好學，其蔽也亂。」按《史記》：「子路性鄙，好勇力，志伉直，冠雄雞，佩豭豚，陵暴孔子。孔子設禮稍誘子路，子路後儒服委質，因門人請爲弟子。」

由也喭。朱子曰：「喭，粗俗也。傳稱喭者，謂俗論也。」

若由也，不得其死然。《史記》：「子路死孔悝之難。子曰：『自吾得由，惡言不聞於耳。』」

孟子曰：「或問乎曾西曰：『吾子與子路孰賢？』曾西蹙然曰：『吾先子之所畏也。』曰：『然則吾子與管仲孰賢？』曾西艴然不悦，曰：『爾何曾比予於管仲？管仲得君如彼其專也，行乎國政如彼其久也，功烈如彼其卑也。爾何曾比予於是？』」楊氏曰：「孔子言子路之才，曰：『千乘之國，可使治其賦也。』使其見於施爲，如是而已。其於九合諸侯，一正天下，固有所不逮也。然則曾西推尊子路如此，而羞比管仲者何哉？譬之御者，子路則範我馳驅而不獲者也；管仲詭遇而獲禽耳。曾西，仲尼之徒，故不道管仲之事。」

孟子曰：「子路，人告之有過則喜。」周子曰：「仲由喜聞過，令名無窮焉。」

文學：子游、子夏。

子游問孝。子曰：「今之孝者，是謂能養，至於犬馬，皆能有養。不敬，何以别乎？」

子游爲武城宰。子曰：「女得人焉爾乎？」曰：「有澹臺滅明者，行不由徑。非公事，未嘗至於偃之室也。」朱子曰：「澹臺，姓。滅明，名。字子羽。徑，路之小而捷者。公事，如飲射讀法之類。不由徑，則動必以正，而無見小欲速之意可知。非公事不見邑宰，則其有以自守，而無枉己徇人之私可見矣。」楊氏曰：「爲政以人才爲先，故孔子以得人爲問。如滅明者，觀其二事之小，而其正大之情可見矣。後世有不由徑者，人必以爲迂；不至其室，人必以爲簡。非孔氏之徒，其孰能知而取之？」愚謂持身以滅明爲法，則無苟賤之羞；取人以子游爲法，則無邪媚之惑。

子之武城，聞弦歌之聲。夫子莞爾而笑，曰：「割雞焉用牛刀？」子游對曰：「昔者偃也聞諸夫子曰：『君子學道則愛人，小人學道則易使也。』」子曰：「二三子，偃之言是也。前言戲之耳。」

子游曰：「喪致乎哀而止。」

子夏問孝。子曰：「色難。有事弟子服其勞，有酒食先生饌。曾是以爲孝乎？」

子曰：「起予者商也，始可與言詩已矣。」

子謂子夏曰：「女爲君子儒，無爲小人儒。」

子夏爲莒父宰，問政。子曰：「無欲速，無見小利。欲速則不達，見小利則大事不成。」

子夏曰：「雖小道，必有可觀者焉，致遠恐泥，是以君子不爲也。」

子夏曰：「日知其所亡，月無忘其所能，可謂好學也已矣。」

子夏曰：「博學而篤志，切問而近思，仁在其中矣。」

子夏曰：「百工居肆以成其事，君子學以致其道。」

子夏曰：「大德不踰閑，小德出入可也。」

子游曰：「子夏之門人小子，當洒掃應對進退，則可矣，抑末也。本之則無，如之何？」子夏聞之，曰：「噫！言游過矣！君子之道孰先傳焉？孰後倦焉？譬諸草木，區以別矣。君子之道，焉可誣也？有始有卒者，其惟聖人乎？」

《禮記》：子夏喪其子而喪其明，曾子弔之，曰：「吾聞之，朋友喪明則哭之。」曾子哭，子夏亦哭，曰：「天乎！予之無罪也！」曾子怒曰：「商！女何無罪也？吾與女事夫子於洙、泗之間，退而老於西河之上，使西河之民疑女於夫子【三】，爾罪一也。鄭氏曰：「言其不稱師。」喪爾親，使民未有聞焉，爾罪二也。言居親喪無異稱。喪爾子，喪爾明，爾罪三也。而曰女何無罪與？」子夏投其杖而拜曰：「吾過矣！吾過矣！吾離羣而索居亦已久矣。」按《史記》：「孔子既没，子夏居西河教授，爲魏文侯師。」《樂記》有文侯問樂事。朱子曰：「曾子之下，篤實有如子夏。」

子張學干禄。子曰：「多聞闕疑，慎言其餘，則寡尤；多見闕殆，慎行其餘，則寡悔。言寡尤，行寡悔，禄在其中矣。」

子張問：「士何如斯可謂之達矣？」子曰：「何哉，爾所謂達者？」子張對曰：「在邦必聞，在家必聞。」子曰：「是聞也，非達也。夫達也者，質直而好義，察言而觀色，慮以下

【三】西河之民　「民」原作「上」，據《禮記注疏》卷七改。

人，在邦必達，在家必達。夫聞也者，色取仁而行違，居之不疑，在邦必聞，在家必聞。」

子張問行。子曰：「言忠信，行篤敬，雖蠻貊之邦，行矣；言不忠信，行不篤敬，雖州里，行乎哉？立，則見其參於前也；在輿，則見其倚於衡也。夫然後行。」子張書諸紳。

子張曰：「士見危致命，見得思義，祭思敬，喪思哀，其可已矣。」

子張曰：「執德不弘，信道不篤，焉能爲有？焉能爲亡？」

子夏之門人問交於子張。子張曰：「子夏云何？」對曰：「子夏曰：『可者與之，其不可者拒之。』」子張曰：「異乎吾所聞：君子尊賢而容衆，嘉善而矜不能。我之大賢與，於人何所不容？我之不賢與，人將拒我，如之何其拒人也？」

子游曰：「吾友張也，爲難能也，然而未仁。」

師也辟。朱子曰：「辟，便辟也。謂習於容止【四】，少誠實也。」

曾子曰：「堂堂乎張也，難與並爲仁矣。」

《禮記》：子張病，召申祥而語之曰：「君子曰終，小人曰死。吾今日其庶幾乎！」按：《史記》子張之次曰曾參，曰澹臺滅明。曾子已別見，澹臺併見子游事中。《史記》曰：「滅明字子羽，狀貌甚惡，欲事孔子。孔子以爲材薄。既已受業，退而脩行，行不由徑，非公事不見卿大夫。南游至江，從弟子三百，謹取舍去就，名施乎諸侯。孔子曰：『吾以言取人，鄭氏曰：「申祥，子張子，欲使執喪，成己志也。死之言澌也，事卒爲終，澌盡爲死。」

【四】習於容止　「習」原作「普」，據四庫本改。

失之宰予；以貌取人，失之子羽。』」

子謂子賤：「君子哉若人！魯無君子者，斯焉取斯？」朱子曰：「子賤，姓宓，名不齊。上『斯』，此人；下『斯』，此德。子賤蓋能尊賢取友以成其德者，夫子既歎其賢，而又言魯無君子，則此人何所取以成此德乎？因以見魯之多賢也。」蘇氏曰：「稱人之善，必本其父兄師友，厚之至也。」或問云云。曰：「胡氏、吴氏亦有可取者。胡氏曰：『《家語》云：子賤少孔子四十九歲【五】，子賤有才智德愛，爲單父宰，民不忍欺【六】。以年計之，孔子卒時，子賤方年二十餘歲，意其進師夫子，退從諸弟子遊，而切磋以成其德者，故夫子歎之如此。』吴氏曰：『《説苑》云：子賤爲單父宰，所兄事者五人，所友者十一人，皆教子賤以治人之術。』」按《史記》：「子賤爲單父宰【七】，反命孔子，曰：『此國有賢不齊者五人，教不齊所以治者。』孔子曰：『惜哉！不齊所治者小，所治者大則庶幾矣。』」

憲問恥。子曰：「邦有道，穀；邦無道【八】，穀，恥也。」朱子曰：「憲，原思也。穀，禄也。邦有道不能有爲，邦無道不能獨善，皆可恥也。憲之狷介，其於邦無道穀之可耻，固知之矣。至於邦有道穀之可耻，則未必知也。故夫子因其問并言之，以廣其志。」

「克、伐、怨、欲，不行焉，可謂仁矣？」子曰：「可以爲難矣，仁則吾不知也。」

子謂公冶長：「可妻也，雖在縲絏之中，非其罪也。」以其子妻之。朱子曰：「長之爲人無所考，而夫子稱其可妻，其必有以取之矣。又言其人雖嘗陷於縲絏之中，而非其罪，則固無害於可妻也。夫有罪無罪，在我而已，豈以自外者爲榮辱哉？」南軒曰：「公冶長雖在縲絏而非其罪，則其人能謹於行可知。其所遇，特無妄之灾耳。」

子謂南容：「邦有道，不廢。邦無道，免於刑戮。」以其兄之子妻之。朱子曰：「南宮韜也，

【五】少孔子四十九歲　「四十九歲」原作「曰」，據《孔子家語》卷九改。

【六】民不忍欺　「忍」原作「忽」，據《孔子家語》卷九改。

【七】爲單父宰　「宰」字原脱，據《史記》卷六十七改。

【八】邦無道　「邦」前原有「恥也」，據《論語集注》卷七删。

又名适【九】。字子容，謚敬叔。以其謹於言行，故能見用於治朝，免禍於亂世也。」

南容三復白圭，孔子以其兄之子妻之。

南宫适問於孔子曰：「羿善射，奡盪舟，俱不得其死，然禹、稷躬稼而有天下。」夫子不答。南宫适出，子曰：「君子哉若人，尚德哉若人！」按：《史記》南宫之次曰曾蒧，曰顔路，曰商瞿，曰高柴。顔路惟請車一事見於《論語》。《商瞿傳》云：「孔子傳《易》於商瞿，瞿傳楚人馯臂子弓。」然瞿傳《易》不見於《論語》，姑附此。

子曰：「吾與點也。」全文見《氣象》篇。

《孟子》：「『敢問何如斯可謂狂矣？』萬章問。曰：『如琴張、曾皙、牧皮者，孔子之所謂狂者矣。』『何以謂之狂也？』曰：『其志嘐嘐然，曰：古之人，古之人。夷考其行而不掩焉者也。』」

柴也愚。朱子曰：「柴，姓高，字子羔。愚者，知不足而厚有餘。《家語》記其『足不履影，啓蟄不殺，方長不折。執親之喪，泣血三年。避難而行，不徑不竇』，可以見其爲人矣。」「子路使子羔爲費宰」章，見《學》篇。《檀弓》記其二事，一曰：「季子皋葬其妻，犯人之禾。申祥以告，曰：『請庚之。』子皋曰：『孟氏不以是罪予，朋友不以是非予，以吾爲邑長於斯也。買道而葬，後難繼也。』」鄭氏曰：「恃寵虐民【一〇】，非也。」其一曰：「成人有其兄死而不爲衰者，聞子皋將爲成宰，遂爲衰。」由前則未可謂知爲政之理，由後則有言之化焉。豈其學力之進，有月異而歲不同者耶？

子使漆雕開仕，對曰：「吾斯之未能信。」子説。朱子曰：「開，字子若。斯，指此理而言。信，謂真知其如此，而無毫髮之疑也。開自言未能如此，未可以治人，故夫子悦其篤志。」程子曰：「漆雕開已見大意，故夫

【九】又名适 「适」原作「括」，據四庫本改。

【一〇】恃寵虐民 「寵」原作「龍」，據四庫本改。

子說之。」又曰：「古人見道分明，故其言如此。」　謝氏曰：「開之學無所考，然聖人使之仕，必其材可以仕矣。至於心術之微一毫不自得，不害其爲未信。此聖人所不能知，而開自知之。其材可以仕，而其器不安於小成，他日所就，其可量乎？夫子所以說之也。」或問：「漆雕開未能自信，而程子以爲已見大意，此理已明，何也？」曰：「人惟不見其大也，故安於小。唯見之不明也，故若存若亡，一出一入，而不自知其所至之淺深也。今開之不安於小也，如此則固非有以見乎其大不能矣。卒然之間，一言之對，若目有所見而手有所指者，且其驗之於身，又如此其切而不容自欺也，則其所見之明，又如何哉！然曰見大意，則於其細微容或有所未盡；曰理已明，則固未必見其反身而誠也。」「程子又以開與曾點並稱，敢問二子孰爲賢乎？」曰：「論其資稟之誠慤，則開優於點；語其見處超詣，脫然無毫髮之累，則點賢於開。然開之進，則未已也。」　南軒曰：「夫子使之仕，知其可以施於有政也，而開自謂斯未能信，蓋胷中一毫有未盡，不敢以自欺也。其篤志近思之功，爲如何哉！則其所至，蓋未可量也，故子說。然則學者自謂能信者，其未知用其力者與？」　按：《史記》開之次曰公伯僚，其人無足記者【一二】，今闕之。

司馬牛問君子。子曰：「君子不憂不懼。」曰：「不憂不懼，斯謂之君子已乎？」子曰：「內省不疚，夫何憂何懼？」

司馬牛憂曰：「人皆有兄弟，我獨亡。」子夏曰：「商聞之矣：死生有命，富貴在天。君子敬而無失，與人恭而有禮。四海之內，皆兄弟也。」

司馬牛問仁。子曰：「仁者，其言也訒。」曰：「其言也訒，斯謂之仁已乎？」子曰：「爲之難，言之得無訒乎？」《史記》曰：「牛多言而躁。」

樊遲問知。子曰：「務民之義，敬鬼神而遠之，可謂知矣。」問仁。子曰：「仁者先難

【一二】無足記　「記」原作「紀」，據四庫本改。

而後獲,可謂仁矣。」

樊遲從游於舞雩之下,曰:「敢問崇德、修慝、辨惑?」子曰:「善哉問!先事後得,非崇德與?攻其惡,無攻人之惡,非脩慝與?一朝之忿,忘其身以及其親,非惑與?」

樊遲問仁。子曰:「愛人。」問知。子曰:「知人。」樊遲未達。子曰:「舉直錯諸枉,能使枉者直。」

樊遲請學稼。子曰:「吾不如老農。」請學爲圃。曰:「吾不如老圃。」樊遲出,子曰:「小人哉,樊須也!」

樊遲問仁。子曰:「居處恭,執事敬,與人忠。雖之夷狄,不可棄也。」

有子曰:「其爲人也孝悌,而好犯上者,鮮矣;不好犯上,而好作亂者,未之有也。君子務本,本立而道生。孝悌也者,其爲仁之本與!」

有子曰:「禮之用,和爲貴。先王之道,斯爲美,小大由之。有所不行,知和而和,不以禮節之,亦不可行也。」

有子曰:「信近於義,言可復也。恭近於禮,遠恥辱也。因不失其親,亦可宗也。」

哀公問於有若曰:「年饑,用不足,如之何?」有若對曰:「盍徹乎?」曰:「二,吾猶不足,如之何其徹也?」對曰:「百姓足,君孰與不足?百姓不足,君孰與足?」

《禮記》:有子問於曾子曰:「問喪於夫子乎?」鄭氏曰:「喪謂仕失位也。」曰:「聞之矣。喪欲速貧,死欲速朽。」有子曰:「是非君子之言也。」曾子曰:「參也聞諸夫子也。」有子又曰：「是非夫子之言也。」曾子曰：「參也與子游聞之。」有子曰：「然。然則夫子有爲言之也。」曾子以斯言告於子游。子游曰：「甚哉，有子之言似夫子也！昔者，夫子居於宋，見桓司馬自爲石椁，三年而不成。夫子曰：『若是其靡也，死不如速朽之愈也。』死之欲速朽，爲桓司馬言之也。南宫敬叔反，必載寶而朝。敬叔，仲孫閲也。嘗失位去魯，得反，載其寶來朝於君。夫子曰：『若是其貨也，喪不如速貧之愈也。』喪之欲速貧，爲敬叔言之也。」曾子以子游之言告於有子。有子曰：「然。吾固曰非夫子之言也。」曾子曰：「子何以知之？」有子曰：「夫子制於中都，四寸之棺，五寸之椁，以斯知不欲速朽也。昔者夫子失魯司寇，將之荆，蓋先之以子夏，又申之以冉有，以斯知不欲速貧也。」「子夏、子游、子張以有若似聖人」一節已見曾子事中。《史記》謂孔子没，弟子思慕，有若狀似夫子，弟子相與師之，如夫子時。他日弟子問：「月宿畢而不雨，商瞿四十而有子。」有若默然無以應，弟子起曰：「此非子之座也。」蘇氏曰：「苟至於君子，未有無恥者也。孟子稱禹崩，益避啓於箕山之陰，朝覲獄訟者皆不之益而之啟，然後益不敢踐天子位。太史公稱孔子既没，弟子以有若貌類孔子師之，及問而不答，乃斥去之。夫以益、有若之賢，而其無恥至此極歟？且月宿畢而雨不應，商瞿四十而生子，此卜祝之事，而鄙儒所以謂孔子聖人者，戰國雜説類此者多矣。孟子猶擇，而况於太史公乎？」

赤也，束帶立於朝，可使與賓客言也，不知其仁也。又「言志」章，見後篇。「適齊，乘肥馬，衣輕裘」，見《史記》。按：《史記》赤之次曰巫馬期，見「昭公知禮」章。又《家語》宓子賤爲單父宰，鳴弦而單父治。巫馬期爲單父宰【一二】，戴星而出，戴星而入，單父亦治。期之次曰梁鱣，曰顔幸，曰冉孺，曰曹卹，曰伯虔，曰公孫龍，皆不見於《論語》，故略之。以上叙孔門諸子之學，自閔、冉而下，雖以四科爲次第，然十哲之云，先儒已非之。子張而

【一二】期爲單父宰　「宰」字原脱，據文意補。

下，雖以《史記》爲序，然諸子學力之淺深，人品之高下，初不以是爲準也。

孟子曰：「曾子、子思同道。」又曰：「曾子、子思，易地則皆然。」全文見《中道》篇。

韓子曰：「孔子之道，大而能博，門弟子不能徧觀而盡識也，故學焉而皆得其性之所近。其後離散，分處諸侯之國，又各以其所能授弟子，源遠而末益分。惟孟軻師子思，而子思之學出於曾子。自孔子没，獨孟軻氏之傳得其宗。故求觀聖人之道，必自孟子始。」

程子曰：「孔子没，曾子之道日益光大，傳孔子之道者，曾子而已。曾子傳之子思，子思傳之孟子，至孟子而聖人之道益尊。」又曰：「傳經爲難如聖人之後，纔百年，傳之已差。聖人之學，若非子思、孟子，則幾乎息矣。道何嘗息，只是人不由之。道非亡也，幽、厲不由也。」

楊氏曰：「《中庸》深處多見於《孟子》，其所傳也與？」又曰：「天命之謂性，孟子道性善蓋原於此。」愚嘗因是考之七篇之書，其出乎《中庸》者非一。其曰四端云者，則未發之中，中節之和也。蓋仁、義、禮、知，性也，所謂大本也。惻隱、羞惡、辭遜、是非，情也，所謂達道也。其曰禹、稷、顔子同道，孔子仕止久速者，則君子而時中也。其曰鄉愿亂德者，則小人而無忌憚也。其曰子莫執中者，時中之反也。其曰曾子、北宫黝之勇者，南北方之强也。其曰仁之實事親，義之實從兄，禮之實節文斯二者，則仁者人也，親親爲大；義者宜也，尊賢爲大，親親之殺，尊賢之等，禮所生也。其曰堯、舜性之，湯、武及之【一三】，則自誠明之謂教也。其曰天下國家之本在身，則爲天下國家有九經也。至於誠者天之道，思誠者人之道一章之義，悉本於《中庸》，尤足以見淵源之所自。

朱子曰：「《中庸》何爲而作也？子思子憂道學之失其傳而作也。蓋自上古聖神繼

【一三】湯武及之　「及」，四庫本作「反」。

天立極，而道統之傳有自來矣。其見於經，則『允執厥中』者，堯之所以授舜也；『人心惟危，道心惟微，惟精惟一，允執厥中』者，舜之所以授禹也。堯之一言，至矣，盡矣！舜復益之以三言者，所以明夫堯之一言，必如是而后可庶幾也。其後聖賢相承：若成湯、文、武之爲君，臯陶、伊、傅、周、召之爲臣，皆以此接夫道統之傳，若吾夫子，雖不得位，而所以繼往聖、開來學，其功反有賢於堯、舜者。當是時，見而知之者，惟顔氏、曾氏之傳得其宗。及曾氏之再傳，而復得夫子之孫子思，則去聖遠而異端起矣。子思懼夫愈久而愈失其真也，於是推本堯、舜以來相傳之意，質以平日所聞父師之言，更互演繹，作爲此書以詔後之學者。其曰『天命率性』，則道心之謂也；其曰『擇善固執』，則精一之謂也。世之相後千有餘年，而其言之不異若合符節。歷選前聖之書，所以提挈綱維、開示緼奥，未有若是之明且盡者也。」自是又再傳以得孟氏，爲能推明是書，以承先聖之統，及其没而遂失其傳焉。則吾道所寄不越乎言語文字之間，而異端之説日新月盛，以至於老、佛之徒出，則彌近理而大亂真矣【一四】。然而尚幸此書之不泯，故程夫子兄弟出，得有所考，以續夫千載不傳之緒；得有所据，以斥二家似是之非。蓋子思之功於是爲大，而微程夫子，則亦莫能因其語以得其心也。　此《中庸章句序》，今剟著於此。

孟子所謂存心、收放心，乃致中也。至於充廣其仁義之心，則致和也。又《孟子》「思誠」章，朱子曰：「此章述《中庸》孔子之言，見思誠爲脩身之本，而明善又爲誠身之本，乃子思所聞於曾子，而孟子所受於子思者，亦與《大學》相表裏云。」又《孟子》「盡心知性」章，朱子曰：「以《大學》之序言之，知性則物格之謂，盡心則知至之謂。」　以上總論子思、孟子傳授。　朱子又嘗曰：「聖人之德，自無不備，其次則顔子煞是純全，然比之聖人，便

【一四】大亂真矣　「真」原作「其」，據四庫本改。

有少未定處。若仲弓則偏於淳篤，却少顔子剛明之意。如曾子則大段剛毅，終是有立脚處，所以獨得其傳。到子思也恁地剛毅，惟是這般人，方立得定。子思事别無可考，只《孟子》所稱一兩節可見。」

揚子曰：「孟子知言之要，知德之奥。非苟知之，亦允蹈之。」

或曰：「子小諸子，孟子非諸子乎？」曰：「諸子者，以其異於孔子者乎？孟子異乎？不異。」

韓子曰：「孟氏之功，不在禹下。」上文曰：「『古者楊、墨塞路，孟子辭而闢之，廓如也。』夫楊、墨行，正道廢，孟子雖賢聖，不得位，空言無施，雖切何補？然賴其言，而今之學者尚知宗孔氏，崇仁義，貴王賤伯而已。其大經大法皆亡滅而不救，壞爛而不收，所謂存什一於千百，安在其能廓如也！然向無孟氏，則皆服左衽而言侏離矣，故愈嘗推尊孟氏，以爲功不在禹下者，爲此也。」眉山蘇氏亦云：「孟子曰：『禹抑洪水，孔子作《春秋》，而予距楊、墨。』以是配禹也。夫禹之功與天地並，而孔、孟以空言配之，不已夸乎【一五】？自《春秋》作而亂臣賊子懼，孟子言行而楊、墨之道廢。天下以爲是固然而不知其功。孟子既没，有申、商、韓非之學，違道而趍利，殘民以厚主，其説至陋也，而士以是罔其上。上之人僥倖一切之功，靡然從之。而世無大人先生如孔子、孟子者，推其本末，權其禍福之輕重，以救其惑，故其學遂行。秦以是喪天下，陵夷至於勝、廣、劉、項之禍，死者十八九，天下蕭然。洪水之患，蓋不至此也。方秦之未得志也，使復有一孟子，則申、韓爲空言，『作於其心，害於其事；作於其事，害於其政』者，必不若是烈也。使楊、墨得志於天下，其禍豈減於申、韓哉！由此言之，雖以孟子配禹可也。」

程子曰：「孟子有大功於後世者，以其言性善也。」

孟子性善、養氣之論，皆前聖所未發。又曰：「孟子有功聖門，不可勝言。仲尼只説一個仁

【一五】不已夸乎　「夸」原作「夸」，據四庫本改。

字【一六】，孟子開口便説仁義。仲尼只説一個志，孟子便説許多養氣出來【一七】。只此二字，其功甚多。」或問：「孟子可謂聖人否？」曰：「未敢便謂已是聖人，然其學已到至處。」朱子曰：「『至』字恐當作『聖』。」

孟子曰：「可以仕則仕，可以止則止，可以久則久，可以速則速，孔子聖之時者也。」故知《易》者莫如孟子。又曰「《詩》亡然後《春秋》作」，又曰「《春秋》無義戰」，又曰「《春秋》，天子之事」，故知《春秋》者莫如孟子。尹氏曰：「以此而言，則趙氏謂孟子長於《詩》、《書》而已，豈知孟子者哉？」

顔子陋巷自樂，以有孔子在焉。若孟子之時，世既無人，安得不以道自任？上文云：「學者全要識時，若不識時，不足以言學。」朱子曰：「使顔子之時，上無孔子，則彼其所以明道而救世者，要必有道，決不退然安坐陋巷之中，以獨善其身而已。故孟子曰禹、稷、顔子易地則皆然，惟孟子見此道理。」

顔子去聖人，只毫髮間。孟子大賢，亞聖之次也。上文曰：「孟子有些英氣，才有英氣，便有圭角。如顔子便渾厚不同云云。」或曰：「英氣見於甚處？」曰：「但以孔子之言比之，便可見。且如冰與水精非不光，比之玉，自是有温潤含蓄氣象，無許多光耀也。」

朱子曰：「孔子只言『忠信篤敬』，孟子便發出『性善』。」直是漏泄。又曰：「孔子之言，多只泛説做工夫，如『居處恭，執事敬』、『言忠信，行篤敬』之類，未説是要人理會甚麽。待學者自做得工夫透徹，却就其中見得體段是如此。孟子則恐人理會不得，又趲進一着説，如『惻隱之心』與『學問之道，求放心』之類，説得漸漸親切。」以上專言孟子傳授。《史記》孟子受業子思之門人。或曰：「人」衍字也。道既通，游事齊宣王，宣王不能用。適梁，梁惠王不果所言，則見以爲迂闊而遠於事情。當是之時，秦用商鞅，楚、魏用吴起，齊用孫子、田忌。天下方務於

【一六】一個仁字　「字」原作「義」，據《二程遺書》卷十八改。

【一七】養氣出來　「來」原作「外」，據《二程遺書》卷十八改。

合從連衡，以攻伐爲賢，而孟軻乃述唐、虞、三代之德，是以所如者不合。退而與萬章之徒，序《詩》、《書》，述仲尼之意，作《孟子》七篇。　韓子曰：「孟軻之書，非軻自著。軻既没，其徒萬章、公孫丑相與記軻所言焉耳。」朱子云：「按二説不同，《史記》近是。」

韓子曰：「孟氏醇乎醇者也，荀與揚大醇而小疵。」上文云：「始吾讀孟軻書，然後知孔子之道尊，聖人之道易行，王易王，霸易霸也。以爲孔子之徒没，尊聖人者，孟氏而已。晚得揚雄書，益尊信孟氏。因雄書而孟氏益尊，則雄者，亦聖人之徒歟！及得荀氏書，又知有荀氏者，考其辭，時若不粹；要其歸，與孔子異者鮮矣。抑猶在軻、雄之間乎？」

程子曰：「揚子無自得者也，故其言蔓衍而不斷，優柔而不決，其論則曰『人之性，善惡混』。荀子悖聖人者也，故列孟子於十二子而謂人之性惡。性果惡邪？聖人何能反其性，以至於斯邪？」又曰：「荀卿才高，其過多。揚雄才短，其過少。韓子稱其『大醇』，非也。若二子，可謂大駁矣。」又曰：「退之言『孟子醇乎醇』，此言極好，非見得孟子意亦道不到。其言『荀、揚大醇小疵』，則非也。荀子極偏駁，只一句『性惡』，大本已失。揚子雖少過，然已自不誠性，更説甚道？」又曰：「韓愈云『孟氏醇乎醇』，又曰『荀與揚擇不精，語不詳』，若不是他見得，豈千餘年後更能斷得如此分明。」又曰：「荀子云『始乎爲士，終乎爲聖人』，今學者才讀書，便望至聖賢，然中間至之之方，更有多少。荀子雖能如此説，却以禮義爲僞，性爲不善，它自情性尚理會不得，怎生到得聖人？」又曰：「揚雄規矩窄狹，道即性也。言性已錯，更何所得？」　按：《荀子·性惡》篇曰：「人之性惡，其善者僞也。古者聖人以人之性惡，以爲偏險而不正，悖亂而不治，是以爲之起禮義、制法度，以矯飾人之情性而正之，以擾化人之情性而道之，使皆出於理，合於道者也。今人化師法，積文學，道禮義者爲君子；從性情，安恣睢，慢禮義者爲小人。用此觀之，人之性惡明矣。孟子曰『人之性善』，是不然。問者曰：人之性惡，則禮義惡生？曰：凡禮義者，生於聖人之僞，非生於人之性也。」其《非十二子》篇曰：「略法先王而不知其統，猶然而材劇志大，聞見雜博，案往舊造説，謂之『五行』，甚僻違而無類，幽隱而無説，閉約而無解，案飾其辭而祗敬之曰『此真先君子之言也』。子思唱之，孟軻和之，世俗之溝猶瞀儒，嚾嚾然不知其非也，遂受而傳之，以爲仲尼、子游爲兹厚於後世，是則子思、孟軻之罪也。」十二子者，它囂、魏牟也，陳仲、史鰌也，墨翟、宋鈃也，慎到、田駢也，惠施、鄧析也。子思、孟子之道，即堯、舜、禹、湯、文、武、周公、孔子之道也。而以厠於十子之間，其與前章性惡之云，皆其言之甚駁，而獲罪於聖人之門者也，故具列於此。　眉山蘇氏曰：「昔者常怪李斯事荀卿，既而焚滅其書，大變古先聖王之法，於其師之道，不啻若寇讎。及今觀荀卿之書，然後知李斯之所以事秦者，皆出於荀卿，而不足怪也。荀卿者，喜爲異説而不讓，敢爲高論而不顧者也。子思、孟軻，世之所謂賢人君子也。荀卿獨曰：『亂天下者，子思、孟軻也。』天下之人，如此其衆也；仁人義士，如此其多也。荀卿獨曰：『人性惡，桀、紂，性也；堯、舜，僞也。』由是觀之，意其爲人必也剛愎不遜，而自許太過。彼李斯者，其特甚者耳。今夫小人之爲不善，猶必有所顧忌，是以夏、商之亡，桀、紂之殘暴，而先王之法度、禮樂、刑政，猶未至於絶滅而不可考者，桀、紂猶自所存而不敢盡廢也。彼李斯者，獨能奮而不顧，焚燒夫子之六經，烹滅三代之諸侯，破壞周公之井田，此亦必有所恃者矣。彼見其師歷詆天下之賢人，自是其愚，以爲古先聖王皆無足法者。不知荀卿特以快一時之論，而荀卿亦不知其禍之至於此也。」　蘇氏之言，有可取者，故附見焉。

荀子曰：「真積力久則入。」循其言可以入道，然荀子初不及此。

聖人之言遠如天，近如地。其遠也，若不可得而及；其近也，亦可得而行。揚子曰：「聖人之言遠如天，賢者之言近如地。」非也。

《太玄·中首》曰：「陽氣潛萌於黄宫，信無不在其中。」養首一：「藏心于淵，美厥靈根。」測曰：「藏心于淵，神不外也。」揚子雲之學，蓋嘗至此地位也。

朱子曰：「荀子説『能定而後能應』，又曰『君子大心則天而道【一八】，小心則畏義而節』，皆好語也。」問：「荀子資質亦是剛明底人。」曰：「然，只是麄。」又問：「揚子比荀子却細？」曰：「揚子説到深處，只是入老、莊窠穴中去，如『清静寂寞』之説，與《太玄》中『藏心于淵』，亦是莊、老意。」問：「揚子避礙之説，如何？」曰：「大槩也似，只是語言有病。」問：「莫是避字有病否？」曰：「然。少間處事不看道理當如何，便先有个依違閃避之心矣。」　揚子爲人思沈，會去思索，如陰陽消長之妙，它直是去推求。然《太玄》亦拙底工夫。蓋天地間只有一个奇偶，奇陽偶陰，春少陽，夏太陽，秋少陰，冬太陰，自二而四，自四而八。只恁推去都走不得，揚子却添作三，事事要作三截，又且有氣無朔，有日星而無歲月，恐不是道理。其學似本老氏，如清静淵默等語，皆是老氏意思。　以上兼言荀、揚之學。　又程子曰：「漢儒之中，愚必以揚子爲賢。然出處之間，不能無過也。其言曰：『明哲煌煌，旁燭無疆。遜於不虞，以保天命。』『遜于不虞』則有之，『旁燭無疆』則未也。古之所謂言遜者，迫不得已，如《劇秦美新》之類，非得已者乎？」又曰：「世之議子雲者，多疑其投閣之事。以《法言》觀之，蓋未必有。又天禄閣，世傳以爲高百尺，疑不可投。然子雲之罪，特不在此，黽勉於莽、賢之間，畏死而不敢去，是安得爲大丈夫哉！」又曰：「揚子出處，使人難説，若孟子斷不肯爲。」　朱子《通鑑綱目》書：「莽大夫揚雄死。」有以書來問者，朱子荅曰：「雄與王舜之徒所以事莽者雖異，而其爲事莽則同，故竊取趙盾、許止之例，而槩以莽臣書之，所以著萬世臣子之戒，明雖無臣賊之心，但畏死貪生而有其迹，則亦不免於誅絶之罪。此正《春秋》謹嚴之法也。」　愚按：出處，士君子之大節，學之所講，孰先於此？此既失矣，何以學爲哉！程、朱之論甚當，使子雲而在，亦當爲法受惡。金陵王氏乃謂其與孔子「無可無不可」合，金陵之見如此，使其遇莽，亦將事之耶？此邪説之尤，故不可不辨【一九】。

程子曰：「王通者，隱德君子也。當時有少言語，後來爲人傅會，不可謂全書。論其粹處，殆非荀、揚所及。若《續經》之類，皆非其作。」又曰：「《中説》後有人綴緝之。」　一本云：「文

【一八】則天而道　「而道」原脱，據《荀子集解》卷二補。

【一九】據四庫本，此後有脱頁。

中子本是一隱君子，世人往往得其議論，傅會成書。其間極有格言，荀、揚説不到處。又有一件事，半截好，半截不好。如魏徵問：『聖人有憂乎？』曰：『天下皆憂，吾獨得不憂？』問疑。曰：『天下皆疑，吾獨得不疑？』徵退，謂董常曰：『樂天知命吾何憂？窮理盡性吾何疑？』此言極好。下半截却云：『徵所問者迹也，吾告汝者心也，心迹之判久矣。』便不是。」又曰：「有是心則有是迹，王通云云非也。」又曰：「《文中子》書以明内齊外爲《家人》之義，古今善之，非取象之意也。所謂『齊乎巽』，言物潔齊於巽方，非巽有齊義也。如『戰乎乾』，乾非有戰義也。」

司馬《補傳》曰：「文中子王通，字仲淹，幼明悟好學，受《書》於東海李育，受《詩》於會稽夏琠，受《禮》於河東關朗，受樂於北平霍汲，受《易》於族父仲華。仁壽三年，通始冠，西入長安，獻《太平十二策》。帝召見，歎美之，然不能用，罷歸，尋復徵之。煬帝即位，又徵之，皆稱疾不至，專以教授爲事，弟子自遠方至者甚衆。乃著《禮論》、《樂論》、《續書》、《續詩》、《元經》、《贊易》，謂之《王氏六經》。楊素重其才行，勸之仕，通曰：『汾水之曲，有先人弊廬足以庇風雨，薄田足以具饘粥，願明公正身以統天下，使時和年豐，通也受賜多矣，不願仕也。』或譖通於素曰：『彼實慢公，公何敬焉？』素以問通，通曰：『使公可慢，則僕得矣；不可慢，則僕失矣。得失在僕，公何預焉！』賀若弼嘗示之射，發無不中。通曰：『美哉，藝也！君子志道、據德、依仁，然後遊於藝也。』弼不悦而去，通曰：『夫子矜而愎，難乎免於今之世矣。』蘇威好蓄古器，通曰：『昔之好古者聚道，今之好古者聚物。』劉炫問《易》。通曰：『聖人之於《易》也，没身而已矣，況吾濟乎！』有仲長子光者，隱於河渚，嘗曰：『在險而運奇，不若宅平而無爲。』通以爲知言，曰：『名愈消，德愈長；身愈退，道愈進。若人知之矣。』薛收問：『恩不害義，儉不傷禮，何如？』通曰：『是漢文之所難也。廢肉刑害於義，省之可也；衣弋綈傷於禮，中焉可也。』王孝逸曰：『天下皆争利而棄義，若之何？』通曰：『捨其所棄，不亦君子乎！』或問人善。通曰【二〇】：『知其善則稱之，不善則對曰：未嘗與交也。』賈瓊問息謗。通曰：『無辨。』問止怨。曰：『不争。』故其鄉人皆化之無争者。賈瓊問群居之道。通曰：『同不害正，異不傷物。古之有道者，内不失真，外不

【二〇】通曰　「曰」字原脱，據上下文意補。

殊俗，故全也。』賈瓊請絶人事。通曰：『不可。』瓊曰：『然則奚若？』通曰：『莊以待之，信以應之，來者勿拒，去者勿追，汎如也，則可。』通謂姚義能交。或曰簡。通曰：『玆所以能也。』又曰廣。通曰：『廣而不濫，玆又所以爲能。』又謂薛收：『善接小人，遠而不踈，近而不狎，頽如也。』通嘗曰：『封禪非古也，其秦漢之侈心乎？』又曰：『美哉，周公之志深矣乎！安家所以寧天下，存我所以厚蒼生也。』又曰：『易樂者必多哀，輕施者必好奪。』又曰：『無赦之國，其刑必平；重斂之國，其財必削。』又曰：『廉者常樂無求，貪者常憂不足。』又曰：『我未見誹而喜，聞譽而懼者。』又曰：『昏而論財，夷虜之道也。』又曰：『居近而識遠，處今而知古，其唯學乎？』又曰：『輕譽苟毁，好憎尚怒，小人哉！』又曰：『聞謗而怒者，讒之階也；見譽而喜者，佞之媒也。絶階去媒，讒佞遠矣。』謂北山黄公善醫：先飲食起居，而後針藥。謂汾陰侯生善筮，先人事而後爻象。大業十年，尚書召通蜀郡司户，十一年，以著作郎國子博士徵，皆不至。十四年，病終於家。門人謚曰文中。評曰：此皆通之世家及《中説》云爾。余竊謂先王之六經，不可勝學也，而又奚續焉？續之庸能出於其外乎？出則非經矣。苟無出而續之，則贅也，奚益哉？或曰：『彼商、周以往，此漢、魏以還也。』曰：『漢、魏以還，遷、固之徒記之詳矣。奚待於續經，然後人知之，必也好大而欺愚乎！則必不愚者，孰肯從之哉？』今其六經皆亡，而《中説》亦出於其家，雖云門人薛收、姚義所記，然余觀其書，竊疑唐室既興，凝與福畤輩，依並時，從而附益之也。何則？其所稱朋友門人，皆隋、唐之際將相名臣，如蘇威、楊素、賀若弼、李德林、李靖、竇威、房玄齡、杜如晦、王珪、魏徵、陳叔達、薛收之徒，考諸舊史，無人語及通名者。《隋史》，唐初爲也，亦未嘗載其名於《儒林》、《隱逸》之間，豈諸公皆忘師棄舊之人乎？何獨其家以爲名世之聖人，而外人皆莫之知也。福畤又云：『凝爲監察御史，劾奏侯君集有反狀，太宗不信之，但黜爲姑蘇令。大夫杜淹奏凝直言非辜，長孫無忌與君集善，由是與淹有隙，王氏兄弟皆抑不用。時陳叔達方撰《隋史》，畏無忌，不爲文中子立傳。按：叔達前宰相，與無忌位任相埒【二二】，何故畏之？至没其師之名，使無聞於世乎？且魏徵實總《隋史》，縱叔達曲避權戚，徵肯聽之乎！此余所以疑也。又淹以貞觀二年卒，十四年君集平高昌還而下獄，由是怨望。十七年謀反，誅。此其前後參差不實之尤著者也。如通對李靖聖人之道曰：『無

【二二】位任相埒　「任」原作「位」，據四庫本改。

所由亦不至於彼，彼道之方也。必無至乎！』又對魏徵以聖人有憂疑，退語董常，以聖人無憂疑。曰：『心迹之判久矣，皆流入於釋、老者矣。夫聖人之道，始於正心脩身、齊家治國，至於安萬邦，和黎民，格天地，遂萬物，功施當時，法垂後世，安在其無所至乎？聖人所爲者，皆發於至誠，而後功業被於四海。至誠，心也；功業，迹也。奚爲而判哉？』如通所言，是聖人作僞以欺天下也，其可哉？又曰：『佛，聖人也，西方之教，中國則泥。』又曰：『《詩》、《書》盛而秦世滅，非仲尼之罪也。虚玄長而晉室亂，非老、莊之罪也。齊戒修而梁國亡，非釋迦之罪也。』苟爲聖人矣，則推而放諸南海而準，推而放諸北海而準，烏有可行於西方，而不可行於中國哉？苟非聖人矣，則泥於中國，獨不泥於西方邪？秦焚《詩》、《書》之文故滅，詩書之道盛於天下，秦安得滅乎？莊、老貴虚無而賤禮法，故王衍、阮籍之徒乘其風而鼓之，飾談論，恣情慾，以至九州覆没。釋迦稱前生之因果，棄今日之仁義，故梁武帝承其流而信之，嚴齊戒，弛政刑，至於百姓塗炭。發端唱導，謂非二家之罪而誰哉？此皆議論不合於聖人者也。唐世爲學之士，傳其書者蓋寡，獨李翺以比《太公家教》，及司空圖、皮日休始推重之。宋興，柳開、孫何振而張之，遂大行於世，至有真以爲聖人可繼孔子者。余讀其書，想其爲人，誠好學篤行之儒。惜其自任太重，而其子孫譽之太過，使後之人莫之敢信也。余恐世人譏其僭而累其美，故采其行事於理可通而所言切於事情者，著於篇以補《隋書》之闕。」

愚按：司馬氏《補傳》之外，其言有曰：「人不里居，田不井授，終苟道也，雖舜、禹不能理矣。」又曰：「罪莫大於好進，禍莫大於多言，痛莫大於不聞過，辱莫大於不知耻。」又曰：「我未見謙而有怨，亢而無辱，欲匿其德而不章也。」又曰：「棄德背義，而患人之不己親；好疑尚詐，而患人之不己信，則有之矣。」又曰：「處貧賤而不懾，可以富貴矣。童僕稱其恩，可以從政矣。交遊稱其信，可以立功矣。」又曰：「多言者不可與遠謀，多動者不可與久處。」又曰：「疑滯者，智之蝥也。忿憾者，仁之螣也。纖悋者，義之蠹也。」又曰：「古之從仕者，養人；今之從仕者，養己。」又曰：「古之仕也，以行其道；今之仕也，以逞其欲。」又曰：「恭則物服，慤則有成，平則物化。」李密問王霸之畧。子曰：「不以天下易一民之命。」問英雄。子曰：「自知者英，自勝者雄。」問勇。曰：「必也義乎！」密出，子曰：「亂天下者必是夫也。幸災而免禍，愛强而好勝，神明不與也。」李密見子而論兵，子曰：「禮信仁義，則吾論之。孤虚詐力，吾不與也。」楚公問用師之道。子曰：「行之以仁義。」曰：「若之何決勝？」子曰：「莫如仁義。過此，敗之招也。」楚難作，使使召子，子不往，謂使者曰：「爲我謝楚公。天下崩亂，非至公血誠不能安。苟使其道，無爲禍化。」凡此亦名言也。其散見於諸篇者，不與焉。至於其行，則有若所記子躬耕。或問曰：「不亦勞乎？」子曰：「一夫不耕，或受其饑，且庶人之職也。亡職者罪無所逃天地之間，吾得逃乎？」子之家，六經畢備，朝服祭器不假。曰：「三綱五常可自出也。」子之言必有方應而不唱，唱必有大端。鄉人有喪，子必先往，反必後。鄉人有水土之役，則具畚鍤以往，曰：「吾非從大夫之後也。」子見耕者必揖而勞之。銅川夫人有病，子不交睫者三月；人問者，送迎之，必泣以拜。銅川府君之喪，勺飲不入口者三日。方春鄉社，子必與執事謝其勞，而相其役。子居家，雖孩孺必狎；其使人也，雖童僕必斂容。子之居常湛如也，言必恕，動必義，與人款曲以待其會。子不相形，不禱疾，不上非義。越公以《食經》遺，子不受。曰：「羹藜含糗，無所用也。」答之以《酒誥》及《洪範》「三德」。文中子之行大略具是，合言行而觀，其亦可謂隱德君子矣。程子之評其當矣夫！

朱子曰：「道之在天下未嘗亡，而其明晦通塞之不同，則如晝夜寒暑之相反。故二帝三王之治、《詩》《書》六藝之文，後世莫能及之，蓋非功效語言之不類，乃其本心事實之不侔也。雖然，『維天之命，於穆不已』，彼所謂道者則固未嘗亡矣。而《大學》之教，所謂『明德』、『新民』、『止於至善』者，又已具有明法，若可階而升焉。後之讀其書、考其事者，誠能深思熟讀以探其本，謹守力行以踐其事，至於一旦豁然，而晦者明，塞者通，則古人之不可及者，固已倏然而在我矣，夫豈患其終不及哉！苟爲不然，而但爲模放假竊之計，則不惟精粗懸絶終無可似之理，政使似之，然於其道亦何足以有所發明？此有志爲己之士所以不屑而有所不暇爲也。王仲淹生乎百世之下，讀古聖賢之書而粗識其用，則於道之未嘗亡者蓋有意焉，而於明德新民之學，亦不可謂無其志矣。然未嘗深探其本而盡力於其實，以求必得夫至善者而止之，顧乃挾其窺覘想像之彷彿，而謂聖之所以聖、賢之所以賢，與其所以脩身，所以治人而及夫天下國家者，舉皆不越乎此。是以見隋文而陳十二策，則既不自量其力之不足以爲伊、周，又不知其君之不可以爲湯、武，且不待其招而往，不待其問而告，則又輕其道以求售焉。及其不遇而歸，其年蓋亦未爲晚也。若能於此反之於身，以益求其所未至，使明德之方、新民之具，皆足以得其至善而止之，則異時得君行道，安知其卒不逮於古人？政使不幸終無所遇，至於甚不得已而筆之於書，亦必有以發經言之餘蘊，而開後學於無窮。顧乃不知出此，而不勝其好名欲速之心，汲汲乎日以著書立言爲己任，則其用心爲已外矣。及其無以自託，乃復捃拾兩漢以來文字言語之陋、功名事業之卑，而求其天資之偶合，與其竊取而近似者，依倣六經，次第采輯，因以牽挽其人，强而躋之二帝三王之列。今其遺編雖不可見，然考之《中説》而得其規模之大畧，則彼之贊《易》，是豈足以知先天、後天之相爲體用；而高文、武皇之制。是豈有『精一』、『執中』之傳；曹、劉、顔、謝之詩，是有『物則』、『秉彝』之訓；叔孫通、公孫述、曹褒、荀勉之禮樂，又孰與伯夷、后夔、周公之懿？至於宋、魏以來，一南一北，校功度德，蓋未有以相君臣也，則其天命人心之向背，統緒繼承之偏正，亦何足論，而欲攘臂其間，奪彼予此，以自列於孔子之《春秋》哉！蓋既不自知其學之不足以爲周、孔，又不知兩漢之不足以爲三王，而徒欲以是區區者比而效之於形似影響之間，傲然自謂足以承千聖而詔百王矣，而不知其適以是而自納於吴、楚僭王之誅，使夫後世知道之君子，雖或有取於其言，而終不能無恨於此，是亦可悲也已！至於假卜筮，象《論語》，而强引唐初文武名臣以爲弟子，是乃福郊、福疇之所爲，而非仲淹之雅意，然推原本始，乃其平日好高自大之心有以啓之，則亦不得爲無罪矣。或曰：然則仲淹之學，固不得爲孟子之倫矣，其視荀、揚、韓氏，亦有可得而優劣者耶？曰：荀卿之學雜於申、商，子雲之學本於黄、老，而其著書之意，蓋亦姑託空文以自見耳，非如仲淹之學，頗近於正而粗有可用之實也。至於退之《原道》諸篇，則於道之本原，若有非荀、揚、仲淹之所及者。然考其平生意鄉之所在，終不免於文士浮華放浪之習、時俗富貴利達之求；而其覽觀古今之變，將以措諸事業者，恐亦未若仲淹之致懇惻而有條理也。是以予於仲淹，獨深惜之，而有所不暇於三子，是亦《春秋》責備賢者之遺意也，可勝歎哉！」又曰：「賈誼根本只從戰國中來。漢儒惟董仲舒其學甚正，非諸人比。然最好處只有正義、明道兩語。下此諸子皆不足道。張良、諸葛亮固正，只是太粗。王通也有好處，然無本原工夫，却要將秦、漢以下文飾做個三代，便自要比孔子，不知如何比得！如《續書》要載漢以來詔令，他那詔令發明得甚麽義理？只有高帝時詔令稍好，然已不純。如曰『肯從我游者，吾能尊顯之』，此豈所以待天下之士？三代之書誥詔令，皆是根源學問，發明義理，所以粲然可爲後世法。秦、漢以下詔令濟得甚事？它不曾將心子細去讀聖人書，只是依它个模子。

見聖人作六經，我亦學它作六經，便説可以比並聖人，不知如何比並？某嘗説，自孔、孟没後，諸儒不曾細讀聖人之書，曉得聖人之旨，只是自説一至當道理【二二】。説得似若可觀，只是非聖人之意。」問：「董子、文中子如何？」曰：「仲舒本領純正，班固所謂醇儒極是。至於天下國家事業，恐施展未必如仲淹。識見高明，如説治體處極高了。但於本領處，如古人明德、新民、止至善處，皆不理會。要知文中論治體處，高似仲舒，而本領不及。爽似仲舒，而純不及。」又曰：「文中子有志於天下，亦識得三代制度，較之房、魏諸公，又稍有此本領，只本原上工夫都不理會。若究其議論本原，只自老、莊中來。」問：「文中子好處與不好處？」曰：「見得道理透後，從高視下，一目瞭然。今要去揣摩，不得。」又曰：「七制之主，必因其《續書》中曾采七君事迹以爲書，名之曰七制，如二《典》然。今無可考，大率多是依倣而作。如以董常爲顔子，則是以孔子自居。」又曰：「天下皆憂，吾獨得不憂。天下皆疑，吾獨得不疑。」又曰：「樂天知命吾何憂，窮理盡性吾何疑？」蓋有當憂疑者，有不當憂疑者，然皆心也。文中子以爲有心、迹之判，故伊川非之。又曰：「惟其無一己之憂疑，故能憂疑以天下；惟其憂疑以天下，故無一己之憂疑。」又曰：「觀聖人之出處，須看他至誠懇切處及洒然無累處。文中子云云，此説是。」又曰：「文中子言論大綱雜霸，如説安家存我，都是爲自私張本。」

文中子不曾有説見道體處

文中子不曾有説見道體處。按：《中説》薛收問仁，子曰：「五常之胎也。」問智。子曰：「五常之用也。」問禮。子曰：「五常之中也。可以行矣。先王以是南面而坐，嚮明而化也。」問義。子曰：「五常之斷也。」問信。子曰：「五常之終也。」問性。子曰：「五常之本也。」問理。子曰：「五常之分也。」問道。子曰：「五常之所一也。」問器。子曰：「五常之偏授，於是乎不一也。君子器乎哉？否也。」以此數條推之，則仲淹之於道體見有未明，故其言有未粹。《易》曰：「元者，善之長也。」程子曰：「四德之元，猶五常之仁，偏言則一事，專言則包四者。」然則仁之爲仁，蓋貫乎五常之始終。今獨以始言之，是知有偏言之仁，而未知有專言之仁也。以性言之，則仁、義、禮、智皆體也，發而爲惻隱、羞惡、辭遜、是非，則用也。今曰智爲五常之用焉，則仁、義、信皆體而智獨爲用也，豈其然乎？至若以禮爲五常

【二二】至當道理　「至」原作「副」，據四庫本改。

之中，未知其取居中之義乎？抑取無過不及之義也？以居中爲言，則初無意義。若曰無過不及，則凡合乎義理之正者皆中者，又非獨禮爲然矣。信於五常無乎不在，猶土之王四時也。獨以終言，可乎？惟「義者，吾常之斷」一語，若曰義在五常之中主於断制，差爲近之，而以性爲五常之本，則失之尤甚者也。韓子曰「人之所以爲性者五，曰仁，曰禮，曰信，曰義，曰智」，則所謂性者五常而已。今曰性爲五常之本，是性非五常，特其本焉爾【一三】。其各言之未當，大抵若是。蓋仲淹之學，詳於世变，而畧於情性，故其於道之用似有見焉，而體則未也。朱子之評豈不勝哉！以上論文中子之學。

【一三】特其本　「特」原作「時」，据四庫本改。

甲集二十九

程子曰：「韓退之晚年爲文，所得甚多。學本是修德，有德然後有言。退之因學文，日求其所未至，遂有所得。韓愈亦近世豪傑之士，如《原道》中語言雖有病，然自孟子而後，能將許大見識尋求者，才見此人。」又曰：「孟子而後，却只有《原道》一篇大意儘近理。」問：「《遺書》言韓愈近世豪傑，揚子雲豈得如愈？後卷又曰『揚子之學實，韓子之學華，華則學道淺』，二説似相抵牾？」朱子曰：「只以言性論之，則揚子『善惡混』之説，所見僅足以比告子耳。若退之見得到處却甚峻絶，性分三品正是説氣質之性，至程門説破氣字，方有去著，此退之所以不易及，而第二説未得其實也。」

韓文不可漫觀，晚年所見尤高。又嘗曰：「退之直是會道言語，内不足者急於人知，沛然有餘，厥聞四馳。大抵爲名者，只是内不足【一】。内足者，自無意於名。」又曰：「退之《文王操》曰『臣罪當誅兮，天王聖明』，道得文王心出來。」又曰：「退之頌伯夷，甚好，然祇説得伯夷介處。要知伯夷之心，須是聖人。《語》曰：『不念舊惡，怨是用希。』此甚説得伯夷心也。」

揚雄、韓愈説性，皆説著才。因言性無不善，才有善不善云云。又論博愛之謂仁，非是。已見《言仁》篇。

朱子曰：「自古罕有人説得端的，惟退之《原道》庶幾近之。」又曰：「《原性》言所以爲性者五，説得甚實。」詳見《性情》篇。

校勘記

【一】只是内不足　「足」原作「是」，據《二程遺書》卷十八改。

韓公之學見於《原道》者，雖有以識夫大用之流行，而於本然之全體，則疑其有所未睹【二】，且於日用之間，亦未見其有以存養省察而體之於身也。是以雖其自任者不爲不重，而其平生用力深處，終不離乎文字言語之工。至其好樂之私，又未能卓然自拔於流俗。所與游者，不過一時文士，其於僧道，則亦僅得毛干、暢觀、靈惠之流。是其身心內外所立所資不越乎此，亦何所據以爲息邪距詖之本，而充其所以自任之心？是以一旦放逐，憔悴亡聊之中，無復平日飲博過從之樂，方且鬱鬱不能自遣，而卒然見夫瘴海之濵，異端之學，乃有能以義理自勝不爲事物侵亂之人，與之語，雖不盡解，亦豈不足以蕩滌情累而暫空其滯礙之懷乎？然則凡其稱譽大顛之言自不必諱，而於公所謂不求其福，不畏其禍，不學其道者，初亦不相妨也。雖然使公於此能因彼稊稗之有秋，而悟我黍稷之未熟，一旦翻然反求諸身，以盡聖賢之藴，則所謂以理自勝，不爲外物侵亂者，將無復羨於彼，而吾之所以自任者，益恢乎其有餘地矣。豈不偉哉！　此《朱子考異·孟簡書》注云。

韓公於道，知其用之周於萬事，而未知其體之具於吾心；知其可行於天下，而未知其本之當先於吾之一身也。是以其言常詳於外，而畧於內。其志常極於遠大，而其行未必能謹於細微。雖知文與道有輕重之殊，而終未能審其緩急輕重之序，以決取舍。雖知汲汲以行道濟時，抑邪與正爲事，而或未免雜乎貪位慕祿之私。

《大學》八條起於格物致知，終於平天下，所以教人爲學次第，至爲纖悉。漢、魏以來諸儒之論，未聞有及之者。至唐韓子，乃能援以爲説，庶幾其有聞矣。然其言極於正心誠意，而無致知格物云者，則是不探其端而驟語其次，亦未免於擇焉不精、語焉不詳之病矣，

【二】有所未睹　「未」原作「有」，據四庫本改。

何乃以是而議荀、揚哉？

韓子於道，見其大體規模極分明，但未能究其所從來，而體察操履處皆不細密，其排佛、老，亦據其所見而言之爾。程先生說「《西銘》，《原道》之宗祖」，此言可以推其淺深也。又令門人評王、韓優劣，學者多主退之，曰：「文中子根脚雖淺，却是以天下爲心，分明是要見諸事業，天下事皆入思慮來。退之雖見得道之大用是如此，然却無實用功處。」問揚子、韓子優劣。曰：「各自有長處。韓公見得大意已分明，但不曾子細理會。如《原道》之類，不易得也。揚子之學似本於老氏，如『清静淵默』之語皆是。韓公綱領正，却無它這個近老子底説話。」又曰：「《原道》中説得仁義道德極好，但是它不去踐履玩味，故見得不精密。」問：「退之文士，何以從祀？」曰：「有闢佛、老之功。」問：「伊川謂《西銘》乃《原道》宗祖，如何？」曰：「《西銘》從上面説來。《原道》言『率性之謂道』，《西銘》併『天命之謂性』説了。」問：「如『定名』、『虚位』之説，如何？」曰：「後人多譏議之。某謂如此説亦無害。蓋此仁也，此義也，便是定名。此仁之道，仁之德，此義之道，義之德，則道德乃總名，是虚位也。且須知它此語爲老子説。老子謂『失道而後德，失德而後仁，失仁而後義，失義而後禮，失禮而後智』，所以《原道》云：『吾之所謂道德，合仁與義言之也。』須知此意，方看得。」又問：「退之謂『軻死，不得其傳』，程子取之，屏山以爲『孤聖道，絶後學』，如何？」曰：「屏山只要説釋子道流皆得其傳爾，屏山本釋學。」問：「『博愛之謂仁，如何？」曰：「説得却差，仁義兩句皆用將作體看。事事合宜者爲義，仁者愛之理。若曰『博愛』，曰『行而宜之』，則皆用矣。」又曰：「以博愛爲仁，則未博愛之前將無仁乎！」問：「由是而之焉之謂道。」曰：「此是説行底，非是説道體。」問：「足乎己無待於外之謂德。」曰：「此是説行道而有得於身者，非是説自然得之於天者。」問：「孟子謂：『楊、墨之害不熄，孔子之道不著。』韓公推尊孟氏闢楊、墨之功，而《讀墨》一篇，乃云云，何也？」曰：「韓公第一義是學文，第二義方去窮理，所以看得不親切。如云『其行己不敢有媿於道』，他本只是學文，但行己不敢有媿於道耳。把這個做第二義。」愚按：《唐史本傳》云：其《原道》、《原性》、《師説》等數十篇，皆奥衍閎深，與孟軻、揚雄相表裏而佐佑六經云。」又曰：「自晉訖隋，老、佛顯行，諸儒倚天下正議，助爲怪神。愈獨喟然引聖，争四代之惑，雖蒙訕笑，跲而復奮，始若未之信，卒大顯於時。昔孟軻拒楊、墨，去孔子才二百年。愈排二家，乃去千餘載，撥衰反正，功與齊而力倍之，所以過況、雄爲不少矣。自愈没，其言大行，學者仰之如泰山北斗云。」史氏之稱愈者如此，而程、朱二先生議論乃或是非相半，蓋史氏存乎奬善，而二先生講學明道，則雖毫釐必致其察，此所以不同歟？又《神道碑》云：「公遺命喪葬，無不如礼。俗習夷狄，畫寫浮圖，日以七數之，及拘陰陽，所謂吉凶，一無汙我。」朱子曰：「按此，可見公之平生謹守礼法，排斥異教，自信之篤，至死不變，可以爲後世法。」以上論韓子之學。

程子曰：「昔受學於周茂叔，令尋仲尼、顔子樂處，所樂何事。」

又曰：「自再見周茂叔後，吟風弄月而歸，有『吾與點也』之意。」又曰：「周茂叔窗前草不除去，問之，曰：『與自家意思一般。』」又曰：「觀天地生物氣象。」周茂叔謂：「看一部《華嚴經》，不如看一《艮》卦。」注言各止其所也【三】。　邵康節爲伊川極論天地萬物之理，以及六合之外。伊川歎曰：「平生唯見周茂叔論至此！」伊川爲《太中家傳》，曰：「公在虔時，嘗假倅南安軍【四】，獄掾周惇實年甚少。公視其氣貌非常人，與語，果爲學知道者，因與爲友。」河間劉立之敘明道事曰：「先生從汝南周敦頤問學，窮性命之理。」朱子曰：「濂溪在當時，人見其政事精絶，則以爲宦業過人；見其有山林之志，則以爲襟懷灑落，有仙風道氣，無有知其學者。惟程太中知之，宜其生兩程子也。」

胡氏曰：「周子啓程氏以不傳之妙，其功蓋在孔、孟之間。人見其書之約，而不知其道之大也；見其文之質，而不知其義之精也；見其言之淡，而不知其味之長也。」五峯序《通書》，曰：「《通書》四十一章，周子之所述也。周子名某，字茂叔，春陵人。推其道學所自，或曰傳《太極圖》於穆脩

【三】各止其所　「止」原作「得」，據四庫本改。

【四】假倅南安軍　「軍」字原脱，據《伊洛淵源録》卷一補。

也。脩傳《先天圖》於种放，放傳於陳摶。此殆其學之一師歟？非其至者也，云云。」朱子曰：「先生之學，其妙具於『太極』一圖。《通書》之言，皆發此圖之藴，而程先生兄弟語及性命之際，亦未嘗不因其説。觀《通書》之《誠》、《動静》、《理性命》等章，及程氏書《李仲通銘》、《程邵公誌》、《顔子好學論》等篇，則可見矣。潘清逸誌先生之墓，敘所著書，特以作《太極圖》爲稱首，然則此圖當爲先生書首不疑也。然先生既手以授二程，本因附書後，傳者見其如此，遂誤以圖爲書之卒章，不復釐正，使先生立象盡意之微指暗而不明，而驟讀《通書》者亦復不知有所總攝，此則諸本之失也。又嘗讀朱内翰震《進易説表》，謂此圖之傳，自陳摶、种放、穆修而來，而五峯胡宏作《通書序》，又以爲先生非止爲种、穆之學者，此特其學之一師耳，非其至者也。夫以先生之學之妙不出此圖，以爲得之於人，則決非种、穆所及。以爲非其至者，則先生之學又何以加於此圖哉？是以竊嘗疑之。及得誌文考之，然後知其果先生所自作，而非有受於人者，二公蓋皆未嘗見此誌而云云耳。然胡公所論《通書》之指，曰人見其書之約，云云。人有真能立伊尹之志，脩顔子之學，則知此書之言包括至大，而聖門之事業無窮矣。此則不可易之至論，讀此書者所宜知也。」又曰：「今人多疑濂溪之學出於希夷。某曰：濂溪書具存，如《太極圖》，希夷如何有此説【五】。」

朱子曰：《河圖》出而八卦畫，《洛書》呈而九疇敘，孔子於斯文之興喪，亦未嘗不推之於天。若濂溪先生者，其天之所畀而得乎斯道之傳者與！不然，何其絶之久而續之易，晦之甚而明之亟也？蓋自周衰，孟軻氏没，而此道之傳不屬。更秦及漢，歷晉、隋、唐，以至於我有宋。聖祖受命，五星集奎，實開文明之運，然後氣之漓者醇，判者合，清明之禀得以全付乎人，而先生出焉。不繇師傳，默契道體，建圖屬書，根極領要。當時見而知之，有程氏者，遂擴大而推明之，使夫天理之微、人倫之著、事物之衆、鬼神之幽，莫不洞

【五】希夷如何　「希」原作「布」，據四庫本改。

然畢貫於一，而周公、孔子、孟氏之傳焕然復明於世。有志之士得以探討服行，而不失其正，如出於三代之前者。嗚呼，盛哉！非天所畀，其孰能與於此？《江州書堂記》。

自鄒孟氏没，而聖人之道不傳，世俗所謂儒者之學，内則局於章句文辭之習，外則雜於老子、釋氏之言，而其所以修己治人者，遂壹出於私智人爲之鑿，若此者蓋千有餘年於今矣。濂溪先生奮乎百世之下，乃始深探聖賢之奥，疏觀造化之原，而獨心得之，立象著書，闡發幽秘，辭義雖約，而天人性命之微、脩己治人之要莫不畢舉。河南兩程先生既親見之而得其傳，於是其學遂行於世。士之講於其説者，始得以脱於俗學之陋、異端之惑。三先生有功於當世，於是爲不小矣。《袁州祠記》。

先生之言，其高極乎無極、太極之妙，而實不離乎日用之間。其幽探乎陰陽五行造化之賾，而其實不離乎仁義禮智、剛柔善惡之際。其體用之一源，顯微之無間，秦、漢以下誠未有臻斯理者，而其實則不外乎六經、《論語》、《中庸》、《大學》七篇之所傳也。蓋其所謂太極云者，合天地萬物之理而一名之耳。以其無器與形，而天地萬物之理無不在是，故曰「無極而太極」。以其具天地萬物之理，而無器與形，故曰「太極本無極」也，是豈離乎生民日用之常而自爲一物哉！

其爲陰陽五行造化之賾者，固此理也。其爲仁義禮智、剛柔善惡者，亦此理也。性此理而安焉者，聖也。復此理而執焉者，賢也。自堯、舜以來至於孔、孟，其所以相傳之説，豈有一言以易此哉！顧孟氏既没，而諸儒之智不足以及此，是以世之學者茫然莫知所適。高則放於虚無寂滅之外，卑則溺於雜博華靡之中，自以爲道固如是，莫或知其非也。及先生出，始發明之，以傳於程氏，而其流遂及於天下。天下之學者於是始知聖賢之所以相傳之實【六】，乃出於此，而有以用其力焉，此先生之教所以繼往聖，開來學，而大有功於斯世也。《隆興祠記》。

秦、漢以來，道不明於天下，而士不知所以爲學。言天者遺人而無用，語人者不及天而無本。專下學者不知上達而滯於形器，必上達者不務下學而溺於空虚。優於治己者或不足以及人，而隨世以就功名者，又未必自其本而推之也。是以天理不明而人欲熾，道學不傳而異端起，人挾其私智以馳騖於一世。宋興，有濂溪先生者作，然後天理明而道學之傳復續。蓋有以闡夫太極陰陽五行之奥，而天下之爲中正仁義者得以知其所自來，言聖學之有要，而下學者知勝私復禮之可以馴致於上達。明天下之有本，而言治者知誠心端身之可以舉而措之於天下。其所以上接洙泗千歲之統，下啓河洛百世之傳者，脉絡分明而規摹宏遠矣。歷選諸儒授受之次，以論其興復開創汛掃平一之功，未有高焉者也。《韶州祠記》。

《通書》者，濂溪夫子之所作也。夫子自少即以學行有聞於世，而莫或知其師傳之所自，獨以河南兩程夫子嘗受學焉，而得孔、孟不傳之正統，則其淵源因可槩見。然所以指

【六】天下之學者　「天下」原脱，據《朱熹文集》卷七十八補。

夫仲尼、顔子之樂，而發其「吟風弄月」之趣者，亦不可得而悉聞矣。所著之書，又多放失。獨此一篇，本號《易通》，與《太極圖説》並出，程氏以傳於世，而其爲説實相表裏。大抵推一理、二氣、五行之分合，以紀綱道體之精微，決道義、文辭、禄利之取舍，以振起俗學之卑陋。至論所以入德之方、經世之具，又皆親切簡要，不爲空言。顧其宏綱大用，既非秦、漢以來諸儒所及，而其條理之密、意味之深，又非今世學者所能驟而窺也。是以程氏既没而傳者鮮焉，其知之者，不過以爲用意高遠而已。《通書序》。　朱子既爲《太極圖説》，則録以寄廣漢張敬夫，以書來曰：先生所與門人講論問答之言，見於書者詳矣。其於《西銘》蓋屢言之，至此圖則未嘗一言及也。謂其必有微意，是則固然。然所謂微意者，果何謂耶？熹竊以爲此圖立象盡意，剖析幽微，周子蓋不得已而作也。觀其手授之意，蓋以爲惟程子爲能當之，至程子而不言，則疑其未有能受之者爾。夫既未能默識於言意之表，則馳心空妙，入耳出口，其弊必有不勝言者。觀其答張閎中論《易傳》成書，深患無受之者，及《東銘見録》中論横渠「清虚一大」之説，使人向别處走，不若且只道敬，則其意亦可見矣。若《西銘》則推人以證之天，即近以明遠，於學者日用最爲親切，非若此書詳於性命之原，而略於進爲之目，有不可以驟而語者也。孔子雅言，《詩》、《書》執禮，而於《易》則鮮及焉，其意亦猶此耳。　問：「先生謂程子不以太極圖授門人，蓋以未有能授之者。孔門亦未嘗以此語顔、曾，如何？」曰：「焉知其不曾説。」曰：「觀顔、曾做工夫處，只是切己做將去。」曰：「此亦何嘗不切己。皆非在外，乃我所固有也。」曰：「言此徒長人臆度料想之見。」曰：「理會不得者固如此。若理會得者，莫非在我，便可受用，何臆度之有？」問：「太極圖自一而二，自二而五，即推至於萬物。《易》則自一而二，自二而四，自四而八，自八而十六，自十六而三十二，自三十二而六十四，然後萬物之理備。《西銘》則止言陰陽，《洪範》則止言五行，或畧或詳皆不同，何也？」先生曰：「理一也，人所見有詳畧尔，然道理亦未嘗不相值也。」大凡看道理，要見得大頭腦處分明。下面節節只是此個道理散爲萬殊。如孔子教人，只是逐件事説個道理，未嘗説出大頭腦處。然四方八面合聚湊來，也自見得個大頭腦。若孟子，便已指出示人。至周子説出太極【七】，已是大段分明指出矣。且如惻隱之端，從出處推上去，則是此心之仁。仁即所謂四德之元。元即太極之動處。如此節節推上去，亦自見得總腦處。若看得太極處分明，則盡見得天下許多道理皆自此出，事事物物皆有此個道理，元無虧欠也。近世諸公知濂溪者甚淺，如吕氏《童蒙訓》稱其「用意高遠」。夫《通書》太極之説，所以明天理之根源，究萬物之終始，豈用意而爲之？又何遠近高下之可道哉！《通書》文雖高簡，而體實淵慤，且其所論不出乎陰陽變化、脩己治人之事，未嘗劇談無物之先、文字之外也。《通書》中數數拈出「幾」字，要當如此瞥地，即自然有個省力處。濂溪之圖雖簡古淵深，未易究測，然其大指，不過語諸學者講學致思，以窮天地萬物之理，而勝其私以復焉。其施則善於家，而達於天下。其具則復古禮，變今樂，政以養民而刑以肅之也。是乃所謂伊尹之志，顔子之學，而程氏傳之以覺斯人者。周子留下太極圖，若無《通書》，却教人如何曉得？故太極圖得《通書》而後明。

南軒張氏曰：「自孔、孟没，其微言僅存於簡編，更秦火之餘，漢世儒者號爲窮經學古，不過求之訓詁章句間，於其文義時有所益，然大本之不求，聖賢之心鬱而不彰。而又有專從事文辭者【八】，其去古益以遠，經生文士，岐爲二途。及夫措之當世，施於事爲，則又出於功利之末，智力之所營，若無與於書者。於是有異端者，乘間而入，横流於中國。儒而言道德性命者，不入於老，則入於釋。間有希世傑出之賢，攘臂排之，而其説復未足以盡吾儒之指歸，故不足以抑其瀾，而或反以激其勢。嗟乎！言學而莫適其序，言治而

【七】至周子　「子」原作「公」，據《朱子語類》卷九改。

【八】專從事　「專」原作「顓」，據四庫本改。

不本於學，言道德性命而流入於虛誕，吾儒之學其果如是乎哉？及吾先生起於遠方，乃超然有所自得於其心，本乎《易》之太極、《中庸》之誠，以極乎天地萬物之變化。其教人，使之志伊尹之志，學顏子之學。推之於治先王之禮樂刑政，可舉而行如指諸掌。於是河南二程先生兄弟從而得其説，推明究極之，廣大精微，殆無餘藴。學者始知夫孔、孟之所以教，蓋在此而不在乎他，學可以至於聖，治不可以無本，而道德性命初不外乎日用之實，詖淫邪遁之説，皆無以自隱其形。然則先生發端之功，顧不大哉！」《道州祠記》。又曰：「自秦、漢以來，言治者汨於五伯功利之習，求道者淪於異端空虛之説，而於先王發政施仁之實，聖人天理人倫之教，莫克推尋而講明之。故言治若無預於學，而求道者反不涉於事。孔、孟之書僅傳，而學者莫得其門而入，生民不克睹乎三代之盛，可勝歎哉！惟先生崛起千載之後，獨得微指於殘編斷簡之中。推本太極以及乎陰陽五行之流布，人物之所以生化，於是知人之爲至靈，而性之爲至善，萬物有其宗，萬事循其則。舉而措之，則可見先王之所以爲治者，皆非私知之所出。孔、孟之意於以復明。至于二程先生，則又推而極之。凡聖人之所以教人，與學者之所以用工，本末始終，精析該備，於是五伯功利之習無以亂其正，異端空虛之説無以申其誣，求道者有其序，而言治者有所本。其有功於聖門，而流澤於後世，顧不大矣哉！」又曰：「自孟子没，聖學失傳，歷世久遠，其間儒者非不知尊敬孔、孟，而誦習六經所得，則不越於詁訓文義間而止矣。於所謂聖人之心，所以本諸天地而措諸天下與來世者，蓋鮮克涉其藩，而况睹其大全者哉！惟先生出乎千載之後，而有得於太極之妙。今其圖與書具存，道學有傳，實在乎此。二程先生始嘗受學於先生，而其自得之深，充養之至精粹純密，更益光大。聖門之大全，至是發明無遺憾矣。夫以孔、孟之心，至三先生而後傳，則三先生所爲傳心之懿，在學者可不深求而力體之乎！」又曰：「自聖學不明，語道者不睹夫大全，卑則割裂而無統，高則汙漫而不精。是以性命之説，不參諸事物之際，而經世之務，僅出於私意小智之爲，豈不可歎哉！惟先生生乎千有餘載之後，超然獨得夫大易之傳。所謂太極圖，乃其綱領也。惟明動静之一源，以見生化之不窮，天命流行之體，無乎不在，文理密察，本末該貫，非闡微極幽，莫能識其指歸也。然而學者若何而進於是哉？亦曰敬而已矣。誠能起居食息主一而不舍，則其德性之知，必有卓然不可掩於體察之際者，而後先生之藴可得而窮，太極可得而識矣。」

程子曰：「周公没，聖人之道不行。孟軻死，聖人之學不傳。道不行，百世無善治。學不傳，千載無真儒。無善治，士猶得以明夫善治之道，以淑諸人，以傳諸後。無真儒，則天下貿貿焉莫知所之，人欲肆而天理滅矣。先生生乎千四百年之後，得不傳之學於遺經，以興起斯文爲己任，辨異端，闢邪説，使聖人之道焕然復明於世。蓋自孟子之後，一人而已。然學者於道不知所向，則不知斯人之爲功，不知所至，則孰知斯名之稱情也哉！」伊川作《明道墓表》。

又曰：「先生爲學，自十五六時，聞汝南周茂叔論道，遂厭科舉之業，慨然有求道之志。未知其要，泛濫於諸家，出入於老、釋者幾十年，返求諸六經而後得之。明於庶物，察於人倫，知盡性至命，必本於孝悌，窮神知化，由通於禮樂。辨異端似是之非，開百代未明之惑，秦、漢而下，未有臻斯理也。謂孟子没而聖學不傳，以興起斯文爲己任。其言曰：道之不明，異端害之也。昔之害近而易知，今之害深而難辨。昔之惑人也乘其迷暗，今之入人也因其高明。自謂之窮神知化，而不足以開物成務。言爲無不周遍，實則外於倫理。窮深極微，而不可以入堯、舜之道。天下之學，非淺陋固滯，則必入於此。自道之不明也，邪誕妖異之説競起，塗生民之耳目，溺天下於汙濁。雖高才明智，膠於見聞，醉生夢死，不自覺也。是皆正路之蓁蕪，聖門之蔽塞，闢之而後可以入道。先生進將覺斯人，退將明之書，不幸早世，皆未及也。其辨析精微，稍見於世者，學者之所傳爾。先生之門，學者多矣。先生之言，平易易知，賢愚皆獲其益，如羣飲於河，各充其量。先生教人，自致知至於知止，誠意至於平天下，洒掃應對至於窮理盡性，循循有序。病世之學者，捨近而趨遠，處下而闚高，所以輕自大而卒無得也。」伊川作《明道行狀》。伊川嘗謂張繹曰：「我昔狀明道先生之行，我之道蓋與明道同。異時欲知我者，求之於此文可也。」又曰：「明道之葬，門人朋友爲文以述其道學者甚衆。人各用其所知，蓋不同也。而以爲孟子之後，傳聖人之道者，一人而已，是則同。」劉安禮曰：「自孟軻没，聖學失傳。先生傑然自立於千載之後，芟闢榛穢，開示本原，聖人之庭户曉然可入，學士大夫始知所向。」朱光庭曰：「先生之學，以誠爲本。仰觀乎天，清明穹窿，日月之運行，陰陽之變化，所以然者，誠而已。俯察乎地，廣博持載，山川之融結，草木之蕃殖，所以然者，誠而已。人居天地之間，參合無間，純亦不已者，其在兹乎！蓋誠者，天德也。聖人自誠而明，其静也淵停，其動也神速，天地之所以位【九】，萬物之所以育，何莫由斯道也？先生得聖人之誠者也。自孟子以來，千有餘歲，先王大道得先生而後傳，其補助天地之功，可謂盛矣！」范祖禹曰：「自孟子没，《中庸》之學不傳，後世之士不循其本而用心於末，故不可與入堯、舜之道。先生以獨智自得，去聖人千有餘載，發其門鍵，直睹堂奥，一天地之理，盡事物之變，真學者之師也！」游酢曰：「天地之心，其太一之體歟？天地之化，其太和之運乎？確然高明，萬物覆焉，隤然博厚，萬物載焉，非以其一歟？陽自此舒，陰自此凝，消息滿虛，莫見其形，非以其和歟？夫子之德，其融心滌慮，默契於此歟？不然，何穆穆不已，渾渾無涯，而能言之士，莫足以頌其美歟！」呂大臨曰：「先生負特立之才，知《大

【九】所以位　「位」，原作「立」，據四庫本改。

學》之要，博聞强記，躬行力究，察倫明物，極其所止，涣然心釋，洞見道體。其造於約也，雖事變之感不一，應之以是心而無窮；雖天下之理至衆，知反之吾身而自足。其致於一也，異端並立而不能移，聖人復起而不與易。其養之成也，和氣充浹，見於聲容，然望之崇深，不敢慢也【一〇】。遇事優爲，從容不迫，然誠心懇惻，弗之措也。其自任之重，寧學聖人而未至，不欲以一善成名；寧以一物不被澤爲己病，不欲以一時之利爲己功。其自信之篤也，吾志可行，不苟潔其去就；吾義所安，雖小官有所不屑。」

武夷胡氏曰：「程氏之文，於《易》，則因理以明象，而知體用之一源。於《春秋》，則見諸行事，而知聖人之大用。於諸經、《語》、《孟》，則發其微指，而知求仁之方、入德之序。程氏之行，其行己接物，則忠誠動於州里。其事親從兄，則孝悌顯於家庭。其辭受取舍，非其道義則一介不以取與諸人，雖禄之千鍾不顧也。」

紹興間，諫官陳公輔言伊川之學不正【一一】。公上章辨之曰：「伏見元祐之初，宰臣司馬光、吕公著秉政當國，急於得人，首薦河南處士程頤，以爲言必忠信，動遵禮義，實儒者之高蹈，聖世之逸民，乞加召命，擢以不次，遂自韋布，超居講筵。而臺諫朱光庭等又奏頤道德純備，學問淵博，有經天緯地之才，有制禮作樂之具，寔天民之先覺，聖代之真儒也，而頤之見知於當世至矣。自頤之司勸講，不爲辯辭解釋文義，所以積其誠意，感通聖心者，固不得而聞也。及當官而行，舉動必由乎禮，奉身而去，進退必合於義。其脩身行法，規矩準繩，獨出諸儒之表，門人高弟，莫獲繼焉。雖崇寧間曲加防禁，學者向之，私相傳習，不可遏也。其後頤之門人，如諫議楊時、右史劉安節、舍人許景衡、殿院馬伸、待制吴給等，稍稍進用，於是傳者浸廣，士大夫争相淬勵。而其間志於利禄者，託其説以自售，學者莫能判其真僞矣。壬子年，臣至行闕，有仲并者言伊川之學，近日盛行，士大夫將轉爲伊川矣。臣語之曰：伊川之學，不絶如綫，可謂孤立，而以爲盛行，何也？豈以其説滿門人人傳寫，耳納口出，而以爲盛乎？自是服儒冠者，以伊川門人自相標榜，識者憂之。士大夫所學，各有黨與，互相排擊，自此

【一〇】不敢慢也　「慢」原作「熳」，據四庫本改。

【一一】言伊川之學　「言」字原脱，據四庫本補。

起矣。紹興五年省試,舉人陳狀乞不用元祐人朱震等考試。蓋從於新學者,耳目見聞皆已習熟,安於其說,不肯遽變。而傳河洛之學者,又多失其本真,妄自尊大,無以屈服士人之心,故衆論洶洶,深加詆誚。夫有爲伊洛之學者,皆欲屏絶其徒,而乃上及於伊川,臣竊以爲過矣。夫聖人之道,所以垂訓萬世,無非中庸,非有甚高難行之説,離世異俗之行,此誠不可易之至論也。然中庸之義,不明久矣。自頤兄弟始發明之,然後其義可思而得也。不然,則或謂高明所以處己,中庸所以接物,本末上下,析爲二途,而其義不明矣。士大夫之學,宜以孔、孟爲師,此亦不可易之至論也。然孔、孟之道,不傳久矣,自頤兄弟始發明之,而後其道可學而至也。不然,則或以六經、《語》、《孟》之書資口耳,取世資,以干禄,愈不得其門而入矣。今欲使學者蹈中庸,師孔、孟,而禁使不得從頤之學,是入室而不由户也,不亦誤乎!夫頤之文云云,然則狂言怪語,淫説鄙論,豈其文也哉!頤之行云云,其餘則亦與人同耳,然幅巾大袖,高視闊步,豈其行也哉!云云。」

五峰胡氏曰:「程氏兄弟唱久絶之學於今日,其功比於孔子作《春秋》,孟子闢楊、墨。」

朱子曰:「先生之學,以《大學》、《論語》、《中庸》、《孟子》爲標指,而達於六經,使人讀書窮理,以誠其意,正其心,脩其身,自家而國,以及於天下。其道坦而明,其説簡而通,其行端而實,蓋將有以振百代之沉迷,而内之聖賢之域。」《黄州二程先生祠記》曰:「天聖中,洛人程公珦初任爲黄陂尉,秩滿不能去而遂家焉,實以明道元年壬申生子曰顥,又以明年癸酉生子曰頤。其後十有餘年,當慶曆丙戌、丁亥之間,攝貳南安,乃得獄掾周公某而與之游,於是二子因受學焉,慨然有求道之志。得孔、孟不傳之緒於遺經,遂以其學爲諸儒倡,今所謂明道先生、伊川先生者也【一二】,云云。」

明道德性寛大,規模廣闊。伊川氣質剛方,文理密察。其道雖同,而造德各異。故明

【一二】伊川先生　「伊」原作「俱」,據四庫本改。

道嘗爲條例司官，不以爲浼，而伊川所作《行狀》，乃獨不載其事。明道猶謂「青苗可且放過」，而伊川乃於西監一狀校計，如此可謂不同矣。但明道所處乃大賢以上事，學者未至而輕議之，恐失所守。伊川所處雖高，然實中人可以跂及。學者只當以此爲法，則庶乎其寡過矣。

明道之言，發明極致，通透灑落，善開發人。伊川之言，即事明理，質慤精深，尤耐咀嚼。然明道之言，一見便好，久看愈好，所以賢愚皆獲其益。伊川之言，乍見未好，久看方好，故非久於玩索者，不能識其味。此其自任，所以有成人材、尊師道之不同。又曰：「明道渾然天成，不犯人力。伊川功夫造極，可奪天功。」又曰：「明道當初想明得煞容易，便無那查滓。只一再見濂溪，當時又不似而今有許多言語出來，不是它天資高，見得易，如何便明得？」問：「《遺書》中載明道語，便自然洒落明快。」曰：「自是它見得容易。《伊川易傳》却只管修改，晚年方出其書。若使明道作，自無許多事。伊川說話，如今看來，中間寧無小小不同。只是大綱統體說得極善，如『性即理也』一語，直是自孔子後，惟是伊川說得盡。這一句便是千萬世說性之根基。」問：「明道可比顔子，伊川可比孟子否？」曰：「明道可比顔子。孟子才高，恐伊川未到。然伊川收束檢制處，孟子却不能及。」又曰：「此道更前後聖賢，其說始備。自堯、舜以下，若不生孔子，後人去何處討分曉。孔子後若無孟子，亦未分明。後數千載，乃始得程先生兄弟出來發明此理。今看來漢、唐以下諸儒說道理，直是說夢，只有個韓文公，依稀說得畧似耳。」

南軒張氏曰：「讀諸先生之書，惟覺二程先生完全精粹，愈讀愈無窮，不可不詳味也。」又曰：「伊川之言看得似平易，而研窮其味無斁。」

二先生所以教學者，不越於居敬、窮理二事，取其書反覆讀之，則可以見。蓋居敬有力，則其所窮者愈精；窮理浸明，則其所居益有地。二者蓋互相發也。

二先生其猶一氣之周流乎！何其理之該而不偏，辭之平而有味也。讀《遺書》、《易傳》，它書真難讀也。上文云：「諸君子往往因有所見，便自處之高，執之固，後來精義，更不可入，故未免有病，若云云。」 以上兼論周子、二程子傳授。 又伊川嘗言某於《易傳》，已自成書，但逐旋修改，期以七十，其書可出。《春秋》待劉絢文字到，却用功亦不多也。今人解《詩》，全無意思，却待出些文字。《中庸》書却已成。今農夫祁寒暑雨，深耕易耨，播種五穀，吾得而食之。今百工技藝作爲器用，吾得而用之。甲冑之士被堅執鋭以守土宇，吾得而安之。却閑過了日月，即是天地間一蠹也。功澤又不及民【一三】，别事又做不得，惟有補緝聖人遺書，庶幾有補爾。 陳長方見尹子於姑蘇，問《中庸解》。子曰：「先生自以爲不滿意，焚之矣。」 又先生自涪陵歸，《易傳》已成，未嘗示人。門弟子請益，有及《易》書者，方命小奴取書篋以出，身自發之，以示門弟子，非所請不敢多閲。門弟子請問《易傳》事，一字之疑，先生必再三命之，蓋其潛心甚久，未嘗容易下一字。 又先生云：「吾四十以前讀誦，五十以前研究其義，六十以前反覆紬繹，六十以後著書，著書不得已。」 又南方學者從伊川既久，有歸者。或問曰：「學者久從學於門，誰是最有得者？」伊川曰：「豈敢便道有得處？且只是指與他個歧徑，令他尋將去不錯了，已是忒大瞧。若夫自得，尤難其人。謂之得者，便是已有也。若論隨力量而有見處，則不無其人也。」 又胡文定公言：「昔嘗見鄒志完論近世人物，因問程明道如何？志完曰：『此人得志，使萬物各得其所。』又問伊川如何？曰：『卻不得比明道，爲有不通處。』後再論河南二先生學術，志完却曰：『伊川見處極高。』因問何以言之？曰：『昔鮮于侁曾問顔子在陋巷，不改其樂，不知所樂者何事？伊川却問曰：尋常道顔子所樂者何？侁曰：不過是説顔子所樂者道。伊川曰：若有道可樂，便不是顔子。以此知伊川見處極高。』又曰：『浩昔在潁昌，有趙均國者，自洛中來。浩問：曾見先生，有何語？均國曰：先生語學者曰：除却神祠廟宇，人始知爲善。古人觀象作服，便是爲善之具。』」按：以上數章，皆足以見程子之學，故附焉。

程子曰：「先生少時，自雄其才，慷慨有大志。既學，力慕高遠，謂先王之事爲可必

【一三】又不及民 「民」字原脱，據《二程遺書》卷十七補。

致。及其學益老，德益卲，玩心高明，觀天地之運化，陰陽之消長，以達乎萬物之變，然後頹然其順，浩然其歸。在洛幾三十年，始也，蓬蓽環堵，不蔽風雨，躬爨以養其父母，居之裕如。講學于家，未嘗强以語人，而就問者日衆。鄉里化之，遠近尊之，士人之道洛者，有不之公府，而必之先生之廬。先生德氣粹然，望之可知其賢，然不事表襮，不設防畛，正而不諒，通而不污，清明坦夷，洞徹中外。接人無貴賤親疎之間，羣居燕飲，笑語終日，不取甚異於人，顧吾所樂如何耳。其與人言，必依於孝弟忠信，樂道人之善，而未嘗及其惡，故賢者悦其德，不賢者服其化。所以厚風俗，成人材者，先生之功多矣。昔七十子學於仲尼，其傳可見者，曾子所以告子思【一四】，而子思之所以授孟子耳。其餘門人，各以材之所宜爲學，雖同尊聖人，所因而入者，門户則衆矣。况後此千歲，師道不立，學者莫知其從來。獨先生之學爲有傳也。先生得之於李挺之，挺之得之於穆伯長，推其源流，遠有端緒。今穆、李之言及其行事，槩可見，而先生醇一不雜，汪洋高大，乃其所自得者多矣。然而名其學者，豈所謂門户之衆，各有所因而入者與？語成德者，昔難其居。若先生之道，就所至而論之，則可謂安且成矣。」先生有書十二卷，曰《皇極經世》。古詩二千篇，題曰《擊壤集》。銘曰：「嗚呼先生，志豪力雄。闊步長趨，凌高厲空。探幽索隱，曲暢旁通。在古或難，先生從容。」又門人張峄爲《行狀畧》曰：「先生治《易》、《書》、《詩》、《春秋》之學，窮意言象數之藴，明皇帝王霸之道，著書十餘萬言，研精極思三十年。觀天地之消長，推日月之盈縮，考陰陽之度數，察剛柔之形體，故經之以元，紀之以會，參之以運，終之以世。又斷自唐、

【一四】所以告子思　「所以告」原脱，據《二程粹言》卷二補。

虞，訖于五代，本諸天道，質以人事，興廢治亂，靡所不載。其辭約，其義廣。其書著，其旨隱。嗚呼，美矣，至矣，天下之能事畢矣！先生少事北海李之才挺之，挺之聞道於汶陽穆脩伯長，伯長以上雖有其聞，未之詳也。先生既受其學，又遊河汾之曲，以至淮海之濱，涉於濟汶，達於梁宋。苟有達者，必訪以道，無常師焉。廼退居共城，廬於百源之上，大覃思於《易經》，夜不設寢，口不再食，三年而學以大成。」程子曰：「某接人多矣，不雜者三人：張子厚、邵堯夫、司馬君實。」又曰：「堯夫放曠。」又曰：「堯夫猶空中樓閣。」又曰：「堯夫豪傑之士，根本不帖帖地。」又曰：「堯夫有詩云：『頻頻到口微成醉，拍拍蒲懷都是春。』」又曰：「『梧桐月向懷中照，楊柳風來面上吹。』不止風月，言皆有理。」又曰：「『卷舒萬古興亡手，出入幾重雲水身。』若莊周，大抵寓言，要入他放蕩之場。堯夫却皆有理，自以爲皆有理，故要得從心妄行總不妨。堯夫又得詩云：『聖人喫緊些兒事。』其言太急迫。此道理平鋪地放著裏，何必如此？」又曰：「堯夫之學，先從理上推意，言象數，言天下之理，須出於四者。我得此大者，則萬事由我，無有不定。然未必有術，要之亦難以治天下國家。其爲人則直是無禮不恭。」又曰：「堯夫詩『雪月風花未品題』，他便把這些事，便與堯、舜、三代一般。此等語，自孟子後，無人曾敢如此道來，須信畫前元有《易》，自從刪後更無《詩》。這個意思，元古未有人道來。」邵子嘗謂程子曰：「子雖聰明，然天下事亦衆矣。子能盡知耶？」子曰：「天下之事，頤所不知者固多，然堯夫所謂不知者何事？」是時適雷起。堯夫曰：「子知雷起處乎？」子曰：「頤知之，堯夫不知也。」堯夫愕然曰：「何謂也？」子曰：「既知之，安用數推之。以其不知，故待推而後知。」堯夫曰：「子以爲起於何處？」子曰：「起於起處。」堯夫矍然稱善。晁以道嘗以書問康節之數於伊川，伊川荅書云：「頤與堯夫同里巷居三十年餘，世間事無所不問，惟未嘗一字及數。」程子言：「堯夫疾革，言試與觀化一遭。」子厚言：「觀化他人便觀得自家，又如何觀得化？嘗觀堯夫詩意，纔做得識道理，却於儒術未見所得。」又曰：「堯夫臨終時，只是諧謔，須臾而去。以聖人觀之，則亦未是，蓋猶有意也。比之常人，甚懸絶也。」問：「堯夫先知死，何也？」曰：「只是一个不動心。釋氏平生只學這個事，將這個做一件大事。學者不必學他，但燭理明，自能之。只如邵堯夫事，他自如此，亦豈嘗學？」

朱子曰：「周子從理處觀，邵子從數上觀，皆只是此理。」又曰：「從理上看【一五】，則用處大【一六】，數目是細碎。」

又曰：「太極不如先天之大，先天不如太極之精。」《先天》乃伏羲本圖，非康節自作。雖無言語，而所該甚廣。凡今《易》中一字一義，無不自其中流出者。《太極》却是濂溪自作【一七】，發明《易》中大槩綱領意思而已。故論其格局，則《太極》不如《先天》之大，而詳論其義理，則《先天》不如《太極》之精而約。蓋合下規模不同，而《太極》終在《先天》範圍之内，又不若彼之自然、不假思慮安排也。若以數言之，則《先天》之數，自一而二，自二而四，自四而八，以爲八卦。《太極》之數，亦自一而二，剛柔。自二而四，剛善、剛惡、柔善、柔惡。遂加其一，以爲五行，而遂下及於萬物。蓋物理本同，而象數亦無二致，但推得有大小詳畧耳。

伊川之學，於大體瑩澈，而小節目猶有疏處。康節能盡得事物之變，而大體乃有未粹。問：「康節善談《易》，見得透徹。」曰：「然。伊川却輕之，嘗有簡與横渠云：『堯夫説《易》好聽。今夜試來聽它説。』某嘗謂，此便見伊川不及孔子處。只觀孔子便不如此。」

邵子曰：「性者，道之形體。心者，性之郛郭。」較之横渠「心統性情」，説得尤密，真不易之論。詳已見《心性》篇。又邵子名言多已見前，而先天之説，朱子《學易啓蒙》盡之，此不復録。程子稱康節空中樓閣，言看得四通八達。或言：「康節心胷如此快活、廣大，安得如之？」曰：「它是甚麽樣工夫！」問：「近日學者有厭拘檢、樂舒放、惡精詳、喜簡便者，自謂慕堯夫爲人，如何？」曰：「邵子這道理，豈易及哉！它胷襟中有這個學，能包括宇宙終始古今，如何不做得大，放得下【一八】。今人却恃個甚後敢如此。因誦其詩曰：『日月星辰高照耀，皇王帝伯大鋪舒。』可謂人豪矣。」又言：「看康節爲人須極會處置事，爲它神閑氣定，不動聲氣，須處置得

【一五】從理上看　「理」前原有「看」字，據《朱子語類》卷九十三删。

【一六】用處大　「用」原作「君」，據《朱子語類》卷九十三改。

【一七】濂溪自作　「濂」原作「廉」，據四庫本改。

【一八】放得下　「得下」原作「下得」，據《朱子語類》一百乙正。

别。蓋它氣質本來清明，又養得來純厚，又不曾枉用了心，它用心都在緊要上。爲它静極了，看得天下事理精明。嘗於百原深山中闢書齋，獨處其中。王勝之嘗乘月訪之，必見其燈下正襟危坐，雖夜深亦如之。若不是養得至静之極，如何見得道理到此。」又曰：「它看見天下之事，才上手來，便成四截。其先後緩急，莫不有定。動中機會，事到面前，便處置得下。康節甚喜子房，以爲子房善藏其用。以老子爲得《易》之體，孟子爲得《易》之用，合二者而用之，想見善處事。」問：「康節嘗有莊、老之説，如何？」曰：「便是它有些子這個。」曰：「如此，莫於道理有異否？」曰：「他常説老子云云，孟子云云，體用自分作兩截。二程謂其不雜，以今觀之，亦恐未然。」曰：「他説風花雪月，莫是曾點意思否？」曰：「也是見得眼前這個好。」曰：「意其有與自家意思一般之意。」曰：「也是它有這些子。若不然，却淺陋了。」問：「堯夫之學似揚雄，如何？」曰：「以數言【一九】。」某看康節《易》了，都看别人底不得。他説「那太極生兩儀，兩儀生四象」，又都無甚玄妙，只是從來更無人識。又曰：「《太玄》擬《易》，方、州、部、家，皆自三數推之。方爲之首，一以生三爲三方，三生九爲九州，九生二十七爲二十七部，九九乘之，斯爲八十一家。首之以八十一【二〇】，所以準六十四卦。贊之以七百二十九，所以準三百八十四爻【二一】，無非三數推之。康節之數，只是加倍之法【二二】。」康節其初想只是得「太極生兩儀，兩儀生四象」。心只管在那上轉，久之，理自透徹，想見一舉眼便成四片。其法四之外又有四焉。凡物才過到二之半時，便煩惱了，蓋已漸趍於衰也。謂如是花方蓓蕾【二三】，則知其將盛。既開，則知其將衰。其理不過如此。理在數内，數又在理内。康節是見得一個盛衰消長之理，故能知之。若説它知得甚事，如歐陽叔弼定謚之類，此知康節之淺者也。

或問康節數學。曰：「且未須理會數，自是有此理。有生便有死，有盛必有衰。且如一朵花，含蘂時是將開，略放時是正盛，爛熳時是衰謝。又如看人，即其氣之盛衰，便可以知其生死。蓋其學本於明理，故明道謂其觀天地之運化，然後頽乎其順，浩然其歸。若曰渠能知未來事，則與世間占覆之術何異？其去道遠矣，其知康節者末矣。蓋他玩得此理熟了，事物到面前便見，更不待思量。」又云：「康節以四起數，疊疊推去，自《易》以後，無人做得一物如此整齊，包括

【一九】以數言 「以」字原脱，據《朱子語類》卷一百補。

【二〇】首之以八十一 「一」原作「四」，據《朱子語類》卷一百改。

【二一】三百八十四爻 「三百」原脱，據《朱子語類》卷一百補。

【二二】只是加倍 「只」原作「州」，據四庫本改。

【二三】花方蓓蕾 「蓓」原作「菩」，據《朱子語類》卷一百改。

得盡。想他每見一物，便成四片了。但才到二分以上便怕，乾卦方終，便知有個姤卦來。蓋緣他於起處推將來，至交接處看得分曉。」廣云：「先生前日説康節之學，與周子、程子少異處，莫正在此否？若是聖人，則處乾時，自有個處乾底道理。處姤時，自有個處姤底道理否？」先生曰：「然。」或誦康節詩云：「若論先天一事無，後天方要着工夫。」先生問：「如何是一事無？」對曰：「出於自然，不用安排。」廣云：「一事無處是太極。」先生曰：「嘗謂太極是個藏頭底物事，重重推將去，更無盡期。」廣云：「先生所謂『迎之而不見首，隨之而不見其後』是也。」邵子「天地定位，否、泰反類」一詩，正是發明《先天方圖》之義。《先天圖》傳自希夷，希夷又自有所傳。蓋方士技術用以脩煉，參同契所言是也。問：「舊無垢引《心贊》云：『廓然心鏡大無倫，盡此規模有幾人？我性即天天即性，莫於微處起經綸。』不知如何？」曰：「是殆非康節之詩也。林少穎云：『朱内翰作。』次第是子發也。」問：「何以辨？」曰：「若是真實見得，必不恁地張皇。如康節云『天向一中分造化，人從心上起經綸』，多少平易！實見得者自别。」又問：「一中分造化。」曰：「本是一個，而消息盈虛便生陰陽。事事物物，皆恁地有消便有息，有盈便有虛，有個面便有個背。」道夫曰：「這便是自然，非人力之所能爲者？」曰：「這便是生兩儀之理。」邵堯夫詩「雪月風花未品題」，此言事物皆有造化。康節曰：「思慮未起，鬼神莫知，不由乎我，更由乎誰？」此間有術者，人來問事，心下默念，則他説相應；不念，則説不應。問姓幾畫，口中默數，則他説便着；不數者，説不着。先生誦康節詩曰：「施爲欲似千鈞弩，磨礪當如百鍊金。」或問：「千鈞弩如何？」曰：「只是不妄發。」康節之學，其骨髓在《皇極經世》，其花草便是詩。直卿云：「其詩多説閑静樂底意思，太煞把做事了。」先生曰：「這個未説聖人，只顔子之樂亦不恁地。」

張子《西銘》：乾稱父，坤稱母。予兹藐焉，乃混然中處。朱子曰：「天，陽也，以至健而位乎上，父道也。地，陰也，以至順而位乎下，母道也。人稟氣於天，賦形於地，以藐然之身混合無間，而位乎中，子道也。然不曰天地而曰乾坤者，天地其形體也，乾坤其性情也。乾者，健而無息之謂，萬物之所資以始者也；坤者，順而有常之謂，萬物之所資以生者也。是乃天地之所以爲天地，而父母乎萬物者，故指而言之。」故天地之塞，吾其體；天地之帥，吾其性。乾陽、坤陰，此天地之氣塞乎兩間，而人物之所資以爲體者也，故曰「天地之塞，吾其體」。乾健、坤順，此天地之志爲氣之帥，而人物之所得以爲性者也，故曰「天地之帥，吾其性」。深察乎此，則父乾母坤，混然中處之實可見矣。民，吾同胞；物，吾與也。人、物並生於天地之間，其所資以爲體者，皆天地之塞；其所得以爲性者，皆天地之帥也。然體有偏正之殊，故其於性也不無明暗之異。惟人也得其形氣之正，是以其心最靈，而有以通乎性命之全體，於並生之中又爲同類而最貴焉，故曰「同胞」。則其視之也，皆如己之兄弟矣。物則得夫形氣之偏，而不能通乎性命之全，故與我不同類，而不若人之貴。然原其體性之所自，是亦本之天地而未嘗不同也，故曰「吾與」。則其視之也，亦如己之儕輩矣。惟同胞也，故以天下爲一家，中國爲一人，如下文之云「惟吾與也」。故凡有形於天地之間者，若動若植、有情無情，莫不有以若其性、遂其宜焉。此儒者之道，所以必至於參天地、贊化育，然後爲功用之全，而非有所强於外也。大君者，吾父母宗子；其大臣，宗子之家相也。尊高年，所以長其長；慈孤弱，所以幼吾幼。聖，其合德；賢，其秀者也。凡天下疲癃、殘疾、惸獨、鰥寡，皆吾兄弟之顛連而無告者也。乾父坤母，而人生其中，則凡天下之人皆天地之子矣。然繼承天地，統理人物，則大君而已，故爲父母之宗子。輔佐大君，綱紀衆事，則大臣而已，故爲宗子之家相。天下之老一也，故凡尊天下之高年者，乃所以長吾之長；天下之幼一也，故凡慈天下之孤弱者，乃所以幼吾之幼。聖人與天地合其德，是兄弟之合德乎父母者也。賢者才德過於常人，是兄弟之秀出乎等夷者也。是皆以天地之子言之，則凡天下之疲癃、殘疾、惸獨、鰥寡，非吾兄弟之無告者而何哉?「于時保之」，子之翼也。「樂且不憂」，純乎孝者也。畏天以自保者，猶其敬親之至也。樂天而不憂者，猶其愛親之純也。違曰悖德，害仁曰賊。濟惡者不才，其踐形惟肖者也。

不循天理而徇人欲者，不愛其親而愛他人也，故謂之悖德。戕滅天理，自絕本根者，賊殺其親，大逆無道也，故謂之賊。長惡不悛，不可教訓者，世濟其凶，增其惡名也，故謂之不才。若夫盡人之性，而有以充人之形，則與天地相似而不違矣，故謂之肖。知化則善述其事，窮神則善繼其志。孝子善繼人之志，善述人之事者也。聖人知變化之道，則所行者無非天地之事矣。通神明之德，則所存者無非天地之心矣。此二者，皆樂天踐形之事也。不愧屋漏爲無忝【二四】，存心養性爲匪懈。《孝經》引《詩》曰：「無忝爾所生。」故事天者，仰不愧，俯不怍，則不忝乎天地矣。又曰：「夙夜匪懈。」故事天者，存其心，養其性，則不懈乎事天矣。此二者畏天之事，而君子所以求踐夫形者也。惡旨酒，崇伯子之顧養；育英材，潁封人之錫類。好飲酒而不顧父母之養者，不孝也。故遏人欲，如禹之惡旨酒，則所以顧天之養者至矣。性者萬物之一源，非有我之得私也。故育英材，如潁考叔之及莊公，則所以「永錫爾類」者廣矣。不弛勞而底豫，舜其功也；無所逃而待烹，申生其恭也。舜盡事親之道，而瞽叟底豫，其功大矣。故事大者，盡事天之道，而天心豫焉，則亦天之舜也。申生無所逃而待烹，其恭至矣。故事天者，夭壽不貳，而脩身以俟之，則亦天之申生也。體其受而歸全者，參乎！勇於從而順令者，伯奇也。父母全而生之，子全而歸之，若曾子之啓手啓足，則體其所受乎親者而歸其全也。況天之所以與我者，無一善之不備，亦全而生之也。故事天者，能體其所受於天者而全歸之，則亦天之曾子矣。子於父母，東西南北唯令之從。若伯奇之履霜中野，則勇於從而順令也。況天之所以命我者，吉凶禍福非有人欲之私，故事天者，能勇於從而順受其正，則亦天之伯奇矣。富貴福澤，將厚吾之生也；貧賤憂戚，庸玉女於成也。富貴福澤，所以大奉於我，而使吾之爲善也輕；貧賤憂戚，所以拂亂於我，而使吾之爲志也篤。天地之於人，父母之於子，其設心豈有異哉！故君子之事天也，以周公之富而不至於驕，以顏子之貧而不改其樂。其事親也，愛之則嘉而弗忘，惡之則懼而無怨，其心亦一

【二四】不愧屋漏　「漏」原作「陋」，據四庫本改。

而已矣。存，吾順事；没，吾寧也。孝子之身存，則其事親也不違其志而已，没則安而無所愧於親也。仁人之身存，則其事天也不逆其理而已，没則安而無所愧於天也。蓋所謂朝聞夕死，吾得正而斃焉者，故張子之《銘》以是終焉。

論曰：天地之間，理一而已。然「乾道成男，坤道成女，二氣交感，化生萬物」，則其大小之分，親疏之等，至於十百千萬，而不能齊也。不有聖賢者出，孰能合其異而反其同哉！《西銘》之作，意蓋如此，程子以爲明理一而分殊，可謂一言以蔽之矣。蓋以乾爲父，坤爲母，有生之類，無物不然，所謂理一也。而人、物之生，血脉之屬，各親其親，各子其子，則其分亦安得而不殊哉！一統而萬殊，則雖天下一家，中國一人，而不流於兼愛之蔽；萬殊而一貫，則雖親疏異情，貴賤異等，而不梏於爲我之私。此《西銘》之大指也。觀其推親親之厚以大無我之公，因事親之誠以明事天之道，蓋無適而非所謂分立而推理一者。夫豈專以民吾同胞、長長幼幼爲理一，而必默識於言意之表，然後知其分之殊哉！且所謂「稱物平施」者，正謂稱物之宜，以平吾之施云爾。若無稱物之義，則亦何以知夫所施之平哉？龜山第二書蓋欲發明此意，然言不盡而理有餘也，故愚得因其説而遂言之如此，同志之士幸相與折衷焉。　某既爲此解，後得尹氏書，云楊中立答伊川先生《論西銘書》有「釋然無惑」之語，先生讀之，曰：「楊時也未釋然。」乃知此論所疑第二書之説【二五】，先生蓋亦未之許也。然《龜山語録》有曰：「《西銘》理一而分殊，知其理一，所以爲仁；知其分殊，所以爲義。所謂分殊，猶孟子言『親親而仁民，仁民而愛物』。其分不同，故所施不能無差等耳。或曰：『如是，則體用果離而二矣。』曰：『用未嘗離體也。以人觀之，四支百骸具於一身者體也，至其用處，則首不可以加屨，足不可以納冠。蓋即體而言，而分已在其中矣。』」此論分別異同，各有歸趣，大非答書之比，豈其年高德盛而所見始益精與？因復表而出之，以明答書之説誠有未釋然者，而龜山所見，蓋不終於此而已也。

問《西銘》。曰：「更須子細看他説理一而分殊。而今道天地不是父母，父母不是天地不得，分明是一理。乾道成男，坤道成女，則凡天下之男皆乾之氣，凡天下之女皆坤之氣。從這裏便徹上徹下都即是一個氣。」《西銘》自首至

【二五】第二書之説　「二」原作「一」，據《張子全書》卷一改。

末，皆是理一分殊。乾父坤母，固是一理。分而言之，便見乾坤自乾坤，父母自父母。」又問：「自『惡旨酒』至『勇於從而順令』，此六聖賢事，可見理一分殊乎？」曰：「『惡旨酒』，『育英才』，是事天；『顧養』及『錫類』則是事親。每一句皆存兩義，推類可見。」問：「天地之塞，如何是塞？」先生曰：「塞與帥字，皆張子用字之妙處。塞，乃孟子塞天地之間。體，乃孟子氣體之充者。有一毫不滿不足之處，則非塞矣。帥，即志氣之帥，而有主宰之意。」《西銘》一篇，正在「天地之塞，吾其體；天地之帥，吾其性」兩句。「乾爲父，坤爲母」，便是理一而分殊；「予茲藐焉，混然中處」，便是分殊而理一。《西銘》有個劈下來底道理，有個横截斷底道理。直卿疑之。竊意當時語意，似謂每句直下而觀之【二六】，則事天、事親之理皆在焉。全篇中断而觀之，則上專是事天，下專是事親，各有攸屬。問：「向日曾以《西銘》仁孝之理請問，先生令截断横看。後來見得孝是發見之先，仁是天德之全。事親如事天，即是孝。自此推之，事天如事親，即仁矣。『老吾老，幼吾幼』，自老老幼幼之心推之，至於疲癃殘疾，皆如吾兄弟顛連而無告，方始盡。故以敬親之心，不欺闇室，不愧屋漏，以敬其天；以愛親之心，樂天循理，無所不順，以安其天，方始盡性。竊意横渠大意只是如此，不知是否？」曰：「他不是説孝，是將孝來形容這仁，事親底道理，便是事天底樣子。人且逐日自把身心來體察一遍，便見得吾身便是天地之塞，吾性便是天地之帥。許多人物生於天地之間，同此一氣，同此一性，便是吾兄弟黨與；大小等級之不同，便是親疏遠近之分。故敬天當如敬親，無所不順。天之生我，安頓得好，令我富貴崇高，便如父母愛我，當喜而不忘；安頓得不好，令我貧賤憂戚，便如父母欲成就我，當勞而不怨。」徐子融曰：「先生謂事親是事天底樣子，只此一句説盡《西銘》之意矣。」知化則善述其事，窮神則善繼其志，這志便只是那天地之帥吾其性底志。爲人子便要述得父之事，繼得父之志，如此方是事親如事天。便要述得天之事，繼得天之志，方是事天。若是違了此道理，便是天之悖德之子。若害了這仁，便是天之賊子。若是濟惡不悛，便是天之不才之子。若能踐形，便是天地克肖之子。這意思血脉，都是從「天地之塞吾其體，天地之帥吾其性」説。緊要都是這兩句，若不是這兩句，則天自是天，我自是我，有何干涉？吾其體，吾其性，有我去承當之理【二七】。問：「《西銘》説『潁封人之錫類』，『申生其恭』。二

【二六】直下而觀之　「之」字原脱，據《朱子語類》卷九十八補。

【二七】有我去　「去」原作「夫」，據四庫本改。

子皆不能無失處，豈能盡得孝道？」先生曰：「《西銘》本不是説孝，只是説事天，但推事親之心以事天耳。二子就此處論之，誠是如此。蓋事親却未免有失處。若天道純然，則無失之處，只是推此心以奉事之耳。」問：「《西銘》：『無所逃而待烹【二八】。』申生未盡子道，何故取之？」先生曰：「天不到得似獻公也。人有妄，天則無妄。若教自家死，便是理合如此，只得聽受之。」問：「《西銘》只是言仁孝、繼志、述事。」曰：「是以父母比乾坤。主意不是説孝，只是以人所易曉者，明其所難曉者耳。」白雲郭氏云【二九】：「《西銘》專爲理言，不爲分設。某謂《西銘》之書，横渠所以示人，至爲深切。而伊川又以『理一分殊』贊之，言雖至約，而理則無餘矣。蓋乾之爲父，坤之爲母，所謂理一者也。然乾坤者，天下之父母也。父母者，一身之父母，則其分不得不殊矣。故以民爲民胞、物爲吾與者，自其天下之父母者言之，所謂理一者也。然謂之民，則非真以爲吾之同胞；謂之物，則非真以爲我之同類矣。此自其一身之父母者言之，所謂分殊者也。又以其曰同胞、曰吾與、曰宗子、曰家相、曰老、曰幼、曰聖、曰賢、曰顛連而無告，則於其中間又有如是差等之殊哉！但其所謂理一者，貫乎分殊之中而未始相離爾。此天地自然，古今不易之理，夫子始發明之，非一時救弊之言，姑以彊此而弱彼也。」又云：「《西銘》止以假塗，非終身之學。某謂《西銘》之言，指吾體性之所自來以明父乾母坤之實，極樂天踐形、窮神知化之妙，以致於無一行之不慊而没身焉，故伊川以爲『充得盡時，便是聖人』，恐非專爲始學者一時所見而發也。」《西銘》它無所附，故載於此。

【二八】無所逃　「所」字原脱，據上文補。

【二九】白雲郭氏　「氏」字原脱，據四庫本補。

甲集三十

程子曰：「《西銘》之書，推理以存義，擴前聖所未發，與孟子性善養氣之論同功。」楊時致書伊川曰：「《西銘》言體而不及用，恐其流遂至於兼愛。」先生答之曰：「云云，豈墨氏之比哉？《西銘》明理一而分殊，墨氏則二本而無分。分殊之蔽，私勝而失仁；無分之罪，兼愛而無義。分立而推理一，以止私勝之流，仁之方也。無別而迷兼愛，以至於無父之極，義之賊也。子比而同之，過矣！且彼正欲使人推而行之，本爲用也。反爲不用，不亦異乎？」餘已見前朱子説。

《西銘》，《原道》之宗祖也。自孟子後，蓋未見此書。又曰：「《訂頑》之言，極醇無雜，秦、漢學者所未到。」又曰：「《訂頑》一篇，意極完備，乃仁之體也。學者其體此意，令有諸己，其地位已高。到此地位，自別有見處，不可窮高極遠，恐於道無補也。」又曰：「《訂頑》立心，便達天德。」又曰：「游酢得《西銘》，讀之，即渙然不逆於心，曰：此《中庸》之理也，能求之語言之外者也。」又因論弘毅，曰：「《西銘》言弘之道。」又曰：「觀子厚《西銘》，能養浩然之氣者也。」又曰：「《西銘》，某得此意。只是須得子厚如此筆力，它人無緣做得。孟子以後，未有人及此。得此文字【一】，省多少言語。要之，仁孝之理備於此。須臾而不於此，則是不仁、不孝也。」問：「《西銘》如何？」曰：「此横渠文之粹者也。」曰：「充得盡時如何？」曰：「聖人也。」「横渠能充盡否？」曰：「言有多端，有有德之言，有造道之言。有德之言説自己事，如聖人説聖人事也。造道之言則智足以知此，如賢人説聖人事也。横渠道儘高，自孟子後儒者，都無它見識。」

子厚以禮教學者，最善，使學者先有所據守。以上皆程子稱道之言，而其答書則曰：「所論大槩有

校勘記

【一】得此文字　「得此」原脱，據《張子全書》卷一補。

苦心極力之象，而無寬裕温柔之氣。非明睿所照，而考察至此，故意屢偏而言多窒，小出入時有之。明所照者，如目所覩，纖微盡識之矣。考索至者，如揣料於物，見彷彿耳，能無差乎？更望完養思慮，涵泳義理，它日自當條暢。」又嘗曰：「子厚謹嚴，才謹嚴，便有迫切意象，無寬舒之氣。」

藍田吕氏曰：「先王志氣不羣，當康定用兵時，年十八，慨然以功名自許，上書謁范文正公【二】。公一見知其遠器，欲成就之，反責之曰：『儒者自有名教，何事於兵！』因勸讀《中庸》。先生讀其書，雖愛之，猶未以爲足也，於是又訪諸釋、老之書，累年盡究其説，知無所得，反而求之六經。嘉祐初，見洛陽程伯淳、正叔昆弟於京師，共語道學之要。先生涣然自信，曰：『吾道自足，何事旁求？』乃盡棄異學，淳如也。一本作「盡棄其學，學焉」。《遺書》伊川曰：「表叔平生議論，謂某兄弟有同處則可；若謂學於某兄弟，無是事，故後本云云。」朱子據以爲定。尹彦明云：「横渠昔在京師，坐虎皮【三】，説《周易》，聽從甚衆。一夕，二程至，論《易》。次日，横渠徹去虎皮，曰：『吾平日爲諸公説者，皆亂道。有二程近到，深明《易》道，吾所弗及，汝輩可師之。』」晚自崇文移疾西歸，終日危坐一室，左右簡編，俯而讀，仰而思，有得則識之。或中夜起坐，取燭以書，其志道精思，未始須臾息，亦未嘗須臾忘也。學者有問，多告以知禮成性、變化氣質之道，學必如聖人而後已，聞者莫不動心有進，而自得之者。窮神知化，一天人，立大本，斥異學，自孟子以來，未之有也。嘗謂門人曰：『吾學既得於心，則脩其辭命；辭命無差，然後斷事；斷事無失，吾乃沛然。精義入神者，豫而已矣。』熙寧九年秋，集所立言，謂之《正蒙》。出示門人曰：『此書予歷年致思之所得，其言殆與前聖合，大要發端示人而已。其觸類廣之，則吾將有待於學者。』」吕與叔撰《行狀》。

【二】范文正公　「公」字原脱，據《伊洛淵源録》卷六補。

【三】坐虎皮　「坐」原作「座」，據四庫本、《二程外書》卷十二改。

龜山楊氏曰：「《西銘》止是發明事天之理，所謂事天者，循天理而已。」又曰：「《西銘》只是要學者求仁而已。」

朱子曰：「横渠用工親切，程氏規模廣大。學者用工，要當如此。」

横渠之於程子，猶伯夷、伊尹之於孔子。問：「横渠似孟子否？」曰：「横渠嚴密，孟子宏闊。横渠之學是苦心得之，乃是『致曲』，與伊川異。」又曰：「某自十四五時，得程、張二家之書讀之，至今四十餘年，但覺其義之深、指之遠。而近世紛紛所謂文章議論者，殆不足復過眼，信乎，孟氏以來一人而已！然非用力之深者，亦無以信其必然也。舊嘗擇其言之近者别爲一書，名《近思録》云。」又曰：「横渠云『言有教，動有法，晝有爲，宵有得，瞬有養，息有存』，此語極好。君子『終日乾乾』，不可食息閒，亦不必終日讀書，或静坐存養，亦是。天地之生物以四時運動，春生夏長，固是不息【四】，及至秋冬凋落，亦只藏於其中，故明年復生。若使至秋冬已絶，則來春無緣復有生意。學者常唤令此心不死，則日有進。」以上論張子之學。按：張子有言：「爲天地立心，爲生民立極，爲前聖繼絶學，爲萬世開太平。」又曰：「此道自孟子後千有餘歲，若天不欲此道復明，則不使今人有知者。既使人有知者，則必有復明之理。」此皆先生以道自任之意，故附焉。

張戩，字天棋，横渠先生之弟。篤實寬裕，儼然正色，雖喜愠不形於色，然與人居，温厚之意久而益親。終日言，未嘗及於利，樂道人之善，而不及其惡；樂進己之德，而不事無益之言。其清不以能病人，其和不以物奪志。常雞鳴而起，勉勉矯强，任道力行，每若不及。德大容物，沛然有餘。常自省小過差，必語人曰：「我知之矣，公等察之，後此不復爲矣。」横渠嘗語人曰：「吾弟德性之美，吾有所不如，其不自暇，而勇於不屈，在孔門之列宜與子夏後先。晚而講【五】，學而達。」又曰：「吾弟全器也，然語道而合，乃自今始。」

吕希哲，字原明，始從安定胡先生於太學，與程先生頤居並舍，察程先生學問淵源非它人比，首以師禮事之。而明

【四】固是不息　「固」原作「同」，據《御纂朱子全書》卷二改。

【五】晚而講　「而」字原脱，據《伊洛淵源録》卷六補。

道先生、横渠兄弟皆與公遊，由是知見日益廣大。然公未嘗專主一説，不私一門，務畧去枝葉，一意涵養，直截徑捷，以造聖人。爲説書二年，日夕勸導人主以脩身爲本，脩身以正心誠意爲主。心正意誠，天下自化，不假它術。自不能脩，左右之人且不能喻，況天下乎？公之行己，務自省察校量以自進益。晚年嘗言：十餘年前在楚州，橋壞墮水中，時覺心動。數年前大病，已稍勝前。今次疾病，全不動矣。其自力如此。公閑居，日讀《易》一爻，遍考古今諸儒之説，默坐沉思，隨事解釋。夜則與子孫評論古今，商権得失，久之而罷。公少從諸老先生學，晚更從高僧宗本脩顒遊，盡究其道，然後知佛之道與吾聖人合。嘗説攻其惡，無攻人之惡。蓋自攻其惡，日夜且自點檢，絲毫不盡，即有慊於心矣，豈有工夫點檢它人耶！

范祖禹，字淳夫，嘗與伊川論唐事，及爲《唐鑑》，盡用先生之意。先生謂門人曰：「淳夫乃能相信如此。」元祐中，客有見伊川者，几案無他書，惟《唐鑑》一部。先生謂客曰：「三代以來，無此議論。」又嘗稱淳夫色温而氣和，尤可以開陳是非，導人主之意。又尹彦明問淳夫之爲人，先生曰：「其人如玉。」朱光庭，字公掞，初受學於安定先生，告以爲學之本：主於忠信。公終身力行之。又從二程先生於洛陽，其所聞以格物致知爲進道之門，正心誠意爲入德之方。公服行之，造次不忘。嘗謂百世以俟聖人，而不惑者惟孔、孟爲然，故力排異端，以扶聖道。劉絢，字質夫，自髫亂即事明道先生、程氏兄弟受學焉。君所授有本末，所知造淵微，知所止矣，孜孜焉不知其它也。天性孝悌樂善而不爲異端所惑，故其履也安；内日加重而無交戰之病，故其行也果。明道常謂人曰：「他人之學，敏則有矣，未易保也，斯人之至，吾無疑焉。」君之爲人氣和而體莊，持論不苟合，跬步不忘學。既病，與其友李端伯言曰：「每瞀悶時，正坐端襟【六】，意氣即下，平居持養，豈可忽乎？」自幼治《春秋》，其學祖於程氏，專以孔、孟之言断經意。既卒，伊川以文哭之曰：「聖學不傳久矣。吾生百世之後，將明斯道、興斯學於既絶，力小任重，而不懼其難者，亦有冀矣。以謂苟能使知之者廣，則用力者衆，何難之不易也？遊吾門者衆矣，而信之篤、得之多、行之果、守之固，若子者幾希。方賴子致力以相輔，而不幸遽亡，使吾悲傳學之難，則所以惜子者，豈止遊從之情哉！」侯師聖嘗稱曰：「明道平和簡易，惟劉絢庶幾近之。」

【六】正坐端襟　「襟」字原脱，據《言行龜鑑》卷二補。

李籲，字端伯。程子稱其才識穎悟，又嘗言：「明道語録，只有李籲本無錯，他人只依説時，不敢改動，或脱忘一二字，便大别。籲却得其意，不拘言語，往往録得都是。」其卒也，伊川以文祭之曰：「自予兄弟倡鳴道學，世方驚疑，能使學者視效而信從，子與劉質夫爲有力焉。予謂二子可以大受，期之遠到，半年之間，相繼以亡，使予憂事道者鮮，悲傳學之難。天於斯文，何其艱哉！」吕與叔亦哭之曰：「子之胸中，闓肆開發，求之孔門，如賜也達。」吕大鈞，字和叔，爲人質厚剛正，以聖門事業爲己任。所知信而力可及，則身遂行之，不復疑畏，故識者方之季路，而君之所趍，蓋亦未見其止也。蓋大學之廢絶久矣，自扶風張先生唱之，而後進蔽於俗尚，其才俊者急於進取，昬塞者艱於領解，由是寂寥無有知者。君於先生爲同年友，及聞先生學，於是心悦誠服，執弟子禮，請無倦，久而益親，自是學者靡然知所向矣。先生之學大抵以誠明爲本，以禮樂爲行，衆人則姑誦其言，而未知其所以進於是焉。君即若蹈大路，朝夕從事，不啻饑渴之嘗飲食也。潛心玩理，望聖賢之致尅期可到，而日用躬行，必取先生之法度以爲宗範。自身及家，自家及鄉人，旁及親戚朋友，皆紀其行而述其事。方諫議憂，自始喪至於葬祭，倣古儀所得爲者，而居喪之節，鉅細規矩於禮。又推之祭祀、冠、昬、飲酒、相見、慶吊之事，皆不混習俗，粲然有文以相接，人咸安而愛之。君少時贍學給聞，無所不該，一日聞先生説，遷其素志，而前日之學，博而以約，即涣然冰釋矣【七】，故比他人功敏，而得之者尤多。范異表其墓曰：「惟君明善至學，性之所得者，盡之心；心之所知者，踐之身。」又曰：「君性純厚易直，强明正亮，所行不二於心，所知不二於行。其學以孔子下學上達之心立其志，以孟子集義之功養其德，以顔子克己復禮之用厲其行，其要歸之誠明不息，不爲衆人沮之而疑，小辯奪之而屈，勢利刼之而回，知力窮之而止。其自任以聖賢之重如此。」

吕大臨，字與叔，初學於横渠之門。横渠卒，乃求見二先生而卒業焉。伊川稱其六月中來緱氏，常窺之，必見其儼然危坐，可謂敦篤矣。元祐中，范祖禹薦其脩身好學，行如古人，可爲講官【八】，不及用而卒【九】。兄大忠，字進伯。程子嘗曰：「進伯老而好學，理會直是到底。」又曰：「和叔任道，其風力甚勁，然深潛縝密，有所不逮於與叔。」又嘗言：「和叔至誠相信。」又言：「與叔守横渠學甚固，每横渠無説處皆相從，才有説了更不肯回。」蘇昞，字季明，亦横

【七】即涣然　「即」原作「明」，據《伊洛淵源録》卷八改。

【八】可爲講官　「可爲」原作「爲可」，「講」原作「稱」，據《伊洛淵源録》卷八改。

【九】不及用而卒　「而卒」原脱，據《伊洛淵源録》卷八補。

渠門人，而卒業於程氏者。吕大忠嘗薦於朝，謂其德性純茂，强學篤志，行年四十，不求仕進。從故崇文校書張載學，爲門人之秀，自布衣召爲博士，後坐上書邪黨，竄謫。胡安國譏其越職上書，必有非所宜言者。

謝良佐，字顯道。初見明道，明道語人曰：「此秀才展拓得開，將來可望。」明道一日謂之曰：「爾輩在此相從，只是學某言語，故其學心口不相應。盍若行之？」請問焉。曰：「且静坐。」伊川每見人静坐，便歎其善學。明道又謂謝子雖小魯，直是誠篤，理會事有不透，其顙有泚，憤悱如此。顯道初以記問爲學，自負該博，對明道舉史書，不遺一字。明道曰：「賢却記得許多，可謂玩物喪志。」謝聞此語，汗流浹背，面發赤。明道却云：「只此便是惻隱之心。」及看明道讀史，又却逐行看過，不差一字【一〇】，謝甚不服。後來省悟，却將此事做話頭，接引博學之士。謝子與伊川别一年，往見之。伊川問：「做甚得工夫？」謝曰：「也只去個矜字。子細檢點，得來病痛盡在這裏。若按伏得這個罪過，方有向進處。」伊川首肯之，因語坐同志者曰：「此人爲學切問近思者也。」伊川又嘗問：「近日事如何？」謝曰：「天下何思何慮。」伊川曰：「是則是有此理，賢發得太早。」在伊川直是會鍛錬得人，説了，又却道「恰好著工夫也」。游定夫嘗問：「公於外物一切放得下否？」謝曰：「實在上面做工夫來。凡事須有根，屋柱無根，拆着便倒；樹木有根，雖剪枝條，相次又發。如人要富貴，要他做甚！必須有用處。尋討要用處病根，將來斬斷，便没事。」或問：「子於勢利如何？」曰：「打透此關十餘年矣【一一】。當初大故做工夫，揀難捨底弃却。後來漸漸輕，至今於器物之類，置之只爲合要用，却無健羡底心。」又曰：「舊多恐懼，常於危階上習。又嘗作課簿，記日用言、動、視、聽是禮與非禮者。」又言「萬事真實有命，人力計較不得」，故平生未嘗干人，在書局亦不謁政。或勸之，曰：「他安能陶鑄我，自有命在。」學者稱之曰上蔡先生云。

游酢，字定夫。伊川以事至京師，一見謂其資可與適道。是時明道知扶溝縣事，先生兄弟方以倡明道學爲己任，設庠序，聚邑人子弟教之，召公職學事。公欣然往從之，得其微言，於是盡棄其學而學焉。其後得邑河清，游定夫往見之，伊川謂定夫曰：「游君德器粹然，問學日進，政事亦絶人遠甚。」於師門見稱如此。先生志其墓亦曰：「公自幼不羣，讀書一過目輒成誦，比壯益自力，心傳目到，不爲世儒之習，誠於中形諸外，儀容辭令粲然有文，望之知其成德君子云。」

【一〇】不差一字　「一字」原脱，據《伊洛淵源録》卷九補。

【一一】此關十餘年　「關」原作「開」，據《伊洛淵源録》卷九改。

楊時，字中立。宋嘉祐中，有河南二程先生，得孟子不傳之學於遺經，以唱天下，而升堂觀奧，號稱高弟，在南方則廣平游定夫、上蔡謝顯道與公三人是也。公天資夷曠，濟以問學，充養有道，德器早成。積於中者純粹而閎深，見於外者簡易而平澹。閒居和樂，色笑可親，臨事截處，不動聲氣。與之遊者，雖羣居終日，嗒然不語，飲人以和，而鄙薄之態自不形也。推本孟子性善之説，發明《中庸》、《大學》之道。有欲知方者，爲指其攸趣，無所隱也。學者稱之曰龜山先生云。伊川自涪歸，見學者凋落，多從佛學【一二】，獨楊、謝不變，因歎曰：「學者皆流於夷狄，惟有楊、謝二君長進。」又嘗曰：「楊時於新學極精，今日一有所問，能盡知其短而持之。介甫之學，大抵支離。伯淳嘗與楊時讀了數篇，其後盡能推類以通之。」上蔡言：「舊在二先生之門者，伯淳最愛中立，正叔最愛定夫。二人氣象亦相似。」

劉安節，字元承，天資近道而敏於學問。嘗從當世賢而有道者游，始以致知格物，發其材，沉涵熟復，存心養性，久之於是有得。常曰：「堯、舜之道，不過孝悌。天下之理，有一無二，迺若異端，則有間矣。所治二州，專以仁義教化，平易近民。民有訟，委曲訓戒之【一三】，俾毋再犯。或問於上蔡曰：「劉子進乎？」曰：「未見它有進處。」問：「所以不進者何？」曰：「只爲未有根。」因指庭前荼蘼，曰：「此花只爲有根，故一年長盛如一年。」尹焞，字彦明，年二十師事伊川。應進士舉，答策問，議誅元祐黨人，先生曰：「噫，尚可以干禄爲哉！」不對而出。告於程子曰：「吾不復應進士舉矣。」子曰：「子有母在。」先生歸告其母，母曰：「吾知汝以善爲養【一四】，不知汝以禄養。」於是先生退，不復就舉。程子聞之曰：「賢哉，母也！」大觀中，新學日興，有言者曰：「程頤倡爲異端，尹焞、張繹爲之左右。」先生遂不欲仕，而聲聞益盛，學益成，同門之士皆尊畏之。程子曰：「我死而不失其正者【一五】，尹氏子也！」靖康以布衣召，未幾，力辭，授和靖處士以歸。虜陷洛陽，先生之家死於賊。先生死復蘇，竄長安山中。劉豫僭位，使人來招先生，先生夜逃去，徒步渡渭，久之止於涪。紹興五年，有從臣言先生之道，遂以崇政説書召。後爲從臣，以爭和議去。先生莊正仁實，不欺闇室。其於聖人六經之言，耳順心得，如出諸己。初見伊川，令看「敬」字，請益。伊川曰：「主一則是敬，其後看得親切。」祈寬問：「如何是主一？」先生曰：「敬有甚形影，只收斂身心，便是主一。」又言：「見伊川後半年，方得

【一二】多從佛學　「佛」字原脱，據《二程外書》卷十二補。

【一三】訓戒之　「訓」原作「則」，據四庫本改。

【一四】以善爲養　「善爲」原作「爲善」，據《宋元學案》卷二十七乙正。

【一五】不失其正者　「正」原作「王」，據四庫本、《伊洛淵源録》卷十一改。

《大學》、《西銘》看。」伊川教人，專以敬以直内爲本，先生能力行之。嘗問伊川：「不習無不利時，更無睹，當更無計較也耶？」伊川深以爲然，且曰：「不易見得如此，且更涵養，莫要輕説。」嘗同張思叔見伊川，伊川問：「二子於某之言，如何？」尹曰：「聞先生之言，言下領意，焞不如繹。能終守先生之學，繹不如焞。」伊川然之。伊川嘗稱彦明必有用於世。

張繹，字思叔，初見道楷禪師，有祝髮從之意。時周恭叔官洛中，謂之曰：「他日程先生歸，可從之學，無爲空祝髮也。」及伊川歸自涪陵，思叔始見先生。時從學者甚衆，先生獨許思叔，因讀《孟子》「志士不忘在溝壑，勇士不忘喪其元」，始有自得處。伊川嘗言晚得二士，謂思叔及尹焞也。　馬伸，字時中。崇寧中禁元祐學，姦人用事，出其黨爲諸路學使，專糾其事。伊川之門學者無幾，雖宿素從遊，間以趍利叛去。公方自吏部求爲西京司法曹事，鋭然爲親依之計，至則因張繹求見，先生辭焉。公曰：「使伸得聞道，雖死何憾！況不至於死乎？」先生聞而歎曰：「此真有志者。」遂引而進之。自爾出入凡三年，公暇，雖風雨必一造焉。靖康初，爲御史。張邦昌僭位，公移書責之，且勸迎立康王，而退就北面之列。高宗立，進殿中，以論汪、黄誤國，謫濮州監酒，死。公居常稱曰：「志士不忘在溝壑，勇士不忘喪其元。今日何時，溝壑乃吾死所也。」故其臨事奮不顧身如此。公平居，晨興，必整衣冠端坐，讀《中庸》一過，然後出視事。常曰：「志在行道，使吾以富貴爲心，則爲富貴所累；使吾以妻子爲念，則爲妻子所累，是道不可行也。」故其在廣陵，隨身行李一擔而圖書半之。　侯師聖，字仲良，明道、伊川舅氏也。胡文定稱其安於羈苦，守節不移，講論經術，通貫不窮，商畧時事，纖微皆察。尹和靖曰：「伊川嘗謂侯子議論，只好隔壁聽。」　王蘋，字信伯。楊文靖嘗稱同門後來成就，莫踰信伯者。胡文定亦稱其學有師承【一六】，識通世務云。

問：「程門誰真得其傳？」朱子曰：「也不盡見得。如劉質夫、張思叔輩，又不見它文字。看程門諸公力量見識，比之康節、横渠皆不及。」又曰：「吕與叔之文煞實。説得好處，如千兵萬馬，飽滿伉壯。上蔡雖有過當處，亦説得透。龜山文字却弱，似是合下會得易。某嘗謂，看文字須似法家深刻，方窮究得盡。」問：「尹和靖立朝議論。」曰：「和靖不觀他書，只是持守得好。它語録中説涵養持守處，分外親切。有些朝廷文字，多是門人代作。」又問：「龜山立朝

【一六】其學有師承　「有」原作「其」，據四庫本改。

却有許多議論。」曰：「龜山雜博，是讀多少文字。」問云云，曰：「以某觀之【一七】，二先生衣鉢似無傳之者。」又問：「上蔡議論莫太過？」曰：「上蔡好於事上理會，理却有過處。」又問：「和靖專於主敬，集義處少。」曰：「和靖主敬，把得定，亦多近傍理。」又曰：「張思叔敏似和靖，伊川稱其朴茂。然亦狹，無展拓氣象。」又曰：「伊川之門，謝上蔡自禪門來，其説亦有差。張思叔最後進，然深惜其早世。使天予之年，殆不可量。」又曰：「程門弟子親炙伊川，亦自多錯。蓋合下見得不盡，或後來放倒。蓋此理無形體，故易差，有百般滲漏。」問：「伊川門人如此其衆，何故後來更無一人見得親切？」或云：「游、楊亦不久親炙。」曰：「也是諸人有首無尾，不曾盡心在上面。各去奔走仕宦，所以不能理會得透。如邵康節從頭至尾，極終身之力而后得之。雖其不能無偏，然就它這道理，所謂安而成矣。如濂溪資稟便較高，他也去仕宦。只他這所學，自是從合下直到後來，所以有成。某看來，這道理若不是拚生盡死去理會，終不解得。」又曰：「游、楊、謝三君子，初皆學禪，後來餘禪猶在，故學之者多流於禪。游先生大是禪學，必是程先生當初説得太高了。他門只曉見上一截，少下面着實工夫，故流弊至此。」或謂龜山恐不如此。曰：「只《論語序》便可見。」又曰：「呂與叔惜乎不壽，程子稱其深潛縝密，可見資質好，又能涵養。某若只如呂之年，亦不見得到此田地。」又曰：「呂與叔本是個剛底氣質，涵養得到如此，故聖人以剛爲君子，柔爲小人。若剛矣，須除去剛之病，全其爲剛之德，相次可以爲學。若不剛，終是不能成。」又曰：「呂與叔論顔子等處極好。」又云：「未發之前，心體昭昭具在。伊川不破此説，《克己銘》不合以己與物對説。」又曰：「上蔡高邁卓絶，言論宏肆，善開發人。其語雖不能無過，然却是確實做工夫來。」問：「人之病痛不一，各隨所偏處去。上蔡才高，所以病痛在矜字。」曰：「此説是也。然謝氏謂去得矜字，後來矜依舊未去。説道理好揚揚地。」又曰：「上蔡《觀復齋記》中説道理，皆是禪學意思。觀它説《復》，與伊川異，似以静處。如云『見此消息，不下工夫』之類，乃是謂儒、佛本同，而所以不同，但是下截耳。龜山亦如此。某謂明道云：以吾觀於佛，疑於無異，然而不同。」又曰：「如今人説道愛從高妙處説，便入禪去，自上蔡以來已然。」又曰：「龜山天資高，朴實簡易，然所見

【一七】以某觀之　「某」原作「其」，據《朱子語類》卷一百一改。

定，更不窮究。少年未見伊川時，先去看莊、列等文字【一八】。後來此念熟了，不覺時發出來。游先生尤甚，羅仲素亦時有此意。」又曰：「胡文定作《龜山墓志》，云其似柳下惠，看來是如此。」又曰：「尹和靖在程門直是十分鈍底，被他只就一個『敬』字上做工夫，終做得成。」又曰：「和靖持守有餘，而格物未至，故所見不精明，無活法。」又曰：「和靖日看《光明經》一部。門人問之，曰：『母命不敢違也。』此便是平日闕却『諭父母於道』一節，便致得如此。」以上論程、張門人之學。按：二程之學，龜山得之而南傳之豫章羅氏，羅氏傳之延平李氏，李氏傳之朱氏，此其一派也。上蔡傳之武夷胡氏，胡氏傳其子五峯，五峯傳之南軒張氏，此又一派也。若周恭叔、劉元承得之，爲永嘉之學，其源亦同自出。然惟朱、張之傳，最得其宗，故今先叙胡氏父子及羅、李二氏之學於伊洛門人之後，而又特表朱子以繼周、程之統緒，而張氏、吕氏附見焉。千載源流於是乎可考矣。

胡安國，字康侯。少入太學，同舍有潁昌靳裁之，嘗聞西洛程氏之學，與公論經史大義，公以是學益强，識日明。紹聖登第時策問，大要欲復熙、豐之政，公推言《大學》格物致知、正心誠意以平天下之道，詞幾萬言。考官得之，定爲第一。宰執以策中無詆元祐語，欲降其第【一九】，上親擢爲第三。紹興初，爲上言《春秋》乃仲尼親筆，實經世大典，義精理奥，尤難窺測。今方思濟艱難，豈於理戎禦侮之際，虚費光陰，耽味文采而已乎！陛下必欲削平僭暴，恢復寶圖【二〇】，使亂臣賊子懼而不作，莫若潛心仲尼之經【二一】，則南面之術盡在是矣。除兼侍讀，專以《春秋》進講。初，王荆公盡屏先儒，以爲淺陋，獨用己意著《三經新説》，離析字畫偏旁，謂之道德性命之學。於《春秋》聖人行事之實，漫不能曉，則詆以爲「斷爛朝報」，直廢棄之，不列於學官。下逮崇寧，防禁益甚，故家遺俗，或存三傳舊本，見者撫歎，或遂指以爲《春秋》，而仲尼經世之心幾於熄矣。公自壯年即有服膺之志，嘗曰：「六藉惟此書出於先聖之手，乃使人主不得聞講説，學士不得相傳習，亂倫滅理，用夷變夏，殆由此乎？」於是潛心刻意，裒古今諸儒所著述，無慮百家。片言之善，采拾靡遺，害義切深，必加辨正，或去或取，無一毫好惡之偏。蓋準則之以《語》、《孟》，權衡之以五經，證據之以歷代之史，窮研玩味，游泳沈酣者三十年。及得伊川先生所作傳，其間精義十餘條，若合符節，益以自信，探索愈勤。至

【一八】先去看莊列　「去」原作「本」，據《朱子語類》卷一百一改。

【一九】欲降其第　「第」原作「弟」，據四庫本改。

【二〇】恢復寶圖　「寶」原作「實」，據四庫本改。

【二一】潛心仲尼之經　「潛」原作「儲」，據四庫本改。

是年六十有一，而書始就，慨然歎曰：「此傳心之要典也。」蓋於克己脩德之方，尊君父，討亂賊，攘夷狄，存天理，正人心之術，未嘗不屢書而致詳焉【一二二】。公負傑出絶異之資，見善必爲，爲必要其成；知惡必去，去必絶其根。自幼少時，已有出塵之趣。登科後，同年宴集，飲酒過量，是後終身不復醉。嘗好弈碁，先令人責之曰：「得一第，德業竟止是弈邪？」是後不復弈。學官、父師、同僚多勸之買妾，事既集，慨然歎曰：「吾親侍養千里之外，曾是以爲急！」遽寢其議，亦終身不復買妾也。在長沙日，按行屬部，過衡嶽，愛其雄秀，欲一登覽，已戒行矣，俄而思曰：「非職事所在也。」即止。辭受取捨，一介之微，必度於義。恬静簡默，寡於言動，雖在宴閒獨處，未嘗有怠容慢色。《語》、《孟》、五經諸史，周而復始，至老未嘗釋手。每晨昏子弟定省，必問何所業，有合意，則曰：「士當志於聖人，勿臨深以爲高。」見怠慢不虔，必嚬蹙曰：「流光可惜，將爲小人之歸矣。」子弟或近出燕集，雖夜已深，猶未寢，必俟其歸，驗其醉否，且問其所集何客，所論何事，有益無益，以是爲常。士子有自遠來學者，公隨其資性而接之，大抵以立志爲先，忠信爲本，以致知爲窮理之漸，以敬爲持養之要。每誦曾子之言曰：「君子之愛人也以德，小人之愛人也以姑息。」故不以辭色假借子弟及學者，亦未嘗降志孫言，苟爲唯諾以祈人之悦也。壯年嘗觀釋氏書，後遂屏絶，嘗答贛川曾幾書曰：「窮理盡性，乃聖門事業。物物而察，知之始也。一以貫之，知之至也。來書以五典、四端，每事充擴，亦未免物物致察，非一以貫之之要，是欲不舉足而登太山也。四端固有，非外鑠，五典天叙，不可違。充四端，惇五典，則性成而倫盡矣。釋氏雖有了心之説，然其未了者，爲其不先窮理，反以爲障【一二三】，而於用處不復究竟也。故其説流遁，莫可致詰【一二四】，接物應事，顛倒差繆，不堪點檢。聖門之學，則以致知爲始，窮理爲要，知至理得，不迷本心，如日方中，萬象必見，則不疑所行而內外合也。故自脩身至於天下國家，無所處而不當矣。來書又謂：充良知良能而至於盡，與宗門要妙，兩不相妨，何必捨彼而取此？夫良知良能，愛親敬長之本心也，儒者則擴而充之，達於天下。釋氏則以爲前塵，爲妄想，批根拔本而殄滅之，正相反也。而以爲不相妨，何哉？」公於出處由道據義，以心之所安爲主。其欲出也，非由勸勉；其欲去也，不可挽留。朱震被召，以出處問公，公曰：「世間推講學論政，則當切切詢究，至於行己大致、去就語默之幾，如人飲食，其飢

【一二二】未嘗不屢書　「不」原作「而」，據四庫本、《伊洛淵源録》卷十三改。

【一二三】反以爲障　「反」原作「義」，據四庫本、《宋元學案》卷三十四改。

【一二四】莫可致詰　「可」字原脱，據四庫本補。

飽寒温，必自斟酌，不可決之於人，亦非人所能決也。安國出處，自崇寧以來，皆内斷於心，雖定夫、顯道諸丈人行，皆不以此謀之也。定夫者，游察院酢也。顯道者，謝學士良佐也。與楊時中立皆二程先生之高弟。公不及二程之門，而三君子皆以斯文之任期公。」謝公嘗語朱震曰：「胡康侯正如大冬嚴雪，百草萎死，而松栢挺然獨秀也。使其困厄如此，乃天將降大任焉耳。」公尚論古人，則以諸葛武侯爲首；於本朝卿相，則以韓忠獻公爲冠。慕用鄉仰，言必稱之。性本剛急，及其老也，氣宇粹温，儀貌雍穆，於和樂中有毅然不可犯之象，於嚴正中有薰然可親近之意。年浸高矣，加以疾病，而謹飭於禮，無異平時【二五】。家世至貧，轉徙流寓，遂至空乏。然貧之一字，於親故間非惟口所不道，故亦手所不書，嘗戒子弟曰：「對人言貧者，其意將何求？」自登第逮休致，凡四十年，其在實歷之日不登六載。雖數以罪去，而愛君之心遠而愈篤。每被召，即置家事不問，或通夕不寐，思所以告吾君者，然宦情如寄，所好不在焉。侯仲良曰：「視不義富貴如浮雲者，當今天下惟公一人耳。」子宏，字仁仲。自幼志於大道，嘗見楊中立先生於京師，又從侯師聖先生於荆門，而卒傳文靖公之學。優游南山之下餘二十年，玩心神明，不舍晝夜，力行所知，親切至到。析太極精微之藴，窮皇王制作之端，綜事物於一源，貫古今於一息，指人欲之偏以見天理之全，即形而下者而發無聲無臭之妙，使學者驗端倪之不遠，而造高深之無極。先生之於斯道，可謂見之明而擴之至矣。其爲《知言》一書，誠道學之樞要、制治之蓍龜也。其言有曰：「誠成天下之性，性立天下之有，情效天下之動，心妙性情之德。」又曰：「誠者，命之道乎！中者，性之道乎！仁者，心之道乎！惟仁者爲能盡性至命。學者能精察於視聽言動之間，而知心之所以爲妙，則性命之理，蓋可默識矣。」此南軒張氏所作《知言序》也。朱子於前二章極稱歎之，而於性無善惡則辨其不然，皆已見首篇矣。又嘗曰：「五峯善思，然思過處亦有之。」東萊云：「《知言》勝似《正蒙》。」朱子曰：「蓋後出者巧也。」問：「文定却是卓然有立，所謂非文王猶興者？」曰：「固是。資質好，然在太學多聞先生師友之訓，所以能然。其學問多得潁昌靳裁之啟發。」又曰：「文定之學，後來得之上蔡者爲多。」又曰：「五峰臨終謂虞德美曰：『聖門工夫，要處只在個敬。』此爲名論。」

李侗，字愿中，世所謂延平先生也。少遊鄉校有聲，已而聞郡人羅仲素得河洛之學於龜山楊文靖公之門，遂往學

【二五】無異平時　「平時」原脱，據《伊洛淵源録》卷十三補。

焉。羅公清介絶俗，雖里人鮮克知之，見先生從遊受業，或頗非笑。先生若不聞，從之累年，受《春秋》、《中庸》、《語》、《孟》之説，從容潛玩，有會於心，盡得其所傳之奥。羅公少然可，亟稱許焉。於是退而屏居山里，結茅水竹之間，謝絶世故，餘四十年。簞瓢屢空，怡然自適。中間郡將學官聞其名而招致之，或遣子弟從遊受學，州郡士人有以矜式焉，云云。初，龜山先生唱道東南，士之遊其門者甚衆。然語其潛思力行、任重詣極如羅公，蓋一人而已。先生既從之學，講誦之餘，危坐終日，以驗夫喜怒哀樂未發之前氣象爲如何，而求所謂中者。若是蓋久之，而知天下之大本真有在乎是也。蓋天下之理無不由是而出，既得其本，則凡出於此者，雖品節萬殊，曲折萬變，莫不該攝洞貫，以次融釋而各有條理，如川流脉絡之不可亂。大而天地之所以高厚，細而品彙之所以化育，以至於經訓之微言，日用之小物，折之於此，無一不得其衷焉。由是操存益固，涵養益熟，精明純一，觸處洞然，泛應曲酬，發必中節云云。後學答問窮夜不倦，隨人淺深，誘之各不同，而要以反身自得而可以入聖賢之域，故其言曰：「學問之道不在多言，但默坐澄心，體認天理，若真有所見，雖一毫私欲之發，亦退聽矣。久久用力於此，庶幾漸明，講學始有力耳。」又曰：「學者之病，在於未有灑然冰解凍釋處，縱有力持守，不過苟免顯然悔尤而已。若此者，恐未足道也。」又曰：「今人之學與古人異，如孔門諸子羣居終日，交相切磨，又得夫子爲之依歸，日用之間觀感而化者多矣，恐於融釋脱落處，非言説所及也。不然，子貢何以言『夫子之言性與天道，不可得而聞』也耶？」嘗以黄太史之稱濂溪周夫子胷中灑落，如光風霽月云者，爲善形容有道者氣象，嘗諷誦之而顧謂學者曰：「存此於胷中，庶幾遇事廓然而義理少進矣。」其語《中庸》曰：「聖門之傳是書，其所以開悟後學無遺策矣。然所謂喜怒哀樂未發謂之中者，又一篇之指要也。若徒記誦而已，則亦奚以爲哉！必也體之於身，實見是理，若顔子之歎，卓然見其爲一物而不違乎心目之間，然後擴充而往，無所不通，則庶乎可以言《中庸》矣。」其語《春秋》曰：「《春秋》一事各是發明一例，如觀山水，徒步而形勢不同，不可拘以一法。然所以難言者，蓋以常人之心推測聖人，未到聖人灑然處，豈能無失耶？」其於《語》、《孟》他經無不貫達。苟有疑問，答之必極其趣。蓋嘗曰：「讀書者知其所言莫非吾事，而即吾身以求之，則凡聖賢所至而吾所未至者，皆可勉而進矣。若直以文字求之，悦其詞義以資誦説，其不爲玩物喪志者幾希。」以故未嘗爲講解文書，然其辨析精微，毫釐畢察。嘗語問者曰：「講學切在深潛縝密，然後氣味滋長，蹊徑不差。若槩以理一而不察乎其分之殊，此學者所以流於疑似亂真之説而不自知也。」其開端示人，大要類此。先友鄧迪天啓謂：「愿中如冰壺秋月，表裏澄澈。」識者賞其知言云。此朱子所爲《行狀》也。

問延平先生言行，曰：「他却不曾著書，充養得極好。凡爲學，不過是恁地涵養將去，初無異義。只是先生睟面盎背，自然不可及。」又曰：「李延平初亦是豪邁底人，到後來也得琢磨之力。」問：「延平先生静坐之説，聞先生頗不以爲然，如何？」曰：「此亦難説。静坐理會道理，自不妨。只是討要静坐，則不可。若理會得道理明透，自然是静。嘗見李先生説：舊見羅先生説《春秋》，頗覺不甚好。不知到羅浮極静後，又理會得如何。某心常疑之。以今觀之，是如此。蓋心下熱鬧，如何看得道理出！」問：「李先生謂常存此心，勿爲事物所勝。」曰：「李先生涵養得自是别，真所謂不爲事物所勝者。古人云『終日無疾言遽色』，先生直是如此。」問：「李先生《行狀》云『終日危坐，以驗夫喜怒哀樂之前氣象爲如何，而求其所謂中者』，與伊川之説若不相似。」曰：「這處是舊日下得語太重。今以伊川之語格之，則其下工夫處，亦是有些子偏。只是被李先生静得極了，便自見得是有個覺處。」問：「延平欲於未發之前觀其氣象，此與楊氏體於未發之前者，異同如何？」曰：「這個亦有些病。那體驗字是有個思慮了，便是已發。若觀時恁著意看，便也是已發。」問：「此體驗是著意觀，久恁平常否？」曰：「此是以不觀觀之。」又曰：「李先生説：『人心中大段惡念却易制伏，最是那不大段計利害，乍往乍來底念慮，相續不斷，難爲驅除。』今看得來是如此。」

勉齋黄氏曰：「先生自少厲志聖賢之學，自韋齋得中原文獻之傳，聞河洛之學，推明聖賢遺意，日誦《大學》、《中庸》，以用力於致知誠意之地。先生蚤歲已知其説而心好之。韋齋病且亟，屬曰：『籍溪胡原仲、白水劉致中、屏山劉彦沖三人，吾友也。學有淵源，吾所敬畏。吾即死，汝往事之，而惟其言之聽，則吾死不恨矣。』先生既孤，則奉以告三君子而禀學焉。時年十有四，慨然有求道之志，博求之經傳，徧交當世有識之士，雖釋、老之學，亦必究其歸趣，訂其是非。延平李先生學於豫章羅先生，羅先生學於龜山楊先生。延平於韋齋爲同門友，先生歸自同安，不遠數百里徒步往從之。延平稱之曰：『樂善好義，鮮與倫比。』又曰：『穎悟絶人，力行可畏。』其所論難，體認切至，自是從遊累年，精思實體而學之，所造者益深矣。其爲學也，窮理以致其知，反躬以踐其實，居敬者所以成始成終也。謂致知不以敬，則昏惑紛擾，無以察義理之歸；躬行不以敬，則怠惰放肆，無以致義理之實。持敬之方，莫先主一。既爲之箴以自警，又筆之書，以爲小學、大學皆本於此。終日儼然端坐一室，討論典訓未嘗少輟。自吾一心一身，以至萬事萬物，莫不有理，存此心於齊莊静一之中，窮此理於學問思辨之際，皆有以見其所當然而不容已，與其所以然而不可易。然充其知而見於行者，未嘗不反之於身也。不睹不聞之前，所以戒懼者，愈嚴愈敬；隱微幽獨之際，所以省察者，愈精愈密。思慮未萌而知覺不昧，事物既接而品節不差，無所容乎人欲之私，而有以全乎天理之正。不安於偏見，不急於小成，而道之正統在是矣。其爲道也，有太極而陰陽分，有陰陽而五行具。禀陰陽之氣以生，則太極之理各具於其中。天所賦爲命，人所受爲性，感於物爲情，統性情爲心。根於性，則爲仁、義、禮、智之德；發於情，則爲惻隱、羞惡、辭遜、是非之端；形於身，則爲手足、耳目、口鼻之用；見於事，則爲君臣、父子、夫婦、兄弟、朋友之常；求諸人，則人之理不異於己；參諸物，則物之理不異於人。貫徹古今，充塞宇宙，無一息之間斷，無一毫之空闕，莫不析之極其精而不亂，然後合之盡其大而無餘。先生之於道，可謂建諸天地而不悖，質諸聖賢而無疑矣，故其得於己而爲德也。以一心而窮造化之原，盡性情之妙，達聖賢之藴；以一身而體天地之運，備事物之理，任綱常之責。明足以察其微，剛足以任其重，弘足以致其廣，毅足以極其常。其存之也虚而静，其發之也果而確。其用之也，應事接物而不窮；其守之也，歷變履險而不易。本末精粗，不見其或遺，表裏初終，不見其或異。至其養深積厚，矜持者純熟，嚴厲者和平，心不待操而存，義不待索而精，猶以爲義理無窮，歲月有限，常慊然有不足之意。蓋有日新又新不能自已者，而非後學之所可擬議也。其可見之行，則脩諸身者，其色莊，其言厲，其行舒而恭，其坐端而直。其閒居也，未明而起，深衣幅巾方履，拜於家廟以及先聖。退坐書室，几案必正，書籍器用必整。其飲食也，羹食行列有定位，匕箸舉措有定所。倦而休也，瞑目端坐，休而起也，整步徐行。中夜而寢，既寢而寤，則擁衾而坐，或至達旦。威儀容止之則，自少至老，祁寒盛暑，造次顛沛，未嘗有須臾之離也。行於家者，奉親極其孝，撫下極其慈。閨庭之間，内外斬斬，恩義之篤，怡怡如也。其祭祀也，事無纖鉅，必誠必敬，小不如儀，則終日不樂。已祭無違禮，則油然而喜。死喪之際，哀戚備至。飲食衰絰，各稱其情。賓客往來，無不延遇。稱家有無，常盡其歡。於親故，雖疎遠必致其愛；於鄉閭，雖微賤必致其恭。吉凶慶弔，禮無所遺，賙邺問遺，恩無所闕。其自奉則衣取蔽體，食取充腹，居止取足以障風雨，人不能堪而處之裕如也。若其措諸事業，則州縣之施設，立朝之言論，經綸規畫，正大宏偉，亦可槩見。雖達而行道，不能施之一時，然退而明道，足以傳之萬代。謂聖賢道統之傳，散在方册。

「聖經之旨不明，則道統之傳始晦。於是竭其精力，以研窮聖賢之經訓，於《大學》、《中庸》，則補其闕遺，别其次第，綱領條目粲然復明；於《論語》、《孟子》，則深原當時答問之意，使讀而味之者，如親見聖賢而面命之；於《易》與《詩》，則求其本義，攻其未失，深得古人遺意於數千載之上。凡數經者，見之傳注，其關於天命之微、人心之奥、入德之門、造道之閫者，既已極深研幾，探賾索隱，發其旨趣而無所遺矣。至於一字未安，一詞未備，亦必沉潛反覆，或達旦不寐，或累日不倦，必求至當而後已。故章旨字義，至微至細，莫不理明詞順，易知易行。於《書》，則疑今文之艱澁，反不若古文之平易；於《春秋》，則疑聖心之正大，決不類傳注之穿鑿；於《禮》，則病王安石廢罷《儀禮》而《傳記》獨存；於樂，則憫後世律尺既亡，而清濁無據。是數經者，亦嘗討論本末，雖未能著爲成書，然其大旨固已獨得之矣。若歷代史記，則又考論西周以來，至于五代，取司馬温公編年之書【二六】，繩以《春秋》紀事之法，綱舉而不繁，目張而不紊，國家之理亂，君臣之得失，如指諸掌。」

「周、程、張、邵之書，所以繼孔、孟道統之傳，歷時未久，微言大義鬱而不章，爲之裒

【二六】司馬温公　「温」字原脱，據《宋元學案》卷四十九補。下同。

集發明，而後得以盛行於世。《太極先天圖》，精微廣博，不可涯涘，爲之解剥條畫，而後天地本原，聖賢藴奥，不至於汩没。程、張門人，祖述其學，所得有淺深，所見有疏密，先生既爲之區别，以悉取其所長，至或識見小偏，流於異端者，亦必研窮剖析而不没其所短。南軒張公，東萊吕公同出其時，先生以其志同道合，樂與之友，至或識見少異，亦必講磨辨難，以一其歸。至若求道而過者，病傳注誦習之煩，以爲不立文字，可以識心見性，不假脩爲，可以造道入德，守虚靈之識而昧天理之真，借儒者之言以文老、佛之説。學者利其簡便，詆訾聖賢，捐棄經典，猖狂叫呶，側僻固陋，自以爲悟。立論愈下者，則又崇獎漢、唐，比附三代，以便其計功謀利之私。二説並立，高者陷於空無，下者溺於卑陋，其害豈淺淺哉！先生力排之，俾不至亂吾道以惑天下，於是學者靡然向之。先生教人，以《大學》、《語》、《孟》、《中庸》爲入道之序，而後及諸經。以爲不先乎《大學》，則無以提綱絜領，而盡《語》、《孟》之精微。不參之以《論》、《孟》，則無以融會貫通，而極《中庸》之旨趣。然不會其極於《中庸》，則又何以建立大本，經綸大經，而讀天下之書，論天下之事哉！」

「其於讀書也，又必使之辨其音釋，正其章句，玩其辭，求其義。研精覃思，以究其所難知；平心易氣，以聽其所自得。然爲己務實，辨别義利，毋自欺。謹其獨之戒，未嘗不三致意焉。蓋亦欲學者窮理反身，而持之以敬也。從游之士，迭誦所習以質其疑；意有未諭，則委曲告之，而未嘗倦；問有未切，則反復戒之，而未嘗隱。務學篤，則喜見於言；進道難，則憂形於色。講論經典，商略古今，率至夜半。雖疾病支離，至諸生問辨，則脱然沉痾之去體。一日不講學，則惕然常以爲憂。摳衣而來，遠自川蜀，文詞之傳，流及海外，至於夷虜亦知慕其道，竊問其起居。窮鄉晚出，家蓄其書，私淑諸人者，不可勝數。先生既没，學者傳其書，信其道者益衆，亦足以見理義之感於人者深矣。繼往聖將微之緒，啓前賢未發之機，辨諸儒之得失，闢異端之訛謬，明天理，正人心，事業之大，又孰有加於此者！至若天文地志，律曆兵機，亦皆洞究淵微。文詞字畫，騷人才士疲精竭神，常病其難，至先生未嘗用意，而亦皆動中規繩，可爲世法。是非姿禀之異，學行之篤，安能事事物物，各當其理，各造其極哉！學脩而道立，德成而行尊，見之事業者又如此。秦、漢以來，迂儒曲學既皆不足以望其藩墻，而近代諸儒，有志乎孔、孟、周、程之學者，亦豈能以造其閫域哉！嗚呼！是殆天所以相斯文，篤生哲人以大斯道之傳也。」黄氏又曰：「道之正統，待人而後傳。自周以來，任傳道之責，得統之正者，不過數人，而能使斯道章章較著者，一二人而止耳。由孔子而後，曾子、子思繼其微，至孟子而始著。由孟子而後，周、程、張子繼其絶，至先生而始著。蓋千有餘年之間，孔、孟之徒所以推明是道者，既已煨燼殘闕，離析穿鑿，而微言幾絶矣。周、程、張子崛起於斯文湮塞之餘，人心蠧壞之後，扶持植立，厥功偉然，未及百年，踳駁尤甚。先生出，而自周以來聖賢相傳之道一旦豁然，如大明中天，昭晰呈露，則摭其言行，又可略歟！輒探同志之議，敬述世系、爵里、出處、言論，與夫學問、道德、行業人之所共知者，而又私竊以道統之著者終之，以俟知德者考焉。」按：先生語録多自言爲學工夫，今附此。　問：「嘗讀《孟子》『求放心』章，今每覺心中有三病，云云。」曰：「若論求此心放失，有千般萬樣病，何止於三？然亦别無道理醫治，只在專一。果能專一則静，静則明，明則自無遮蔽。既無遮蔽，須自有舒泰寬展處。這也未嘗如此，且收斂此心專一，漸漸自會熟，熟了自有此意。看來百事只在熟。且如百工技藝，也只要熟，熟則精，精則巧。」又問：「先生往時初學，亦覺心有不專一否？」曰：「某初爲學，初無見成規模，這邊也去理會尋討，那邊也去理會尋討。向時諸前輩每人各是一般説話。後來見李先生，較説得有下落，説得較縝密。若看如今，自是有見成下工夫處。看來須是先理會個安着處，譬如人治生，也須先理會個屋子，安着身己，方始如何積累，漸漸須做成家計。若先來未有安着身己處，雖經營，畢竟不濟事。爲學者不先存此心，雖説要去理會，東東西西都自無安着處。孟子所以云收放心，亦不是説只收放心便了。收放心，且收斂得個根基，方可以做工夫。若但知收放心，不做工夫，則如近日江西所説，則是守個死物事。」又曰：「某不敢自昧，實以銖累寸積而得之。」又曰：「已前看得心只是虛蕩地，而今看得來湛然空明時，那萬理便在裏面。向前看得似一張白紙，今看得那紙上都是字。」又曰：「某舊時持論亦好高，近來漸漸移近下，漸漸覺實。」

今日學者不長進，只是心不在焉。嘗記少年時在同安，夜聞鐘鼓聲，聽其一聲未絶，而此心已自走作，因此警懼，乃知爲學須是專心致志。又言：「人有一正念，自是分曉。又從旁別生一小念，漸漸放闊去，不可不察。」又曰：「延平先生嘗云：『人之念慮，若是於顯然過惡萌動，此却易見易除。却怕於匹似閑底事爆起來，纏繞思念將去，不能除，此尤害事。』其向來亦是如此。」　又嘗論科舉，云：「非是科舉累人，自是人累科舉。若高見遠識之士，讀聖賢之書，據吾所見而爲文以應之，得失利害置之度外，雖日日應舉，亦不累也。某於科舉，自小便見得輕，初亦非有所見而輕之也。」

又言：「初師屏山、籍溪。籍溪學於文定【二七】，又好佛、老；以文定之學爲論治道則可，而道未至。然於佛、老亦未有見。屏山少年能爲舉業，官莆田，接塔下一僧，能入定數日，後乃見了老，歸家讀誦儒書，以爲與佛合，故作《聖傳論》。其後屏山先亡，籍溪在。某自見於此道未有所得，乃見延平。」因論象山之學，子静説話常是兩頭明，中間暗。或問：「暗是如何？」曰：「是他那不説破處。他所以不説破處，便是禪。鴛鴦綉出從君看，莫把金針度與人，他禪家自愛如此。某年十五六時，亦嘗留心於此。一日在劉病翁所會一僧，與之語。其僧只相應和了説，也不説是、不是，却與

【二七】籍溪學於　「籍溪」原脱，據《朱子語類》卷一百四補。

劉説某也理會得個昭昭靈靈底禪。劉後説與某，某遂疑此心更有要妙處在，遂去叩問他【二八】，見他説得也煞好。及去赴試時，便用他意思去胡説。是時文字不似而今細密，由人麄説，試官爲某説動了，遂得舉。後赴同安任，時年二十四五矣【二九】，始見李先生。與他説，李先生只説不是。某却倒疑李先生理會此未得，再三質問。李先生爲人簡重，却不甚會説，只教看聖賢言語。某遂將那禪來權倚閣起，意中道：禪亦自在，且將聖人書來讀。讀來讀去，一日復一日，覺得聖賢言語漸漸有味。却回頭看釋氏之説，漸漸破綻、罅漏百出。」又曰：「某少時未有知，亦曾學禪，只李先生極言其不是。後來考竟，却是這邊味長。才這邊長得一寸，那邊便縮了一寸，到今銷鑠無餘矣。」又曰：「舊嘗以論心、論性處，皆類聚看。看熟，久則自見。」又曰：「讀書須純一。如看一般未了，又要般涉，都不濟事。某向時讀書，方其讀上句，則不知有下句。方其讀上章，則不知有下章。讀《中庸》，則祇讀《中庸》。讀《論語》，則祇讀《論語》。一日之間，祇看一二章，將諸家説看合與不合。凡讀書到冷淡無味處，尤當着力推考。」又曰：「舊見李先生説：『理會文字，須令一件融釋了後，方更理會一件。』『融釋』二字下得極好，此亦伊川所謂『今日格一件，明日又格一件，格得多後，自脱然有貫通處。』此亦是他真曾經歷來，便説得如此分明。今若一件未能融釋，而又欲理會一件，則第二件又不了。推之萬事，事事不了【三〇】，何益？」又曰：「讀書貪多，最是大病，下梢都理會不得。若到閑時無書讀時，得一件書看，更子細。某向爲同安簿滿，到泉州候批書，在客邸借文字，只借得一册《孟子》，將來子細讀，方尋得本意見。看他初間如此問，又如此答。待再問，又恁地答。其文雖若不同，自有意脉，都相貫通。句句語意，都有下落。」

又曰：「凡看文字，諸家説異同處，最可觀。某舊日看文字，專看異同處。如謝上蔡之説如彼，楊龜山之説如此，何者爲得？何者爲失？所以爲得者是如何？所以爲失者是如何？」又曰：「看道理，若只恁地説過一遍便了，則都不濟事。須是常常把來思量始得。延年先生嘗言：『道理須是日中理會，夜裏却去静處坐地思量，方始有得。』某依此説去做，真個是不同。」又曰：「某所以讀書自覺得力者，只是不先立論。且尋句内意，隨文解義。」曰：「某少時讀四書，甚辛苦。諸公今讀時，却又較易做工夫了。」又曰：「某向來看《大學》，猶病於未子細，如今愈看，方見得精切。」因

【二八】去叩問他　「他」原作「也」，據《朱子語類》卷一百四改。

【二九】二十四五　「五」原作「至」，據《朱子語類》卷一百四改。

【三〇】事事不了　後「事」字原脱，據《朱子語類》卷一百四補。

説前輩諸先生長者説話，於大體處固無可議，若看其他細碎處，大有工夫未到。」又曰：「某於《大學》用工甚多，温公作《通鑑》，言『臣平生精力，盡在此書。』某於《大學》亦然。《論》、《孟》、《中庸》却不費力。」又曰：「某舊時看文字甚費心力，如《論》、《孟》，諸家解有一箱，每看一段，必各就諸説上推尋意脉，各見得着落【三一】，然後斷其是非。是底都抄出，一兩字好亦抄出。雖未如今《集注》簡静，然大綱已定。今《集注》只就那上册來，但人不着心，守見成，就只草草看了。今試將精義來參看兩段，所以去取底是如何，便自見得。」因與朋友言及《易》，曰：「《易》非學者之急務也。某平生也費了些精神理會《易》與《詩》，然其得力則未若《語》、《孟》之多。」因説「讀《詩》，惟是諷誦之功。上蔡亦云：『《詩》，須是謳吟諷誦以得之。』某舊時讀《詩》，也只先去看許多注解，少間却被惑亂。後來讀至半了，却只將《詩》來諷誦至四五十過，已漸漸得詩之意。却去看注解，便覺減了五分以上工夫。更從而諷誦四五十過，則胷中判然矣。」因説：「如今讀書，多是不曾理會一處通透了，少間却多牽引前面疑難來説，此最學者大病。」問：「胡氏《春秋》止説歸忠孝處，便爲經義，不知果得孔子意否？」答曰：「否。嘗説《詩》、《書》是隔一重兩重説，《易》、《春秋》是隔三重四重説。《春秋》義例、《易》爻象，雖是聖人立下，今説者用之，各信己見，然於人倫大綱皆通，但未知曾得聖人當初本説否？且不如讓渠如此説，且存取大意，得三綱、五常不至廢墜足矣。今欲直得聖人本意不差，未須理會他經，先須於《論語》、《孟子》中專意看他，切不可忙。虚心觀之，不須先自立見識，徐徐以俟之，莫立課程。某二十年前得上蔡語録觀之，初用銀朱畫出合處。及再觀，則不同矣，乃用粉筆。三觀，則又用墨筆。數過之後，則全與元看時不同矣。」因言：「讀書用功之難，諸公覺得大故淺近，不曾着心。某舊時用心甚苦。思量這道理，如過危木橋子，相去只在毫髮之間，才失脚，便跌落下去，用心極苦。五十歲已後，覺得心力短，看見道理只争絲髮之間，只是心力巴不上。所以《大學》、《中庸》、《語》、《孟》諸文字，皆是五十歲已前做了。五十歲已後，長進得甚不多。」又曰：「大抵讀書須是虚心方得。他聖人説一字是一字，自家只平著心去秤停他，都不使得一毫杜撰，只順他去。某向時也杜撰説得，終不濟事。如今方見得分明，方見得聖人一言一字不吾欺。只今六十一歲，方理會得恁地。若或去年死，也則枉了【三二】。自今夏

【三一】見得着落　「着落」原作「落着」，據四庫本乙正。

【三二】也則枉了　「枉」原作「杜」，據《朱子語類》卷一百四改。

來，覺見得纔是聖人説話，也不少一個字，也不多一個字，恰恰地好，都不用些穿鑿。莊子云：『吾與之虚而委蛇。』既虚了，又要隨他曲折恁地去。」又曰：「某覺得今年方無疑。」又曰：「某當初講學也，豈意到這裏？幸而天假之年，許多道理在這裏，今年頗覺勝似去年，去年勝似前年。」敬子舉先生所謂「傳命之脉」及佛氏「傳心、傳髓」之説。曰：「便是要自家意思與他爲一。若心不在上面，書自是書，人自是人，如何看得出？孔子曰：『吾十有五而志於學。』只十五歲時，便斷斷然以聖人爲志矣。」

又按：李方子爲《文公年譜》，今剟其要附此。先生字元晦，屏山祝詞曰：「木晦於根，春容燁敷。人晦於身，神明内腴。昔者曾子稱其友曰：有若無，實若虚。不斥厥名，而傳於書。雖百世之遠，揣其氣象，知顔氏如愚。自諸子言志，回欲無伐，一宣於聲，終身弗越。陋巷闇然，其光烈烈。從事於兹，惟參也無慚。貫道雖一，省身則三。夾輔孔門，翺翔兩驂。學的欲正，吾知斯之爲指南。惟先吏部，文儒之粹。彪炳育珍，又華其繼。來兹講磨，融融熹熹。真聰廓開，如源之方駃。古人不云乎，純亦不已。子德不日新，則時予之耻。勿謂此耳，充之益充。借曰合矣，宜養於蒙。言而思毖，動而思躓。凜凜惴惴，惟曾、顔是畏。」先生幼有異稟，五歲入小學。始誦《孝經》，即了其大義，書八字於其上曰：「若不如此，便不成人。」間從羣兒嬉遊，獨以沙列八卦象，詳觀側玩。又嘗指日問於吏部曰：「日何所附？」曰：「附於天。」又問：「天何所附？」吏部奇之。先生爲屏山劉先生墓表有曰：「先生病時，某以童子侍疾。一日，請問平昔入道次第。先生欣然告之曰：『吾少未聞道，官莆田時，以疾病始接佛、老子之徒，聞其所謂清淨寂滅者而心悦之，以爲道在是矣。比歸，讀吾書而有契焉，然後知吾道之大，其體用之全乃如是。抑吾於《易》得入德之門焉，所謂不遠復者，乃吾之三字符也。汝尚勉之。』」又爲胡籍溪先生墓表曰：「先生受學於譙公，譙公之言曰【三三三】：心爲物漬，則不能有見，惟學乃可明耳。於是慨然有得，曰：所謂學者，豈克己工夫也耶？由是自信不疑，篤志力行，以没其身。」先生早歲所聞於二君子者如此。

初，先生學靡常師，出入於經傳，泛濫於釋、老者，亦既有年。及見延平，洞明道要，頓悟異端之非，盡能掊擊其失。

【三三三】譙公之言　「譙公」原脱，據文意補。

由是專精致誠，剖微窮深，晝夜不懈，至忘寢食，而道統之傳始有所歸矣。　先生常言：「自見李先生，爲學始就平實，乃知向日從事於釋氏之説皆非。」又云：「初見延平，説得無限道理，也曾去學禪。李先生曰：『公恁地懸空，理會得許多道理，而面前事却理會不下。道亦無他玄妙，只在日用間著實做工夫處，便自見得。』某後來方曉它説，故今日不至於無理會耳。」延平與其友羅博文宗禮書曰：「元晦進學甚力，樂善畏義，吾黨鮮有。晚得此人，商量所疑，甚慰。」又云：「此人極穎悟，力行可畏，講學極造其微處論辨。某因此追求有所省，渠所論難處，皆是操戈入室，須從原頭體認來，所以好説話。某嘗於羅先生得入處，後無朋友，幾放倒了。得渠如此，極有益。渠初從謙開善處下工夫來，故皆就裏面體認。今既論難，見儒者啓脉，極能指其差微之處。自見羅先生來，未見如此者。」又云：「此子别無他事，一味潛心於此。初講學時，頗爲道理所縛；今漸能融釋，於日用處一意下工夫，若如此漸熟【三四】，則體用合矣。此道理全在日用處熟，若静處有而動用處無，則非矣。」

隆興初元，先生將趍命召，過延平先生，問所宜言。延平謂：「今日三綱不正，義利不分，故中國之道衰而夷狄盛。人皆趍利，不顧義，故主勢孤。」先生用其首説以對。　乾道三年八月，如湖南見南軒先生。二先生講論之語，無所考見。按：南軒贈行詩有曰：「遺經得紬繹，心事兩綢繆。超然會太極，眼底無全牛。」先生答曰：「昔我抱冰炭，從君識乾坤。始知太極藴，要眇難具論。謂有寧有迹，謂無復何存？惟兹酬酢處，特達見本根。萬化自此流，千聖同兹源。」以二詩觀之，則其往復而深相契者，太極之旨也。　四年，編程氏遺書成。初，二程子之門人各有所録，雜出並行，間頗爲後人竄易。至是序次有倫，去取精審，學者始有定從，而程子之道復明於世。　六年，先生居喪盡禮，既葬日居墓側，旦望則歸奠几筵，蓋自始死至祥禫，參酌古今，咸盡其變，因成喪葬祭禮。又推之於冠昏，共爲一編，命曰《家禮》。然未嘗爲學者道之，其後亦多損益，未暇更定云。　八年，編次《語》、《孟》精義成。初學者讀二書，未知折衷。至是書出，始知道之有統，學之有宗，因而興起者甚衆。是年《資治通鑑綱目》成。初，司馬温公既編成《通鑑》，又著《目録》，又著《舉要曆》。胡文定公又著《舉要補遺》。先生因二公四書，别爲義例，表歲以首年，而因年以著統，大書以

【三四】如此漸熟　「熟」原作「然」，據《朱子年譜》卷一改。

提要，而分註以備言，大畧綱倣《春秋》【三五】，而兼採羣史之長，目倣《左氏》，而稽合諸儒之粹。自有《通鑑》以來，未有此書。其後再加更定，未畢，然大經大法則已粲然矣。　是年，《西銘解義》成。　九年，《太極圖傳》、《通書解》成。是年編次《程氏外書》成。　淳熙二年，東萊吕公自東陽來，留止寒泉精舍旬日，相與掇周子、程子、張子書關大體而切日用者，彙次成十四篇。蓋凡學者所以求端用力、處己治人之要，與夫辨異端、觀聖賢之大畧，皆粗見其梗槩，號《近思録》。先生嘗語學者曰：「四子，六經之階梯。《近思録》，四子之階梯。」以言爲學者當自此而入也。

四年，《論語、孟子·集註》、《或問》成。初，先生既編次《語孟集義》，又約其精粹妙得本旨者爲《集注》，又疏其所以去取之意爲《或問》。然恐學者轉而趍薄，故《或問》之書，未嘗出以示人。然辨析毫釐，無微不顯，真讀書之龜鑑也。是年《詩集傳》成。《詩》自毛、鄭以來，皆以《小序》爲主，其與經文舛戾，則妄穿鑿爲說，前後諸儒莫能釐正【三六】。先生獨以經文爲主，而訂其序之是非，復爲一編，附其經後，以還其舊云。　六年，在南康軍，復白鹿書院，約聖賢教人爲學之大端，條列以示學者。　七年，南軒先生張公終於江陵。　明年，麗澤先生吕公終於婺。先生皆有文以哭之。十一年，先生還自浙東，見其士習馳騖於外，每語學者：且觀《孟子》「道性善」及「求放心」兩章，務收歛凝定，以致克己求仁之功，而深斥其所學之誤，以爲舍六經、《語》、《孟》而尊史遷，舍窮理盡性而窮世變，舍治心脩身而喜事功，大爲學者心術之害，極力爲吕祖謙輩言之【三七】。又答陳亮書，箴其義利雙行、王霸並用之說。先生嘗謂海内學術之弊，不過兩說：江西頓悟，永康事功。若不極力争辨，此道無由得明。

十三年，《易學啓蒙》成而序之。《易經》自文王前皆爲卜筮，至夫子作十翼，專用義理發揮經言，而未行於世。遭秦煨燼，《易》以卜筮，故獨得全。迄漢、魏流爲方伎之學，王弼始刊落象數，釋以清談，諸儒因之。至我朝，伊川、程子始發孔氏之微言，而卦爻之本則未及焉。康節、邵子傳伏羲《先天圖》，蓋得其本，而亦未及於卜筮也。先生遠推羲、文之意，作《易本義》。又懼學者未明厥指，乃作《啓蒙》四篇，以爲言《易》不本象數，既支離散漫而無所根著；其本象數者，又不知法象之自然，未免穿鑿傅會。故其篇目，以本圖書，原卦畫，明蓍策，考變占爲次。凡卦揲及變爻，皆盡破

【三五】倣春秋　「倣」原作「放」，據四庫本改。下同。

【三六】莫能釐正　「莫」原作「真」，據四庫本改。

【三七】吕祖謙　「謙」原作「儉」，據四庫本改。

古今諸儒之失，而《易經》始還其舊，學者不可不知也。

十四年，編次《小學》書成。初，先生既發揮《大學》以開悟學者，又懼其失序無本而不足以有進也，乃輯此書以訓蒙士，使培其根以達其支云。　十五年，始出《太極通書》、《西銘》二書解義，以授學者。　十六年，始序《大學》、《中庸》章句。二書之成久矣，不輟脩改，至是以穩愜於心而始序之。　紹熙元年，在潭州刊四經四子書成，奉以告諸先聖。《易》取古文，分經、傳爲十二篇。其説曰：「《易經》爲卜筮而作，皆因吉凶以示訓戒，故其言雖約，而所包甚廣。夫子作傳，亦略舉其一端以見凡例而已。然自諸儒分經合傳之後，學者便文取義，往往未及玩心全經，而遽執傳之一端以爲定説。於是一卦一爻僅爲一事，而《易》之爲用，反有所局，而無以通乎天下之故。若是者，某蓋病之。《詩》、《書》皆取序合爲一篇，寘諸經後。其論《書》曰：漢儒以伏生之書爲今文，而謂安國之書爲古文，以今考之，則今文多艱澁，而古文反平易。或者以爲今文自伏生女子口授晁錯時失之，則先秦古書所引之文皆已如此。或者以爲記録之實語難工，而潤色之雅詞易好，則暗誦者不應偏得所難，而考文者反專得其所易。是皆有不可知者。至諸序之文，或頗與經不合，而安國之序又絶不類西京文字，亦皆可疑。讀者姑務沈潛反復乎其所易，而不必穿鑿傅會於其所難可也。《春秋》則出左氏，經文別爲一書，以踵三經之後。四子則謂程子之教人，必先使之用力乎《大學》、《論語》、《中庸》、《孟子》之書，然後及乎六經。蓋其難易、遠近、大小之序，固如此而不可亂也。然讀者不先於《孟子》，而遽及《中庸》，則非所以爲入道之漸。

五年，自長沙召爲侍講，首論經權常變之道，次以學之所得爲上言之。其詞曰：「人之有是生也，天固與之以仁義禮智之性，而敘其君臣父子之倫，制乎事物當然之則矣。以其氣質之有偏，物欲之有蔽也，是以或昧其性，而亂其倫，敗其則，而不知反。必其學以開之，然後有以正心脩身，而爲齊家治國之本。此人之所以不可不學，而其所以學者初非記誦詞章之謂，而亦非有聖愚貴賤之殊也。以是而言，則臣之所嘗用力，固有可爲陛下言者，請遂陳之。蓋爲學之道，莫先於窮理，而窮理之要必在於讀書。讀書之法，莫貴於循序而致精；而致精之本，則又在於居敬而持志，此不易之理也。夫天下之事，莫不有理，爲君臣者，有君臣之理；爲父子者，有父子之理；爲夫婦爲兄弟爲朋友，以至於出入起居應事接物之際，亦莫不各有理焉。有以窮之，則自君臣之大，以至事物之微，莫不知其所以然，而亡纖芥之疑。善則從之，惡則去之，而無毫髮之累。此爲學所以莫先於窮理也。至論天下之理，則要妙精微，各有攸當，亘古亘今，不可移易，唯古之聖人爲能盡之。而其所行所言，無不可爲天下後世不易之大法，其餘則順之者爲君子而吉，背之者爲小人而凶。吉之大者，則能保四海而可以爲法；凶之甚者，則不能保其身而可以爲戒。是其粲然之跡，必然之效，蓋莫不具於經訓史册之中。欲窮天下之理，而不即是以求之，則是正牆面而立尔，此窮理所以必在乎讀書也。若夫讀書，則不好之者，固怠忽間斷，而無所成矣。其好之者又不免夫貪多而務廣，往往未啓其端，而遽欲探其終；未究夫此，而忽已志乎彼。是以雖復終日勤勞，不得休息，而意緒怱怱，常若有所奔趍廹逐，而無從容涵泳之樂，是又安能深信自得，常久不厭，以異於彼之怠忽間斷而無所成者哉？孔子所謂欲速則不達，孟子所謂進鋭者退速，正謂此也。誠能鑒此而有以反之，則心潛於一，久而不移。而所讀之書，文意連接，血脉貫通，自然漸漬浹洽，心與理會，而善之爲勸者深，惡之爲戒者切矣。此循序致精，所以爲讀書之法也。若夫致精之本，則在於心。而心之爲物，至虚至靈，神妙不測，常爲一身之主，以提萬事之綱，而不可有頃刻之不存者也。一不自覺，而馳騖飛揚，以徇物欲於軀殼之外，則一身無主，萬事無綱，雖其俯仰顧盼之間，蓋已不自覺其身之所在，而况能反復聖言，參考事物，以求義理至當之歸乎？孔子所謂君子不重則不威，學則不固，孟子所謂學問之道無他，求其放心而已矣者，正謂此也。誠能嚴恭寅畏，常存此心，使其終日儼然，不爲物欲之所侵亂，則以之讀書，以之觀理，將無所往而不通；以之應事，以之接物，將無所處而不當矣。此居敬持志，所以又爲讀書之本也。此數語者，皆愚臣平生爲學，艱難辛苦已試之效。竊意聖賢復生，所以教人不過如此。不獨布衣韋帶之士所當從事，蓋推帝王之學，殆無以易之。特以近年以來，風俗薄陋，士大夫間聞此等語例，皆指爲道學，必排去之而後已。是以食芹之美，無路自通，每抱遺經，徒竊慨嘆。今者乃遇皇帝陛下始初清明，無他嗜好，獨於問學，孜孜不倦。而臣當此時，特蒙引對，故敢忘其固陋，而輒以爲獻。伏惟聖明深賜省鑒，試以其説驗之於身，蚤寤晨興，無忘今日之志，而自强不息，以緝熙于光明。使時嘉靖邦國如商高宗，興衰撥亂如周宣王，以著明人主講學之效，卓然爲萬世帝王之標準，則臣雖退伏田野，與世長辭，與有榮矣。」先生每講，務積誠意以感悟上心，每勉上以求放心爲之本。未幾，讒説得行，先生遂去國歸。途過玉山，爲其令司馬迈講四端之旨，學者傳焉。是冬竹林精舍成，率諸生行釋菜之禮，以告成事。其文曰：「後學朱某敢昭告於先聖至聖文宣王：恭惟道統遠自羲、軒，集厥大成，允屬元聖，述古垂訓，萬世作程。三千其徒，化若時雨，維顔、曾氏，傳得其宗。逮思及孟，益以光大。自時厥後，口耳失真，千有餘年，乃曰有繼。周、程授受，萬理一原。曰邵曰張，爰及司馬。學雖殊轍，道則同歸，俾我後人，如夜復旦。某以凡陋，少蒙義方，中靡常師，晚親有道，載鑚載仰，雖未有聞，賴天之靈，幸無失墜。逮茲退老，同好鼎來，落此一丘。羣居伊始，探原推本，敢昧厥初，奠以告虔。庶其昭格，陟降庭止，惠我光明，傳之方來，永永無斁。今以吉日，恭脩釋菜之禮，以先師兖國公顔氏、郕侯曾氏、沂水侯孔氏、鄒國公孟氏、濂溪周先生、明道程先生、伊川程先生、康節邵先生、横渠張先生、温國司馬文正公、延平李先生從祀。」

慶元六年正月，先生有疾。己未夜爲諸生説《太極圖》，庚申夜復説《西銘》，且言：爲學之要，惟事事審求其是，決去其非，積集久之，心與理一，自然所發皆無私曲。聖人應萬事，天地生萬物，直而已矣。辛酉，改《大學》「誠意」章。午刻，疾甚，不能興。癸亥，諸生問疾。先生勉以相倡率下堅苦工夫，牢固著足，方有進步處。甲子，命移寢中堂。諸生復入問疾，因請曰：「先生之疾革矣，萬一不諱，當用書儀乎？」先生摇首。「然則當用儀禮乎？」亦摇首。「然則以儀禮、書儀參用之？」乃頷之，就枕誤觸巾，目門人使正之，揮婦人無得近。諸生揖而退，良久恬然而逝。是日，大風拔木，洪流崩山，哲人之萎，豈小變哉！

李方子曰：「先生之道之至，原其所以臻斯域者【三八】，無他焉，亦曰主敬以立其本，窮理以致其知，反躬以踐其實。而敬者，又貫通乎二者之間，所以成終而成始也。故其主敬也，一其内以制乎外，齊其外以養乎内。内則無貳無適，寂然不動，以爲酬酢萬變之主；外則儼然肅然，終日若對神明，而有以保固其中心之所存。及其久也，静虚動直，中一外融，而人不見其持守之力，則篤敬之驗也。其窮理也，虚其心，平其氣，字求其訓，句索其旨，未得乎前則不敢求

【三八】臻斯域　「域」原作「閾」，據四庫本改。

乎後，未通乎此則不敢志乎彼，使之意定理明，而無躁易凌躐之患，心專慮一，而無貪多欲速之蔽。始以熟讀，使其言皆若出於吾之口；繼以精思，使其意皆若出於吾之心。自表而究裏，自流而遡源，索其精微，若別黑白，辨其節目，若數一二。而又反復以涵泳之，切己以體察之，必若先儒所謂沛然若江海之浸，膏澤之潤，涣然冰釋，怡然理順，而後爲有得焉。

「若乃立論以驅率聖言，鑿説以妄求新意，或援引以相糾紛，或假借以相混惑，麄心浮氣，意象匆匆，常若有所迫逐，而未嘗徘徊、顧戀，如不忍去。以待其浹洽貫通之功，深以爲學者之大病，不痛絶乎此，則終無入德之期。蓋自孔、孟以降，千五百年之間，讀書者衆矣，未有窮理若此其精者也。其反躬也，不覩不聞之前，所以戒懼者，愈嚴愈敬；隱微幽獨之際，所以省察者，愈精愈密。思慮未萌，而知覺不昧，事物既接，而品節不差。視聽言動，非禮不爲，意必固我，與迹俱泯。無所容乎人欲之私，而有以全乎天理之正。蓋語默云爲之際，周旋出入之頃，無往而非斯道之流行矣。合是三者，而一以貫之，其惟敬乎！先生天資英邁，視世之所屑者不啻如草芥，脩然獨與道俱，卓然獨與道立，固已迥出庶物之表。及夫理明義精，養深積盛，充而爲德行，發而爲事業，人之視之但見其渾灝磅礴，不可涯涘，而莫知爲之者。雖門人弟子親炙之久，固亦莫得而形容也。姑以蠡測管窺者言之，則脩諸身者，其色莊，其言厲，其行舒而恭，其坐端而直。其閒居也，未明而起，幅巾深衣大帶方履，拜於家廟以及先聖。退坐書室，几案必正，書籍器用必整。其飲食也，羹食行列有定位，匕箸舉措有定所。倦而休也，瞑目端坐。休而起也，整步徐行。中夜而寢，既寢而寤則擁衾而坐，或至達旦。威儀容止之則，自少至老，祁寒盛暑，造次顛沛，未嘗有須臾之離也。行於家者，奉親極其孝，撫下極其慈。閨庭之間，内外斬斬。恩義之篤，怡怡如也。其祭祀也，事無纖鉅，必誠必敬。小不如儀，則終日不樂。已祭無違禮，則油然而安。死喪之際，哀戚備至。飲食衰絰，各稱其情。賓客往來，無不延遇。稱家有無，常盡其歡。於親故雖疏遠必致其愛，於鄉閭雖微賤必致其恭。吉凶慶吊，禮無所遺。賙卹問遺，恩無所闕。其自奉則衣取蔽體，食取充腹，居止取足以障風雨。人不能堪，而處之裕如也。至於入以事君，則必思堯、舜其君；出以治民，則必欲堯、舜其民。言論風旨之所傳，政教條令之所布，固皆可爲世法，而其考諸先聖而不謬，建諸天地而不悖，百世以俟聖人而不惑者，則以訂正羣書，立爲準則，使學者有所據依循守，以入於堯、舜之道，此其勳烈之尤彰明盛大者。《語》、《孟》二書，世所誦習，爲之説者亦多，而析理未精，釋言未備。《大學》、《中庸》自程子始表章之，然《大學》次序不倫，闕遺未補，《中庸》雖爲完篇，而章句渾淪，讀者亦莫知其條理之燦然也。先生蒐輯先儒之説，而斷以己意，彙别區分，文從字順，妙得聖人之本旨，昭示斯道之標的。又使學者先讀《大學》，以立其規模，次及《語》、《孟》，以盡其藴奥，而後會其歸於《中庸》。尺度權衡之既定，由是以窮諸經、訂群史，以及百氏之書，則將無理之不可精，無事之不可處矣。」

「又嘗集《小學》書，使學者得以先正其操履，集《近思録》，使學者得以先識其門庭，羽翼四子，以相左右。蓋此六書者，學者之飲食裘葛、準繩規矩，不可以須臾離也。聖人復起，不易斯言矣。其於《易》也，推卦畫之本體，辨三聖之旨歸，專主筮占，而實該萬變，以還潔淨精微之舊。其於《詩》也，深玩詞氣，而得詩人之本意。盡削《小序》，以破後儒之臆説。妄言美刺，悉就芟夷，以復温柔篤厚之教。其於禮也，則以《儀禮》爲經，而取《禮記》及諸經史書所載有及於禮者，皆以附於本經之下，具列注疏諸儒之説，補其闕遺，而析其疑晦。雖書不克就，而宏綱大要固已舉矣。謂《書》之出於口授者多艱澁，得於壁藏者反平易，學者當沉潛反復於其易，而不必穿鑿附會於其難。謂《春秋》正義明道，尊王賤霸，尊君抑臣，内夏外夷，乃其大義。而以爵氏名字、日月土地爲褒貶之例，若法家之深刻，乃傳者之鑿説。謂《周官》偏布周密，周公運用天理熟爛之書。學者既通四子，又讀一經，而遂學焉，則所以治國平天下者思過半矣。」

「謂《通鑑》編年之體近古，因就绳以策牘之法，以綱提其要，以目紀其詳。綱倣《春秋》，而兼采群史之長；目倣《左氏》，而稽合諸儒之粹。褒貶大義，凛乎烈日秋霜，而繁簡相發，又足爲史家之矩範。謂諸子百家，其言多詭於聖人，獨韓子論性，專指五常，最爲得之。因爲之考計其集之同異，以傳於世。而屈原忠憤，千古莫白，亦頗爲發明其旨。樂律久亡，清濁無據，亦嘗討論本末，探測幽眇，雖未及著爲成書，而其大旨固已獨得之矣。若夫析世學之謬，辨異教之非，擣其巢穴，而砭其隱微，使學者由於大中至正之則，而不躓於荆棘獲穽之塗。摧陷肅清之功，固非近出諸儒所能髣髴其万一也。自夫子設教洙泗，以博文約礼授學者，顔子、曾子、子思、孟子相與守之，未嘗失墜。其後正學失傳，士各以意爲學，其騖於後治者，既以聞見積累自矜，而流於泛濫駁雜之歸；其溺於徑約者，又謂不立文字，可以識心見性，而陷於曠蕩空虚之域。學者則知所傳矣，亦或悦於持敬之約，而憚於觀理之煩。先生身任道統，而廣覽載籍。先秦古書既加攷索，歷代史記、國朝典章，以及古今儒生學士之作，靡不徧觀。取其所同而削其不合，稽其實用而翦其煩蕪，参伍辨證，以扶經訓，而詰其舛差，秋毫不得遁焉。數千年間，世道、學術、議論、文詞之变，皆若身親歷於其間，而耳接目覩焉者，大本大根固已上達有遂，柯葉散株亦皆随其所至。究其所窮，條分派别，經緯万端，本末鉅細，包羅囊括，無所遺漏。故所釋諸書悉有依據，不爲臆度料想之説【三九】。外至天文、地志、律歷、兵機、邊鄙、屯防、戰守、經書【四〇】，至纖至悉，靡不洞究。下至文章字畫，亦皆高絶一世。蓋其包涵停蓄，溥博淵泉，故其出之者，自若是無窮也。學者據經辨疑，随問随析，固著極其精要。暇而論難古今，其應如響，愈扣愈深，亹亹不绝。及詳味而細察之，則亦融貫於一理而已矣。嘗有言曰：學者聖道未見，固必即書以窮理，苟有見焉，亦當博考諸書有所證驗，而後實有所裨助而後安。不然則德孤【四一】，而與枯槁寂滅者無以異矣，潛心大業何有哉！矧自周衰教失，禮樂養德之具一切盡廢，所以維持此心者惟有書耳，詎可轥轢經傳，遽指爲糟粕而不觀乎？要在以心體之，以身踐之，而勿以空言視之而已矣。以是存心，以是克己，仁豈遠乎哉？至於晚歲德尊言立，猶以義理無窮，歲月有限，慊然有不足之意。洙泗以還，博文約禮，兩極其至者，先生一人而已。先生教人規模廣大，而科級甚嚴【四二】，循循有序，不容躐等凌節而進。至於切己務實，辨别義利，毋自欺、謹其獨之戒，未嘗不丁寧懇到，提耳而極言之。每誦南軒張公『無所爲而然』之語，必三嘆焉。學者即其所誦而質其疑，意有未諭，則委曲告之，而未嘗倦；問有未切，則反覆戒之，而未嘗隱。務學篤則喜見于言；進道難則憂形于色。講論、商略，率至夜半。雖疾病支離，至諸生問辨，則脱然沉痾之去體。一日不講學，則惕然常以爲憂。晚見學者繳繞於文義之間，深慮斯道之無傳，始頗指示本體，使深思而自得之，其望於學者益切矣。嗚呼！道之在天下未嘗亡也，而統之相傳，苟非其人，則不得而與。自孟子没千有餘年，而後周、程、張子出焉，歷時未久，浸失其真。及先生出，而後合濂洛之正傳，紹魯鄒之墜緒，前聖後賢之道該徧全備，其亦可謂盛矣。蓋昔者《易》更三古，而混於八

【三九】不爲臆度　「爲」原作「与」，據四庫本改。下同。

【四〇】地志　「志」原作「至」，據四庫本改。

【四一】不然則德孤　「孤」原作「派」，據四庫本改。

【四二】科級甚嚴　「科」原作「利」，甚前原衍「其」字，據四庫本、乾隆本改。

索，《詩》、《書》煩亂，禮樂散亡，而莫克正也。夫子從而贊之定之，删之正之，又作《春秋》，六經始備，以爲萬世道德之宗主。秦火之餘，六經既已爛脱，諸儒各以己是妄穿鑿爲説，未嘗有知道者也。周、程、張子其道明矣，然於經言未暇釐正，一時從遊之士或昧其旨，遁而入於異端者有矣。先生於是考訂訛謬，探索深微，總裁大典，勒成一家之言。仰包粹古之載籍，下採近世之獻文，集其大成，以定萬世之法，然後斯道大明，如日中天，有目者皆可覩也。夫子之統得先生而正，夫子之道得先生而明，起斯文於將墜，覺來裔於無窮，雖與天壤俱弊可也。」